VASİYETNAME

John Grisham

VASİYETNAME

Çeviren:
Enver Günsel

2. Basım

Remzi Kitabevi

VASİYETNAME / John Grisham
Orijinal adı: *The Testament*

Kapak: Ömer Erduran

ISBN 975-14-0710-9

BİRİNCİ BASIM: 1999
İKİNCİ BASIM: 1999

Remzi Kitabevi A.Ş., Selvili Mescit Sok. 3, Cağaloğlu 34440, İstanbul.
Tel (212) 513 9424-25, 513 9474-75, Faks (212) 522 9055
WEB: http://www.remzi.com.tr E-POSTA: post@remzi.com.tr

Remzi Kitabevi A.Ş. tesislerinde basılmıştır.

1

Son güne, hatta son saate yaklaşıyoruz. Ben yaşlı, yalnız, sevilmeyen, hasta, acı çeken ve yaşamaktan bıkmış bir adamım. Öbür dünyaya hazırım; orası buradan daha iyi olmalı.

İçinde oturduğum şu yüksek cam binanın ve alt katlarında bulunan şirketin yüzde 97'sinin, bina çevresinde üç yöne birer kilometre uzanan toprakların sahibi benim. Burada çalışan iki bin eleman ve çalışmayan yirmi bin kişi bana bağlı. Ayrıca Teksas'taki petrol sahalarımdan bu binaya yeraltından yakıt getiren boru hattı ve elektrik şebekesi de bana ait. Bir zamanlar dünyanın her yanına yayılmış firmalarıma talimatlar dağıttığım, gökyüzünde görünmeyen bir yerdeki uydumu kiraya veriyorum. Servetim on bir milyar doları geçiyor. Nevada'da gümüş, Montana'da bakır, Kenya'da kahve, Angola'da kömür, Malezya'da kauçuk, Teksas'ta doğal gaz, Endonezya'da petrol ve Çin'de çelik tesislerim, madenlerim var. Holdingimde elektrik üreten, bilgisayar imalatı yapan, barajlar inşa eden, kitap yayınlayan ve benim uyduma sinyaller gönderen firmalar var. Kimsenin tam olarak sayamayacağı bir sürü ülkede yan kuruluşlarım, kardeş şirketlerim var.

Bir zamanlar bana uygun oyuncaklarım vardı – yatlar, jet uçakları, sarışınlar, Avrupa'da evler, Arjantin'de çiftlikler, Pasifik'te bir ada, safkan atlar ve hatta bir hokey takımı. Ama artık bu oyuncaklar için fazla yaşlıyım.

Mutsuzluğumun kökü para.

Üç ailem oldu – yedi çocuk doğuran üç eski eş. Bu çocuklardan altısı hâlâ yaşıyor ve bana işkence etmek için ne mümkünse yapıyorlar. Bildiğim kadarıyla yedisinin de babası benim, ama birini gömdük. Daha doğrusu annesi onu gömdü. Ben ülke dışındaydım.

Tüm eşlerimden ve çocuklarımdan uzaklaşmış durumdayım. Bugün burada toplanıyorlar, çünkü ölmek üzereyim ve paranın paylaştırılma zamanı.

• • •

Bugünü uzun zamandan beri planlıyordum. Binam on dört katlıdır. Tümü de uzun, geniş, büyük katlardır ve arka taraflarında, bir zamanlar açık havada yemekler verdiğim gölgeli bir iç bahçesi vardır. Ben en üst katta yaşar ve çalışırım, bin iki yüz metrekarelik koca bir alanı işgal etmek pek çok insana edepsizlik gibi gelebilir ama beni asla rahatsız etmemektedir. Servetimin her kuruşunu kendi alınterim, beynim ve şansımla kazandım. Onu harcamak da benim hakkım, ayrıcalığımdır. Paramı istediğime vermek de benim seçimime bağlı olmalı, ama peşimi bırakmıyorlar ki.

Parayı kim alırsa alsın, umurumda değil. Yapılabilecek her şeyi yaptım ben o parayla. Yalnız başıma tekerlekli sandalyemde oturmuş beklerken, şu anda satın almak, görmek, gitmek istediğim hiçbir şey ve yer, ya da yaşamak istediğim bir macera düşünemiyorum.

Her şeyi, hepsini yaptım ve çok yorgunum.

Parayı kim alırsa alsın, aldırmıyorum. Ama alamayacak olan beni çok ilgilendiriyor.

Bu binanın her bir metrekaresi benim tarafımdan tasarımlanmıştır. Bu nedenle bu küçük törende herkesi nereye yerleştireceğimi çok iyi biliyorum. Hepsi burada, çok uzun bir süredir bekliyor. Bekliyorlar ama aldırmıyorlar. Yapacağım şey için çıplak olarak tipide beklemeye bile razılar.

İlk ailem, Lillian ve onun nesli – kendisine dokunmama nadiren izin veren bir kadından doğma dört çocuğum. Genç yaşta evlenmiştik – ben yirmi dört, o ise on sekiz yaşlarındaydık – yani şu anda Lillian da yaşlı. Onu yıllardır görmedim ve bugün de görmeyeceğim. Hâlâ kederli, terk edilmiş ama görevini yapmış ilk eş olarak ganimete hak kazanmış kadın rolünü sürdürüyor olduğundan eminim. Bir daha hiç evlenmedi ve eminim elli yıldır kimseyle de sevişmemiştir. Ondan nasıl çocuklarım oldu bilmiyorum.

Lillian'ın en büyük oğlu, şimdi kırk yedi yaşında olan Troy Junior, benim adımla lanetlenmiş, beş para etmez bir salak. Çocukken takma ad olarak adının başharfleri olan TJ'i benimsemişti ve hâlâ da Troy yerine onu yeğler. Bugün burada toplanmış olan altı çocuğumdan en aptalı Troy'dur ama bana da yakındır. On dokuz yaşındayken uyuşturucu sattığı için kolejden kovulmuştu.

Diğerleri gibi TJ'e de, yirmi birinci yaş gününde beş milyon dolar verildi. Ve diğerleri gibi, o da bu parayı su gibi harcadı.

Lillian'ın çocuklarının sefil hikâyelerini anlatmaya dayanamıyorum. Hepsinin büyük borçları olduğunu, işsiz güçsüz dolaştıklarını, değişeceklerini de sanmadığımı söylemem yeter, bu nedenle bu vasiyetnameyi imzalamam onların yaşamının en kritik olayı.

Tekrar eski eşlere dönelim. Lillian'ın soğukluğundan sonra Janie'nin ateşli aşkına rastladım. Muhasebede sekreter olarak çalışan güzel bir şeydi, ama ben iş gezilerimde ona ihtiyacım olacağına karar verdikten sonra hızla yükselmeye başladı tabii. Lillian'dan boşandım ve benden yirmi iki yaş küçük, ama beni tatmin etmeye kararlı olan Janie'yle evlendim. Mümkün olduğunca çabuk iki çocuk doğurdu. Onları, beni yakınında tutmak için kullanıyordu. Küçüğü Rocky, iki arkadaşıyla birlikte bir araba kazasında öldü ve bu meseleyi mahkemeye gitmeden kapatmak için altı milyon dolar harcadım.

Altmış dört yaşımdayken Tira'yla evlendim. Yirmi üç yaşındaydı ve küçük canavar Ramble'a da benden hamileydi, ona nasıl olup da, avare dolaşan anlamına gelen bu adı verdiğini bir türlü anlayamadım. Ramble şimdi on dört yaşında ve bir kez mağaza hırsızlığı, bir kez de marijuana bulundurmak suçlarından olmak üzere iki kez tutuklandı. Yağlı saçları ensesine yapışır ve sırtına düşer, kulaklarına, kaşlarına ve burnuna halkalar takar. Bana söylediklerine göre, canı isterse okula gidermiş.

Ramble babası seksenine yaklaştığı için utanç duyuyor ve babası da oğlunun, diline gümüş boncuklar çakmasından utanç duyuyor.

Kuşkusuz, tüm diğerleri gibi o da bu vasiyetnameyi imzalamamı ve yaşamını kolaylaştırmamı bekliyor. Servetim ne kadar büyük olursa olsun, bu sersemlere fazla dayanmayacaktır.

Ölüme yaklaşmış yaşlı bir adam hiç kimseden nefret etmemeli tabii, ama elimde değil işte. Hepsi de iğrenç mahluklar. Anneleri benden nefret ediyor ve tabii çocuklarına da benden nefret etmeyi öğretmişler.

Pençelerini açmış, keskin dişleri ve aç gözleriyle tepemde akbabalar gibi, ellerine geçecek sınırsız paranın beklentisi içinde dönüp duruyorlar.

• • •

Şu an en önemli konu akli dengemin yerinde olup olmadığı. Garip şeyler söylediğim için beynimde tümör var sanıyorlar. Toplantılarda ve telefonlarda anlaşılmaz kelimeler ediyor, saçmalar gibi konuşuyorum ve yardımcılarım da arkamdan fısıldaşıp başlarını sallıyor ve içlerinden, Evet, doğru, diye düşünüyorlar. Bu adamda tümör var.

İki yıl önce bir vasiyetname hazırladım ve her şeyimi, dairemde sadece leopar desenli külotlarla dolaşan bir yavruya bıraktım, evet, sanırım yirmi yaşındaki sarışınlara çıldırıyorum, hele de hatları harikaysa. Ama sonunda tekmeyi yiyip gitti o da. Vasiyetname kâğıt parçalama makinesinde dilimlenip çöpe atıldı. Her şeyden bıktım artık.

Üç yıl önce hazırladığım vasiyetnamede, herkesten hıncımı almak için her şeyimi yüzden fazla hayır kurumuna bırakmıştım. Bir gün TJ'e küfrediyordum ve o da bana küfrediyordu ve o anda ona yeni vasiyetnameden söz ettim. O, annesi ve kardeşleri hemen birkaç üçkâğıtçı avukat bulup, beni bir hastaneye kapatmaya, tedavi altına aldırmaya kalktılar. Avukatların akıllıca bir manevrasıydı bu, çünkü akli dengemin bozukluğu kanıtlanırsa vasiyetnamem de geçersiz olacaktı.

Ama benim de bir sürü avukatım var ve yasal sistemin lehime çalışması için onlara saat başına bin dolar ödüyorum. Kuşkusuz aklımın yerinde olduğuna karar verildi ama, aslında o sıralarda biraz kaçırmış olabileceğimi de itiraf ediyorum.

Eskiden beri kullandığım bir kâğıt parçalama makinem var ve tüm eski vasiyetnameler bu küçük makineye girip kıyılıyor, ince şeritler haline geliyor.

Tayland ipeğinden yapılmış uzun beyaz entariler giyiyorum, keşişler gibi kafamı kazıttım, çok az yiyorum ve bu yüzden iyice zayıfladım, kurumuş gibiyim. Herkes benim Budist olduğumu sanıyor ama ben aslında Zerdüşt dinini öğreniyorum. Onlar aradaki farkı bilmiyor. Akli dengemin bozulduğunu neden düşündüklerini anlıyorum.

Lillian ve ilk aile mensupları, hemen altımdaki on üçüncü katta, yönetici toplantı salonunda bekliyor. Orası mermer ve maun döşemeli, ortasında oval bir masa olan, pahalı halılarla kaplı büyük bir oda ve şu anda heyecan içinde bekleşen insanlarla dolu. Aile bireylerinden fazla avukat olması da doğal tabii. Lillian bir avukat getirmiş. TJ hariç diğer üç çocuğun da birer avukatları var. TJ ise önemli olduğunu göstermek ve tüm senaryolar konusunda yeterince danışma alabilmek amacıyla üç avukat çağırmış. TJ'in, idam mahkûmlarının çoğundan daha fazla yasal sorunu vardır. Masanın bir ucunda bulunan bilgisayar ekranı görüşmeleri yansıtacak.

TJ'in kardeşi, ikinci oğlum Rex kırk dört yaşında ve bir striptiz artistiyle evli. Kadının adı Amber, sahte göğüsleri olan, beyinsiz bir yaratık ve sanırım oğlumun üçüncü karısı. İkinci ya da üçüncü, bana ne sanki? O da şimdi tüm diğer eşler ve/ya da metresler gibi onbir milyarın nasıl dağıtılacağını düşünüp yerinde duramıyordur.

Lillian'dan olan en büyük kızım Libbigail'i, üniversiteye gidip beni unutuncaya kadar çok severdim. Sonra bir Afrikalı ile evlendi ve onun adını vasiyetnamelerimden sildim.

Lillian'ın doğurduğu son çocuk Mary Ross'du. Mary, süper zengin olmak için çırpınan bir doktorla evli, ama çok borçları var.

Janie ve ikinci aile onuncu katta bir odada bekliyor. Janie, yıllarca önceki boşanmamızdan sonra iki kez daha evlendi. Şu anda yine yalnız yaşadığına hemen hemen eminim. Onun yaşamını izlemek için dedektifler tutuyorum ama yatak maceralarını FBI bile takip edemez. Daha önce söz ettiğim gibi, oğlu Rocky kazada öldü. Kızı Geena ikinci kocasıyla burada, herif master diplomalı bir kuş beyinli, yarım milyara yakın parayı alıp üç yılda bitirecek kadar da tehlikeli bir tip.

Ramble, beşinci katta bir koltuğa yayılıp oturmuş, dudağının köşesindeki altın halkayı yalıyor, yapışkan yeşil saçlarıyla oynuyor ve kaşlarını çatmış, kısa boylu, kıllı bir jigoloyla gelmiş olan annesine bakıyor. Ramble bugün, sadece benim soyumdan geldiği için zengin olmayı, bir servete kavuşmayı bekliyor. Ramble'ın da bir avukatı var, Tira'nın TV'de görüp yatağa attıktan sonra kiraladığı hippi kılıklı bir radikal. Onlar da diğerleriyle birlikte bekliyor.

Bu insanları tanıyorum. Onlara bakıyorum.

• • •

Snead, dairemin arka tarafından çıkıp geldi. Yaklaşık otuz yıldır hizmetimde olan, beyaz ceketli, sakin ve mütevazı, her zaman kral önünde eğiliyormuş gibi belden bükülü duran tombul ve sevimli bir adamdır. Snead her zamanki gibi, elleri karnında kenetlenmiş, başı bir yana eğik, hafif bir gülümsemeyle önümde durdu ve İrlanda'da kaldığımız yıllardan kalma bir canlılıkla, "Nasılsınız efendim?" dedi.

Snead'a cevap vermem beklenmediği ve buna zorunlu da olmadığım için sesimi çıkarmıyorum.

"Kahve, efendim?"

"Öğle yemeği."

Snead her iki gözünü de kırpıp biraz daha eğiliyor ve sonra, pantolonunun paçaları yerleri süpürerek odadan çıkıyor. Ben öldüğüm zaman o da diğerleri gibi zengin olmayı umuyor ve sanırım yine onlar gibi benim günlerimi sayıyor.

Para sahibi olmanın derdi, herkesin ondan bir parça istemesi. Ufak bir dilim, kenarından küçük bir parçacık. Milyonları olan bir adam için bir milyoncuk nedir ki? Bana bir milyon veriver ihtiyar, farkını anlamazsın bile. Bana birazcık borç ver, sonra ikimiz de unutalım bunu. Sadece adımı vasiyetnamende bir köşeye sıkıştırıver.

Snead başkalarının işine burun sokmaya bayılır; yıllar önce onu masamı karıştırırken yakalamıştım, galiba o zamanki vasiyetnamemi arıyordu. Ölmemi istiyor, çünkü o da birkaç milyon bekliyor.

Onun bir şeyler beklemeye ne hakkı var ki? Onu yıllar önce kovmalıydım.

Yeni vasiyetnamemde onun adı yok.

Önüme bir tepsi koyuyor: açılmamış bir paket Ritz krakeri, kapağı plastikle sıkıca kapalı bir küçük kavanoz bal ve oda ısısında bir küçük kutu Fresca. Bunları değiştirdiği anda Snead hemen kovulur.

Onu gönderiyor ve krakerleri bala batırıyorum. Son yemek.

2

Oturup, renkli cam duvarlardan dışarıya bakıyorum. Açık bir havada on kilometre uzaktaki Washington Abidesi'nin tepesini görebiliyorum ama, bugün değil. Bugün berbat bir hava var, rüzgârlı, bulutlu bir hava, ölmek için fena sayılmaz. Rüzgâr dallardaki son yaprakları da söküp alıyor ve aşağıdaki otoparkta etrafa savuruyor.

Acı konusunda neden bu kadar endişeleniyorum? Bir parça acı çekmekten ne çıkar ki? Ben çok kişiye acı çektirdim.

Düğmeye basıyorum ve Snead hemen geliyor. Eğilip beni selamladıktan sonra tekerlekli sandalyemi itip dairemden çıkarıyor, mermer fuayeye, oradan mermer hole gidip başka bir kapıdan geçiyoruz. Gittikçe yaklaşıyoruz ama hiç endişeli değilim.

O ruh doktorlarını iki saatten fazladır bekletiyorum.

Büromun önünden geçiyoruz ve son sekreterim Nicolette'i başımla selamlıyorum, çok düşkün olduğum tatlı bir şey. Zamanım olsa dört numara olacak.

Ama hiç zaman yok. Sadece dakikalar.

Kalabalık bekliyor – bir sürü avukat ve aklımın başımda olup olmadığı konusunda karar verecek birkaç psikiyatr. Toplantı odasında uzun masanın çevresinde toplanmışlar ve ben girer girmez konuşmalar hemen kesiliyor ve herkes bana bakıyor. Snead beni masanın bir yanına, avukatım Stafford'un hemen yanıbaşına getiriyor.

Etrafta her yana yönelmiş kameralar ve onları odaklamaya çalışan, koşuşturan teknisyenler var. Her fısıltı, her hareket, her nefes kayda alınacak, çünkü bir servet söz konusu.

İmzaladığım son vasiyetnamede çocuklara çok az şey vardı. Onu da her zaman olduğu gibi Josh Stafford hazırladı. Onu bu sabah makinede dilimledim.

Burada, aklımın yerinde olduğunu ve yeni bir vasiyetname hazırlayabileceğimi dünyaya kanıtlamak için oturuyorum. Bu kanıtlandığı takdirde servetimin dağılımı da sorgulanamaz.

Tam karşımda üç tane psikiyatr var – her biri bir aile tarafından tutulmuş. Önlerinde, kalın kartonlara yazılmış isimleri okunuyor – Dr. Zadel, Dr. Flowe, Dr. Theishen. Onların gözlerini ve yüzlerini inceliyorum. Akıllı görünmem gerektiğine göre onlarla göz teması kurmalıyım.

Akıllarınca beni biraz kaçık olarak görüyorlar ama, benim onları öğle yemeği niyetine yemeye hazırlandığımı bilmiyorlar tabii.

Gösteriyi Stafford yönetecek. Herkes yerleştikten ve kameralar hazır olduktan sonra, "Benim adım Josh Stafford, burada, sağımda oturan Bay Troy Phelan'ın avukatıyım," diyor.

Teker teker psikiyatrlara bakıyorum, gözgöze geliyoruz, sonunda ya gözlerini kırpıyor ya da başka yana çeviriyorlar. Her üçü de koyu renk takım elbise giymiş. Zadel ve Flowe'un düzensiz sakalları var. Theishen papyon kravat takmış ve otuzundan fazla göstermiyor. Ailelere istediklerini tutma hakkı verilmişti.

Stafford konuşuyor. "Bu toplantının amacı, Bay Phelan'ın vasiyet ehliyetinin olup olmadığının bir grup psikiyatr tarafından değerlendirilmesidir. Psikiyatrlar heyeti onun aklının başında olduğuna karar verdiği takdirde, o da servetinin dağılımını ölümünden sonra ayarlayacak olan vasiyetnamesini imzalayacaktır."

Stafford, önümüzde duran iki buçuk santim kalınlığındaki vasiyetnameye kalemiyle hafifçe vurdu. Kameraların bunu çekmek için zoom yaptığına eminim ve yine eminim ki, belgenin görüntüsü bile, binamın çeşitli yerlerinde oturan çocuklarımın ve annelerinin tüylerini ürpertmeye yetmiştir.

Onlar vasiyetnameyi görmedi ve buna hakları da yok. Vasiyetname sadece ölümden sonra açıklanan özel bir belgedir. Mirasçılar sadece onun içinde neler olduğu konusunda spekülasyon yapabilir. Benim mirasçılarıma da bazı imalar yapılmıştı ve dikkatle hazırladığım küçük yalanlardı bunlar.

Onlar, servetimin büyük bölümünü çocuklarım arasında eşit olarak paylaştıracağıma ve eski eşlerime de cömertçe bazı şeyler vereceğime inandırılmıştı. Bunu biliyor, hissedebiliyorlar. Haftalar ya da aylardır bunun için şevkle dualar ediyorlar. Bu, onlar için ölüm kalım meselesi, çünkü hepsi borç içinde yüzüyor. Önümdeki vasiyetnamenin, onları zengin edip, tartışmalara bir son vermesi gerekiyor. Bunu Stafford hazırladı ve benim iznimle, onların avukatlarıyla görüşüp vasiyetin içeriğini belirledi. Her çocuğa yaklaşık üç yüzle beş yüz milyon dolar arasında bir miktar düşmesi gerekiyor ve üç eski eş de ellişer milyon alacak. Bu kadınlar boşanmalarda iyi paralar ve nafakalar aldı kuşkusuz, ama bunlar unutuldu tabii.

Ailelere verilen toplam armağan üç milyar dolar civarında. Hükümet de birkaç milyar tırtıkladıktan sonra, geriye kalan para da hayır kurumlarına gidecek.

O halde böyle pırıl pırıl, süslenip püslenip, ayık kafa (büyük çoğunluğu) buraya gelip, monitörlere heyecanla bakmalarını ve şu yaşlı adamın, yani benim, neden işi bir an önce bitirmemi beklediklerini anlayabilirsiniz. Psikiyatrlara da, "İhtiyarı fazla sıkıştırmayın. Onu aklı başında istiyoruz," dediklerine eminim.

Herkes mutluysa, o zaman bu psikiyatrik inceleme neden? Çünkü onları son bir kez becereceğim ve bunu da doğru şekilde yapmak istiyorum.

Psikiyatr çağırmak benim fikrim, ama çocuklarım ve avukatları bunu idrak edemeyecek kadar yavaşlar.

İlk konuşan Zadel oluyor. "Bay Phelan, bize bugünün tarihini, zamanı ve bulunduğumuz yeri söyler misiniz?"

Kendimi bir ilkokul çocuğu gibi görüyorum. Başımı öne eğip çenemi göğsüme değdiriyor ve uzun uzun düşünüyorum, o anda herkesin sandalyelerinde iyice öne kayıp, "Hadi, deli ihtiyar. Bugünün hangi gün olduğunu tabii ki biliyorsundur," diye fısıldadığına eminim.

Yumuşak bir sesle, "Pazartesi," diyorum. "Pazartesi, 9 Aralık 1996. Burası benim bürom."

"Saat?"

"Öğleden sonra iki buçuk civarı," diye cevap veriyorum. Saatim yok.

"Peki büronuz nerede?"

"McLean, Virginia."

Flowe mikrofonuna doğru eğiliyor. "Bize çocuklarınızın adları ve doğum tarihlerini söyleyebilir misiniz?"

"Hayır. Belki adlarını söyleyebilirim ama doğum tarihlerini hayır."

"Pekâlâ bize isimlerini söyleyin o halde."

Biraz düşünüyorum. Fazla akıllı görünmek için biraz erken. Onları terletmek istiyorum. "Troy Phelan, Jr., Rex, Libbigail, Mary Ross, Geena ve Ramble." Bu isimleri, sanki düşünmek bile bana acı veriyormuş gibi söylüyorum.

Flowe'un sorgulamaya devam etmesine izin veriyorlar. "Bir yedinci çocuk daha vardı, değil mi?"

"Evet."

"Onun adını da hatırlıyor musunuz?"

"Rocky."

"Peki ne oldu ona?"

"Bir araba kazasında öldü." Tekerlekli sandalyemde dimdik oturuyorum, başım yukarda, gözlerim psikiyatrlar arasında gidip geliyor, kameralara akıllı pozlar veriyorum. Çocuklarım ve eski karılarımın benimle gurur duyduklarına, kendi gruplarında monitörlere bakıp şimdiki eşlerinin ellerini sıktıklarına ve ihtiyar Troy şimdiye kadar işleri iyi götürdüğü için, aç avukatlarına gülümseyerek baktıklarına eminim.

Sesim alçak ve boşluktan geliyormuş gibi olabilir, beyaz ipek entarim, buruşuk yüzüm ve yeşil türbanımla bir deliye benzeyebilirim, ama sorularına yanıt verdim.

Hadi ihtiyar, diye yalvarıyorlar.

Theishen, "Şimdiki sağlık durumunuz nasıl?" diye soruyor.

"Daha iyi günlerim oldu."

"Sizde habis bir tümör olduğu söyleniyor."

Sadede gel artık ha, ne dersin?

Gülümsememek için kendini zorlayan Stafford'a bakıp, "Ben bunun bir ruhsal inceleme olacağını sanıyordum," diyorum. Ama kurallar her soruya izin veriyor. Burası mahkeme salonu değil.

Theishen kibarca, "Öyle," diyor. "Ama sorular hep aynı meseleyle ilgili."

"Anlıyorum."

"Soruma cevap verir misiniz?"

"Hangi soru?"

"Tümör hakkında."

"Tabii. Tümör kafamda, golf topu kadarmış, her gün büyüyor

ve ameliyat imkânsızmış, doktorumun söylediğine göre üç ay bile yaşamazmışım."

Alt katlarda şampanyaların patlatıldığını duyar gibiyim. Tümör doğrulandı işte!

"Şu anda herhangi bir ilacın, uyuşturucu ya da alkolün etkisinde misiniz?"

"Hayır."

"Yanınızda hiç ağrı kesici ilaç var mı?"

"Şu anda yok."

Sıra Zadel'de: "Bay Phelan, üç ay önce *Forbes* dergisi servetinizin sekiz milyar dolar olduğundan söz etti. Bu değerlendirme doğru mu?"

"*Forbes*'in tahminleri ne zamandan beri doğru kabul ediliyor?"

"Doğru değil mi yani?"

"Servetim, borsaya bağlı olarak on bir ve on bir buçuk arasında." Bunu yavaş yavaş söylüyorum ama sözlerim açık, net ve sesimde otorite var. Servetimin büyüklüğünden kimse kuşku duyamaz.

Flowe para konusunu sürdürmeyi düşünüyor. "Bay Phelan, denetiminizdeki holdingleri bize anlatabilir misiniz?"

"Evet, anlatabilirim."

"O halde anlatır mısınız?"

"Sanırım." Durup düşünüyor ve onları terletiyorum. Safford, burada özel bilgiler vermek zorunda olmadığımı söylemişti bana. Onlara sadece genel bilgi ver yeter, demişti.

"Phelan Grubu içinde yetmiş farklı şirket vardır ve bunlardan bazıları da borsada kote edilmiştir."

"Phelan Grubu'nun ne kadarı size ait?"

"Yaklaşık yüzde doksan yedisi. Geriye kalan hisseler bazı çalışanların elindedir."

Theishen de ava katılıyor. Altın madenine odaklanmaları uzun sürmedi. "Bay Phelan, şirketinizin Spin Bilgisayar'la ilişkisi nedir?"

Spin Bilgisayar'ı zihnimdeki şirketler ormanımda canlandırmaya çalışıp, "O da bize aittir," diyorum.

"Oradaki hisseniz ne kadar?"

"Yüzde seksen."

"Peki, Spin Bilgisayar halka açık bir şirket mi?"

"Evet, öyle."

Theishen'in, önündeki bazı resmî görünüşlü belgeleri karıştırdığını görüyorum; bunlar, bir üniversite öğrencisinin bile ele geçirebileceği şirket yıllık raporu ve üç aylık değerlendirmeler gibi şeyler. Adam, "Bu Spin şirketini ne zaman satın aldınız?" diye soruyor.

"Yaklaşık dört yıl önce."

"Ne kadar ödediniz?"

"Hisse başına yirmi dolar, toplam üç yüz milyon." Bu sorulara daha yavaş cevap vermek istiyorum ama elimde değil. Gelecek soruyu beklerken Theishen'e delici gözlerle bakıyorum.

"Peki, bugünkü değeri ne acaba?" diye soruyor.

"Şey, dünkü kapanışta bir puan düşerek kırk üç buçuk oldu. Stok, aldığımdan bu yana iki kez kâr payı verdi, yani yatırımın değeri şimdi yaklaşık sekiz elli civarında."

"Sekiz yüz elli milyon mu yani?"

"Evet, öyle."

İnceleme bu noktada temel olarak bitmiş olmalı. Dünkü borsa kapanış fiyatlarını bilecek kadar akıllıysam, karşımdakilerin de tatmin olmuş olmaları gerekir. Onların aptalca gülümsemelerini görür gibiyim. Sessiz çığlıklarını neredeyse duyuyorum. Yaşşa Troy. Göster şunlara.

Zadel tarih hikâyeleri istiyor. Amacı, benim hatırlama yeteneğimi ölçmek. "Bay Phelan, nerede doğdunuz?"

"Montclair, New Jersey."

"Ne zaman?"

"12 Mayıs 1918."

"Annenizin kızlık soyadı neydi?"

"Shaw."

"Ne zaman öldü?"

"Pearl Harbor'dan iki gün önce."

"Peki ya babanız?"

"Ne olmuş babama?"

"O ne zaman öldü?"

"Bilmiyorum. Ben çocukken kaybolmuş."

Zadel, soruları bir not defterine yazmış olan Flowe'a bakıyor. Flowe, "En küçük kızınız kim?" diye soruyor.

"Hangi aileden?"

"Şey, birinciden."

"O zaman Mary Ross olacak."

"Doğru."

"Tabii ki doğru."

"Hangi üniversiteye gitti?"

"Tulane, New Orleans'da."

"Ne eğitimi aldı?"

"Ortaçağla ilgili bir şeyler. Sonra o da diğerleri gibi kötü bir evlilik yaptı. Sanırım bu, benden aldıkları genetik bir şey." Gerildiklerini ve tüylerinin diken diken olduğunu görebiliyorum. Aynı zamanda, avukatlar ve halen birlikte yaşadıkları adamlarla onların yakınlarının da hafifçe gülümser gibi olduklarını da görür gibiyim, çünkü benim de berbat evlilikler yaptığımı kimse inkâr edemez.

Ayrıca berbat çocuklar çıkardık ortaya.

Flowe bu turu aniden bitiriyor. Theishen ise parayla büyülenmiş gibi görünüyor ve, "MountainCom'da da büyük hisseniz var mı?" diye soruyor.

"Evet. Önünüzdeki kâğıtlarda bunu görebileceğinize eminim. Halka açık bir şirketir o."

"Başlangıç yatırımınız ne kadardı?"

"On milyon hisse için, hisse başına yaklaşık on sekiz."

"Peki ya şimdi."

"Dünkü kapanışta yirmi birdi. Geçtiğimiz altı yılda verilen kâr paylarıyla holdingin bugünkü değeri yaklaşık dört yüz milyondur. Sorunuza cevap oldu mu bu?"

"Evet, oldu. Kontrolünüzde kaç tane halka açık şirket var?"

"Beş."

Flowe, Zadel'e bakıyor ve ben de bunun daha ne kadar süreceğini düşünüyorum. Birden yoruldum.

Stafford, "Başka soru var mı?" diyor. Onlara baskı yapmayacağız, çünkü iyice tatmin olmalarını istiyoruz.

Zadel, "Bugün yeni bir vasiyetname imzalamak istiyor musunuz?" diye soruyor.

"Evet, niyetim buydu."

"Masanın üzerinde, önünüzde duran şu vasiyetname mi?"

"Evet o."

"Bu vasiyetname servetinizin önemli bir kısmını çocuklarınıza mı bırakıyor?"

"Öyle."

"Şimdi vasiyetnameyi imzalamaya hazır mısınız?"

"Hazırım."

Zadel kalemini dikkatle masaya bırakıp düşünceli bir tavırla ellerini kenetliyor ve Stafford'a bakıyor. "Benim fikrime göre Bay Pelan şu anda servetini yönetebilecek ve vasiyetnamesini imzalayabilecek ehliyete sahiptir." Bunları, sanki benim performansım onları kararsız bırakmış gibi, üzerine basa basa söylüyor.

Diğer ikisi de ona katılmakta gecikmiyor. Flowe, Stafford'a bakıp, "Onun akli dengesi konusunda hiçbir kuşkum yok," diyor, "inanılmayacak kadar zeki ve düşünce yeteneğine sahip görünüyor."

Stafford, "Hiç kuşkunuz yok mu?" diye soruyor.

"Hayır, yok."

"Dr. Theishen?"

"Kendimizi kandırmayalım. Bay Phelan ne yaptığını çok iyi biliyor. Zihni bizimkinden çok daha hızlı çalışıyor."

Oh, teşekkür ederim. Bunun anlamı benim için çok büyük. Sizler yılda yüz bin dolar kazanmak için çabalayıp duran birkaç psikiyatrsınız. Ben milyarlar kazandım ama, siz benim başımı okşuyor ve ne kadar akıllı olduğumu söylüyorsunuz.

Stafford, "O halde oy birliğiyle, değil mi?"

"Evet. Tamamen." Başlarını bundan daha hızlı sallayamazlardı.

Stafford vasiyetnameyi bana uzatıp kalem veriyor. "Bu, Troy L. Phelan'ın, daha öncekileri ve eklerini hükümsüz kılan son vasiyetnamesidir," diyorum. Stafford ve şirketindeki birisi tarafından hazırlanmış olan bu vasiyetname doksan sayfadan oluşuyor. Ana fikrini biliyorum ama bu basılı kâğıtları okumak bana zor geliyor. Onu okumadım ve okumayacağım da. Sayfaları çeviriyor ve kimsenin okuyamayacağı bir isim karalıyorum, sonra da ellerimi onun üzerine koyuyorum.

Bu, hiçbir zaman akbabalar tarafından görülmeyecek.

Stafford, "Toplantı bitmiştir," diyor ve herkes toparlanıyor. Talimatım üzerine üç aile de bulundukları odalardan çıkarılıyor ve binadan ayrılmaları isteniyor.

Bir kamera üzerime kilitlenmiş olarak kalıyor, onun çektiği film kareleri doğruca arşive girecek. Avukatlar ve psikiyatrlar aceleyle gidiyor. Snead'e, masaya oturmasını söylüyorum. Stafford ve ortaklarından biri olan Durban odada kalıyor ve onlar da oturuyor. Yalnız kaldığımızda entarimin altından bir zarf çıkarıyor ve açıyorum. Zarftan üç tane sarı renkli resmî kâğıt çıkarıyor ve masanın üzerine, önüme koyuyorum.

Saniyeler kalmış durumda ve içimde hafif bir korku hissi var. Bunun için, haftalardır topladığım güçten daha fazlası gerekecek gibi.

Stafford, Durban, ve Snead şaşkın sarı kâğıtlara bakıyorlar.

Bir kalem alıp, "Benim vasiyetnamem işte bu," diyorum. "Kendi elimle yazdığım bir vasiyetname. Bugünün tarihiyle birkaç saat önce yazdım ve şimdi imzalıyorum." Kâğıtları tekrar imzaladım. Stafford kımıldayamayacak kadar şaşkın durumda.

"Bu belge, beş dakikadan az bir zaman önce imzaladığım da dahil olmak üzere, tüm önceki vasiyetnameleri hükümsüz kılıyor." Kâğıtları katlıyor ve tekrar zarfa yerleştiriyorum. Dişlerimi gıcırdatıyor ve ölmeyi ne kadar çok istediğimi kendime hatırlatıyorum.

Zarfı masanın üzerinden diğer taraftaki Stafford'a uzatıyor ve aynı anda tekerlekli sandalyemden ayağa kalkıyorum. Bacaklarım titriyor. Kalbim yerinden fırlayacakmış gibi çarpıyor. Artık saniyeler var. Hiç kuşkusuz düşmeden önce öleceğim.

Birisi, "Hey!" diye bağırıyor, galiba Snead bu. Ama ben onlardan uzaklaşıyorum. Ayağı sakat adam yürüyor, neredeyse koşuyor, deri koltukları, karılarımdan biri tarafından yaptırılmış berbat portremi, her şeyi geçip, kilitsiz olan sürgülü kapılara geliyorum. Kilitsiz olduklarını biliyorum, çünkü birkaç saat önce bunun provasını yaptım.

Birisi, "Dur!" diye haykırıyor ve arkamdan koşuyorlar. Bir yıldır kimse yürüdüğümü görmedi. Kapı koluna yapışıyor ve kapıyı açıyorum. Hava buz gibi. En üst katın kenarındaki dar terasa çıplak ayaklarla çıkıyorum. Aşağıya bakmadan kendimi parmaklığın üzerinden fırlatıyorum.

3

Snead, Bay Phelan'ın iki adım arkasındaydı ve bir an için onu yakalayabileceğini sandı. Yaşlı adamın sadece tekerlekli sandalyesinden kalkmakla kalmayıp, yürümesi ve sonra da koşması Snead'ı şoke etmiş, adam donup kalmıştı. Bay Phelan yıllardır bu kadar hızlı hareket etmemişti.

Snead parmaklığa tam zamanında yetişip dehşet içinde bağırdı ve sonra, Bay Phelan'ın sessizce, kıvrılıp bükülerek ve gittikçe küçülerek yere doğru düşüşünü ve en sonunda da zemine çarpışını çaresizlikle seyretti. Snead parmaklığa yapıştı, inanamıyormuş gibi aşağıya baktı ve sonra ağlamaya başladı.

Josh Stafford terasa, Snead'ın bir adım arkasından vardı ve düşüşün büyük bölümüne tanık oldu. Atlama hareketi çok çabuk oldu, ama düşüş sanki bir saat sürmüştü. Yetmiş kiloluk bir adamın doksan metre yükseklikten yere düşmesi beş saniyeden az sürer, ama Stafford'un daha sonra söylediğine göre, yaşlı adam havada uzun süre sanki asılı kalmış, rüzgârda dönen bir tüy gibi düşmüştü.

Tip Durban parmaklığa Stafford'un hemen arkasından geldi ve sadece vücudun, ön girişle daire biçimindeki araba yolu arasındaki tuğla zemine düşüşünü gördü. Zarf Durban'ın elindeydi, yaşlı Troy'u yakalamak için koşmaya başlarken onu hiç düşünmeden eline almıştı. Buz gibi terasta durup korku filmlerindeki sahneleri andıran sahneye bakarak olay yerine gelenleri izlerken, elindeki zarf sanki daha da ağırlaşmış gibiydi.

Troy Phelan'ın düşüşü, kendisinin düşündüğü gibi büyük bir dram olarak algılanmadı. Onun, ipek entarisi arkasında dalgalanarak mükemmel bir kuğu dalışıyla bir melek gibi, tam o sırada binadan çıkacaklarını sandığı ailelerinin önüne düşme düşüncesi yerini bulmamış, olayı sadece, bir kafeteryada uzun süreli bir öğle yemeği yedikten sonra aceleyle işine dönen bir düşük maaşlı memur görmüştü. Şirket memuru bir ses duyup başını kaldırarak yukarıya, en üst kata baktı ve boynuna yatak çarşafı gibi bir şey dolanmış soluk ve çıplak bir vücudun çırpınarak aşağıya düşüşünü dehşet içinde izledi. Vücut tuğla zemine, insanın böyle düşüşlerde bekleyeceği boğuk bir gürültüyle sırtüstü düştü.

Memur olay yerine koşarken, Phelan Kulesi'nin girişine yakın yerinde olanları gören kapı muhafızı da fırlayıp koşmaya başladı. Bay Troy Phelan'ı ne memur ne de kapı bekçisi tanıyordu, onu hiç görmemişlerdi ve başlangıçta kimin cesedine baktıklarını ikisi de bilemedi tabii. Vücut kan içindeydi, ayakları çıplaktı, kıvrılmıştı ve üzerinde sadece kollara sarılmış bir kumaş parçası bulunuyordu. Ve hiç kuşkusuz ölmüştü.

Otuz saniye daha bekleseydi, Troy arzusuna kavuşacaktı. Çünkü beşinci katta bir odada bulunan Tira, Ramble, Dr. Theishen ve avukatları binadan ilk çıkanlardı. Bu nedenle intiharı ilk önce onlar gördü. Tira bir çığlık attı, ama bunun nedeni duyduğu acı, sevgi ya da kayıp değildi, sadece yaşlı Troy'u tuğla zeminde paramparça görmenin şokuyla bağırmıştı. Öyle korkunç ve delici bir çığlıktı ki bu, on dört kat yukardaki Snead, Stafford ve Durban tarafından net olarak duyuldu.

Ramble olayı serinkanlılıkla karşıladı. Bir TV çocuğu ve video oyunları hastası olarak yerdeki kanlar sanki onu mıknatıs gibi çekmişti. Bağırıp duran annesinin yanından ayrıldı ve gidip ölmüş babasının yanına diz çöktü. Kapıdaki güvenlik görevlisi hemen elini onun omuzuna koydu.

Güvenlik görevlisi cesedin çevresinde bakınırken, avukatlardan biri, "Bu adam Troy Phelan," dedi.

Güvenlik görevlisi, "Olamaz," diye mırıldandı.

Şirket memuru da, "Vay canına," diye söylendi.

Binadan başkaları da çıkıyordu.

Daha sonra Janie, Geena, Cody ve psikiyatr Dr. Flowe ile avukatlar geldi. Fakat kimse bağırmıyor ya da sinir krizi geçirmiyordu. Tira ve onun grubundan ayrı bir noktada bir araya toplanıp herkes gibi aptal ve şaşkın gözlerle zavallı Troy'a baktılar.

Bir diğer güvenlik görevlisi gelip kontrolü ele alınca telsizler de çalışmaya başladı. Adam hemen bir ambulans çağırdı.

Olayı ilk gören kişi olarak olay sonrasında da önemli bir rol almak isteyen memur, "Ambulans ne işe yarayacak ki?" diye sordu.

Bekçi, "Onu arabana koyup götürmek ister misin?" diye sordu.

Ramble, tuğlaların arasındaki çatlaklardan düzgün bir açıyla akan kana baktı.

Atrium'da dolu bir asansör durdu ve açılan kapıdan Lillian'la ilk aile mensupları ve çevresi çıktı. TJ ve Rex'e bir zamanlar binada ofis verildiğinden, onlar arabalarını arka tarafa park etmişti. Grup çıkmak için sola döndü, ama o sırada binanın ön tarafından birisi, "Bay Phelan kendini aşağı attı!" diye bağırdı. Hemen yönlerini değiştirip koşarak ön kapıdan çıktılar, tuğla zemine ve çeşmenin yakınına gidip onu gördüler.

Demek tümörün onu öldürmesini beklemek zorunda kalmayacaklardı.

Joshua Stafford kısa sürede şoktan çıktı ve yeniden bir avukat gibi düşünmeye başladı. Üçüncü ailenin de aşağıda meydana çıkmasını bekledi ve sonra Snead ve Durban'a içeriye girmelerini söyledi.

Kamera hâlâ çalışıyordu. Snead kamera karşısına geçip sağ elini kaldırarak doğruyu söyleyeceğine yemin etti ve sonra gözyaşlarına hâkim olmaya çalışarak biraz önce gördüklerini anlattı. Stafford zarfı açıp sarı kâğıtları kameranın önüne tuttu.

Snead, "Evet, onun bu kâğıtları imzaladığını gördüm," dedi. "Sadece birkaç saniye önce."

Stafford, "Peki, bu onun imzası mı?" diye sordu.

"Evet, evet onun imzası."

"Bunun son arzusu ve vasiyeti olacağını söyledi mi?"

"Bunun vasiyetnamesi olduğunu söyledi."

Snead kâğıtları okuyamadan Stafford onları geri çekti. Durban'dan da aynı şekilde tanıklık ifadesini aldı, sonra kendisi kamera karşısına geçip olayı kendi görüşüne göre anlattı. Kamera kapatıldı ve üçü birden asansöre binip Bay Phelan'a olan saygılarını göstermek üzere aşağıya indi. Asansör Phelan şirketi çalışanlarıyla doluydu, herkes şaşkın ve meraklıydı, ihtiyarı son bir kez görmenin heyecan ve üzüntüsü içindeydi. Bina boşalıyordu. Snead'ın sessiz hıçkırıkları bir köşede boğulup kalmıştı.

Koruma görevlileri kalabalığı geriye itmiş, Troy'u kendi kan gölünün ortasında yalnız bırakmıştı. Uzaktan bir siren sesi duyuluyordu. Birisi onun ölümünün anısı olarak birkaç fotoğraf çekti ve sonra cesedin üzeri siyah bir battaniyeyle örtüldü.

Aileler için, ani gelen hafif üzüntü dalgaları, kısa bir süre sonra yerini ölüm şokuna bıraktı. Başları önlerine eğik duruyor, üzgün gözlerle battaniyeye bakıp, ortaya çıkabilecek meseleler konusunda düşüncelerini toparlamaya çalışıyorlardı. Troy'a bakıp da para düşünmemek olanaksızdı. İnsanın, kendisinden ayrı yaşayan bir yakınına, bu babası olsa bile, duyduğu üzüntü, yarım milyon doları düşünmesini engelleyemezdi.

Çalışanlar ise şoktan çıkıp bir karmaşa ortamına girmişti. Troy'un, üst katta, onların üstünde yaşadığı söylenirdi ama, içlerinden pek azı onu görmüştü. Onun ekzantrik, deli, hasta bir adam olduğunu söylerlerdi – söylentilerde her şey vardı. Troy insanları sevmezdi. Binada önemli başkan yardımcıları vardı, ama onlar bile genellikle Troy'u yılda ancak bir kez görürlerdi. Şirket onsuz da bu kadar iyi yönetildiğine göre, işlerini kaybetmeyecekler demekti.

Psikiyatrlar ise – Zadel, Flowe ve Theishen – iyice gergindi. Bir adama akli dengesi yerinde raporu ver ve birkaç dakika sonra o gelsin ölümüne atlasın. Fakat bir deli bile, geçici bir süre için aklı başındaymış gibi davranabilir – kalabalık arasında ürperirken kafalarından bunlar geçiyordu. Çılgın bir adamın kısa ve geçici bir akıllı davranma süreci ve bu süreçte imzalanan bir vasiyetname geçerlidir. Bu fikirlerini iyi savunmalıydılar. Allaha şükür ki her şey videoya alınmıştı. İhtiyar Troy zehir gibiydi. Ve akli dengesi yerindeydi.

Avukatlara gelince, onların şoku hemen kaybolmuştu ve üzülmüyorlardı. Müvekkillerinin yanında asık suratlarla durmuş, korkunç manzaraya bakıyorlardı. Alacakları ücretler çok yüksek olacaktı.

Bir ambulans tuğla zemin üzerinde ilerleyip Troy'un yakınında durdu. Stafford eğilip engelin altından geçti ve koruma görevlilerine bir şeyler fısıldadı.

Troy hemen bir sedyeye alındı ve oradan götürüldü.

• • •

Troy Phelan New York vergi yasalarından kurtulmak için yirmi iki yıl önce şirket merkezini kuzey Virginia'ya taşımıştı. Kule ve çevresi için kırk milyon harcadı ama, Virginia'da olduğu için bu işten çok kazançlı çıktı.

Troy, yıldızı parlamakta olan bir D.C. avukatı olan Joshua Stafford'a, kendisinin kaybedip, Stafford'un kazandığı pis bir davada rastlamıştı. Onun tarzını ve işi sonuna kadar inatla götürmesini çok beğendi ve kendi hukuk işleri için tuttu. Stafford'un firması son on yılda iki kat büyüdü ve avukat, Troy'un davalarıyla zengin oldu.

Yaşamının son yıllarında Troy'a hiç kimse Stafford kadar yakın olamamıştı. Stafford ve Durban, on dördüncü kattaki toplantı salonuna döndüler ve kapıyı kilitlediler. Snead'a, gidip beklemesini söylemişlerdi.

Stafford kamerayı çalıştırıp zarfı açtı ve üç sarı kâğıdı çıkardı. Birinci kâğıt Troy'un ona yazdığı bir mektuptu. Stafford kamera karşısında konuşmaya başladı: "Bu mektubun tarihi bugünü, yani 9 Aralık 1996, Pazartesi gününü gösteriyor. Troy Phelan tarafından, kendi el yazısıyla bana hitaben yazılmış. Beş paragraftan oluşuyor. Şimdi hepsini okuyorum:

'Sevgili Josh: şimdi ölüyüm. Bunlar benim talimatım ve aynen uygulamanı istiyorum. Zorunlu kalırsan dava açabilirsin, ama arzularımın yerine getirilmesini istiyorum.

'İlk olarak hemen bir otopsi istiyorum, bunun nedeni daha sonra önemli olacaktır.

'İkincisi, cenaze töreni ya da herhangi bir tören olmayacak. Yakılmamı ve küllerimin, havadan Wyoming'deki çiftliğimin üzerine serpilmesini istiyorum.

'Üçüncü olarak, vasiyetnamemin 15 Ocak 1997'ye kadar gizli tutulmasını istiyorum. Yasaya göre, onu hemen ortaya çıkarmak zorunda değilsin. Onu bir ay kadar saklamanı istiyorum.

'Elveda. Troy.' "

Stafford birinci kâğıdı dikkatle masanın üzerine koyup ikinciyi aldı. Bir süre ona göz gezdirdi ve sonra kameraya doğru konuştu: "Bu bir sayfalık belge Troy L. Phelan'ın son vasiyetnamesidir. Şimdi hepsini okuyorum:

'Troy L. Phelan'ın son vasiyetnamesi. Ben Troy L. Phelan, akli dengem ve hafızam tamamen yerinde olarak burada, şimdiye kadar yapılmış olan tüm eski vasiyetname ve eklerini geçersiz kılıyor ve servetimi aşağıdaki şekilde dağıtıyorum:

'Çocuklarım Troy Phelan Jr., Rex Rhelan, Libbigail Jeter, Mary Ross Jackman, Geena Strong ve Ramble Phelan'ın her birine, bugüne kadar olan tüm borçlarını ödeyecek miktarda para bırakıyorum. Bugünden sonra yapılacak borçlanmalar bundan yararlanmayacaktır. Çocuklarımdan herhangi biri buna itiraza kalkışacak olursa onun mirası iptal edilecek, para verilmeyecektir.

'Eski eşlerim Lillian, Janie ve Tira'ya hiçbir şey vermiyorum. Boşanmalar sırasında yeterince nafaka aldılar.

'Servet ve mülkümün geri kalan kısmını şimdi ölmüş olan Evelyn Cunningham isimli kadından 2 Kasım 1954'te New Orleans, Louisiana'da, Katolik Hastanesi'nde doğan kızım Rachel Lane'e bırakıyorum.' "

Stafford bu isimleri daha önce hiç duymamıştı. Okumasını sürdürmeden önce derin bir nefes aldı.

'Bu vasiyetnamenin uygulayıcısı olarak, güvendiğim avukatım Joshua Stafford'u tayin ediyor ve kendisine gerek duyacağı her türlü yetkiyi veriyorum.

'Bu belgedeki her bir sözcük tarafımdan el yazısıyla yazıldı ve şimdi de imzalıyorum.

'9 Aralık 1996, saat 15.00, imza Troy L. Phelan.' "

Stafford kâğıdı masaya bıraktı ve gözlerini kırpıştırıp kameraya baktı. Binanın çevresinde, buz gibi havada biraz dolaşmak ihtiyacı hissediyordu ama, işine devam etti. Üçüncü kâğıdı aldı ve, "Bu da yine bana yazılmış bir paragraflık bir not," diye konuştu. "Onu okuyorum: 'Josh: Rachel Lane, Brezilya-Bolivya sınırında bir yerde görev yapan bir Dünya Kabileleri misyoneridir. Pantanal denen bir bölgede, herkesten uzak yaşayan bir yerli kabilesiyle çalışıyor. Oraya en yakın kent Corumba. Ben onu bulamadım. Son yirmi yıldır onunla temas kuramadım. İmza, Troy Phelan.'"

Durban kamerayı kapattı ve Stafford kâğıdı tekrar tekrar okurken o da masanın çevresinde iki tur attı.

"Onun evlilik dışı bir kızı olduğunu biliyor muydun?"

Stafford dalgın gözlerle duvara bakıyordu. "Hayır. Troy için on bir vasiyetname hazırladım ama hiçbirinde de ondan söz etmedi."

"Sanırım bu bizi şaşırtmamalı."

Stafford, Troy Phelan'ın artık onu şaşırtamayacağını söyleyip dururdu. İş hayatında olsun, özel yaşamında olsun, adam son derece kaprisli, saçmalıklarla dolu, karmaşık bir kişiliğe sahipti. Stafford onun sorunlarını örtbas edebilmek için milyonlar harcamıştı.

Ama şu anda gerçekten şaşkındı. Biraz önce şaşırtıcı bir intihar olayına tanık olmuş, tekerlekli sandalyede yaşamaya mahkûm bir adam aniden fırlamış ve koşmuştu. Şimdi elinde tuttuğu kâğıtta acele ve el yazısıyla yazılmış, geçerli bir vasiyetname vardı ve dünyanın en büyük servetlerinden birini, hiçbir planlama olmadan, bilinmeyen bir mirasçıya bırakıyordu. Bunun veraset vergileri de korkunç olacaktı tabii.

"Bir şeyler içmek istiyorum Tip," dedi.

"Henüz erken değil mi?"

Yandaki Bay Phelan'ın ofisine gittiler, her şey açıktı, kilitlenmemişti. Sekreter ve on dördüncü katta çalışan herkes hâlâ aşağıdaydı.

İçeriye girip kapıyı kilitlediler ve masa çekmeceleriyle dolapları aramaya başladılar. Troy da onların arayacağını düşünmüştü tabii. Özel yerlerini asla kilitsiz bırakmazdı. Josh'un hemen buraya geleceğini biliyordu. Masasının orta çekmecesinde, beş hafta önce Alexandria'daki bir krematoryumla yapılmış bir anlaşma buldular. Onun altında da Dünya Kabileleri ile ilgili bir dosya vardı.

Taşıyabildikleri her şeyi topladıktan sonra Snead'ı çağırıp ofisi kilitlemesini söylediler. Snead, "Şu son vasiyetnamede ne var?" diye sordu. Yüzü sapsarıydı ve gözleri şişmişti. Bay Phelan onu böyle çırılçıplak, yaşamını sürdürmesini sağlayacak bir şey bırakmadan nasıl ölebilirdi? Otuz yıldır onun sadık hizmetkârı olarak çalışıyordu.

Stafford, "Bunu söyleyemem," dedi. "Yarın envanterler için geleceğim. İçeriye kimseyi bırakma sakın."

Snead, "Tabii bırakmam," diye fısıldadı ve yine ağlamaya başladı.

Stafford ve Durban, olayla ilgili rutin bir görüşme için bir polisle yarım saat konuştu. Ona Troy'un atladığı yeri gösterip tanıkların isimlerini verdiler, ayrıntıya girmeden son mektup ve vasiyetnameden söz ettiler. Olay net ve açık bir intihardı. Polise otopsi raporundan bir kopya vereceklerine dair söz verdiler ve polis de işini bitirip oradan ayrıldı.

Adli tıp morguna gidip cesedi buldular ve otopsi için gerekli işlemleri tamamladılar.

Kâğıtların hazırlanmasını beklerken, Durban, "Neden otopsi?" diye fısıldadı.

"Uyuşturucu ve alkol etkisi olmadığını kanıtlamak için. Muhakeme yeteneğini zayıflatacak bir şey olmamalı. Adam her şeyi düşünmüş."

Ofislerinden iki blok uzakta, Beyaz Saray yakınlarındaki Willard Oteli'nin barına girdiklerinde saat altıya geliyordu. Stafford ancak sert bir içkiden sonra hafifçe gülümseyebildi. "Her şeyi düşünmüş, değil mi?"

Durban düşünceli bir tavırla, "Çok zalim bir adam," dedi. Şokun etkisi yavaş yavaş geçiyor ve yerini gerçeklere bırakıyordu.

"Yani *zalimdi* demek istiyorsun, değil mi?"

"Hayır. Hâlâ zulmünü sürdürüyor, hâlâ burada. Troy hâlâ işi yönetiyor."

"O sersemlerin önümüzdeki ay yapacakları çılgınca harcamaları düşünebiliyor musun?"

"Onlara durumu açıklamamak bence kötü olur."

"Bunu yapamayız. Bize talimatı var."

Müvekkilleri birbiriyle pek az görüşen avukatlar için bu toplantı nadir işbirliği fırsatlarından biriydi. Odadaki en yüksek ses, birkaç yıl süreyle Rex Phelan'ı temsil etmiş gürültücü bir avukat olan Hark Gettys'indi. Hark, Massachusetts Caddesi'ndeki ofisine döndükten kısa bir süre sonra toplantı konusunda ısrar etmişti. Aslında, yaşlı adamın cesedi ambulansa yerleştirilirken bu fikri TJ ve Libbigail'in avukatlarına fısıldayıvermişti.

Bu o kadar iyi bir fikirdi ki, diğer avukatlar tartışmasız kabul etmişti. Avukatlar saat beşten sonra Flowe, Zadel ve Theishen'le birlikte Gettys'in ofisine geldiler. Bir adliye muhabiri ve iki video kamera da hazır bekliyordu.

İntihar olayı, avukatları tabii ki heyecanlandırmıştı. Her psikiyatrı teker teker çağırıp, Bay Phelan'ın atlamadan önceki durumu konusunda sorguladılar.

Üç psikiyatrın da, Bay Phelan'ın ne yaptığını bilen bir adam olduğu, akli dengesinin tamamen yerinde bulunduğu ve vasiyetname imzalama ehliyetine sahip olduğu konusunda en küçük bir kuşkuları yoktu. Sonuçta, bir insanın intihar etmesi için deli olması gerekmediğini de büyük bir dikkatle belirttiler.

On üç avukat, mümkün olan tüm olasılıkları gözden geçirdikten sonra Gettys toplantıya son verdi. Saat akşamın sekizine geliyordu.

4

Forbes'e göre, Troy Phelan Amerika'nın onuncu en zengin adamıydı. Ölümü haber olacak değerdeydi; ve ölümünün intihar şeklinde olması da bu habere olağanüstü bir nitelik kazandırıyordu.

Medya muhabirleri, Lillian'ın Falls Church'teki köşkünün önünde toplanmış, bir aile sözcüsünün çıkmasını bekliyordu. Gelip gidip ailenin komşularının ve dostlarının filmlerini çekmiş, aile hakkında basit sorular sormuşlardı.

İçerde, Phelan'ın dört büyük çocuğu, eşleri ve kendi çocuklarıyla bir araya gelmiş, taziyeleri kabul ediyordu. Misafirler geldiğinde kasvetli, üzgün bir havaya bürünüyorlar, onlar gidince havaları hemen değişiveriyordu. Troy'un torunlarının varlığı – on bir torun vardı – TJ, Rex, Libbigail ve Mary Ross'u, duygularını kontrol altında tutup, sevinçlerini belli etmemek zorunda bırakıyordu. Güç bir işti bu. Bir sürü iyi kalite şarap ve şampanya servisi yapıldı. Yaşlı Troy onların yas tutmasını istemezdi, değil mi? Biraz büyükçe torunlar ebeveynlerinden de fazla içiyordu.

Küçük odadaki TV'yi CNN'e ayarlamışlardı ve her yarım saatte bir toplanıp Troy'un dramatik ölümüyle ilgili son haberleri izliyorlardı. Bir ekonomi muhabiri Phelan serveti konusunda on dakikalık bir konuşma yaptı ve hepsi gülümsedi.

Lillian dudaklarını fazlaca yayıp gülümsemiyor, ciddi görünüyor ve üzgün bir dul rolünü iyi oynuyordu. Yarın işleri ayarlamak için gerekeni yapacaktı.

Hark Gettys saat ona doğru geldi ve onlara, Josh Stafford'la konuştuğunu söyledi. Cenaze töreni ya da herhangi bir tören olmayacaktı; sadece bir otopsi yapılacak, ceset yakılacak ve küller savrulacaktı. Bunlar yazılı talimattı ve Stafford gerekirse müvekkilinin vasiyetini yerine getirmek için mahkemeye de gidebilecekti.

Lillian ve çocukları, Troy'u ne yapacakları konusunu pek umursamıyordu. Fakat Gettys'e itiraz edip biraz tartışmak zorunda kaldılar. Onu cenaze töreni olmadan öbür dünyaya göndermek haksızlıktı. Libbigail kendini zorlayıp birkaç damla gözyaşı bile akıttı ve sesini boğuklaştırdı.

Gettys, ciddi bir tavırla, "Bu konuda itiraz etmenizi tavsiye etmem," dedi. "Bay Phelan ölmeden önce bunları yazılı olarak istemiş ve mahkeme onun vasiyetini dikkate alacaktır."

Bu meseleyi çabucak hallettiler. Avukatlarla zaman ve para harcamanın bir anlamı yoktu. Yas süresini uzatmak da anlamsızdı. Neden her şeyi berbat edeceklerdi ki? Troy her zaman istediğini yapmıştı zaten. Josh Stafford'la takışmamak gerektiğini de birkaç kez zor yoldan öğrenmişlerdi.

Lillian, "Onun isteklerine uyacağız," dedi ve diğer dördü de üzgün bir tavırla başlarını salladı.

Vasiyetname ve onu ne zaman görecekleri konusunda hiçbir haber yoktu, bunu soramıyorlardı bile. En iyisi, bir süre daha üzgün ve acı çeker görünmekti, ondan sonra işe başlayabilirlerdi. Mademki ölüyü bekleme, cenaze töreni gibi şeyler olmayacaktı, belki de hemen yarın bir araya gelebilir ve servetin dağılımını görüşebilirlerdi.

Rex, "Neden otopsi yapılıyor ki?" diye sordu.

Gettys, "Hiçbir fikrim yok," diye cevap verdi. "Stafford bunun yazılı talimat olduğunu söyledi, ama o bile neden istendiğini bilmiyor."

Gettys gittikten sonra bir süre daha içtiler. Misafirler artık gelmiyordu ve Lillian da yatmaya gitti. Libbigail ve Mary Ross da ailelerini alıp gittiler. TJ ve Rex bodrumdaki bilardo odasına gidip kapıyı kilitlediler ve viskiye başladılar. Geceyarısı geldiğinde sarhoş denizciler gibi bilardo toplarını birbirine vurdurup sallanıyor, yeni zenginliklerini kutluyorlardı.

Bay Phelan'ın ölümünden sonra sabahın sekizinde Phelan Grubu'nun endişeli direktörlerini toplayan Josh Stafford onlarla bir konuşma yaptı. Bay Phelan iki yıl önce Josh'u da yönetim kuruluna üye yapmıştı ama Josh bu görevinden pek hoşlanmıyordu.

Phelan Grubu altı yıldır, kurucusunun pek bir yardımı olmadan kârlı çalışmalarını sürdürüyordu. Troy, bazı nedenlerle, belki de depresyona girdiğinden, imparatorluğunun günlük çalışmalarıyla ilgilenmez olmuştu. Sadece pazarlama ve kazanç raporlarını incelemek ona yetiyordu.

Yönetim Kurulu'nun başında, Troy'un yanında yaklaşık yirmi yıl önce çalışmaya başlayan Pat Solomon vardı. Stafford odaya girdiğinde o da diğer yedi kişi kadar heyecanlıydı.

Endişelenmeleri için yeterli nedenleri vardı. Şirketin üst düzey çalışanlarında Troy'un karıları ve çocuklarıyla ilgili yeterince bilgi bulunuyordu. Phelan Grubu'nun bu insanların ellerine düşeceğine dair en küçük bir ima bile onları dehşete düşürmek için yeterliydi.

Josh konuşmasına, Bay Phelan'ın, cenazeyle ilgili vasiyetiyle başladı. Ciddi bir yüz ifadesiyle, "Cenaze töreni yapılmayacak," dedi. "Açıkçası, ona olan saygınızı son bir kez gösteremeyeceksiniz."

Hiçbiri sesini çıkarmadı. Normal bir insanın ölümünde bu tür uygulamalar insana garip gelebilir. Ama Troy'la ilgili konularda şaşırmak oldukça zordu.

Solomon, "Şirketin sahibi kim olacak?" diye sordu.

Stafford, "Şu anda bilmiyorum," diye cevap verdi ama, cevabının hiç de inandırıcı olmadığından emindi. "Troy atlamadan birkaç dakika önce yeni bir vasiyetname imzaladı ve benden de, onu bir süre saklamamı istedi. Onun içindekileri hiçbir şekilde açıklayamam. En azından şimdilik."

"Ne zaman açıklarsın?"

"Yakında. Ama şimdi değil."

"Yani çalışmalar eskisi gibi devam ediyor, öyle mi?"

"Tamamen. Kurul aynen kalıyor, herkes kendi işine devam ediyor. Şirket bir hafta önce ne yapıyor idiyse yarın da onu yapacak."

Bu söylenenler kulağa hoş geliyordu ama hiçbiri de buna inanmadı. Şirketin sahip değiştirmesi doğaldı. Troy, hisseleri hiçbir zaman Phelan Grubu içinde dağıtmaktan hoşlanmamıştı. Çalışanlarına iyi para veriyordu ama, şirketin parçalarını onlara vermekten yana değildi. Hisselerin ancak yüzde üç kadar bir bölümü onun sevdiği birkaç yöneticinin elindeydi.

Yönetim Kurulu bir saat kadar, bir basın açıklaması konusunda görüştü ve ardından, bir ay sonra toplanmak üzere dağıldı.

Stafford lobiye gidip Tip Durban'la buluştu ve birlikte arabaya atlayıp adli tıbba gittiler. McLean'daki adli tıp merkezinde otopsi tamamlanmıştı.

Ölüm nedeni açıktı. Vücutta hiçbir uyuşturucu ya da alkol izine rastlanmamıştı.

Tümör de yoktu. Hiçbir kanser emaresi bulunmamıştı. Troy, ölümü sırasında, biraz zayıf görünmekle beraber tamamen sağlıklıydı.

Roosevelt Köprüsü üzerinden Potomac'ı geçerken Tip sessizliği bozdu. "Beyin tümöründen söz etmiş miydi sana?"

"Evet. Birkaç kez." Stafford arabayı sürüyordu ama, yolların, köprülerin, sokakların ve arabaların farkında değilmiş gibiydi. Troy daha ne kadar sürpriz yapacaktı acaba?

"Neden yalan söyledi?"

"Kim bilir? Kısa bir süre önce bir binadan atlayan bir adamı analiz etmeye çalışıyorsun. Beyin tümörü her şeyin hızlı yapılmasını gerektiriyordu. Ben dahil herkes onun öleceğini düşünüyorduk. Kaçıklığı da pskiyatr çağırılmasının iyi bir fikir olduğu kanısını uyandırdı. Bir tuzak kurdu, hepsi koştu ve şimdi onların kendi psikiyatrları Troy'un normal bir adam olduğuna yemin ediyor. Ayrıca, herkesin ona acımasını da de istedi."

"Ama deliydi, değil mi? Yani, sonunda kendini aşağıya attı işte."

"Troy pek çok konuda garip bir adamdı, ama ne yaptığını çok iyi biliyordu."

"Kendini neden attı peki?"

"Depresyon. Çok yalnız bir ihtiyardı."

Constitution Bulvarı'ndaki kalabalık trafikte, önlerindeki arabaların stop lambalarına bakıyor ve düşünmeye çalışıyorlardı.

Durban, "Hileli bir iş bu," dedi. "Onlara miras bırakacağını söyleyip yemliyor; onların psikiyatrlarını tatmin ediyor, sonra, son dakikada bir vasiyetname imzalıyor ve hepsini ortada bırakıyor."

"Hileli olduğu doğru, ama bu bir vasiyetname, bir kontrat değil. Bir vasiyetname bir hibedir, armağandır. Virginia yasalarına göre bir insan çocuklarına miras bırakmak zorunda değildir."

"Ama dava açacaklardır, değil mi?"

"Muhtemelen. Birçok avukatları var. Büyük para söz konusu."

"Onlardan neden bu kadar nefret ediyordu acaba?"

"Onları sülük olarak görüyordu. Onun canını sıkıyorlardı. Onunla mücadele halindeydiler. Hiçbir zaman bir kuruş kazanmadılar ve hep onun milyonlarını harcadılar. Troy hiçbir zaman onlara bir şey bırakmayı düşünmedi. Milyonları bu kadar kolayca harcadıklarına göre, milyarları da çarçur ederler diye düşündü. Ve haklıydı da."

"Aile kavgalarında onun hatası ne kadardı?"

"Epey çok. Troy, sevilmesi güç bir adamdı. Bir gün bana, kötü bir baba ve berbat bir koca olduğunu söylemişti. Ellerini kadınların üzerinden çekemiyordu, özellikle de onun şirketlerinde çalışanlardan. Onların sahibi olduğunu düşünürdü."

"Bazı cinsel tecavüz suçlamalarını hatırlıyorum."

"Onları hep sessizce hallettik. Hem de büyük paralar ödeyerek. Troy sıkıntı istemezdi."

"Acaba başka evlilik dışı çocuk çıkabilir mi ortaya?"

"Bundan kuşkuluyum. Ama nerden bileyim? Başka bir çocuğu olduğu asla aklıma gelmemişti ve her şeyini ona bırakmasını da hâlâ anlamış değilim. Troy ve ben, mirasının paylaşımı konusunda saatlerce konuşmuştuk."

"Onu nasıl bulacağız peki?"

"Bilmiyorum. Bu konuda henüz düşünmedim."

Josh döndüğünde, Stafford hukuk firması çıldırmış gibiydi. Washington standartlarına göre küçük sayılabilecek – altmış avukat çalışıyordu – bir hukuk firmasıydı. Josh firma kurucusu ve büyük ortaktı. Tip Durban'dan başka dört ortak daha vardı ki, Josh arada bir onlardan fikir alır ve kârın bir kısmını onlarla paylaşırdı. Otuz yıldır serbest bir hukuk firması olarak çalışıyorlardı. Ama Josh artık altmışına yaklaştığından mahkemelere pek fazla gitmiyor ve genelde, evrak dolu masasında çalışıyordu. Eski senatörleri, lobicileri, yasa analizcilerini, yani bilinen D.C. tiplerini çalıştırmak istese yüz avukat çalıştırabilirdi. Ama Josh davaları ve mahkeme salonlarını seviyor ve sadece, en azından jürili on dava tecrübesi olan genç avukatları tutuyordu.

Bir dava avukatının ortalama meslek yaşamı yirmi beş yıldır. İlk kalp krizi onları genellikle yavaşlatır ve ikinci krizi geciktirir. Josh, Bay Phelan'ın bir sürü hukuk işleriyle, kişisel meseleleriyle uğraşarak tükenmesini biraz geciktirmişti.

Büyük ofisinin bekleme odasında üç avukat ekibi bekliyordu. Paltosunu çıkarıp masasına otururken, iki sekreter, önüne bir sürü not ve telefon mesajı bıraktı. "En acele cevap isteyen hangisi?" diye sordu.

Sekreterlerden biri, "Sanırım şu," diye cevap verdi.

Mesaj Hark Gettys'dendi ve Josh, son bir aydır bu adamla haftada en az üç kere konuşmuştu. Numarayı çevirince Hark hemen telefonu açtı. Birbirlerine hal hatır sorduktan sonra Hark konuya girdi.

"Dinle Josh, ailenin beni nasıl sıkıştırdığını tahmin ediyorsundur."

"Kuşkusuz, biliyorum."

"Şu lanet vasiyetnameyi görmek istiyorlar Josh. Ya da en azından içinde ne olduğunu bilmek."

Bundan sonraki dakikalar çok kritik olacaktı ve Josh bunu çok iyi planlamıştı. "O kadar acele etme bakalım Hark."

Adam kısa bir tereddüt geçirdi ve sonra, "Neden?" diye sordu. "Bir mesele mi var?"

"İntihar olayı benim canımı sıkıyor."

"Ne? ne demek istiyorsun sen?"

"Dinle Hark, bir adam ölümüne atlamadan saniyeler önce nasıl akli dengesine sahip görünebilir?"

Hark'ın sinirli sesi bir oktav daha yükseldi, sesinden endişelendiği anlaşılıyordu. "Ama bizim psikiyatrları duydun. Lanet olsun, her şey banda kaydedildi."

"İntihardan sonra da aynı fikirdeler mi peki?"

"Tabii aynı fikirdeler, lanet olsun!"

"Bunu kanıtlayabilir misin? Burada yardıma ihtiyacım var Hark."

"Josh, dün gece üç psikiyatrla tekrar görüştük. Onları tekrar sorguladık ve birbirlerine zamkla yapışmış gibiler. Her biri, Bay Phelan'ın akli dengesinin yerinde olduğunu gösteren sekizer sayfalık yeminli beyanlarını imzaladı.

"Yeminli beyanları görebilir miyim peki?"

"Onları hemen bir kuryeyle sana gönderiyorum."

"Lütfen bunu hemen yap." Josh telefonu kapadı ve kendi kendine gülümsedi. Şirketinde çalışan avukatlardan üç ekip, pırıl pırıl ve korkusuz gençler olarak içeriye girdiler ve ofisin bir köşesindeki maun masaya oturdular.

Josh konuşmasına, Troy'un eliyle yazılmış vasiyetnamenin içindekileri özetlemekle başladı ve bunun neden olabileceği yasal sorunlardan söz etti. Birinci ekibe, veraset kapasitesiyle ilgili ağırlıklı meseleyi verdi. Josh , akıllılıkla delilik arasındaki zaman süreciyle ilgileniyordu. Akli dengesi yerinde olmayan bir kişi tarafından imzalanmış vasiyetname davalarıyla uzaktan bile olsa ilgili her davanın analizini istiyordu.

İkinci ekip imza sahibinin el yazısıyla yazılmış vasiyetnameleri araştırmakla görevlendirildi; özellikle de onlar hakkında dava açma ve onları savunma konusunda kullanılacak en iyi yöntemler bulunmalıydı.

Üçüncü ekiple yalnız kalınca biraz rahatlayıp oturdu. Bunlar şanslı olanlardı, çünkü bundan sonraki üç günü kütüphanede geçirmeyeceklerdi. "Bulunmak istenmediğini sandığım birini bulacaksınız."

Onlara Rachel Lane konusunda bildiklerini anlattı. Onun da fazla bilgisi yoktu. Troy'un masasındaki dosya pek az bilgi sağlamıştı.

"Önce, Dünya Kabileleri Misyonları kuruluşunu araştırın. Kimdir bunlar? Nasıl çalışırlar? Çalıştırdıklarını nasıl seçerler? Onları nerelere gönderirler? Her şeyi araştırın işte. İkincisi, D.C.'de çok iyi özel araştırmacılar vardır; bunlar genellikle eski FBI ve hükümet ajanlarıdır ve kayıp kişileri bulma konusunda uzmandır. En iyi ikisini bulun ve yarın bu konuda kararımızı verelim. Üçüncüsü, Rachel'in annesinin adı Evelyn Cunningham'mış ve kadın ölmüş. Bu kadını araştıralım. Sanırım o ve Bay Phelan bir macera yaşadı ve bu birleşmeden de bir çocukları oldu, yani böyle düşünüyoruz."

"Böyle mi düşünüyoruz?" Bunu soran genç avukatlardan biriydi.

"Evet. Hiçbir şeyi mutlaka olmuştur diye kabul edemeyiz."

Onları gönderdi ve Tip Durban'ın küçük bir basın toplantısı düzenlediği odaya gitti. Kamera yoktu, sadece gazeteciler çağırılmıştı. Bir düzine muhabir merakla masanın etrafına sıralanmış, belirli noktalara teypler ve mikrofonlar yerleştirilmişti. Bunlar büyük gazetelerin ve tanınmış finans dergilerinin muhabirleriydi.

Sorular başladı. Evet, bir son dakika vasiyetnamesi vardı, ama onun içeriği konusunda bilgi veremezdi. Evet, bir otopsi yapılmıştı, ama bu konuda da konuşamazdı. Şirket hiçbir değişikliğe uğramadan çalışmalarına devam edecekti. Yeni sahipleri konusunda bir şey söyleyemezdi.

Ailelerin kendi başlarına gazetecilerle konuştuklarını öğrenmek onları pek şaşırtmamıştı.

"Bay Phelan'ın son vasiyetnamesinin, servetini altı çocuğu arasında paylaştırdığına dair söylentiler var. Bunu kabul ya da reddedebilir misiniz?"

"Hayır edemem. Bu sadece bir söylenti."

"Kanserden ölmek üzere değil miydi?"

"Bu soru otopsiyle ilgili ve yorum yapamam."

"Duyduğumuza göre bir psikiyatrlar heyeti, ölümünden kısa bir süre önce onunla görüşüp incelemiş ve akli dengesinin yerinde olduğunu söylemiş. Bunu doğrular mısınız?"

Stafford, "Evet," diye cevap verdi. "Bu doğru." Gazeteciler ondan sonraki yirmi dakika süresince Troy'un akli dengesiyle ve incelemeyle ilgili sorular sordular. Josh hiç açık vermedi ve sadece Bay Phelan'ın akli dengesi yerindeymiş gibi 'göründüğünü' ima etti.

Finans muhabirleri rakamlar istiyordu, Phelan Grubu özel bir firma olduğundan ve pek bilgi sızdırmadığından, şirketle ilgili bilgi almak çok zordu. Bu onlar için kapıyı aralayacak bir fırsattı ya da onlar öyle düşünüyordu. Ama Josh onlara çok az bilgi verdi.

Bir saat sonra gazetecilerden özür dileyip, oradan ayrılarak ofisine döndü ve sekreterlerden biri ona krematoryumun aradığını bildirdi. Bay Phelan'ın cenazesini, yani ondan kalanları alabilirlerdi.

5

TJ öğleye kadar, akşamdan kalmanın cezasını çekti, sonra bir bira içti ve kaslarını biraz gevşetmeye karar verdi. Olayların son durumunu öğrenmek için avukatlarının başına telefon etti ve avukat da ona sabırlı olmasını öğütledi. "Bu biraz zaman alacak TJ."

TJ, başı çatlar gibi ağrıyarak, "Tamam da, ben de bekleyecek halde değilim," diye terslendi.

"Birkaç gün sabırlı olmalısın."

TJ telefonu hırsla kapattı ve darmadağınık, kirli apartman dairesinin arka tarafına doğru yürüdü, karısı orada olmadığı için şükrediyordu. O saate kadar üç kez kavga etmişlerdi ve vakit öğleye henüz geliyordu. Karısı belki de alışverişe çıkmıştı, yeni servetinin küçük bir bölümünü harcamak istiyordu. Alışveriş artık TJ'in canını pek sıkmıyordu.

Yüksek sesle, "İhtiyar keçi öldü," dedi. Etrafında kimse yoktu.

İki çocuğu kolejdeydi ve okul taksitlerini uzun yıllar önce Troy'dan boşanırken aldığı büyük paraların bir kısmı hâlâ bitmeyen Lillian ödüyordu. Böylece TJ, kocasından ayrılmış ve iki çocuğu babalarının yanında yaşayan otuz yaşındaki Biff'le yalnız yaşıyordu. Biff'in emlakçılık belgesi vardı ve yeni evlilere küçük güzel evler satıyordu.

Bir bira daha açtı ve holdeki boy aynasında kendine baktı. "Troy Phelan, Jr.," diye söylendi. "Şimdi ölmüş, net değeri on bir milyar olan, Amerika'nın onuncu en zengin adamı Troy Phelan'ın oğlu. Onu seven karıları ve çocukları vasiyetnamenin onaylanmasından sonra onu daha da çok sevecekler tabii. Evet!"

TJ o anda ve hemen oracıkta, bundan sonra her şeyden kaçıp kurtulmaya ve gerçekten de Troy Phelan Jr. gibi yaşamaya karar verdi. Büyülü bir isimdi bu.

Biff ev işi yapmaktan hiç hoşlanmadığı için içerisi pek hoş kokmuyordu. Kadın sürekli cep telefonlarıyla konuşup duruyordu.

Yerler pislik içinde, duvarlar çıplaktı. Mobilyalar bir şirketten kiralanmıştı ve şirket, eşyalarını geri alabilmek için avukatlar tutmuştu. Bir kanepeyi tekmeledi ve, "Gelip alın bu pisliği!" diye bağırdı. "Yakında burasını döşemek için dekoratörler tutacağım."

Evi kolayca yakabilirdi. Birkaç bira daha içse kibritlerle oynamaya başlayabilecekti.

En iyi takım elbisesini giydi, bir gün önce, Sevgili İhtiyar Babası psikiyatrlar tarafından incelenir ve mükemmel bir performans gösterirken giydiği gri takımdı bu. Mademki cenaze töreni olmayacaktı, çarşıya koşup da siyah yeni bir takım almak zorunda kalmayacaktı. Pantolonunun fermuarını çekerken, büyük bir neşeyle, "Bekle beni Armani, geliyorum," diye ıslık çaldı.

En azından bir BMW'si vardı. Bir çöplükte yaşayabilirdi ama bunu kimse görmüyordu ki. Ama dünya onun arabasına bakıyordu ve bunun için her ay ne yapıp edip kirası için gerekli 680 doları bir araya getirmeye çalışıyordu. Otoparkta geri geri giderken, dairesinin bulunduğu binaya küfretti. Bina, Manassas'ın taşkın sularının oluşturduğu sığ bir gölün çevresine inşa edilmiş seksen tane yeni apartman binasından biriydi.

Çocukluğu çok daha iyi geçmişti. İlk yirmi yıllık yaşamında büyük bir bolluk ve konfor içinde yaşamış ve sonra da babasının mirastan pay olarak verdiği parayı almıştı. Ama aldığı beş milyon, otuzuna varmadan tükenmiş ve babası da bu nedenle ondan nefret etmişti.

Babasıyla sürekli ve şiddetli bir kavga içindeydi. Junior'a Phelan Grubu içinde çeşitli işler verilmiş, ama hepsi de felaketle sonuçlanmıştı. Babası onu birkaç kez kovmuştu. Babası bir yatırım yapıyor, iki yıl sonra o işten milyonlar kazanıyordu. Oğlunun fikirleri ise hep iflas ve tasfiyeyle sonuçlanıyordu.

Son yıllarda artık pek kavga etmiyorlardı. İkisi de değişemeyecekti, bu nedenle birbirlerine aldırmamaya başladılar. Ama tümör konusu ortaya çıkınca TJ yine kendisini göstermeye başladı.

Oh, şahane bir malikane inşa ettirecekti! Bu iş için gerekli mimarı da bulmuştu, Manhattan'da bir Japon kadınıydı bu, onu bir dergide görmüştü. Bir yıl içinde belki de Malibu, Aspen ya da Palm Beach'e taşınır, oralarda parasını gösterip herkes tarafından ciddiye alınırdı.

Eyaletlerarası yolda hızla giderken, kendi kendine, "Bir insan yarım milyar dolarla ne yapar?" diye sordu. "Beş yüz milyon vergisiz dolar." Gülmeye başladı.

Arabasını kiraladığı BMW-Porsche acentasını, tanıdığı biri yönetiyordu. TJ muazzam kibirli bir tavırla acentadan içeriye girdi, kendini âdeta kral sanıyordu. İsterse tüm acentayı satın alabilirdi. Satış memurlarından birinin masasında babasının ölümünden büyük harflerle söz eden bir gazete gördü. Yüzünde en küçük bir üzüntü ifadesi yoktu.

Acentanın müdürü Dickie, ofisinden fırladı ve, "TJ, çok üzüldüm," dedi.

Genç Troy kaşlarını bir saniye kadar çattı ve, "Teşekkür ederim," diye cevap verdi. "Aslında ölmesi bir yerde iyi oldu. Biliyorsun."

"Yine de baş sağlığı dilerim."

"Boşver." Ofise girip kapıyı kapadılar.

Dickie, "Gazeteye göre, ölmeden hemen önce bir vasiyetname imzalamış, doğru mu bu?" diye sordu.

Genç Troy o anda son modellerin parlak broşürlerine bakıyordu. "Evet. Ben de oradaydım. Servetini altıya böldü ve her birimize payımızı verdi." Bunu başını bile kaldırmadan, çok doğal bir şeyden söz eder gibi söylemişti, sanki para şimdiden elindeydi ve onun ağırlığını hissediyordu.

Dickie'nin ağzı şaşkınlıkla açıldı ve adam kendisini koltuğuna bıraktı. Şu anda müthiş bir zenginliğin karşısında mıydı acaba? Şu beş para etmez TJ Phelan birden milyarder mi olmuştu? TJ'yi tanıyan herkes gibi Dickie de ihtiyarın, oğlunu mirastan mahrum ettiğini düşünüyordu.

Genç Troy hâlâ broşürlere bakarak, "Biff bir Porsche isteyecektir herhalde," dedi. "Kırmızı bir 911 Carrera Turbo, iki üstlü."

"Ne zaman?"

Troy Junior dik dik ona baktı. "Şimdi tabii."

"Tabii TJ. Ödemeyi ne zaman yaparsın?"

"Onu da benim siyah arabamın ödemesiyle birlikte yaparım, benimki de 911 olacak. Nedir onların fiyatı?"

"Bir tanesi yaklaşık doksan bin."

"Sorun yok. Arabaları ne zaman teslim alırız?"

"Önce onları bulmam gerekecek. Bir iki gün sürer. Nakit mi?"

"Tabii."

"Parayı ne zaman alacaksın?"

"Yaklaşık bir ay içinde. Ama arabaları şimdi istiyorum."

Dickie nefesini tuttu ve hafifçe kıpırdandı. "Bak TJ, bir ödeme olmadan iki yeni arabayı veremem."

"Güzel. O zaman ben de gidip Jaguar'lara bakarım. Zaten Biff her zaman bir Jaguar isteyip duruyordu."

"Hadi TJ."

"Bu acentayı olduğu gibi satın alabilirim, biliyor musun? Şu anda herhangi bir bankaya gidip burayı satın almak için gereken on ya da yirmi milyonu isteyebilirim ve onlar da bana bunu altmış gün için büyük bir mutlulukla verirler. Anlıyor musun beni?"

Dickie başını salladı, gözleri kısılmıştı. Evet, anlıyordu tabii. "Sana ne kadar bıraktı?"

"Bankayı da satın almaya yetecek kadar. Arabaları veriyor musun, yoksa sokağın aşağı tarafına gideyim mi?"

"İzin ver de önce onları bulayım."

TJ, "Akıllı adamsın," dedi. "Acele et. Öğleden sonra seni arayacağım. Hemen telefona sarıl." Broşürleri Dickie'nin masasına attı ve kasılarak çıkıp gitti.

Ramble'ın yas tutması, bütün gün bodrumdaki küçük odaya kapanıp esrar içmek, rap müziği dinlemek ve kapıyı vuran ya da seslenenleri duymazlıktan gelmek şeklindeydi. Annesi, yaşanan trajedi nedeniyle onu okula göndermemiş, aslında hafta sonuna kadar izin vermişti. Biraz araştırsa, onun bir aydır okula uğramadığını öğrenecekti.

Dün Phelan Kulesi'nden ayrılırken avukat ona, parasının, vasiyetname koşullarına göre, on sekiz ya da yirmi bir yaşına gelinceye kadar bir fona yatırılacağını söylemişti. Paraya şimdi dokunamayacaktı ama, yine de yüklü bir harçlık alabilecekti.

Bir orkestra kuracak ve onun parasıyla albümler çıkaracaklardı. Orkestralarda çalan arkadaşları vardı ama, stüdyo kiralayamadıklarından hiçbir şey yapamıyorlardı, fakat artık her şey değişecekti.

Orkestrasına Ramble adını verecekti, öyle karar almıştı, bas çalacak, solo şarkı okuyacak ve kızları peşinden koşturacaktı. Kuvvetli rap etkisinde alternatif rock müziği yapacaktı, yeni bir şey olacaktı bu. Bunu yaratmaya başlamıştı bile.

İki kat yukarda, büyük evlerinin çalışma odasında, annesi Tira gününü telefonun başında, yarım ağız taziyelerini bildiren arkadaşlarıyla gevezelik ederek geçiriyordu. Arkadaşlarından çoğu bir sürü dedikodudan sonra mirastan ne alacağını soruyordu ama, o tahminden kaçınıyor, âdeta korkuyordu. Troy'la 1982'de, yirmi üç yaşındayken evlenmiş ve boşanma halinde kendisine on milyon dolarla bir ev verileceğini belirten bir anlaşmayı da nikâhtan önce imzalamıştı.

Altı yıl önce boşanmışlardı. Son iki milyonunu harcamaya başlamıştı.

Büyük ihtiyaçları vardı. Arkadaşları Bahamalar'da küçük koylardaki plaj evlerinde yaşarken o da lüks otellere gidiyordu. Onlar özel hazırlanan giysilerini New York'tan alırken, o alışverişini yerel mağazalarda yapıyordu. Onların çocukları ayak altından uzak, yatılı okularda okuyordu; Ramble ise bodrumdaydı ve bir türlü oradan çıkmıyordu.

Troy hiç kuşkusuz ona elli milyon ya da ona yakın bir şey bırakmış olacaktı. Servetinin yüzde biri yaklaşık yüz milyon ediyordu. İğrenç bir yüzde birlik para. O anda avukatıyla telefonda konuşurken bunun hesabını da bir kâğıt peçete üzerinde yapıyordu.

Geena Phelan Strong, otuz yaşındaydı ve ikinci kocası Cody ile gürültülü patırtılı bir evlilik hayatı yaşıyordu. Ailesi doğu sahilinden paralı bir aileydi sözde, ama şimdiye kadar para sadece söylenti olarak kalmıştı. Geena bu paradan hiçbir şey görmemişti henüz. Cody iyi bir eğitim görmüştü – Taft ve Tartmouth, ayrıca Columbia'dan master – ve ticaret dünyasında kendisini vizyon sahibi biri olarak görüyordu. Hiçbir iş onun için yeterli olmuyordu. Yetenekleri bir ofisin duvarları arasına sıkıştırılamazdı. Hayalleri patronların kaprisleri ve emirleriyle engellenemezdi. Cody bir milyarder olacaktı, çalışarak milyarder olacaktı kuşkusuz ve büyük olasılıkla da tarihin en genç milyarderi.

Fakat altı yıllık beraberlikten sonra bile Cody kendisine uygun iş bulamamıştı. 1992'de bakırla ilgili vadeli işlemlerde yapılan hatalar, Geena'nın bir milyondan fazla parasını götürdü. İki yıl sonra da borsa dramatik bir şekilde dibe vururken Cody açık opsiyonlarla para kaybetti. Geena onu dört ay süreyle terk etti ama sonra danışmanlarının öğütleri sonucu geri döndü. Özel pakette hazırlanmış piliç konulu bir fikir de işe yaramadı ve Cody bu kez sadece yarım milyon zararla kurtuldu.

Harcamaları büyüktü. Danışmanları terapi olarak onlara seyahat tavsiye ettiğinden dünyayı dolaşıp gördüler. Genç ve zengin olmak sorunlarının çoğunu çözüyordu ama para da yavaş yavaş suyunu çekmekteydi. Troy'un Geena'ya yirmi birinci yaş gününde verdiği beş milyon, bir milyonun altına düşmüştü ve borçları da gittikçe kabarıyordu. Troy terastan atladığında, onların evlilikleri de artık kopma noktasına gelmişti.

O sabah, hayallerinin yeri olan Swinks Mill'de ev aradılar. Hayalleri gittikçe büyüyordu ve öğle saati geldiğinde değeri iki milyonun üzerinde olan evlere bakmaya başlamışlardı. Saat ikide, Lee adında, kabarık saçlı, altın küpeli, iki cep telefonu ve parlak bir Cadillac arabası olan heyecanlı bir kadın emlakçıyla buluştular. Geena kendisini tanıtırken adının 'Geena Phelan' olduğunu söyledi ve Phelan soyadının âdeta altını çizdi. Lee'nin finans haberlerini okumadığı belliydi, çünkü bu isim onu hiç etkilemedi ve üçüncü eve de baktıktan sonra Cody bir ara kadını bir kenara çekip kayınpederinin kim olduğunu ona fısıldadı.

Lee, elini ağzına götürdü ve, "Yani şu atlayan zengin adam mı?" diye sordu. Geena o sırada holde, içinde küçük bir sauna bulunan odayı inceliyordu.

Cody üzgün bir tavırla başını salladı.

Akşama doğru fiyatı dört buçuk milyon olan bir eve bakıyorlar ve ciddi ciddi pazarlık etmeyi düşünüyorlardı. Lee bu kadar zengin müşterileri pek sık göremiyordu tabii ve bu onu deliye çevirmişti.

TJ'in kırk dört yaşındaki kardeşi Rex, Troy'un, ölümü sırasında hakkında suç soruşturması yapılan tek çocuğuydu. Soruşturmanın nedeni batan bir bankaydı. Bankanın batışıyla ilgili olarak birçok dava açılmış, araştırma başlatılmıştı. Banka uzmanları ve FBI üç yıldır konuyla ilgili soruşturmaları yürütüyordu.

Rex, savunma masraflarını ve pahalı yaşam tarzını finanse edebilmek için, silahlı çatışmada ölen bir adamın miras bıraktığı Fort Lauderdale'deki bazı 'topless' barlarını ve striptiz kulüplerini satın almıştı. Çıplak kızlar işi, iyi para getiriyordu; trafik her zaman iyiydi ve nakit para akıyordu. Fazla açgözlü davranmadan, altı kulübünün her birinden ayda dört bin olmak üzere toplam yirmi dört bin vergisiz dolar topluyordu.

Kulüpler, bir gece bir barda iyice kafayı çekmişken görüp tanıştığı karısı ve eski bir striptiz yıldızı olan Amber Rockwell'in adına kayıtlıydı. Aslında tüm serveti onun adınaydı ve bu da onu oldukça endişelendiriyordu tabii. Gösterişli makyajını ve garip ayakkabılarını bırakıp doğru dürüst giyinmeye başlayan Amber, bulundukları Washington çevrelerinde kendisini saygın bir kadın gibi gösterdi. Onun geçmişini bilen pek az kişi vardı. Fakat tam bir fahişeydi ve onun her şeye sahip olması zavallı Rex'in uykularını kaçırıyordu.

Babasının ölümü sırasında Rex'in başında ihtiyati hacizlere, alacaklılarına, iş ortaklarına ve bankalara yedi milyonluk bir borç yükü bulunuyordu. Bu miktar gittikçe artıyordu. Ama haciz kararlarına rağmen kimse bir şey yapamıyordu çünkü hiçbir şey Rex'in üzerine değildi. Rex'in parası ve mülkü yoktu; arabası bile bulunmuyordu. Amber'le birlikte bir daire ve birer Corvette araba kiralamış, tüm işlemleri de Amber adına yapmışlardı. Kulüpler ve barlar, Rex'in adının bile geçmediği ve Amber tarafından kurulmuş bir şirket tarafından işletiliyordu. Rex şimdiye kadar bir türlü yakalanamamıştı.

Evlilikleri, geçmişleri dengesiz iki kişinin evliliğinden beklendiği kadar yürüyordu işte; sık sık partiler veriyorlardı ve Phelan adının çekiciliğine koşan bir sürü çılgın dostları vardı. Finansal baskılara rağmen eğlenceli bir yaşamları vardı. Ama Rex, Amber'in üzerindeki servetiyle ilgili olarak hep endişeliydi. Pis bir kavga sonucu kadın ortalıktan kolayca kaybolabilirdi.

Ama Troy'un ölümüyle, endişesi kalmadı. Tahterevalli kalkmıştı ve Rex artık yukardaydı, adı en sonunda bir servet değerindeydi. Kulüpleri barları satıp borçlarını bir hamlede öder ve sonra da parasıyla oynardı. Karısı yanlış bir hareket yaptığı takdirde kendisini tekrar, önünü örten banda yapıştırılan dolarlarla masa üzerinde striptiz yaparken bulurdu.

Rex o günü avukatı Hark Gettys'le birlikte geçirdi. Parayı büyük bir umutsuzluk içinde hemen istiyor ve Gettys'e, Josh Stafford'a telefon edip vasiyetnameyi görmek istediklerini söylemesi için baskı yapıyordu. Rex, parayı nasıl kullanacağı konusunda büyük ve hırslı planlar yapmıştı ve Hark bu yolda hep onunla birlikte olacaktı. Phelan Grubu'nun kontrolünü ele geçirmek istiyordu. Kendi hisseleri ne olursa olsun, onları TJ ve iki kız kardeşinin hisseleriyle bir araya getirdiği takdirde çoğunluğu ele geçirmiş olacaklardı. Ama hisseler Troy'un mezardan bile zevkleneceği bir biçimde bir fona, vakıfa ya da onun bileceği yüz tür dolambaçlı yoldan başka yerlere verilmiş olabilir miydi acaba?

Bütün gün Hark'a, "O lanet vasiyetnameyi görmek zorundayız!" diye bağırıp durdu. Hark onu uzun bir öğle yemeği ve iyi şaraplarla sakinleştirdi ve öğleden sonra da Skoç viskiye başladılar. Bir süre sonra Amber gelip ikisini de sarhoş buldu ama kızmadı. Rex artık ne yaparsa yapsın onu kızdıramazdı. Şimdi Rex'i her zamankinden çok seviyordu.

6

Bu Batı gezisi, Bay Phelan'ın terastan atlayarak yarattığı karmaşa ortamından kurtulup biraz dinlenmek için bir fırsat olacaktı. Phelan Çiftliği Tetons'da, Jackson Hole yakınlarındaydı, kar kalınlığı otuz santim kadardı ve kar yağışı da sürecekti. Külleri karla kaplı toprakların üzerine serpmeli miydi? Yoksa karların erimesini mi beklemeliydi? Josh'un umurunda değildi. Külleri doğal afet bile olsa serpecekti.

Phelan vârislerinin avukatları onu hiç rahat bırakmıyordu. İhtiyarın vasiyetname imzalama kapasitesi konusunda Hark Gettys'e yaptığı uyarı niteliğindeki yorum, aile bireylerini şaşkına çevirmişti ve şimdi hepsi de tahmin edileceği gibi çılgına dönmüş durumdaydı. Ve tehditler geliyordu. Bu seyahat kısa bir tatil olacaktı. Sonra da Durban'la birlikte ilk çalışmayı yapmaları ve planlarını kararlaştırmaları gerekiyordu.

Durban'la birlikte Ulusal Havaalanı'ndan Bay Phelan'ın özel Gulfstream IV jet uçağıyla havalandılar. Josh daha önce bir kez bu uçakla uçma ayrıcalığına erişmişti. Uçak, türünün en yeni modeliydi ve otuz beş milyon dolara Bay Phelan'ın en lüks oyuncağı olmuştu. Geçen yaz bu uçakla Nice'e gitmişler, ihtiyar, plajda çıplak dolaşıp aptal aptal Fransız kızlarını seyretmişti. Josh ve karısı, diğer Amerikalılarla birlikte soyunmamış ve havuz başında güneşlenmişlerdi.

Hostes onlara kahvaltı getirdi ve onlar kâğıtlarını yuvarlak masaya yayarken, uçağın kuyruk bölümündeki mutfağa gitti. Uçuş dört saat sürecekti.

Dr. Flowe, Dr. Zadel ve Dr. Theishen tarafından imzalanmış yeminli beyanlar uzun ve gereksiz sözlerle doluydu, dört paragraflık beyanlarda Troy'un akli dengesi ve hafızasının tamamen yerinde olduğu konusunda en küçük bir kuşku yoktu. Adamın kafası çok iyi çalışıyor ve ölümünden önceki dakikalarda ne yaptığını çok iyi biliyordu.

Stafford ve Durban yeminli beyanları okurken gülmeden edemediler. Yeni vasiyetname okunduğunda hiç kuşkusuz bu üç psikiyatr kovulacak ve yerlerine, zavallı Troy'un ruhsal hastalığı konusunda bir sürü korkunç varsayımlar öne sürecek yarım düzine daha uzman tutulacaktı.

Rachel Lane konusuna gelince – dünyanın en zengin misyoneri konusunda pek az şey öğrenilebilmişti. Şirket tarafından tutulmuş araştırmacılar çılgın gibi çalışıyordu.

Internet'ten alınan ilk bilgilere göre, Dünya Kabileleri Misyonları merkezi Houston, Teksas'taydı. 1920'de kurulmuş olan kuruluşta dört bin misyoner vardı ve bunlar dünyanın her yanına yayılmış olup sadece yerli halklarla çalışıyordu. Misyonun amacı dünyanın en uzak köşelerine gidip İncil'i götürmek, Hıristiyanlığı yaymaktı. Rachel hiç kuşkusuz dinsel inançlarını babasından almamıştı.

Halen Brezilya'da en azından yirmi sekiz, Bolivya'da da on kadar kabilede, Dünya Kabileleri misyonerleri çalışıyordu, bunlar yerli kabileleriydi. Başka yerlerde de buna benzer üç yüz yerli kabilesi vardı. Hedef kabileler çok uzak yerlerde, uygarlıktan kopuk bölgelerde yaşadıklarından, misyonerler yaşamı sürdürme, vahşi ortamlarda yaşayabilme, çeşitli dilleri konuşabilme ve sağlık desteği verebilme konularında çok iyi eğitim görüyorlardı.

Josh, ilkel bir kabilenin dilini, onlarla konuşabilecek kadar öğrenmek için yedi yıl boyunca ormanda bir kulübede yaşamak zorunda kalmış bir misyoner tarafından yazılmış bir hikâyeyi ilgiyle okudu. Yerliler ona pek aldırmamıştı. Adam ne de olsa sırtında çantası, sadece 'Merhaba' ve 'Teşekkür ederim' diyebilecek kadar konuşabilen, Missouri'den gelmiş bir beyazdı işte. Masa istiyorsa yapabilirdi. Yiyecek istiyorsa avlanır, hayvan öldürürdü. Yerlilerin ona güvenmeleri için beş yılın geçmesi gerekmişti. Adam ilk İncil hikâyesini ancak altıncı yıla girerken anlatmıştı. Sabırlı olma, dostlar edinme, onların dil ve kültürünü öğrenme ve sonra da yavaşça, çok yavaşça İncil'i öğretmeye başlama konusunda eğitilmişti.

Kabilenin dış dünyayla ilişkisi çok azdı. Yaşamları bin yıldır pek az değişmişti.

Bir insanın modern toplumdan kopup, bir tür tarihöncesi ortama girmesi için nasıl bir inanca sahip olması gerekir? Ya da nasıl bir insan bu tür bir inanca sahip olur? Misyonerin yazdığına göre, yerliler onun gitmeyeceğini anlayıncaya kadar onu kabul etmemişti. Misyoner hayatının sonuna kadar onlarla yaşamayı seçmişti. Onları çok seviyor, onlardan biri olmak istiyordu.

Demek Rachel bir kulübede ya da bir gecekonduda yaşıyor, kendi yaptığı yatakta yatıyor, yemeklerini kendi yaktığı ateşte pişiriyor, yetiştirdiği sebzeleri ya da avlanıp öldürdüğü hayvani gıdaları yiyor, çocuklara İncil hikâyeleri okuyor, yetişkinlere vaazlar veriyor, dünyadaki olaylar ve sıkıntılarla hiç ilgilenmeden yaşamını sürdürüyordu. İnancı ona destek oluyordu.

Böyle bir kadını rahatsız etmek âdeta zulümdü.

Durban da aynı şeyleri okudu ve, "O kadını hiçbir zaman bulamayabiliriz," dedi. "Ne telefon, ne elektrik; lanet olsun, bu insanlara ulaşmak için dağlara tırmanmak, dağları aşmak gerekir."

Josh, "Başka seçeneğimiz yok," dedi.

"Dünya Kabileleri ile temas kurabildik mi peki?"

"Bugün, daha sonra temas kuracağım."

"Onlara ne söyleyeceksin?"

"Bilmiyorum. Misyonerlerinden birini on bir milyarlık bir mirasa konduğu için aradığımızı söyleyemeyiz kuşkusuz."

"On bir milyardan vergiler kesilecek."

"Geriye de epey bir şeyler kalacaktır."

"Peki ne diyeceksin onlara?"

"Acil yasal bir mesele olduğunu söyleyeceğiz. Çok acele bir konu ve Rachel'le yüz yüze konuşmamız gerekiyor."

Uçaktaki faks makinelerinden biri çalışmaya başladı ve mesajlar göründü. İlk mesaj Josh'un sekreterindendi, sabah gelen telefonları sıralamıştı – hemen hepsi de Phelan vârislerinin avukatlarındandı. Araştırma ekiplerinden de iki telefon vardı.

Josh'un yardımcıları olan avukatlar, Virginia yasalarıyla ilgili uygulamalar konusundaki ilk araştırmalarının sonuçlarını yollamıştı. İhtiyar Troy'un aceleyle kaleme aldığı vasiyetnamenin geçerliliği Josh ve Durban'ın okuduğu her sayfayla biraz daha güç kazanıyordu.

Öğle yemekleri, yine hostesin getirdiği hafif sandviçler ve meyveden oluştu; hostes hep uçağın arka bölümünde bekliyor ve kahve fincanları boşaldığında hemen gelip dolduruyordu.

Jackson Hole meydanına açık bir havada indiler, karlar toplanıp pistin kenarlarına yığılmıştı. Uçaktan inip yirmi beş metre kadar yürüdükten sonra, Troy'un çok sevdiği Sikorsky S-76 C helikopterine bindiler. On dakika sonra, onun çok sevdiği çiftliğinin üzerindeydiler. Güçlü bir rüzgâr helikopteri sarstı ve Durban'ın yüzü sapsarı kesildi. Josh yavaşça ve çekinerek sürgülü kapıyı açtı ve yüzüne sert bir rüzgâr darbesi yedi.

Pilot iki bin fit irtifada dolaşırken, Josh da küçük, siyah renkli özel kavanozda bulunan külleri havaya serpti. Sert rüzgâr külleri anında her yöne dağıtmış ve Troy'dan kalanlar, daha yerdeki karın üstüne düşmeden kaybolmuştu. Kap boşalınca, Josh donmuş olan kolunu ve elini içeriye çekti ve kapıyı kapadı.

Ahşap bina, kalın ve sağlam kütüklerden inşa edilmiş tam bir köy eviydi. Ama bin metre karelik bir eve de sadece köy evi denemezdi kuşkusuz. Troy burasını, kariyeri baş aşağı olmuş bir aktörden almıştı.

Çizgili kadife giysili bir uşak valizlerini aldı ve bir hizmetçi de kahvelerini getirdi. Josh ofisine telefon açarken, Durban da duvarlardaki av hayvanları başlarına hayranlıkla bakıyordu. Şöminede çatırdayarak yanan odunlar vardı ve yanlarına gelen aşçı, akşam yemeği için ne istediklerini sordu.

Avukatın adı Montgomery'ydi, Bay Stafford onu kendisi seçmişti ve dört yıldır Stafford'un hukuk firmasında çalışıyordu. Beş katlı bir binanın zemin katında bulunan Dünya Kabileleri Misyonları'nın bürosunu buluncaya kadar Houston'un geniş caddelerinde üç kez kaybolmuştu. Kiraladığı arabayı park etti ve kravatını düzeltti.

Daha önce Bay Trill ile telefonda iki kez konuşmuştu, randevuya bir saat geç gelmişti ama önemi yok gibi görünüyordu. Bay Trill nazik ve yumuşak konuşan bir adamdı ama, yardımcı olma konusunda pek istekli değil gibiydi. Normal nezaket kurallarına göre konuşmaya başladılar. Trill, "Size nasıl yardımcı olabilirim acaba?" diye sordu.

Montgomery, "Misyonerlerinizden biri hakkında bilgi almak istiyordum," dedi.

Trill başını salladı ama hiçbir şey söylemedi.

"Rachel Lane adında bir hanım."

Adam, onu hatırlamaya çalışıyormuş gibi gözlerini döndürdü. "Bu isim bana bir şey hatırlatmadı. Ama normaldir, dört bin misyonerimiz var tabii."

"Brezilya'da, Bolivya sınırı yakınlarında çalışıyor."

"Onun hakkında ne biliyorsunuz?"

"Pek fazla bir şey yok. Ama onu bulmak zorundayız."

"Hangi amaçla peki?"

Montgomery, kuşkulu bir durum olduğunu anlatmak için biraz tereddüt etti ve sonra, "Yasal bir mesele," dedi.

Trill kaşlarını çattı ve dirseklerini göğsüne doğru çekti. Yüzündeki hafif gülümseme kaybolmuştu. "Başı dertte mi yoksa?"

"Hayır. Ama mesele oldukça acil. Onu görmek zorundayız."

"Bir mektup ya da paket gönderemez misiniz?"

"Korkarım ki hayır. Onun işbirliği ve imzası gerekiyor."

"Sanırım gizli bir konu."

"Tamamiyle."

Bir şeyler oldu ve Trill'in kaşları yumuşadı. "Bana biraz izin verir misiniz?" dedi ve ofisten çıkıp gitti. Yalnız kalan Montgomery de odadaki eşyaları gözden geçirmeye başladı. İçerdeki tek dekorasyon, duvarlardaki büyütülmüş yerli çocuk resimleriydi.

Trill odaya döndüğünde tamamen değişmiş bir insandı, gergindi, hiç gülümsemiyor ve yardım edeceğe de benzemiyordu. Yerine oturmadan, "Özür dilerim Bay Montgomery," dedi. "Size yardım edemeyeceğiz."

"Peki ama, Brezilya'da mı o?"

"Özür dilerim."

"Bolivya'da?"

"Özür dilerim."

"Peki, en azından yaşıyor mu?"

"Sorunuza cevap veremem."

"Hiçbir şey mi söylemeyeceksiniz?"

"Hiçbir şey."

"Patronunuz ya da üstünüzle konuşabilir miyim acaba?"
"Tabii."
"Peki kendisi nerede?"
"Cennette."

Josh Stafford ve Tip Durban mantar soslu kalın bifteklerini yedikten sonra şöminenin yandığı köşeye çekildiler. Bu kez başka bir uşak, beyaz ceket ve ütülü kot pantolon giymiş bir Meksikalı, onlara Bay Phelan'ın özel barından çok eski Skoç viski getirdi. Küba puroları istediler. Uzaktaki stereodan Pavarotti'nin Noel şarkıları duyuluyordu.

Josh ateşe bakarken, "Bir fikrim var," dedi. "Rachel Lane'i bulmak için birini göndermek zorundayız, değil mi?"

Tip o sırada purosundan derin bir nefes çekiyordu ve sadece başını sallamakla yetindi.

"Ama bu işe önümüze çıkan herhangi birini gönderemeyiz. Bunun bir avukat, yasal konuları açıklayabilecek birisi olması gerekiyor. Gizlilik açısından da bizim şirketten biri olması lazım."

Ağzının içi duman dolmuş olan Tip, başını sallamaya devam ediyordu.

"O halde kimi gönderelim?"

Tip'in ağzından burnundan çıkardığı dumanlar yüzünü yalayarak yukarıya doğru yükseldi ve dağıldı. Sonunda, "Ne kadar sürecek bu?" diye sordu.

"Bilmiyorum, ama kısa sürmeyeceği kesin. Brezilya büyük bir ülke, neredeyse bizim kırk sekiz eyalet büyüklüğünde. Ve burada ormanlardan ve dağlardan söz ediyoruz. Bu insanlar o kadar uzaklarda yaşıyor ki, daha otomobil bile görmemişlerdir."

"Ben gitmiyorum."

"Bölgeyi tanıyan rehberler ve yardımcılar tutabiliriz, ama yine de bir hafta ya da daha fazla sürebilir."

"Oralarda yamyamlar yok mu?"

"Hayır."

"Kocaman boa yılanları?"

"Sıkma kendini Tip, sen gitmiyorsun?"

"Teşekkürler."

"Ama sorunu görüyorsun, değil mi? Altmış avukatımız var, ama hepsi de çok meşgul ve gırtlaklarına kadar işe batmış durumda. Hiçbirimiz işimizi bir yana bırakıp da bu kadını bulmaya gidemeyiz."

"Bir yardımcı avukat gönder."

Josh bu fikri beğenmedi. Viskisinden bir yudum alıp purosundan bir nefes çekti ve şöminedeki alevlerin çıtırtısını dinledi. Sonra kendi kendine konuşur gibi, "Bunun bir avukat olması gerek," dedi.

Uşak içkilerini tazeledi. Başka tatlı ve kahve isteyip istemediklerini sordu, ama misafirler istedikleri her şeyi almıştı.

Tekrar yalnız kaldıklarında, Josh, "Nate'e ne dersin?" diye sordu.

Josh'un başlangıçtan beri Nate'i düşündüğü belliydi ve bu da Tip'in canını sıktı. "Alay mı ediyorsun?" diye sordu.

"Hayır."

Bir süre Nate'i bu işe gönderme konusunda, itiraz ve korkularını ortaya döküp tartıştılar. Nate O'Riley yirmi üç yıldır firmada çalışan bir avukat ve ortaklardan biriydi ve şu anda D.C.'nin batısında, Blue Ridge Dağları'nda bir rehabilitasyon merkezinde tedavi görüyordu. On yıldır bu kliniklere girip çıkıyor, sözde temizleniyor, iyileşip her şeyden vazgeçeceğini söylüyor, gücünü kazanıp güneş banyoları yapıyor, tenis oynuyor, bir daha asla yapmayacağını, bağımlılıktan kurtulacağını anlatıyordu. Her seferinde bunun son olduğunu, uçuruma son kez yuvarlandığını söylese de, arkasından daha da kötü durumlara düşüyordu. Şimdi kırk sekiz yaşındaydı, parasızdı, iki kez boşanmıştı ve bir süre önce de vergi kaçırmakla suçlanmıştı.

Tip, "Açık havadan hoşlanan bir adamdı, değil mi?" diye sordu.

"Oh evet. Tüplü dalışlar, dağ tırmanışları ve bu tür çılgınca şeyler yapardı. Sonra hayatında bir çöküş başladı ve her şeyi bırakıp kendini sadece çalışmaya verdi."

Hayatının kaymaya başlaması, otuz yaşından sonra, ihmalkâr doktorlara karşı açılan davalarda aldığı parlak sonuçlarla aynı zamana rastlıyordu. Nate O'Riley tıbbi hatalarla ilgili davalarda bir yıldız olmuş ve aynı zamanda içmeye ve kokain kullanmaya başlamıştı. Ailesini ihmal etmeye ve sadece bağımlı olduklarıyla ilgilenmeye başladı – büyük jüri kararları, alkol ve uyuşturucu. Genellikle ikisini dengeleyebiliyordu ama her zaman felaketin eşiğindeydi. Sonra bir dava kaybetti ve ilk kez uçurumdan aşağıya yuvarlandı. Şirket onu iyileşinceye kadar çok iyi bir kliniğe yatırdı ve o da bir süre sonra tertemiz olarak geriye döndü. Ama bu dönüş, birçok dönüşün ilkiydi.

Tip'in şaşkınlığı artık geçmiş görünüyordu ve bu fikre giderek alışmış gibiydi. "Ne zaman çıkıyor peki?" diye sordu.

"Yakında."

Fakat Nate artık ciddi bir bağımlıydı. Aylar ve hatta bazen yıllarca temiz kalabiliyor ama sonunda yine başlıyordu. Kimyasal maddeler dimağını ve vücudunu mahvetmişti. Davranışları tamamen garipleşmişti ve onun bu haliyle ilgili konuşmalar şirketin dışına taşmış, avukatlar arasında dedikodu konusu olmuştu.

Yaklaşık dört ay kadar önce bir şişe konyak ve bir kutu hap alıp bir motel odasına kapanmıştı, arkadaşlarından çoğu onun intihar edeceğini sanmıştı.

Josh on yıl içinde onu dördüncü kez koruyordu.

Tip, "Bir süre ortalıktan kaybolmak ona iyi gelebilir," dedi.

7

Hark Gettys, Bay Phelan'ın intiharının üçüncü günü sabahı gün ağarmadan önce ofisine geldi, yorgundu ama yeni bir güne başlamak için sabırsızlanıyordu. Rex Phelan'la birlikte geç saatlere kadar süren bir akşam yemeği yemiş, sonra birkaç saat bir barda oturup vasiyetname konusunda tartışmış ve plan yapmışlardı. Gözleri şişmiş ve kızarmıştı, başı ağrıyordu ama birkaç kahve içerse bir şeyi kalmayacaktı.

Hark'ın saat ücreti değişirdi. Geçen yıl pis bir boşanma davasında saati iki yüz dolara kadar inmişti. Ama normalde müvekkillerine saat ücretinin üç yüz elli olduğunu söylerdi. Hırslı bir D.C. avukatı için düşük bir ücret sayılırdı bu, ama onların işini üç yüz elliden aldığında faturayı şişirir ve yine hak ettiği parayı alırdı. Bir Endonezya çimento şirketi küçük bir mesele için onun saatine dört yüz elli dolar ödemiş ama sonradan faturaya itiraz etmiş, onu sıkıştırmaya kalkmıştı. Hata yüzünden meydana gelmiş bir ölüm davasını kazanmış ve üç yüz elli bin doların üçte birini almıştı. Ücret konusunda oldukça arsız sayılırdı.

Hark, kırk avukatın çalıştığı bir hukuk firmasında dava avukatı olarak görev yapıyordu ama firma ikinci sınıf bir yerdi ve çeşitli kavgalar ve çekişmeler yüzünden gelişip büyüyememişti, bu nedenle Hark kendi şirketini kurmak istiyordu. Yıllık faturalardan gelen paranın hemen hemen yarısı genel masraflara gidiyordu. Ona göre bu para cebine girmeliydi.

Uykusuz geçen gecenin bir noktasında saat ücretini beş yüze çıkarmayı ve bu ücretin başlangıcını bir hafta geriye kadar götürmeyi düşünmüş, buna karar vermişti. Son altı gündür sadece Phelan meselesiyle ilgili olarak çalışmıştı ve şimdi ihtiyar öldüğüne göre, bu çılgın aile, bir avukat için düşünülebilecek en iyi müşteriydi.

Hark'ın en çok istediği şey, vasiyetname itirazıydı – bir sürü avukatın tonlarca yasal belge hazırlayıp korkunç bir mücadeleye giriştikleri uzun sürecek bir dava. Amerika'nın en büyük servetlerinden biriyle ilgili kamuoyunu ayağa kaldıracak ve Hark'ın da tam merkezinde olacağı bir dava harika bir şey olurdu. Böyle bir davayı kazanmak kuşkusuz hoştu, ama aslında önemli olan kazanmak değildi. Ona hem bir servet ödenecek hem de meşhur olacaktı. Günümüzün dava avukatlığının da zaten başka amacı yoktu.

Bu davada saati beş yüz dolardan, haftada altmış saat ve yılda elli hafta çalıştığı takdirde Hark'ın yıllık fatura tutarı brüt bir buçuk milyon olacaktı. Yeni bir ofis için gerekli kira, sekreterlik, yardımcı avukat gibi harcamalar en fazla yarım milyon tutardı, yani Hark bu durumda, bu salak firmayı bırakıp sokağın alt tarafında yeni bir ofis açarsa bir milyon dolar kazanabilirdi.

Olmuştu bu iş. Kahvesinden bir yudum aldı ve karmakarışık ofisine içinden veda etti. Phelan dosyasıyla birlikte bir iki başka dosya da alabilirdi. Sekreter ve yardımcı avukatını alıp bu işi bir an önce, şirket, Phelan ücretlerinden pay istemeden bitirmeliydi.

Masasında oturdu ve kalbi, yeni işinin beklentisiyle heyecanla çarparken, Josh Stafford'la yapacağı mücadeleyi düşünmeye başladı. Endişelenmesi için nedeni vardı. Stafford yeni vasiyetnamenin içeriğini açıklamak istememişti. İntihar meselesini düşünerek vasiyetin geçerli olup olmadığını sorgulamıştı. Hark, Stafford'un, intihardan hemen sonra değişen ses tonu konusunda endişeliydi, kafası karışmıştı. Stafford şimdi de şehirden ayrılmıştı ve telefonlara cevap vermiyordu.

Ah, mücadele etmeyi nasıl da istiyordu.

Saat dokuzda, Troy'un ilk evliliğinden olan kızları Libbigail Phelan Jeter ve Mary Ross Phelan Jackman'la görüştü. Bu görüşmeyi, Hark'ın ısrarı üzerine Rex ayarlamıştı. Şu anda iki kadının da avukatları vardı ama, Hark onların avukatı olmak istiyordu. Birlikte olurlarsa pazarlık masasında da, mahkemede de daha güçlü olurlardı. Tabii o da aynı iş için her birine ayrı ayrı, saati beşer yüzden fatura kesebilirdi.

Fakat toplantıda istediği sonucu alamadı; iki kadın da Hark'a güvenmiyordu, çünkü ağabeyleri Rex'e güvenmiyorlardı. TJ'in üç avukatı vardı ve tabii annelerinin de bir. Diğerleri de onlara katılmıyorsa, onlar neden bir araya geleceklerdi ki? Bu kadar büyük paralar söz konusuyken kendi avukatlarını tutmaları daha iyi değil miydi?

Hark ısrar etti ama onları ikna edemedi. Hayal kırıklığına uğramıştı ama, hemen sonra, firmadan ayrılma planını uygulamaya koymaya karar verdi. Paranın kokusunu alabiliyordu.

Libbigail Phelan Jeter, annesi Lillian'ı sevmeyen isyankâr bir çocuk olmuştu, fakat eve çok seyrek gelen babasının dikkatini çekmek için çırpınırdı. Annesiyle babası ayrıldığında dokuz yaşındaydı.

On dört yaşına bastığında Lillian onu yatılı okula gönderdi. Troy ise, çocuk yetiştirme konusunda bir şeyler biliyormuş gibi, yatılı okulları sevmezdi ve lise yıllarında, karakterine hiç de uymayacak bir şekilde kızıyla teması kaybetmedi. Ona sık sık, kendisini çok sevdiğini söylerdi. Libbigail de gerçekten çocukların içinde en parlağıydı.

Fakat Troy onun mezuniyet gününü ve bir armağan göndermeyi de unuttu. Kız, koleje başlamadan önceki yaz mevsiminde, babasını incitmek için yollar aradı. Berkeley'e kaçtı ve sözde ortaçağ İrlanda şiirlerini incelemeye başladı, ama aslında hiçbir şey öğrenmeye niyeti yoktu. Troy onun Kaliforniya gibi bir yerde ve özellikle de radikal bir üniversitede eğitim görmesine karşıydı. Vietnam Savaşı sona eriyordu. Öğrenciler kazanmıştı ve kutlama zamanıydı.

Libbigail kısa zamanda uyuşturucuya ve önüne gelenle sekse alıştı. Üç katlı bir evde, çeşitli ırklardan, cinsiyetten ve cinsel tercihlerden oluşan bir grup öğrenciyle birlikte yaşıyordu. Gruptaki öğrencilerin tür ve sayıları her hafta değişiyordu. Kendilerine komün ismini takmışlardı ama hiçbir yapısal kuralları yoktu. Para sorunları yoktu, çünkü çoğu zengin ailelerden geliyordu. Libbigail sadece Connecticut'tan gelmiş zengin bir kız olarak tanınıyordu. O sıralarda Troy'un serveti sadece yüz milyon kadardı.

Libbigail, macera dolu yaşamı içinde çeşitli uyuşturucuları denedi ve en sonunda eroine alıştı. Ona eroin temin eden kişi, nasıl olduysa gelip komüne yerleşen, Tino adında bir caz davulcusuydu. Tino otuzunu geçmiş, liseden terk bir Memphisli'ydi ve kimse onun nasıl ve ne zaman gelip gruba katıldığını bilmiyordu. Zaten aldırmıyorlardı.

Libbigail yirmi birinci yaş gününü kutlamak üzere doğuya gitmek için yeterince temizlenmişti, tüm Phelan çocukları için muhteşem bir gündü o gün, çünkü ihtiyar, Armağan'ını o günde verirdi. Troy çocukları için fonlara para yatırmaya taraftar değildi. Yirmi bir yaşına kadar akıllanmadılarsa onları neden çekiştirip durayım, derdi. Tröstlere yatan paralar için mutemetler, avukatlar tutmak gerekir, yararlanacaklarla sürekli mücadele yaşanırdı, çünkü kimse parasının muhasebeciler elinde olmasını istemezdi. Troy'a göre en iyisi onlara para vermek ve kendi hallerine bırakmaktı; ya yüzerler, ya da batarlardı.

Phelanların büyük çoğunluğu kısa zamanda boğuldu.

Troy onun doğum gününü atladı. Bir iş konusu için Asya'da bir yerlerdeydi. O sıralarda zaten Janie ile ikinci evliliğini yapmıştı. Rocky ve Geena küçük çocuklardı ve ilk ailesine olan tüm ilgisini kaybetmişti.

Ama Libbigail bunu kaçırmadı. Avukatlar Armağan için gerekli işlemleri yaptı ve Libbigail, yanına Tino'yu da alıp lüks bir Manhattan otelinde bir hafta kaldı.

Libbigail'in parası hemen hemen beş yıl dayandı ve bu süre içinde iki koca değiştirdi, birkaç kişiye metres oldu, iki kez tutuklandı, üç kez uyuşturucu tedavisi gördü ve neredeyse sol bacağını götürecek olan bir araba kazası geçirdi.

Şimdiki kocası, rehabilitasyonda tanıştığı eski bir motosikletçiydi. Adam şimdi 140 kiloydu ve göğsüne kadar inen kır ve kıvırcık bir sakalı vardı. Herkes onu Spike olarak tanırdı ve düzelmiş, iyi bir adam olmuştu. Baltimore'un banliyösü olan Lutherville'deki mütevazı evlerinin arkasındaki bir dükkânda kabin üretimi yapıyordu.

Libbigail'in avukatı, Wally Bright adında dağınık bir adamdı ve Libbigail Hark'ın ofisinden çıkar çıkmaz doğruca onun bürosuna gitti. Hark'ın söylediği her şeyi avukatına anlattı. Wally, Bethesda bölgesinde otobüs duraklarındaki banklara hızlı boşanma davalarını gerçekleştirdiğini duyuran ilanları yapıştıran küçük bir avukattı. Libbigail'in bir boşanma davasına bakmış ve ücretinin ödenmesi için bir yıl beklemişti. Ona karşı çok sabırlı davranmıştı. Kadın ne de olsa bir Phelan'dı ve ilerde tahayyül bile edemeyeceği yüksek ücretler ödeyebilecek bir müşterisi olabilirdi.

Wally, Libbigail'in yanında Hark Gettys'e telefon açtı ve iki avukat arasında on beş dakika süren müthiş bir telefon kavgası yaşandı. Wally, masasının arkasında kollarını sallayıp bağırıp çağırıyor, müstehcen laflar ediyordu. Bir yerde, "Ben müvekkilim için adam bile öldürürüm!" diye haykırınca Libbigail zevkten dört köşe oldu.

Telefon kavgası bitince Libbigail'i nazik bir tavırla kapıya götürdü ve yanağından öptü. Onun sırtına hafifçe vurup okşadı, onun için her şeyi yapabileceğini göstermek istiyordu. Genç kadına, tüm yaşamı boyunca özlediği sevgi ve şefkati gösteriyordu. Libbigail hiç de çirkin sayılmazdı; biraz topluydu ve yaşadığı güç hayatın izlerini gösteriyordu ama, Wally çok daha kötülerini görmüş, çok daha berbat kadınlarla yatmıştı. Zamanı geldiğinde bir deneme yapabilirdi.

8

Nate, odasının duvarlarından sızıp gelen Chopin nağmeleriyle uyandığında, küçük dağı on beş santim karla kaplanmıştı. Geçen hafta Mozart dinlemişti. Daha önceki haftayı hatırlamıyordu. Bir süre önceki Vivaldi'yi hatırlıyordu ama onun da büyük bölümü bulanıktı.

Yaklaşık dört aydır her sabah yaptığı gibi kalkıp pencereye gitti bin metre aşağıda uzanan Shenandoah Vadisi'ne baktı. Orası da bembeyaz olmuştu ve o anda Noel'in yaklaştığını hatırladı.

Noel için zamanında çıkabilecekti. Onlar – doktorları ve Josh Stafford – bunun için söz vermişti. Noel'i düşününce birden kederlendi. Yakın geçmişinde, çocukları küçükken ve kendisi de iyiyken geçirdiği güzel Noel'ler olmuştu. Ama çocukları yoktu artık, kimisi büyümüş kimisi de anneleri tarafından alınmışlardı ve şimdi Nate bir daha Noel'de bir bara gidip diğer sefil sarhoşlarla beraber bir şeyler içmeyi ve her şey yolundaymış gibi neşeli Noel şarkıları söylemeyi aklına bile getirmiyordu.

Vadi sakin ve bembeyazdı, uzaklarda birkaç araba karıncalar gibi hareket ediyordu.

On dakika kadar meditasyon yapması, dua etmesi ya da Walnut Hill'de öğretmeye çalıştıkları gibi yoga yapması gerekiyordu. Ama o sadece birkaç jimnastik hareketi yaptı ve sonra yüzmeye gitti.

Sütsüz kahve ve bir çörekten oluşan kahvaltısını danışmanı/terapisti/gurusu olan Sergio ile birlikte yedi. Son dört aydır Sergio aynı zamanda onun en iyi dostu olmuştu. Nate O'Riley'in sefil yaşamı konusunda her şeyi biliyordu o.

Sergio, "Bugün bir misafirin var," dedi.

"Kim?"

"Bay Stafford."

"Harika!"

Dışarısıyla temas çok kısıtlı olduğundan, gelen her ziyaretçi büyük mutluluk veriyordu. Josh ayda bir kez geliyordu. D.C.'den arabayla üç saat süren yolu aşıp gelen iki arkadaşı daha olmuştu. Ama hepsi çok meşguldü ve Nate bunu anlayabiliyordu.

Bira reklamları ve şovlarla filmlerde içilen içkiler, hatta kullanılan uyuşturucular nedeniyle Walnut Hill'de televizyon yasaktı. Yüksek tirajlı birçok dergi de aynı nedenlerle içeriye sokulmuyordu. Ama Nate buna hiç aldırmıyordu. Dört ay sonra, Capitol'de, Wall Street'de ya da Ortadoğu'da neler olduğu umurunda bile değildi.

"Ne zaman geliyor?" diye sordu.

"Öğleye doğru."

"Çalışmadan sonra mı?"

"Tabii."

Sadist bir kadın eğitici tarafından yaptırılan iki saatlik terletici ve âdeta can yakıcı, bağırış çağırışlı idmanı hiçbir şey engelleyemezdi ve Nate bu kadın sporcuya içten bir hayranlık duyuyordu.

Josh geldiğinde odasında oturmuş, portakal yiyerek vadiyi seyrediyordu.

Josh, "Çok iyi görünüyorsun," dedi. "Kaç kilo verdin?"

Nate, düz midesine vurup, "Altı kilo," dedi.

"Çok iyi. Belki ben de gelip biraz burada kalsam iyi olacak."

"Tavsiye ederim. Yemekler tamamen yağsız ve tatsız, garip aksanlı bir aşçı tarafından hazırlanıyor. Porsiyonlar fincan tabağının ancak yarısını dolduracak kadar, birkaç lokmada tamam. Yavaş yavaş çiğneyerek yersen öğle ve akşam yemekleri yaklaşık yedi dakika sürüyor."

"Günde bin dolara insan harika yemekler bekliyor."

"Bana biraz kurabiye veya benzeri şeyler getirdin mi, Josh? Ya da patates çipsi filan? Çantanda bir şeyler vardır, değil mi?"

"Özür dilerim Nate. Temizim."

"Biraz Doritos ya da çikolata?"

"Özür dilerim."

Nate portakalından biraz ısırdı. Yan yana oturmuş manzarayı seyrediyorlardı. Dakikalar böylece akıp gidiyordu.

Bir süre sonra Josh, "Nasılsın bakalım?" diye sordu.

"Buradan çıkmalıyım artık Josh. Robota benzemeye başladım."

"Doktorun bir hafta kadar daha kalmanı istiyor."
"Güzel. Sonra ne olacak?"
"Göreceğiz."
"Bu ne anlama geliyor?"
"Göreceğiz anlamına işte."
"Hadi Josh."
"Sabırlı olacak ve neler olacağını göreceğiz."
"Şirkete dönebilecek miyim Josh? Konuş benimle."
"O kadar acele etme Nate. Düşmanların var."
"Kimin yok ki? Lanet olsun, orası senin şirketin. O insanlar ne dersen kabul edecektir."
"Birkaç sorunun var."
"Benim bin tane sorunum var. Ama beni kovamazsın."
"İflas konusunu halledebiliriz. Ama suçlamayı ortadan kaldırmamız o kadar kolay değil."
Evet, gerçekten kolay değildi ve Nate bundan kolay kurtulamazdı, 1992-1995 yılları arasında altmış bin doları vergi beyannamesinde göstermemişti.
Portakalın kabuğunu çöp sepetine attı ve, "Peki o halde ne yapacağım ben?" diye sordu. "Bütün gün evde mi oturacağım?"
"Şansın varsa, evet."
"Bu da ne demek oluyor şimdi?"
Josh nazik olmak zorundaydı. Arkadaşı vartayı henüz atlatıyordu. Şoklardan ve sürprizlerden kaçınması gerekiyordu.
Nate, "Sence hapse girer miyim?" diye sordu.
Josh, "Troy Phelan öldü," deyince Nate konu değişikliğini bir an anlayamadı.
"Oh, şu Bay Phelan ha?" dedi.
Firmada Nate'in kendi ekibi ve çalışmaları vardı. Onun ofisleri altıncı katta, uzun bir koridorun sonundaydı, bir başka avukat, üç avukat yardımcısı ve yarım düzine sekreterle, doktorları dava ediyor ve şirketin diğer işleriyle pek uğraşmıyordu. Troy Phelan'ın kim olduğunu hiç kuşkusuz biliyordu ama, onun hukuki işleriyle hiç ilgilenmemişti. "Üzüldüm," dedi.
"Yani onun öldüğünü daha önce duymadın mı?"
"Burada hiçbir şey duyamıyorum ki. Ne zaman öldü?"

"Dört gün önce. Terastan kendini attı."

"Paraşütsüz mü?"

"Tamam, iyi bildin."

"Tabii uçamadı!"

"Evet. Zaten uçmaya da çalışmadı. Nasıl olduğunu gördüm. İki vasiyetname imzaladı – birincisini ben hazırlamıştım; ikinci ve sonuncuyu kendisi, eliyle yazmış. Sonra koşup kendini attı."

"Ve sen atlarken gördün?"

"Evet."

"Vay canına! Adam deli olmalı."

Nate'in sesinde alaycı bir ton vardı. Yaklaşık dört ay önce bir motel odasında bir kadın işçi tarafından midesi konyak ve haplarla dolu olarak bulunmuştu.

"Her şeyini, şimdiye kadar adını hiç duymadığım evlilik dışı bir kızına bıraktı."

"Bu kız evli mi? Nasıl bir şey?"

"Gidip onu bulmanı istiyorum."

"Ben mi?"

"Evet."

"Kız kayıp mı?"

"Nerede olduğunu bilmiyoruz."

"Adam ona ne kadar..."

"Vergileri kesilmeden önce yaklaşık on bir milyar."

"Kız bunu biliyor mu?"

"Hayır. Onun öldüğünü bile bilmiyor."

"Troy'un, babası olduğunu biliyor mu peki?"

"Onun ne bildiğini bilmiyorum."

"Peki nerede bu kız?"

"Brezilya'da olduğunu sanıyoruz. Uygarlıktan uzak bir yerli kabilesinde misyoner olarak çalışıyor."

Nate kalktı ve odanın içinde dolaşmaya başladı. "Bir zamanlar oralarda bir hafta kadar dolaştım," dedi. "Kolejde, ya da hukuk fakültesindeydim galiba. Karnaval zamanıydı, Rio sokaklarında çıplak kızlar dans ediyor, samba orkestraları çalıyor, milyonlarca insan sabahlara kadar eğleniyordu." Bu küçük, güzel anının belirmesi ve hemen kaybolmasıyla sesi de hafifledi.

"Şimdi karnaval zamanı değil."

"Evet. Bundan eminim. Biraz kahve ister misin?"

"Evet. Sütsüz."

Nate duvardaki bir düğmeye bastı ve dahili telefona siparişini verdi. Günde bin doların içinde oda servisi de vardı tabii.

Sonra tekrar pencere kenarına oturdu ve, "Oralarda ne kadar kalırım?" diye sordu.

"Tahmin etmek kolay değil, ama sanırım on gün kadar olabilir. Acelemiz yok ve onu bulmak kolay olmayabilir."

"Brezilya'nın ne taraflarındaymış?"

"Batıda, Bolivya yakınlarında. Çalıştığı kuruluş, elemanlarını ormanlara gönderiyor ve onlar da oralarda Taş Devri'nden kalma yerlilere dini öğretiyor. Biraz araştırma yaptık ve öğrendiğimize göre dünyanın en uzak köşelerinde yaşayan yerlileri bulmakla övünüyorlarmış."

"Yani sen şimdi benden, doğru cangılı bulup içine dalarak doğru yerli kabilesini bulmamı ve nasıl yapacaksam, onları, Amerika'dan gelmiş dost canlısı bir avukat olduğuma inandırmamı ve bulunmak istemeyen bir kadını bulabilmem için bana yardım etmelerini rica etmemi istiyorsun, öyle mi?"

"Onun gibi bir şey işte."

"Eğlenceli görünüyor."

"Bunu bir macera olarak düşün."

"Ayrıca bu iş beni ofisten de uzak tutacak, değil mi Josh? Esas mesele bu, değil mi? Sen işleri yoluna koyuncaya kadar bir oyalama."

"Birinin oralara gitmesi gerekiyor Nate. Şirketimizden bir avukatın bu kadınla yüz yüze gelip vasiyetnamenin kopyasını göstermesi, meseleyi ona açıklaması ve bundan sonra ne yapacağını öğrenmesi lazım. Bu işi bir avukat yardımcısı ya da Brezilyalı bir avukatla yapamayız."

"Peki ama neden ben?"

"Çünkü herkes işe boğulmuş durumda. İşleri biliyorsun. Yirmi yıldan fazla bir süre sen de yaşadın bunları. Ofisteki yoğun işler, mahkemelerde yenen öğle yemekleri, trenlerde uyumalar. Sonra bu iş senin için iyi de olabilir."

"Sokaklara düşmemden mi korkuyorsun Josh? Eğer böyle düşünüyorsan boşuna vakit kaybediyorsun. Ben temizim. Temiz ve ayık. Artık barlar, partiler, uyuşturucu satıcıları yok. Temizim Josh. Ölene kadar."

Josh başını salladı, çünkü onun zaten öyle olması gerekiyordu. Ama buraya daha önce de gelmişti. Ona inanmayı gerçekten isterken, "Sana inanıyorum," dedi.

Garson kapıyı vurdu ve gümüş bir tepsiyle kahvelerini getirdi.

Bir süre sonra Nate, "Peki ama hakkımdaki suçlama ne olacak?" diye sordu. "Hakkımda bir karar verilmeden önce ülkeden ayrılmamam gerekir."

"Yargıçla konuştum ve çok önemli ve acele bir iş olduğunu söyledim. Seni doksan gün sonra görmek istiyor."

"İyi bir adam mı?"

"Noel Baba gibi biri."

"Yani hüküm giyersem bana bir şans tanır mı acaba?"

"Bunun için daha bir yılımız var. Bu konuyu daha sonra düşünürüz."

Nate şimdi masaya oturup kahve fincanının üzerine eğilmiş, soracağı soruları düşünüp fincana bakıyordu. Josh masanın diğer yanında, hâlâ uzaklara bakıyor, düşünüyordu.

Nate, "Peki, ya bu işi istemezsem ne olur?" diye sordu.

Josh, mesele önemli değilmiş gibi omuzlarını silkti. "Bunu düşünme, başka birini buluruz. Bunu bir tatil olarak düşün. Ormanlardan korkmuyorsun, değil mi?"

"Tabii ki korkmuyorum."

"O zaman git ve biraz eğlen işte."

"Ne zaman gitmem gerekiyor?"

"Bir hafta içinde. Brezilya için vize gerekiyor ve ayrıca buradan bazı şeyler yapmamız lazım. Artı, bu tarafta da bazı açıklar var."

Walnut Hill, hastalarını taburcu etmek için bir hafta önceden haber verilmesini istiyordu, onları tekrar kurtların önüne atmadan önce hazırlamaları gerekiyordu. Onları el üstünde tutmuşlar, ayıltmışlar, beyinlerini yıkamışlar, duygusal, zihinsel ve fiziksel açılardan geliştirmişlerdi. Bir haftada onları yeniden dış dünya yaşamına alıştırıyorlardı.

Nate, kendi kendine, "Bir hafta ha," diye tekrarladı.

"Yaklaşık bir hafta, evet."

"Ve bu iş de on gün sürecek, öyle mi?"

"Bu sadece benim tahminim."

"Yani Noel tatili süresince orada olacağım, öyle mi?"

"Öyle görünüyor."

"Harika bir fikir."

"Yani Noel tatilinden kaçmak mı istiyorsun?"

"Evet."

"Peki ama çocukların ne olacak?"

İki karısından ikişer tane olmak üzere dört çocuğu vardı. Biri lisede, biri üniversitede ve ikisi de ortaokuldaydı.

Nate küçük bir kaşıkla kahvesini karıştırdı ve, "Kimseye söyleme bunu Josh," dedi. "Yaklaşık dört aydır buradayım ve hiçbirinden bir haber alamadım." Omuzları çökmüştü ve sesinde acı vardı. Bir an için çok kırılmış gibi göründü.

Josh, "Üzüldüm," dedi.

Josh onun ailelerinden haber almıştı kuşkusuz. İki karısının da avukatı vardı ve para kokusu almaya çalışıyorlardı. Nate'in en büyük çocuğu, Northwestern'de son sınıf öğrencisiydi ve Josh'a kendisi telefon edip, babasının nerede olduğunu ya da sağlığını değil de, şirketin geçen yılki kazancından alacağı payı sormuştu. Kendini beğenmiş, kaba veledin biriydi ve sonunda Josh kendini tutamayıp ona küfretmişti.

Nate, kalkıp yalın ayak, odada dolaşırken, "Noel tatilinin tüm eğlencelerinden, partilerinden uzak durmak istiyorum," dedi.

"Yani gidecek misin?"

"Amazon bölgesinde mi bu yer?"

"Hayır. Pantanal'da, yani dünyanın en yağmurlu bölgesinde."

"Piranhalar, boa yılanları, timsahlar?"

"Tabii."

"Yamyamlar?"

"D.C.'de olduğundan fazla değildir!"

"Ciddi misin?"

"Böyle bir şey olduğunu sanmam. On bir yıldır hiçbir misyoner kaybetmemişler."

"Avukat da mı yememişler yani?"

"Bir avukatı fileto yapmaktan hoşlanacaklardır sanırım! Hadi, Nate. Bu o kadar da güç bir şey değil. Çok işim olmasaydı ben de gitmek isterdim doğrusu. Pantanal muazzam bir ekolojik bölge."

"Bu bölgenin adını hiç duymadım."

"Olabilir, çünkü yıllar önce seyahat etmeyi bıraktın. Ofisine bir girdin ve bir daha da çıkmadın."

"Rehabilitasyon dışında tabii."

"Hadi, bir tatil yap. Dünyanın başka bir parçasını da gör."

Nate, konuşmanın devamını getirebilmek için kahvesinden uzunca bir yudum aldı ve sonra. "Peki, döndüğümde ne olacak?" diye sordu. "Ofisimi geri alacak mıyım? Ortaklığım hâlâ sürüyor mu?"

"İstediğin bu mu?"

Nate kısa bir tereddüt geçirdi ve sonra, "Tabii," dedi.

"Emin misin peki?"

"Başka ne yapabilirim ki?"

"Biliyorum Nate, ama on yıl içinde bu senin dördüncü tedaviye girişin. Bağımlılığın gittikçe berbatlaşıyor. Şimdi buradan çıksan, ofise gider ve altı ay için dünyanın en iyi sağlık konusu avukatlarından biri olursun. Eski dostları görmez, eski barlara, eski mahallelere uğramazsın. Sadece çalışır, çalışır, çalışırsın. Çok geçmeden büyük davalar alır ve kazanırsın. Ama bir yıl sonra bir yerlerde yine bir çatlak olabilir, kendini kaybedebilirsin. Eski bir dostun seni bulabilir. Başka bir yaşamdan bir kız örneğin. Belki kötü bir jüri senin aleyhine karar verebilir. Senin her hareketini izleyeceğim, ama yeniden çöküşünün ne zaman başlayacağını asla bilemem."

"Başka çöküş olmayacak Josh, yemin ederim."

"Bunu daha önce de duydum, ama sana inanmak istiyorum. Eğer şeytan seni yine dürterse ne olacak Nate? Geçen sefer kendini öldürmene ramak kalmıştı."

"Artık çöküş yok."

"Bundan sonraki sonuncusu olur Nate. Sana bir cenaze töreni yapıp veda eder ve seni mezara koymalarını seyrederiz. Bunu istemiyorum."

"Bu olmayacak, yemin ediyorum."

"O zaman ofisi unut. Orası çok sıkıntılı bir yer."

Nate'in rehabilitasyonda nefret ettiği şey, uzun süreli sessizlikler ya da Sergio'nun deyimiyle meditasyonlardı. Hastalardan, keşişler gibi yarı karanlıkta yere çömelip gözlerini kapamaları ve iç huzuru bulmaları isteniyordu. Nate yere çömelmeyi beceriyordu da, gözlerini kapar kapamaz mahkemeleri hatırlıyor, davalarla boğuşuyor, eski karılarına karşı ne yapabileceğini planlamaya başlıyor ve en önemlisi, geleceğini düşünüyordu. Josh'la yaptığı bu konuşmayı da daha önce birçok kez tekrarlamıştı.

Ama karşısındakine cevap verebilme yeteneğini baskılar karşısında kaybetmiş gibiydi. Yaklaşık dört aydır yalnızlık çekmesi reflekslerini köreltmişti. Acı çeker görünebiliyordu ama hepsi buydu işte. "Hadi Josh. Beni böylece şirketten sepetleyemezsin."

"Yirmi yıldan fazladır dava avukatlığı yapıyorsun Nate. Bu işin ortalaması da budur. Artık başka konularla uğraşmanın zamanı geldi."

"O halde bir lobici olacak ve bir sürü kongre üyesinin basın sekreteriyle yemek yiyeceğim, öyle mi?"

"Sana bir yer bulacağız. Ama mahkemede olmayacak bu."

"Ben öğle yemeklerine alışık değilim. Davalarla uğraşmak isterim."

"Cevabım hayır. Şirkette kalabilir, para kazanabilir, sağlığını koruyabilir, golf oynarsın. Hayatın iyi olacaktır, ama tabii bir ceza yemezsen."

Birkaç dakika için unutulan Vergi Dairesi suçlaması yeniden gündeme gelmişti. Nate tekrar oturdu. Ilınmış kahvesine biraz bal sıktı; Walnut Hill gibi sağlıklı bir yerde şeker ve yapay tatlandırıcılara izin yoktu.

"Brezilya'nın yağmurlu bölgelerinde bir iki hafta geçirmek fena olmayacak galiba," dedi.

"Yani gidecek misin?"

"Evet."

Nate'in okuyacak çok zamanı olduğundan, Josh ona Phelan serveti ve esrarengiz vârisle ilgili kalın bir dosya ile birlikte Güney Amerika yerlileri ile ilgili iki de kitap bıraktı.

Nate akşam yemeğini bile ihmal edip sekiz saat süreyle okudu. İçinde birden gitme arzusu uyanmıştı, macera yaşamak istiyordu. Sergio onu merak edip saat onda geldiğinde, Nate yatağının ortasında bir keşiş gibi oturuyordu, çevresi kâğıtlarla doluydu ve sanki başka bir dünyada yaşıyordu.

Nate, "Gitme zamanım geldi," dedi.

Sergio, "Haklısın," diye cevap verdi. "İşlemlere yarın başlarım."

9

Phelan vârislerinin birbirleriyle fazla görüşmeyip, zamanlarının çoğunu avukat yazıhanelerinde geçirmeye başlamalarıyla, aralarındaki mücadele de kızışmıştı. Hakları olan servet yakınlarında olduğu halde ona ulaşamamaları, hepsini daha da sinirli yapmıştı. Bir sürü avukatı kovmuş, onların yerine daha fazla sayıda yeni avukat tutmuşlardı.

Mary Ross Phelan Jackman, avukatını, adamın saat ücreti çok düşük olduğu için azletmişti. Mary Ross'un kocası bir ortopedi operatörüydü ve geniş bir çevresi vardı. Avukatlarla her gün konuşurdu. Yeni avukatları Grit adında ateş gibi bir adamdı ve saati altı yüz dolardan kavganın içine giriverdi.

Vârisler beklerken, bir yandan da büyük borçların altına giriyorlardı. Satın alınacak evler için anlaşmalar imzalanıyor, yeni arabalar alınıyordu. Yazlık, havuzlu evlerin dizaynı, en uygun özel jet uçaklarının seçimi ve satın alınacak saf kan atlar gibi çeşitli konularda danışmanlar tutuluyordu. Vârisler birbirleriyle kavga etmedikleri zamanlarda alışverişe çıkıyorlardı. Ramble onların dışındaydı ama henüz bir çocuktu tabii. O da avukatıyla oyalanıp vakit geçiriyordu ve avukatı da hiç kuşkusuz onun adına borçlanıyordu.

Stafford'un vasiyetnameyi açıklamaktan kaçınması ve Troy'un imza ehliyeti konusunda olumsuz imalarda bulunması sonucu, Phelan ailesinin avukatları paniğe kapıldı.

İntihardan on gün sonra Hark Gettys, Virginia Fairfax ilçesi Gezici Mahkemesi'ne giderek Troy L. Phelan'ın Son Vasiyetnamesi'nin açıklanması için bir Zorlama Dilekçesi verdi. Ayrıca, hırslı bir avukattan beklenen bir manevrayla *Post*'tan bir muhabire de haber uçurdu. Dilekçenin verilmesinden sonra bir saat kadar konuştular, bazı şeyler yazılmamak üzere söyleniyordu ve bazıları da avukatın ününü artırmak için. Gazetenin fotoğrafçısı da birkaç fotoğraf çekti tabii.

Garip ama, Hark dilekçesini tüm Phelan vârisleri adına vermişti. Hepsinin isim ve adreslerini, kendi müvekkilleriymiş gibi sıraladı. Ofisine dönünce de onlara dilekçenin birer kopyasını faksladı. Birkaç dakika sonra telefon hatları kilitlenmişti.

Ertesi sabahki *Post*'ta hikâyeyle birlikte, Hark'ın, kaşlarını çatmış ve sakalını sıvazlarken bir resmi de yayımlandı. Hikâyeye, Hark'ın tahmininden daha geniş yer ayırmışlardı. Gazeteyi, güneş doğarken Chevy Chase'deki bir kafede okudu, sonra hızla yeni bürosuna gitti.

Birkaç saat sonra, yani saat dokuzdan sonra Fairfax İlçesi gezici mahkemesinin zabıt kâtibi ofisi avukatlarla dolmuştu. Ellerinde bir sürü dosyalarla gelip zabıt kâtipleriyle ters ters konuşmaya ve birbirlerini umursamadan çalışmaya başladılar. Dilekçeleri farklıydı, ama hepsi de aynı şeyi istiyordu – Phelan vasiyetnamesinin onaylanması ve vasiyetnameyi görmek.

Fairfax İlçesi'nde vasiyetname onaylama işleri bir düzine yargıç arasından herhangi birine rasgele verilirdi. Phelan konusu da tecrübesiz, ama hırslı bir yargıç olan otuz altı yaşındaki Yargıç F. Parr Wycliff'e verilmişti. Genç yargıç böyle önemli bir davayı aldığı için müthiş heyecanlıydı.

Wycliff'in ofisi Fairfax İlçe Mahkemesinin binasındaydı ve genç yargıç bütün sabah zabıt kâtibinin odasında dosyaları kontrol etti. Daha sonra sekreterinin getirdiği dilekçeleri sırayla okudu.

Ortalık biraz yatıştıktan sonra genç yargıç, Josh Stafford'un ofisine uğrayıp onunla tanıştı. İki hukuk adamı bir süre olağan şeylerden söz ettiler ve konuyla ilgili olarak konuştular. İkisi de gergin ve dikkatliydi çünkü önlerinde çok önemli bir konu bulunuyordu.

Wycliff en sonunda, "Bir vasiyetname bıraktı mı?" diye sordu.

"Evet Sayın Yargıç. Bir vasiyetname bıraktı." Josh sözlerini seçerek konuşuyordu. Virginia'da vasiyetname saklamak ağır suçtu. Yargıç bunu bilmek istiyorsa Josh da onunla işbirliği yapmak zorundaydı.

"Nerede bu vasiyetname?"

"Burada, ofisimde."

"Vasiyet hükümlerini yerine getirecek olan kim?"

"Ben."

"Onu ne zaman resmen onaylatmak istiyorsunuz?"

"Müvekkilim, on beş Ocak tarihine kadar beklememi istedi."

"Hımmmm. Bunun belirli bir nedeni var mı peki?"

Bunun basit bir nedeni vardı. Troy, açgözlü çocuklarının altından halıyı çekmeden önce, onların son harcama çılgınlığının zevkini çıkarmasını istemişti. Zalimce, berbat bir şeydi bu, ama Troy buydu işte.

Josh, "Hiçbir fikrim yok," dedi. "Vasiyetname kendi eliyle yazılmıştır. Bay Phelan onu, atlamadan birkaç saniye önce imzalamıştı."

"Kendi el yazısıyla yazılmış bir vasiyetname, öyle mi?"

"Evet."

"Onunla beraber değil miydiniz?"

"Evet. Uzun bir hikâye bu."

"Bunu dinlesem herhalde iyi olacak."

"Herhalde dinlemelisiniz."

Josh'un çok işi vardı. Wycliff'in vakti boldu ama, öyle konuşuyordu ki, duyan da her dakikasının dolu olduğunu sanırdı. Öğle vakti Wycliff'in ofisinde buluşup birer sandviç yiyerek konuşmayı kararlaştırdılar.

Sergio, Nate'in Güney Amerika'ya yapacağı seyahat fikrinden hoşlanmamıştı. Kapıların pencerelerin kilitli olduğu, görünmeyen, silahlı bir muhafızın dağdan aşağıya doğru yolu bir mil kadar gözetim altında tuttuğu, TV, sinema, oyunlar, dergiler ve telefonların sıkı denetim altında olduğu bir yerde yaklaşık dört ay kaldıktan sonra bir insanın normal yaşam ortamına dönmesi genellikle sarsıcı olurdu. Normal yaşama Brezilya gibi bir ülkede girmekse, sarsıntıdan da öte şeyler getirebilirdi.

Nate aldırmıyordu. Walnut Hill'e mahkeme kararıyla gelmemişti. Onu oraya getiren Josh'du ve eğer Josh onun ormanlarda saklambaç oynamasını istiyorsa bu onun bileceği işti. Sergio istediği kadar söylenip sızlanabilirdi.

Çıkıştan önceki hafta âdeta bir cehenneme döndü. Yemek rejimi yağsızdan az yağlıya dönüştü, kaçınılmaz maddeler olan tuz, karabiber, peynir ve sistemini dışardaki kötülüklere karşı alıştırmak için biraz da tereyağı eklendi. Nate'in midesi isyan etti ve yeniden bir buçuk kilo zayıfladı.

Sergio, kendini beğenmiş bir tavırla, "İşte, seni dışarda nelerin beklediğine dair küçük bir işaret bu," dedi.

Terapi sırasında büyük çaba gösterdiler. Derisinin kalınlaşıp güçlenmesi, sertleşmesi gerekiyordu. Sergio hastasından yavaş yavaş uzaklaşmaya başladı. Onlardan ayrılmak genellikle güç bir iş oluyordu ve bu nedenle araya yavaş yavaş mesafe koymak iyiydi.

Çıkış zamanı yaklaştıkça Nate saatleri saymaya başladı.

Yargıç Wycliff vasiyetnamenin içeriğini öğrenmek istedi ama, Josh kibarca bunu yapamayacağını belirtti. Yargıcın küçük ofisinde, şarküteriden getirtilmiş sandviçlerden yiyorlardı. Yasalar, Josh'u vasiyetnameyi açıklaması konusunda en azından şimdilik zorlamıyordu. Wycliff de ısrarcı olamazdı tabii, ama merak etmesi de doğaldı.

Yargıç, "Dilekçe verenleri anlayabiliyorum," dedi. "Vasiyetnamede neler olduğunu bilmek onların hakkı. Neden geciktiriyorsunuz?"

Josh, "Ben sadece müvekkilimin talimatını uyguluyorum," diye cevap verdi.

"Ama vasiyeti eninde sonunda resmen onaylatacaksınız."

"Gayet tabii."

Wycliff randevu defterini plastik tabağının kenarına kadar çekti ve gözlerini hafifçe kısarak okuma gözlüğüyle baktı. "Bugün yirmi Aralık. Noel'den önce herkesi bir araya zaten toplayamayız. Ayın yirmi yedisine ne dersiniz?"

"Nedir aklınızdaki?"

"Vasiyetnamenin okunması."

Bu fikir Josh'u birden şaşırttı, neredeyse ağzındaki küçük bir dereotu parçasından boğulacaktı. Phelanları, çevresini, yeni dostlarını ve onları yalnız bırakmak istemeyenleri ve ayrıca hepsinin değerli avukatlarını, herkesi bir araya getirmek ve hepsini birden Wycliff'in mahkeme salonuna tıkmak. Kuşkusuz basına da haber vermek. Önündeki turşudan bir parça ısırıp çiğnerken kendi küçük kara kaplı defterine baktı, gülümsememek için büyük gayret gösteriyordu. İç çekmeleri, homurtuları ve sessizce edilen küfürleri duyar gibiydi. Daha sonra Phelanlar, sevgili babalarının kendilerine yaptığını öğrendikten sonra burun çekmeler, hıçkırıklar da duyulacaktı.

Amerikan tarihinde korkunç, muhteşem, şimdiye kadar görülmemiş bir an olacaktı ve Josh daha fazla bekleyemeyeceğini anladı. "Yirmi yedisi benim için uygundur," dedi.

"Güzel. Hepsini tanıdıktan sonra taraflara haber vereceğim. Çok sayıda avukat var."

"Altı çocuk ve üç eski eş olduğunu hatırlamanız size yardımcı olur kanısındayım, bu durumda dokuz avukat grubu olacaktır."

"Mahkeme salonum hepsini alır umarım."

Josh neredeyse, ayakta izlerler, diyecekti. İnsanların gruplar halinde bekleşmesini, zarf açılırken doğacak derin sessizliği, kâğıtların açılışını ve inanılmaz sözcüklerin okunacağı anı düşündü. Sonra, "Vasiyetnameyi sizin okumanızı teklif ediyorum," dedi.

Zaten Wycliff de kendi okumayı düşünüyordu. O da Josh'un hayal ettiği görüntüyü görüyordu. On bir milyar dolarlık bir mirası dağıtacak vasiyetnameyi okumak en büyük zevklerinden biri olacaktı.

Yargıç, "Galiba tartışmaya açık bir vasiyetname," dedi.

"Şeytansı bir şey."

Yargıç kendini tutamadı ve güldü.

10

Nate son alkol komasından önce, Georgetown'daki eski bir dairede yaşıyordu, orasını son boşanmasından sonra kiralamıştı. Ama iflası sonucunda o evi de kaybetmişti. Yani, Nate'in ilk özgürlük gecesini geçireceği bir yeri bile yoktu.

Josh her zamanki gibi her şeyi dikkatle planlamıştı. Nate'in çıkacağı gün Walnut Hill'e, içinde bir sürü yeni şort ve gömlek dolu olan torba şeklinde bir çantayla geldi. Getirdiği şeyler güney ülkelere seyahat için en gerekli olan şeylerdi. Pasaport ve vizesi, yüklüce bir para, bir sürü talimat, biletler hazırdı ve ayrıca bir harekât planı yapmıştı. Hatta bir ilk yardım çantası bile getirmişti.

Nate hiçbir zaman endişeli olmamıştı. Çalışanlardan birkaçına veda etti, ama çoğu başka bir yerde meşguldü, çünkü ayrılan hastaları görmekten hoşlanmazlardı. 140 günlük ağırbaşlı bir yaşamdan sonra ön kapıdan gururla çıktı; temizdi, güneş yanığı bir teni vardı, sağlıklıydı ve sekiz kilo verip yetmiş sekize düşmüştü ki yirmi yıldır bu kiloya inebildiğini hatırlamıyordu.

Arabayı Josh kullanıyordu ve ilk beş dakika konuşmadılar. Çayırlar karla kaplıydı ama Blue Ridge'den ayrıldıktan sonra kar hızla inceldi, azaldı. Tarih 22 Aralık'tı. Radyodan hafif hafif Noel şarkıları duyuluyordu.

Nate bir süre sonra, "Şunu kapar mısın?" dedi.

"Ne?"

"Radyoyu."

Josh radyonun düğmesine bastı, o, bu çok hafif müziği duymamıştı bile.

Josh, "Kendini nasıl hissediyorsun?" diye sordu.

"En yakın markete girer misin."

"Tabii, neden?"

"Altılı bir kola paketi alacağım."

"Çok komiksin."

"Kocaman bir Coca Cola için adam öldürebilirim!"

Yol üzerinde ilk gördükleri markete girip meşrubat ve fındık fıstık gibi şeyler aldılar. Kasadaki kadın neşe içinde, "Mutlu Noeller," dedi ama Nate ona cevap vermedi. Arabaya binip iki saat uzaklıktaki Dulles'a doğru yola çıktılar.

"İlk uçuşun Sao Paulo'ya, orada üç saat kadar bekleyip başka bir uçakla Campo Grande isimli bir kente gideceksin."

"Bu insanlar İngilizce konuşuyor mu?"

"Hayır. Onlar Brezilyalı. Portekiz dili konuşurlar."

"Tabii konuşurlar."

"Ama havaalanında İngilizce konuşanlar bulabilirsin."

"Bu Campo Grande büyük bir yer mi?"

"Nüfusu yarım milyon, ama orada kalmayacaksın. Oradan küçük bir uçağa binip Corumba denen bir yere uçacaksın. Kentler gittikçe küçülüyor."

"Tabii uçaklar da."

"Evet, aynen buradaki gibi."

"Ben de aynı nedenle şu Brezilya'nın küçük uçaklarından pek hoşlanmıyorum. Bu konuda bana yardım et Josh. Korkuyorum."

"Ya o uçağa binersin ya da altı saat otobüs yolculuğuna katlanırsın."

"Pekâlâ, konuşmana devam et."

"Corumba'da Valdir Ruiz adında bir avukatla görüşeceksin. Adam İngilizce konuşuyor."

"Onunla konuştun mu?"

"Evet."

"Anlayabildin mi onu?"

"Evet, yani genellikle. İyi bir adam. Saati elli dolara çalışıyor, inanabiliyor musun?"

"Corumba nasıl bir yer, büyük mü?"

"Doksan bin nüfuslu."

"Yani yemekleri, suları ve yatılacak yerleri var."

"Evet Nate, orada bir oda bulacaksın. Yani durumun buradakinden iyi olacak."

"Uf, bu kötü işte."

"Özür dilerim. Geri dönmek ister misin?"

"Evet, ama dönmeyeceğim. Şu anda tek istediğim, tekrar Noel şarkıları duymadan bu ülkeden kaçmak. Aynı şarkıları tekrar tekrar duymaktansa iki hafta bir çukurda yatmaya razıyım."

"Orası çukur falan değil, iyi bir otel."

"Pekâlâ, şu Valdir'le ne yapacağım?"

"Seni Pantanal'a götürecek bir rehber arıyor."

"Nasıl götürecek? Uçakla? Helikopterle?"

"Muhtemelen tekneyle. Anladığım kadarıyla bölge tamamen bataklıklar ve nehirlerden oluşuyor."

"Ve tabii yılanlar, timsahlar, piranhalar."

"Ne kadar da korkak bir adamsın. Gitmek istediğini sanıyordum."

"İstiyorum tabii. Daha hızlı sür şu arabayı."

"Sakin ol." Josh, yolcu koltuğunun arkasında duran bir çantayı gösterdi. "Aç şunu," dedi. "Bunu hep yanında taşıyacaksın."

Nate çantayı çekti ve homurdandı. "Bir ton gelir bu. Ne var içinde?"

"İyi şeyler var."

Çanta kahverengi deriden yapılmıştı, yeniydi ama eski havası verilmişti ve küçük bir hukuk kütüphanesini alacak kadar da büyüktü. Nate çantayı dizlerinin üstüne koydu ve açtı. Sonra, "Oyuncaklar," dedi.

Josh, bulduğu şeylerle gurur duyuyormuş gibi, "Şu küçük gri alet en son teknoloji ürünü bir dijital telefondur," dedi. "Corumba'ya gittiğin zaman Valdir sana yerel servis bulacak."

"Demek Brezilya'da telefon var."

"Hem de pek çok. Aslına bakarsan telekomünikasyon hızla gelişiyor orada. Herkesin bir cep telefonu var."

"Zavallı insanlar. Peki, ya bu ne?"

"Bir bilgisayar."

"Bu da ne olacak yani?"

"En son teknoloji. Baksana ne kadar küçük."

"Bunun klavyesini bile okuyamıyorum."

"Bunu telefonuna bağladığında elektronik postanı alırsın."

"Vay canına. Tüm bunları yılanlar ve timsahların beni gözetlediği bir bataklığın ortasında mı yapacağım yani?"

"Bu sana bağlı."

"Josh, ben e-postayı ofiste bile kullanmıyorum."

"Bu senin için değil, benim için. Seninle teması sürdürmek istiyorum. O kadını bulduğunda hemen bilmek istiyorum."

"Bu ne peki?"

"Çantadaki en güzel oyuncak. Bir uydu telefonu. Bunu dünyanın her köşesinde kullanabilirsin. Pillerini şarjlı tutarsan beni her zaman bulabilirsin."

"Biraz önce adamların çok iyi bir telefon şebekesi olduğunu söylemedin mi sen?"

"Pantanal'da değil ama. Orası tamamen sulak ve çok az insanın yaşadığı iki yüz elli bin kilometrekarelik bir bölge. Corumba'dan ayrıldıktan sonra bu uydu telefonu tek haberleşme aracın olacaktır."

Nate sert plastik kutuyu açtı ve parlak küçük telefonu inceledi. Sonra, "Sana kaça mal oldu bu?" diye sordu.

"Bana mı, hiç para çıkmadı benden."

"Pekâlâ, şöyle sorayım, Phelan servetine kaça mal oldu?"

"Dört bin dört yüz dolar. Ama değer bu paraya."

Nate, telefonun elkitabını karıştırırken, "Şu bizim yerlilerde elektrik var mı acaba?" diye sordu.

"Tabii ki yok."

"O zaman bunun pillerini nasıl şarjda tutacağım peki?"

"Yedek bir pil var. Sen bir şeyler bulursun işte."

"Sessizce uzaklaşmak için bu kadar yeter demek ki."

"Her şey sessiz olacak. Oraya gittiğinde bu oyuncaklar için bana teşekkür edeceksin."

"Sana şimdiden teşekkür edebilir miyim?"

"Hayır."

"Teşekkürler Josh. Her şey için."

"Rica ederim."

Kalabalık terminalde, yine kalabalık bir barın karşı tarafındaki küçük bir masada hafif espresso kahvelerini yudumlayıp gazete okudular. Josh barın farkındaydı ama, Nate değilmiş gibi görünüyordu. Aslında neonla yazılmış Heineken bira reklamı göze âdeta batıyordu.

Yorgun ve sıska bir Noel Baba yanlarından sallanarak geçti, torbasından ucuz armağanlar vereceği çocuklar arıyordu. Bardaki müzik kutusundan Elvis'in 'Mavi Noel' şarkısının nağmeleri duyuluyordu. İnsanlar sağa sola koşuşturup duruyordu, sinir bozucu bir gürültü vardı, herkes Noel tatili için memleketine gitmeye çalışıyordu.

Josh, "İyisin değil mi?" diye sordu.

"Evet, iyiyim. Sen neden gitmiyorsun? Eminim yapılacak bir sürü işin vardır."

"Kalacağım."

"Bak Josh, ben iyiyim. Eğer hemen şurdaki bara koşup votkaya sarılabilmek için gitmeni beklediğimi düşünüyorsan yanılıyorsun. Canım hiç içki çekmiyor. Temizim ve bununla da gurur duyuyorum."

Nate âdeta aklından geçenleri okuduğu için sıkılmış gibiydi Josh. Nate hakkında anlatılan kafa çekme öyküleri meşhurdu. Bir kez başlarsa tüm havaalanındaki içkiler ona yetmezdi. Ama yalan söyledi ve, "Beni endişelendiren bu değil," dedi.

"O halde git. Kocaman bir adamım ben."

Çıkış kapısında birbirlerine sarılıp vedalaştılar ve hemen her saat telefonlaşma sözleriyle ayrıldılar. Nate bir an önce uçağın birinci mevkiindeki koltuğuna oturmak istiyordu. Josh'un da büroda yapacağı bir sürü işi vardı.

Josh, gizlice iki küçük önlem almıştı. Önce, bitişik koltuk için de bilet alınmış ve onun boş kalması sağlanmıştı. Nate pencere yanında oturacak ve koridor koltuğu boş kalacaktı. Susamış bir şirket yöneticisinin Nate'in yanına oturup da viski ve şarap içmesi iyi olmazdı tabii. Gidiş dönüş için her bir koltuğa yedi bin dolardan fazla ödenmişti ama para önemli değildi.

İkinci önlem olarak da Josh, bir havayolu yetkilisiyle Nate'in tedavisi konusunda konuşmuştu. Ne olursa olsun ona alkollü içki ikramı yapılmayacaktı. Nate'in ikna edilmesi için gerektiğinde gösterilmesi amacıyla, Josh'un havayolu şirketine yazdığı mektup uçakta bulunuyordu.

Hostes ona kahve ve portakal suyu getirdi. Nate, kalın bir battaniyeye sarındı ve Varig uçağı bulutların arasından tırmanıp irtifa alırken aşağıda kaybolan D.C.'nin banliyölerine baktı.

Walnut Hill ve Sergio'dan, kentin öğütücü dişlerinden, son karısıyla olan sorunlarından, iflastan ve vergi dairesi ile olan tüm diğer sorunlarından kurtulmanın rahatlığını yaşıyordu. Otuz bin fit irtifada bir daha asla buraya dönmemeye karar vermek üzereydi.

Ama normal yaşama her dönüş sinir bozucu bir şeydi. Her an yeni bir çöküntünün korkusunu yaşıyordu. Daha önce o kadar çok tedavi görmüş ve yeniden başlamıştı ki artık kendisini bu konuda tecrübeli gibi görüyordu. Eski karıları ve kazandığı eski davalar gibi bu geri dönüşleri de birbirleriyle kıyaslayabiliyordu. Bu geri dönüşlerin sonu gelmeyecek miydi?

Akşam yemeğinde Josh'un bir dolap çevirdiğini anladı. Ona şarap getirmemişlerdi. Dört aydır dünyanın en güzel salatalarını yemiş bir adam olarak, getirilen yemekleri didikleyip durdu; birkaç gün öncesine kadar ne yağlı et, ne tereyağı, ne yağlı yemekler ve ne de şeker yiyordu. En son istediği şey mide bulantısıydı.

Biraz kestirdi ama uyumaktan da bıkmıştı. Bir yığın işi olan bir avukat ve bir gece kuşu olarak çok az uykuyla idare etmeyi öğrenmişti. Walnut Hill'de, birinci ayında onu haplarla uyuşturmuşlar, günde on saat uyutmuşlardı. Koma halinde onlarla savaşamazdı.

Oyuncaklarını yanındaki boş koltuğa koydu ve elkitaplarını birer birer okumaya başladı. Uydu telefonu ilgisini çekmişti, ama onu kullanmak zorunda kalacağına inanamıyordu.

Başka bir telefon daha dikkatini çekti. Uçak yolculuğunun en yeni teknolojiyle üretilmiş aletlerinden biriydi bu, koltuğunun yanında, duvara âdeta gömülmüş küçük, parlak bir cihazdı. Aleti aldı ve Sergio'nun evini aradı. Sergio geç bir akşam yemeği yiyordu ama onun sesini duyduğuna yine de çok sevinmişti.

"Şu anda neredesin?" diye sordu.

Kabindeki ışıklar loş olduğundan, Nate de hafif bir sesle, "Bir bardayım!" diye cevap verdi.

"Çok komik!"

"Belki de Miami üzerindeyim ve sekiz saat daha yolum var. Bu telefonu uçakta buldum ve bir denemek istedim."

"Demek iyisin."

"İyiyim. Beni özledin mi?"

"Henüz değil. Sen beni özledin mi?"

"Alay mı ediyorsun? Müthiş bir macera için ormana uçan özgür bir adamım şimdi. Seni daha sonra özlerim, tamam mı?"

"Tamam. Ama başın derde girerse beni hemen ara, oldu mu?"

"Artık başım derde girmeyecek Sergio. Bu kez değil."

"İşte benim aslan arkadaşım Nate."

"Teşekkürler Serge."

"Bir şey değil. Beni yine ara."

Uçakta bir film başladı ama kimse izlemiyordu. Hostes biraz daha kahve getirdi. Nate'in sekreteri Alice adında, onun derdini çekmiş, yaklaşık on yıl boyunca pisliklerini temizlemeye çalışmış bir kadındı. Arlington'da kız kardeşiyle eski bir evde yaşıyordu. Nate ona da telefon açtı. Geçen dört ay içinde bir kez telefonda konuşmuşlardı.

Konuşmaları yarım saat sürdü. Kadın onun sesini duyduğu ve tedaviden çıktığı için çok sevinmişti. Nate'in Güney Amerika seyahati konusunda hiçbir şey bilmiyordu ki bu garipti, çünkü o normal olarak her şeyi bilirdi. Ama telefonda konuşurken bile biraz çekingen ve dikkatli gibiydi. Bir dava avukatı olan Nate onun sesinde bir anormallik sezdi ve mahkeme salonunda çapraz sorgulamadaymış gibi onu sorgulamaya başladı.

Kadın hâlâ aynı işte, aynı masada, hemen hemen aynı konularda çalışıyordu ama, başka bir avukata hizmet veriyordu tabii. Nate, "Kiminle çalışıyorsun?" diye sordu.

Yeni bir elemandı bu. Yeni bir dava avukatı. Kadın düşünerek konuşuyordu ve Nate, onun Josh tarafından uyarıldığını anladı. Nate'in, serbest kalır kalmaz sekreterini arayacağı belliydi tabii.

Yeni elemana hangi büroyu vermişlerdi? Yardımcısı kimdi? Nereden gelmişti? Sağlık davalarındaki tecrübesi ne kadardı? Ona vereceği sekreterlik hizmetleri geçici bir görev miydi?

Alice bu konularda net cevaplar veremiyordu.

Nate, "Benim büromda kim var?" diye sordu.

"Hiç kimse. Kimse dokunmadı oraya. Her köşede hâlâ bazı dosya yığınları var, hepsi duruyor."

"Kerry ne yapıyor?"

"Çalışıyor. Seni bekliyor." Kerry, Nate'in en sevdiği yardımcısıydı.

Alice her soruya cevap vermekle beraber, fazla bir bilgi de vermiyordu. Özellikle yeni avukat konusunda çok ketumdu.

Konuşmanın sonunda Nate, "Hazırlan," dedi. "Yakında dönüyorum."

"Sensiz sıkıcıydı burası Nate."

Nate telefonu kapadı ve kadının söylediklerini düşünmeye başladı. Farklı bir şeyler oluyordu. Josh firmasını yavaş yavaş yeniliyor gibiydi. Nate bu yeni düzen içinde kaybolabilir miydi? Büyük olasılıkla olmazdı bu, ama artık onun mahkeme salonları günleri geride kalmıştı.

Bunları daha sonra düşünebilirdi. Arayacağı, telefon edebileceği pek çok insan vardı. Alkolü on yıl önce bırakmış bir yargıç tanıyordu ve onun rehabilitasyon konusunda söylediği güzel şeyleri dinlemek istedi. İlk karısını da araması gerekiyordu ama şu anda hiç havasında değildi. Dört çocuğuna telefon etmek ve onlara, neden aramadıklarını ya da mektup yazmadıklarını sormak istiyordu.

Ama bunu yapmadı ve çantasından bir dosya çıkarıp, Bay Troy Phelan ve şu anda elinde bulunan davayla ilgili raporu okumaya başladı. Geceyarısı, Karayipler üzerinde bir yerlerde uykuya daldı.

11

Gün doğumuna bir saat kala uçak alçalmaya başladı. Kahvaltı servisi sırasında uyumuştu ve onun uyandığını gören hostes hemen kahvesini getirdi.

Sao Paulo kenti, altlarında görünüyordu, yaklaşık iki bin kilometrekareye yayılmış muazzam bir kentti. Nate uçağın altındaki ışık denizini seyrederek, yirmi milyon insanın bir şehirde nasıl yaşayabildiğini düşündü.

Pilot hızlı bir Portekizceyle günaydın dedi ve sonra da Nate'in anlayamadığı bir sürü şey söyledi. Arkasından gelen İngilizce çeviri de pek parlak sayılmazdı. Buralarda yolunu işaretle ya da homurdanarak bulmak zorunda kalmak istemiyordu. Yabancı dil sorunu bir süre onu endişelendirdi ama, güzel bir Brezilyalı hostes gelip de kemerini bağlamasını İngilizce söyleyince korkusu geçti.

Havaalanı sıcaktı ve insan kaynıyordu. Yeni torba çantasını alıp pek kimsenin dikkatini çekmeden gümrükten geçti ve Campo Grande'ye gidecek bir diğer Varig uçağı için tekrar teslim etti. Sonra bir kahve barı buldu, tarifesi duvardaydı. Eliyle gösterip, "Espresso," dedi ve kasadaki kız yazar kasayı çalıştırdı. Onun uzattığı Amerikan dolarına kaşlarını çatıp baktı, ama sesini çıkarmadan değiştirdi. Bir Brezilya reali bir Amerikan doları ediyordu. Nate'in elinde şimdi birkaç real kalmıştı.

Yüksek sesle konuşan birkaç Japon turistiyle omuz omuza durup kahvesini yudumladı. Etrafında bir sürü yabancı dil konuşuluyordu; hoparlörlerden Portekizceyle karışık Almanca ve İspanyolca bir şeyler duyuluyordu. 'Yanımda keşke bir pratik konuşma kitapçığı getirseydim,' diye düşündü, hiç olmazsa birkaç kelime anlayabilirdi.

Tek başına kalmış olma duygusu giderek onu ele geçiriyordu. Bu kadar büyük kalabalık ortasında yalnız bir adamdı. Kimseyi tanımıyordu. O anda nerede olduğunu hemen hiç kimse bilmiyordu ve aldıran da çok azdı. Etraftaki turistlerin sigara dumanları her yanı sarmıştı, hemen oradan uzaklaşıp terminalin ortasına doğru yürüdü ve iki kat yukardaki tavanı ve aşağıdaki zemin katı rahatça görebileceği bir noktaya geldi. Kalabalığın arasında gayesizce, elindeki ağır çantayı taşıyarak ilerlerken, onu bu kadar ağır şeylerle doldurduğu için de Josh'a söyleniyordu.

Bir taraftan yüksek sesle İngilizce konuşmalar duyup o yana yürüdü. Birkaç işadamı United kontuarı yakınında bekliyordu ve gidip onlara yakın bir koltuğa oturdu. Detroit'de kar yağıyordu ve adamlar Noel için evlerine dönmekte acele ediyordu. Bir petrol boru hattı çalışması için gelmişlerdi Brezilya'ya ve Nate bir süre sonra onların saçmalamalarından bıkıverdi. Sıla hasretini hemen gidermişlerdi onun.

Sergio'yu özlüyordu. Klinik son rehabilitasyon çalışmasından sonra normal yaşama dönüşünü kolaylaştırmak için Nate'i ayrı bir eve yerleştirmişti. O yerden ve bu uygulamadan nefret etmişti ama, daha sonra bu fikrin yararını anlamıştı. İnsanın kendini ayarlaması için birkaç güne ihtiyacı oluyordu. Belki de Sergio haklıydı. Paralı bir telefon bulup onu evinden aradı ve uyandırdı. Sao Paulo'da saat altı buçuktu ama, Virginia'da daha sabahın dört buçuğuydu.

Sergio buna aldırmadı. İşi gereği alışıktı böyle şeylere.

Campo Grande uçağında birinci mevki koltuk yoktu ve uçak tamamen doluydu. Nate herkesin merakla gazete okuduğunu görünce şaşırmış ve bir yandan da hoşlanmıştı bundan, çok çeşitli gazete vardı. Günlük gazeteler Amerika'daki gibi kaliteli ve çağdaş görünüyordu; insanlar sanki habere susamış gibi gazete okuyordu. Brezilya belki de sandığı kadar geri kalmış bir ülke değildi. Bu insanlar okuyabiliyordu! Uçak bir 727'ydi ve yenilenmişti. İçecekler listesinde Coca Cola ve Sprite da vardı; kendisini âdeta evindeymiş gibi hissediyordu.

Yirminci sırada pencere kenarında oturuyordu. Kucağında duran yerlilerle ilgili bir dosyaya boşverip aşağıdaki manzarayı seyretmeye başladı. Aşağıda göz alabildiğine yemyeşil topraklar uzanıyordu, bazı yerler tepelikti, sığır çiftlikleri görülüyordu ve aralarda kırmızı toprak yollar vardı. Toprak, koyu portakal rengindeydi ve yollar, küçük yerleşim bölgeleri arasında gelişigüzel uzanıyordu.

Bir süre sonra üzerinde trafik olan bir asfalt yol göründü, uçak alçalmaya başladı ve pilot Campo Grande'ye hoşgeldiniz anonsu yaptı. Burada yüksek binalar, kalabalık bir şehir merkezi, futbol sahaları, çok sayıda otomobil vardı ve her evin çatısı kırmızı kiremit kaplıydı. Tipik büyük firma etkinliğine teşekkür etmeliydi, elindeki broşür gibi not, hiç kuşkusuz saati üç yüz dolara çalışan acemi bir avukat tarafından hazırlanmış olacaktı, burada Campo Grande, sanki ele alınan konu açısından büyük önem taşıyormuş gibi analiz edilmişti. Altı yüz bin insan yaşıyordu burada. Sığır ticaret merkeziydi. Bir sürü kovboy vardı. Hızla gelişiyordu. Modern konfor bulunuyordu. Bunları bilmek güzeldi de neden uğraşmışlardı bu kadar ki? Nate burada kalmayacaktı.

Havaalanı bu büyüklükte bir şehir için çok küçüktü ama bir süre sonra her şeyi Amerika'yla kıyasladığını anladı. Bundan vazgeçmeliydi artık. Uçaktan iner inmez sıcak havayla âdeta çarpıldı. En azından otuz derece vardı. Noel'e iki gün vardı ve insanlar güney yarımkürede terliyordu. Güneşin parlaklığı karşısında gözlerini kırpıştırdı ve uçağın merdiveninden inerken parmaklığa sıkıca tutundu.

Havaalanı restoranına girip kendisine yemek ısmarlama başarısını gösterebildi ve masasına gelen yemeği yiyebileceğini anlayınca sevindi. Yuvarlak ekmek içine konmuş ızgara tavuk sandviçi daha önce hiç görmemişti ve kızarmış patatesler de Amerika'daki hazır yemek restoranlarındaki kadar taze ve kıtır kıtırdı. Uzaktaki uçuş pistini seyrederek ağır ağır yemeğini yedi. Yemeğinin yarısına geldiğinde, çift motorlu bir turbo-prop Air Pantanal uçağı indi ve terminale yanaştı. Uçaktan sadece altı yolcu çıkmıştı.

Birden korkuya kapıldı ve yemeğini çiğnemeyi durdurdu. Gazetelerde ve CNN televizyonunda kısa mesafeli uçuşlar üzerine bazı haberler okuduğunu ve izlediğini hatırlıyordu, ama bu uçak düşse bile kimsenin haberi olmazdı.

Ama uçak sağlam, temiz ve hatta modern görünüyordu ve pilotlar da iyi giyimli profesyonellerdi. Nate yemeğine devam etti. Kendi kendine 'biraz olumlu düşün,' diye söylendi.

Küçük terminal binasında bir saat kadar dolaştı. Bir gazeteciye girip bir tane Portekizceyi kolay konuşma kılavuzu aldı ve kelimeleri ezberlemeye başladı. Pantanal bölgesine macera turizmi reklamlarını okudu – şimdilerde buna ekoturizm diyorlardı. Bir döviz büfesi, bira reklamları ve rafındaki viski şişeleriyle bir bar gördü. Terminalin ön girişi yakınında, üzerinde dizi dizi ampuller yanan ince ve yapay bir Noel ağacı vardı. Minik ampuller bazı Brezilya Noel şarkılarının melodisine göre yanıp sönüyordu ve hiç istememesine rağmen Nate çocuklarını düşündü.

Noel arifesiydi. Anıların hepsi de acı değildi.

Dişlerini sıkıp, gergin bir halde uçağa bindi ve Corumba'ya kadar olan bir saatlik uçuşun büyük bölümünde uyukladı. Küçük havaalanı çok rutubetli ve Santa Cruz'a gitmek için bekleşen Bolivyalılarla doluydu. Herkesin ellerinde Noel armağanları dolu kutular, paketler görülüyordu.

Bulduğu taksinin şoförü tek kelime İngilizce bilmiyordu ama önemli değildi. Nate ona gezi planındaki 'Palace Hotel' yazısını gösterdi ve eski, pis Mazda taksiyle yola koyuldular.

Yine Josh'un adamlarından biri tarafından hazırlanmış başka bir bilgi notuna göre Corumba'nın nüfusu doksan bindi. Bolivya sınırında, Paraguay Nehri üzerinde bulunan kent, kendisini uzun zaman önce Pantanal'ın başkenti olarak ilan etmişti. Nehir trafiği ve ticaret, şehri geliştirmişti, hâlâ da geliştiriyordu.

Sıcakta ve taksinin arka koltuğunda ter içinde giderken, Corumba tembel, hoş bir kent gibi görünüyordu. Sokaklar geniş, asfalttı ve her iki yanlarında ağaçlar dikiliydi. Esnaf, dükkânların önlerindeki gölgeliklerin altına oturmuş, müşteri bekliyor ve birbiriyle sohbet ediyordu. Gençler küçük tekerlekli motosikletlerle trafiğin arasından kayıp gidiyordu. Çıplak ayaklı çocuklar kaldırım masalarında dondurma yiyorlardı.

İş merkezine yaklaştıklarında trafik âdeta kilitlendi ve sıcakta durdu. Şoför kendi kendine bir şeyler mırıldandı ama pek fazla rahatsız olmuşa benzemiyordu. Bir New York ya da D.C. şoförü böyle bir durumda çileden çıkar, küfürlere başlardı.

Ama burası Brezilya'ydı ve Brezilya Güney Amerika'daydı. Burada saatler daha yavaş çalışıyordu. Hiçbir iş acele değildi. Zamanın önemi yoktu. Nate kendi kendine, 'Saatini çıkarıp bir yana koy,' diye söylendi. Gözlerini kapadı ve ağır havayı solumaya başladı.

Palace Oteli şehrin merkezinde, uzaktan tüm heybetiyle görünen Paraguay Nehri'ne doğru hafif bir meyille inen bir sokaktaydı. Şoföre bir avuç real verdi ve sabırla üstünü vermesini bekledi. Ona Portekizce kısa bir teşekkür edip, hafifçe *'Obrigado'* dedi. Şoför gülümsedi ve onun anlamadığı bir şeyler söyledi. Corumba'nın kaldırımlarına açılan tüm kapılar gibi otel lobisinin kapıları da açıktı.

Otele girer girmez duyduğu ilk sözler, Teksaslı birinin bağırışları oldu. Bir sürü ensesi kalın adam otelden ayrılmak üzeriydi. Kafayı çekip neşelerini bulmuşlardı ve Noel tatili için memlekete dönmeye can atıyorlardı. Nate televizyona yakın koltuklardan birine oturdu ve onların gitmesini bekledi.

Odası sekizinci kattaydı. Günde on sekiz dolara, on iki metrekarelik, daracık yatağı yere yakın bir oda vermişlerdi ona. Karyolanın üzerinde yatak varsa bile çok ince olmalıydı. Yatakta yay yok gibiydi. Odada bir masayla bir sandalye, pencereye monte edilmiş bir klima sistemi, içinde su, kola ve bira şişeleri olan küçük bir buzdolabı ve sabunlu ve birkaç havlulu temiz bir banyo vardı. Kendi kendine, hiç de fena sayılmaz, diye mırıldandı. Bu bir maceraydı. Otel, Four Seasons Oteli değildi tabii ama yaşanabilir bir yerdi.

Josh'a telefon edebilmek için yarım saat uğraştı. Ama dil bilmemesi onu engelledi. Resepsiyondaki otel memuru ona dış santralı bağlayacak kadar İngilizce biliyordu ama, ondan sonra Portekizce başlıyordu. Cep telefonunu denemek istedi ama yerel servis henüz çalışmıyordu.

Nate yorgun vücudunu ince yatağın üzerine bıraktı ve uykuya daldı.

Valdir Ruiz ince belli, kısa boylu, esmer tenli bir adamdı, başında kalan pek az saçı yağlamış ve arkaya doğru taramıştı. Siyah gözlerinin çevresi, otuz yıllık sigara tiryakiliğinin sonucu olarak kırışıklıklarla doluydu. Elli iki yaşındaydı, on yedi yaşındayken evinden ayrılmış ve Rotary değişim öğrencisi olarak bir yıl süreyle Iowalı bir ailenin yanında kalmıştı. İngilizcesiyle gurur duyuyordu ama onu Corumba'da pek kullanma fırsatı bulamıyordu. İngilizcesini kaybetmemek için geceleri genellikle CNN ve Amerikan televizyonlarını izliyordu.

Iowa'da bir yıl kaldıktan sonra Campo Grande'de koleje ve sonra da Rio da hukuk fakültesine gitmişti. Corumba'ya istemeyerek, amcasının küçük hukuk firmasında çalışmak ve yaşlı ebeveynine bakmak için dönmüştü. Uzun yıllar, büyük bir kentte neler yapabileceğini hayal ederek Corumba'daki ağır hukuk çalışmalarına tahammül etmek zorunda kalmıştı.

Fakat hoş bir adamdı, Brezilyalıların büyük çoğunluğu gibi yaşamaktan zevk almanın yollarını biliyordu. Küçük bürosunda tüm gayretiyle çalışıyordu, ofiste sadece kendisi ve telefonlara cevap verip daktilo yazılarını yazan bir sekreteri vardı. Valdir emlak, tapu, senet ve kontrat işlerinden hoşlanıyordu. Hiç mahkemeye gitmezdi, çünkü Brezilya'da mahkeme salonları hukuk çalışmalarının doğal bir uzantısı değildi. Fazla dava açılmazdı. Amerikan tarzı davalar Güneye pek ulaşmamıştı. Valdir, avukatların CNN'de söylediklerine ve yaptıklarına şaşırıyordu. Sık sık kendi kendine, bu adamlar neden bu kadar yaygara ediyorlar? diye sorardı. Avukatlar basın toplantıları yapıyor, müvekkilleri konusunda konuşmak için bir ekrandan diğerine koşuyordu. Brezilya'da böyle şeyler duyulmamıştı.

Ofisi, Palace Otel'den üç blok ötede, amcasının uzun yıllar önce satın aldığı gölgelik bir yerdeydi. Çatıyı örten yüksek ve kalın ağaçlar vardı ve hava ne kadar sıcak olursa olsun, Valdir pencerelerini açık tutardı. Sokaktan gelen hafif gürültülerden hoşlanırdı. Saat üçü çeyrek geçe, daha önce hiç görmediği bir adamın durup ofisini incelediğini gördü. Adamın bir yabancı, bir Amerikalı olduğu belliydi. Valdir, onun Bay O'Riley olduğunu anladı.

Sekreter onlara *cafezinho* getirdi, Brezilyalıların gün boyunca küçük fincanlarda içtiği kuvvetli, şekerli siyah kahveydi bu ve Nate bu kahveye hemen alışıverdi. Valdir'in ofisinde oturdu ve hayranlıkla etrafı seyretmeye başladı, hemen samimi olmuş ve birbirlerine ilk adlarıyla hitap etmeye başlamışlardı bile; başlarının üstünde gıcırtılı bir vantilatör dönüyor, açık pencerelerden boğuk sokak sesleri geliyordu, Valdir'in arkasında muntazam dizilmiş tozlu dosyalar, ayaklarının altında da aşınmış bir ahşap döşeme vardı. Ofis oldukça sıcaktı ama rahatsız edici değildi. Nate sanki elli yıl önce çekilmiş bir film izler gibiydi.

Valdir D.C.'ye telefon açıp Josh'u buldu. Onunla birkaç saniye konuşup ahizeyi masanın üzerinden uzattı. Nate, "Merhaba Josh," dedi. Josh onun sesini duyunca rahatlamış gibiydi. Nate ona Corumba'ya gelinceye kadar seyahatinin nasıl geçtiğini anlattı, çok iyi ve hâlâ ayık olduğunun üzerine basarak konuştu ve maceranın sonunu beklediğini belirtti.

Valdir odanın bir köşesine çekilmiş bir dosyayla meşgul gibi görünüyordu ama, konuşmanın tek kelimesini kaçırmadığı belliydi. Nate O'Riley, ayık olduğunu neden böyle gururla söylüyordu acaba?

Telefon konuşması sona erdikten sonra Valdir, yaklaşık Teksas büyüklüğünde olan Mato Grosso do Sul eyaletinin büyük bir hava seyrüsefer haritasını çıkarıp masanın üzerine açtı ve Pantanal'ı gösterdi. Bölge, eyaletin kuzeybatı bölümünün tümünü kaplıyor, kuzeyde Mato Grosso içine ve batıda da Bolivya'ya uzanıyordu. Bataklık bölgede yayılmış yüzlerce nehir ve akarsu vardı. Bölge, haritada sarıya boyanmıştı ve Pantanal'da şehir ya da kasaba yoktu. Ne yol ne de otoyol. Nate Josh'un verdiği bilgi notlarından, bölgenin iki yüz elli bin kilometrekarelik bir bataklık olduğunu hatırlıyordu.

Haritayı incelerken Valdir bir sigara yaktı. Konuyla ilgili bazı ön çalışmalar yapmıştı. Haritanın batı kenarında, Bolivya yakınlarında dört tane kırmızı X işareti vardı.

Valdir işaretleri gösterip, "Buralarda kabileler var," dedi. "Guatolar ve İpikalar."

Nate, Rachel Lane'i aramak için tarayacağı bölgeyi ilk kez haritada yakından görürken eğilerek, "Bunlar büyük kabileler mi?" diye sordu.

Valdir ağır ama hatasız konuşarak, "Bunu gerçekten de bilmiyoruz," diye cevap verdi. Amerikalıyı İngilizcesiyle etkilemek için büyük gayret gösteriyordu."Yüz yıl önce çok daha fazla kabile vardı. Ama bunlar her kuşakta biraz daha küçüldüler."

Nate, "Dış dünyayla temasları ne durumda peki?" diye sordu.

"Çok az. Kültürleri bin yıldır değişmemiş. Nehir tekneleriyle biraz ticaret yapıyorlar ama değişmeye pek niyetleri yok gibi."

"Misyonerlerin nerede olduklarını biliyor muyuz?"

"Bunu söylemek güç. Mato Grosso do Sul eyaleti Sağlık Bakanı'yla konuştum. Onu iyi tanırım ve bakanlıkta misyonerlerin çalıştıkları bölgeler konusunda genel bir bilgi var. Ayrıca FUNAI'den bir temsilciyle de görüştüm – burası, ülkemizde yaşayan yerlilerin işleriyle ilgilenen bürodur." Valdir, X işaretlerinden ikisini gösterdi. "Bunlar Guato. Şuralarda misyonerler olması ihtimali var."

Nate, "Onların isimlerini biliyor musun?" diye sordu ama, bunun rasgele bir soru olduğunun farkındaydı. Josh'un bilgi notlarından birine göre, Rachel Lane adı Valdir'e bildirilmemişti. Ona sadece, kadının Dünya Kabileleri için çalıştığı söylenmişti.

Valdir gülümsedi ve başını iki yana salladı. "İş o zaman çok kolay olurdu. Brezilya'da en azından yirmi değişik Amerikan ve Kanada misyonerlik organizasyonu olduğunu bilmelisiniz. Bizim ülkemize girmek ve gezmek kolaydır. Özellikle de gelişmemiş bölgelerde. Oralarda kimin dolaştığına ve neler yaptığına kimse aldırmaz. Bunlar misyonerse, iyi insanlardır diye düşünürüz."

Nate, Corumba'yı ve sonra da en yakın kırmızı X'i gösterdi. "Buradan oraya gitmek ne kadar sürer?"

"Kullanacağınız araca bağlı. Uçakla yaklaşık bir saat. Tekneyle üç ile beş gün arası."

"O zaman uçağım nerede?"

Valdir başka bir harita alıp, "Bu o kadar kolay değil," dedi. Haritayı açıp diğerinin üzerine koydu. "Bu, Pantanal'ın topografik haritası. Şunlar *fazenda*'lardır."

"Ne?"

"*Fazenda*'lar. Büyük çiftlikler."

"Oraları olduğu gibi bataklık sanıyordum."

"Hayır. Birçok bölge sığır yetiştirmek için doldurulmuştur. *Fazenda*'lar iki yüz yıl önce yapılmıştır ve hâlâ *pantaneiro*'larca çalıştırılır. Tekneyle sadece birkaç *fazenda*'ya ulaşılabilir, bu nedenle küçük uçaklar kullanılır. Uçuş pistleri maviyle işaret edilmiştir."

Nate haritaya baktı ama yerlilerin yerleşim bölgeleri yakınlarında çok az meydan ve uçuş pisti vardı.

Valdir konuşmasına devam etti. "Bölgeye uçakla gitseniz bile yerlilere ulaşmak için tekne kullanmak zorunda kalacaksınız."

"Bu küçük meydanlar nasıl şeyler?"

"Hepsi çayır meydanlar. Otları bazen keser, bazen de kesmezler. En büyük sorun sığırlardır."

"Sığırlar mı?"

"Evet, sığırlar ot sever. Bazen iniş çok güç olur, çünkü sığırlar pist üzerinde otluyordur." Valdir bunu gayet ciddi bir tavırla söylemişti.

"Peki ama sığırları oradan kovamazlar mı?"

"Kovarlar tabii, ancak geldiğinizi bilirlerse. Ama oralarda telefon yoktur."

"*Fazenda*'larda telefon yok mu?"

"Hayır. Oralar ıssız yerlerdir."

"Yani Pantanal'ın içlerine kadar uçakla gidemeyecek, orada tekne mi kiralayacağım?"

"Hayır. Tekneler burada, Corumba'dadır. Rehberler de tabii."

Nate haritaya, özellikle de yerlilerin yerleşim bölgelerine doğru, kıvrılarak kuzeye çıkan Paraguay Nehri'ne baktı. Bu nehir boyunca bir yerlerde, Nate'in çok içerlerde olmamasını umduğu bir yerde, bu muazzam sulak bölgenin bir noktasında, günlerini sükûnet içinde geçiren, etrafındaki cemaatine dinsel eğitim veren ve geleceği hiç düşünmeyerek yaşayan bir Tanrı kulu vardı.

Ve onu bulması gerekiyordu.

Nate, "Hiç olmazsa bölgenin üzerinde uçmak isterdim," dedi.

Valdir ikinci haritayı tekrar rulo yaptı ve, "Bir uçak ve pilot ayarlayabilirim," dedi.

"Peki ya tekne?"

"Tekne konusunda uğraşıyorum. Şimdi taşkınlar mevsimi ve teknelerin çoğu kullanılıyor. Nehirler taşmış durumda. Yılın bu zamanında nehir trafiği çoktur."

Troy taşkın mevsiminde intihar etmekle çok iyi etmişti doğrusu. Şirketin araştırmasına göre yağmurlar Kasım'da başlayıp Şubat'a kadar sürüyordu ve alçak bölgelerle *fazenda*'ların büyük çoğunluğu sular altındaydı.

Valdir birinci haritayı da katlayıp bir sigara daha yakarken, "Ama sizi uyarmak isterim," dedi. "Uçak seyahati risksiz değildir. Uçaklar küçüktür ve bir motor arızası halinde, şey..." Sesi hafifledi ve gözlerini yuvarlayıp, tüm umutların kaybolduğunu anlatmak ister gibi omuzlarını silkti.

"Ee, ne olur?"

"Acil durum inişi için uygun yer yoktur. Bir ay önce bir uçak düştü. Onu bir nehir kıyısında buldular, çevresi timsah doluydu."

Nate bu cevapla dehşete düşmüş olarak, "Uçaktakiler ne olmuş?" diye sordu.

"Bunu timsahlara sormak gerekiyor."

"Konuyu değiştirelim."

"Biraz daha kahve?"

"Evet, lütfen."

Valdir sekreterine seslendi. Birlikte pencere önüne gidip trafiği seyrettiler bir süre. Sonra Valdir, "Sanırım bir rehber buldum," dedi.

"Güzel. İngilizce biliyor mu?"

"Evet, çok iyi. Genç bir adam, ordudan yeni ayrılmış. İyi bir çocuk. Babası nehir pilotuymuş."

"Mükemmel."

Valdir masasına gitti ve telefonu aldı. Sekreter Nate'e bir fincan daha *cafezinho* getirtti ve Nate pencere önünde ayakta durup kahveyi yudumlamaya başladı. Sokağın karşı tarafında küçük bir bar vardı ve önüne, kaldırım üzerine, bir tente altına üç masa koymuşlardı. Kırmızı bir tabelada Antartica birasının reklamı vardı. Kısa kollu gömlek giymiş, kravatlı iki adam, büyük bir şişe Antartica alıp masalardan birine oturmuştu. Mükemmel bir manzaraydı doğrusu – sıcak bir gün, neşeli bir hava ve gölgede iki arkadaş tarafından paylaşılan bira.

Nate'in birden başı döndü. Bira reklamı belirsizleşti, manzara gelip gitti, sonra tekrar geldi, kalbi hızla çarpmaya başladı ve nefesi kesilir gibi oldu. Dengesini kaybetmemek için pencere kenarına tutundu. Elleri titriyordu, *cafezinho* fincanını masaya bıraktı. Valdir arkasındaydı, olanlardan habersiz, Protekizce bir şeyler konuşuyordu.

Nate'in alnı ter içindeydi. Biranın tadını alabiliyordu. Çöküş başlıyordu işte. Zırhta bir delik. Barajda bir çatlak. Sergio ile birlikte dört ayda inşa ettiği kararlılık dağında patlama vardı. Nate derin bir nefes aldı ve kendini toparladı. Bu an geçecekti; geçeceğini biliyordu. Daha önce kaç kez yaşamıştı bunu.

Kahvesini aldı ve öfkeyle yudumlarken, Valdir de telefonu kapatmış, pilotun Noel'de uçmak istemediğini söylüyordu. Nate gıcırdayan vantilatörün altındaki koltuğuna oturdu ve, "Ona biraz daha para teklif et," dedi.

Valdir'e zaten Bay Josh Stafford tarafından, görev sırasında paranın önemli olmadığı söylenmişti. Valdir, "Bir saat sonra beni arayacak," dedi.

Nate gitmeye hazırdı. Yepyeni cep telefonunu çıkardı ve Valdir de onunla birlikte İngilizce bilen bir şehirlerarası operatörü bulmak için uğraştı. Bir süre sonra Nate denemek için Sergio'nun numarasını aradı ve onun telesekreterini buldu. Sonra sekreteri Alice'i arayıp Noel'ini kutladı.

Telefon çok iyi çalışıyordu ve buna çok sevinmişti. Valdir'e teşekkür etti ve ofisten ayrıldı. İş saati sona ermeden tekrar konuşacaklardı.

Valdir'in bürosundan birkaç blok mesafede bulunan nehre doğru yürüyüp küçük bir park buldu, işçiler bir konser için sandalyeleri diziyordu. Öğleden sonra hava çok nemliydi, gömleği ter içinde kalmış, vücuduna yapışmıştı. Valdir'in ofisinde başına gelen olay onu fazlasıyla korkutmuştu. Bir piknik masasının kenarına oturdu ve önünde uzanan muazzam Pantanal'a baktı. Bir süre sonra, önünde, nereden çıktığını anlayamadığı iğrenç bir genç belirdi ve ona marijuana satmak istedi. Uyuşturucu, küçük bir tahta kutuda, minik torbalar içindeydi. Nate elini sallayıp onu defetti. Belki başka bir yaşamda alabilirdi.

Güneş, pek uzakta olmayan Bolivya dağları arkasına doğru alçalırken bir müzisyen gitarını akord etmeye ve dinleyici kalabalığı da yavaş yavaş toplanmaya başladı.

12

Para işe yaradı. Pilot istemeyerek de olsa uçmayı kabul etti ama, sabah erkenden kalkıp öğleye kadar da Corumba'ya geri dönme konusunda ısrarlıydı. Küçük çocukları vardı, karısı öfkeliydi ve ne de olsa Noel tatiliydi. Valdir onu yatıştırıp söz verdi ve yüklüce bir peşinat ödedi.

Valdir'in bir haftadır görüştüğü rehber Jevy'ye de bir ön ödeme yapıldı. Jevy yirmi dört yaşında, bekâr ve kalın kolları olan bir halterciydi, Palace Oteli'nin lobisine girdiğinde başında bir çalılık arazi şapkası vardı, kot kumaştan bir şort, siyah asker postalları ve kolsuz bir tişört giymişti ve belinde de, sanki hemen bir şeylerin derisini yüzecekmiş gibi, uzun ve eğri bir av bıçağı vardı. Nate'in elini sıkarken âdeta ezdi ve koca bir gülümsemeyle, *"Bom dia,"* dedi.

Nate de, parmakları çatırdarken dişlerini sıktı ve, *"Bom dia,"* diye karşılık verdi. Bıçağın görülmemesi imkânsızdı; bıçak yirmi santim vardı.

Jevy, "Portekizce biliyor musunuz?" diye sordu.

"Hayır. Sadece İngilizce."

Genç adam sonunda onun elini bıraktı ve, "Sorun yok," dedi. "Ben İngilizce bilirim." Belirgin bir aksanı vardı ama Nate onun her dediğini anlamıştı. Jevy gururlu bir tavırla, "Orduda öğrendim," dedi.

Jevy hemen kendini sevdiren bir gençti. Nate'in çantasını aldı ve resepsiyondaki kıza laf atıp bir şeyler söyledi. Kızın yüzü kızardı ama ondan başka şeyler de duymak ister gibiydi.

Genç adamın arabası 1978 model bir Ford 3/4 tonluk pikaptı; Nate'in şimdiye kadar Corumba'da gördüğü en büyük arabaydı bu. Geniş lastikleri, ön tampondaki vinci, farlar üzerindeki kalın ızgaraları ve siyah boyasıyla ormana hazırdı araba, çamurluk yoktu. Ve klima sistemi de bulunmuyordu.

Corumba sokaklarında canavar gibi gidiyorlar, sadece kırmızılarda biraz duraklıyor, stop işaretlerine hiç aldırmadan diğer araba ve motosikletlere meydan okuyorlardı, herkes Jevy'nin tankından kaçıyordu. Susturucu eski olduğundan mı, yoksa kasten mi bilinmez müthiş gürültü yapıyordu. Motor çok gürültülüydü ve Jevy bir yarış sürücüsü gibi direksiyona yapışmış konuşuyordu. Ama Nate onun sesini duymuyordu bile. Oturduğu yeri tutmaya çalışarak bir aptal gibi başını salladı ve gülümsedi – ayaklarını döşemeye bastırmış, bir eliyle pencere kenarına yapışmış, diğeriyle de çantasını kavramıştı. Her kavşakta yüreği ağzına geliyordu.

Fakat trafik kurallarına, eğer varsa tabii, uyulmayan bir yerde sürücüler sistemi anlıyordu. Yollarda hiçbir karmaşa, araba kazası yoktu. Jevy de dahil olmak üzere tüm sürücüler, çarpışmaya birkaç saniye kala durmayı, yol vermeyi ya da kaçmayı başarıyordu.

Havaalanı boştu. Küçük terminalin yan tarafına park edip, tarmağın diğer ucuna, dört küçük uçağın bağlı durduğu yere doğru yürüdüler. Uçaklardan biri, pilotu tarafından hazırlanmaktaydı ve Jevy pilotu tanımıyordu. Tanışma faslı Portekizce yapıldı. Pilotun adı Milton gibi bir şeydi. Samimi, dost canlısı bir adama benziyordu ama, Noel'den bir gün önce uçmaktan pek hoşlanmadığı belliydi.

Brezilyalılar kendi aralarında konuşurken Nate uçağı inceledi. İlk gözüne çarpan şey, uçağın boyasının çok eski olduğuydu ve bu bile Nate'i düşündürdü. Uçağın dışı dökülürken içi iyi olabilir miydi? Lastikler iyice kabaklaşmıştı. Motor kaportası çevresinde yağ lekeleri vardı. Tek motorlu bir Cessna 206'ydı bu.

Yakıt ikmali on beş dakika sürdü ve erken kalkalım derken saat ona yaklaşıyordu. Nate haki şortunun derin cebinden cep telefonunu çıkardı ve Sergio'yu aradı.

Sergio karısıyla kahve içiyor ve son dakika alışverişi için plan yapıyordu; Nate bunları duyunca ülke dışında ve bu alışveriş çılgınlığından uzakta olduğuna sevindi. Orta Atlantik boyunca hava soğuktu ve sulu kar vardı. Nate ona hâlâ sağlam olduğunu söyledi; hiçbir sorun yoktu.

Çöküşü durdurduğunu düşünüyordu. Yeni bir kararlılık ve güçle uyanmıştı; o sadece geçici bir zayıflık anı olmuştu. Onun için Sergio'ya bundan bahsetmedi. Belki söylemeliydi ama, adamı neden endişelendirecekti ki şimdi?

Telefon konuşmaları sürerken güneş koyu renkli bir bulutun arkasına kaydı ve Nate'in çevresine birkaç yağmur damlası düştü. O bunun pek farkına varmadı. Artık bir klişe olmuş 'Mutlu Noeller' sözünden sonra telefonu kapadı.

Bir süre sonra pilot hazır olduğunu söyledi. El ve sırt çantalarını uçağa koyarken Nate, Jevy'ye, "Kendini güvende hissediyor musun?" diye sordu.

Jevy güldü ve, "Sorun yok," dedi. "Bu adamın, söylediğine göre dört küçük çocuğu ve güzel bir karısı varmış. Hayatını neden riske atsın ki?"

Jevy pilotaj dersleri almak istiyordu ve bu nedenle Milton'un sağındaki koltuğa oturmak istedi. Nate açısından bunun bir sakıncası yoktu. Onların arkasındaki küçük koltuğa oturdu ve dizüstü ve omuz kemerlerini sıkıca bağladı. Motor biraz güç çalıştı ve bu da Nate'in dikkatini çekti tabii; Milton penceresini açıncaya kadar küçük kabin, fırına dönmüştü. Pervane rüzgârı biraz serinletti onları. Apronda sıçrayarak taksiye başladılar ve pist başına gittiler. Kalkış izni sorun değildi, çünkü başka hava trafiği yoktu o anda. Yerden kesildiklerinde Nate'in gömleği, üzerine yapışmıştı ve ensesinden aşağıya ter akıyordu.

Corumba hemen altlarında göründü. Düzgün sokaklarında sıralı küçük evleriyle havadan daha da güzel görünüyordu. Şehrin merkezi yine kalabalıktı, trafik tıkanmış, arabalar bekliyor, yayalar koşarak karşı kaldırımlara geçiyordu. Şehir bir kayalığın üzerine kurulmuştu ve altında da nehir vardı. Nehri izleyerek kuzeye doğru tırmanırken, Corumba da arkalarında yavaş yavaş gözden kaybolmaya başladı. Hava parçalı bulutluydu ve hafif türbülans vardı.

Dört bin fit irtifada büyük, meşum görünüşlü bir bulutun içinden geçip dışına çıktıktan sonra haşmetli Pantanal birden önlerinde belirdi. Bir düzine küçük nehir doğuya ve kuzeye doğru daireler çizerek ve birbirlerini keserek, nereye gitikleri belirsiz bir biçimde uzuyor, her bir bataklığı yüzlerce başkasına bağlıyordu. Su taşkınları nedeniyle nehirler doluydu, birçok yerde bir arada akıyordu. Suyun değişik renkleri vardı. Durgun bataklıklar koyu mavi, yabani otların kalın olduğu yerler siyaha yakındı. Daha derin göller yeşildi. Küçük ırmak ayakları kırmızıya yakın toprakla karışık olarak akıyordu, Paraguay Nehri ise doluydu ve rengi de çikolata rengine yakındı. Ufukta, gözün görebildiği yere kadar bütün sular mavi, bütün topraklar da yeşildi.

Nate doğuya ve kuzeye bakarken, yol arkadaşları da batıya, uzaktaki Bolivya dağlarına bakıyordu. Jevy, Nate'in dikkatini çekip eliyle işaret etti. Dağların ötesinde gökyüzü daha koyu renkliydi.

Kalkıştan on beş dakika sonra Nate ilk defa evler gördü. Paraguay yakınlarında bir çiftlikti burası. Ev küçük ve temizdi, çatısı da her yerde olduğu gibi kırmızı kiremit kaplıydı. Çayırda beyaz sığırlar otluyor ve nehrin kıyısından su içiyorlardı. Yıkanmış çamaşırlar evin yanındaki ipe serilmişti. İnsan faaliyetleriyle ilgili bir işaret yoktu – hiçbir araç, TV anteni ya da elektrik hattı görülmüyordu. Evin hemen yanında, toprak bir yoldan gidilen küçük, kare şeklinde ve etrafı çitle çevrili bir bahçe vardı. Uçak bir bulutun içinden geçti ve çiftlik kayboldu.

Önlerinde başka bulutlar da vardı. Milton üç bin fite indi, bulutların altında kalmak istiyordu, Jevy ona, bunun bir keşif turu olduğunu ve mümkün olduğunca alçak irtifadan uçmasını söylemişti. İlk Guato yerleşim yeri Corumba'dan yaklaşık bir saat mesafedeydi.

Birkaç dakika için nehirden ayrıldılar ve bir *fazenda*'nın üzerinden uçtular. Jevy haritasını katladı, bir noktaya bir daire çizdi ve haritayı arkadaki Nate'e attı. Sonra aşağıyı gösterip, "Fazenda da Prata," dedi. Haritada bütün *fazenda*'lar, sanki büyük yerleşim bölgeleriymiş gibi adlarıyla gösterilmişti. Aslında Fazenda da Prata, Nate'in ilk gördüğü çiftlikten pek fazla büyük değildi. Burada daha fazla sığır, birkaç küçük ek bina, biraz daha büyük bir ana bina ya da ev ve uzun, düz bir toprak parçası vardı ki Nate bunun uçuş pisti olduğunu anladı. Yakınlarda nehir de yoktu yol da. Buraya sadece hava yoluyla geliniyordu.

Milton batı yönündeki koyu renk gökyüzü konusunda gittikçe endişeleniyordu. Bulutlar doğuya, onlar da kuzeye gidiyordu ve bir noktada buluşmaları kaçınılmaz olacaktı, Jevy arkaya eğildi ve, "Pilot şuradaki havanın durumunu beğenmiyor," diye bağırdı.

Nate de beğenmiyordu ama pilot o değildi. Ne söyleyeceğini bilemedi ve sadece omuzlarını silkmekle yetindi.

Jevy, "Onu birkaç dakika izleyeceğiz," dedi. Milton geri dönmek istiyordu. Nate'in arzusu ise en azından yerlilerin köylerini görmekti. İçinde hâlâ, oralara gidip Rachel'i görmek ve mümkünse onu Corumba'ya getirip güzel bir restoranda yemek ısmarlayarak babasının mirası konusunda konuşabilmek umudunu taşıyordu. Ama zayıf bir ihtimaldi bu tabii ve hemen kayboldu bu umut.

Bu iş için bir helikopter de kullanabilirdi. Miras büyüktü ve bu tür harcamaları kaldırırdı. Eğer Jevy doğru köyü ve inilecek doğru yeri bulursa Nate hemen bir helikopter kiralayabilirdi.

Hayal kuruyordu.

Bir başka *fazenda* gördüler, bu seferki Paraguay Nehri'ne yakındı. Yağmur damlaları uçağın camlarına vurmaya başladı ve Milton iki bin fite alçaldı. Sol taraflarında etkileyici sıra dağlar ve yamaçtaki ormanların içinden kıvrılarak geçen nehir görülüyordu.

Bir süre sonra dağların tepelerinden kopan fırtına aniden onlara saldırdı. Gökyüzü birden kararmıştı; rüzgâr Cessna'yı sallayıp duruyordu. Uçak aniden irtifa kaybetti ve Nate'in başı tavana vurdu. Bir anda dehşet içinde kalmıştı.

Jevy arkaya doğru, "Geri dönüyoruz," diye bağırdı. Sesinde, Nate'i rahatlatacak bir sükûnet yoktu. Milton'un yüzü ifadesizdi ama soğukkanlılığını yitirmişti ve alnı ter içindeydi. Uçak ani bir yatışla önce doğuya, sonra güneydoğuya döndü ve güneye dönüşü tamamladıklarında karşılarında berbat bir manzara gördüler. Gökyüzü Corumba'ya doğru simsiyah kesilmişti.

Milton bunu istemiyordu. Hemen doğuya döndü ve Jevy'ye bir şeyler söyledi.

Jevy, arka koltuğa doğru, "Corumba'ya gidemiyoruz," diye bağırdı. "Pilot bir *fazenda* bulmak istiyor. Oraya inip fırtınanın geçmesini bekleyeceğiz." Sesi yüksek ve endişe doluydu, şimdi daha aksanlı konuşuyordu.

Nate elinden geldiğince başını salladı. Başı sağa sola sallanıyor, dönüyor gibiydi ve tavana çarptığı için de acıyordu. Midesi de guruldamaya başlamıştı.

Birkaç dakika süreyle Cessna yarışı kazanacakmış gibi göründü. Nate uçaklar ne kadar küçük olursa olsun, hiç kuşkusuz fırtınadan hızlı gider, diye düşünüyordu. Başının tepesini ovaladı ve uçağın arkasına bakmamaya karar verdi. Ama kara bulutlar şimdi yan taraflardan geliyordu.

Bir pilot, meteoroloji radarına bakmadan uçuşa çıkacak kadar aptal olabilir miydi? Ama bu adamlarda radar varsa bile herhalde yirmi yıllık, eski bir şey olmalıydı ve büyük olasılıkla tatil diye çalışmıyordu.

Yağmur damlaları uçağı dövüyordu. Rüzgâr, etraflarında uğuldayıp duruyordu. Dışarda bulutlar kaynaşıyordu. Fırtına onlara yetişip içine aldı ve küçük uçak yan yatıp, inip çıkmaya ve sağa sola savrulmaya başladı. Milton, çok uzun gibi gelen iki dakika süresince, türbülans nedeniyle uçağı kontrol altına alamadı. Adam sanki uçak uçurmuyor da, ehlileştirilmemiş yabani bir ata biniyordu.

Nate pencereden baktı ama hiçbir şey göremedi, ne akarsu, ne bataklık ne de iniş pisti olan küçük güzel *fazenda*'lar görünüyordu. Oturduğu yerde biraz daha çöktü. Dişlerini kenetledi ve kusmayacağına dair kendi kendine söz verdi.

Halkın hava boşluğu dediği korkunç bir türbülans uçağı iki saniyeden az bir sürede yüz fit kadar düşürdü ve üçü birden bağırdı. Nate'in haykırışı korkunçtu. "Allah kahretsin!" Uçaktaki iki Brezilyalı da Portekizce küfretmişti. Tabii bu arada üçü de müthiş korkmuştu.

Bir ara etraf sakinleşti, kısa bir rahatlama oldu. Milton lövyeyi ileriye itti ve uçağı dalışa geçirdi. Nate iki eliyle Milton'un koltuğunun arkasına yapıştı ve hayatında ilk ve aynı zamanda son kez olmasını dileyerek, kendisini bir kamikaze pilotuna benzetti. Kalbi yerinden fırlayacakmış gibi çarpıyordu ve midesi ağzına gelmişti. Gözlerini kapayıp Sergio'yu ve Walnut Hill'de ona dua ve meditasyon öğretmiş olan yoga öğretmenini düşündü. Dua edip meditasyon yapmaya çalıştı ama düşmekte olan bir uçakta imkânsızdı bu. Ölüme sadece birkaç saniye kalmıştı.

Cessna'nın tam tepesinde patlayan bir gökgürültüsü hepsini sersemе çevirdi ve tüm vücutlarını titretti. Nate'in kulak zarları patlamıştı sanki.

Dalış beş yüz fit irtifada son buldu ve Milton rüzgârla savaşıp uçağı düz uçuşa geçirdi. Jevy ön taraftan, "*Fazenda* ara!" diye bağırdı ve Nate isteksiz bir tavırla camdan dışarıya baktı. Altlarında dünya, rüzgâr ve yağmurla karmakarışıktı. Ağaçlar sallanıyordu ve küçük göllerin üzerinde beyaz köpüklü dalgalar vardı. Jevy haritayı taradı ama ne yazık ki kaybolmuşlardı.

Beyaz bir örtü gibi gelen yağmur, görüş alanını birkaç yüz fitle kısıtlıyordu. Nate bazen yeri bile göremiyordu. Korkunç bir rüzgârla savrulan sağanak her yanlarını sarmıştı. Küçük uçakları bir uçurtma gibi sağa sola savruluyordu. Milton uçuş kontrolleriyle savaşırken Jevy de umutsuz bir tavırla her tarafa bakıyordu. Savaşmadan düşmeyeceklerdi.

Bir süre sonra Nate teslim bayrağını çekti. Yeri göremezlerse nasıl inceklerdi? Fırtınanın göbeğine henüz girmemişlerdi bile. Her şey bitmişti.

Yardım için Tanrı'ya yalvarmayacaktı. Şimdiye kadarki yaşam tarzıyla böyle bir sonu hak etmişti. Her yıl uçak kazalarında yüzlerce insan ölüyordu; ve kendisi o insanlardan çok daha iyi biri sayılmazdı.

Bir an için altlarında bir nehir gördü ve hemen timsahlarla boa yılanlarını hatırladı. Bir bataklığa zorunlu iniş düşüncesi onu dehşete düşürdü. Kendisini, ölmemiş ama ağır yaralı bir halde, yaşam için mücadele ederken, aç sürüngenleri kovmaya uğraşırken ve o lanet uydu telefonunu çalıştırmaya çalışırken düşündü.

Bir gökgürültüsü daha kabini sarstı ve Nate sonunda mücadele etmeye karar verdi. Bir *fazenda* görebilmek umuduyla altlarındaki araziyi taramaya başladı. Yakınlarda çakan bir şimşek bir an için gözlerini kör etti. Motor öksürdü, durur gibi oldu ama sonra tekrar normal çalışmasına devam etti. Milton, doğal koşullarda güvenli bir irtifa olan dört yüz fite indi. Pantanal'da hiç olmazsa insanı endişelendirecek dağlar tepeler yoktu.

Nate kemerlerini biraz daha sıktı ve sonra bacaklarının arasına kustu. Bunu yaparken hiç utanmıyordu. Şimdi sadece korku ve dehşet duygusu vardı içinde.

Artık tamamen karanlıktaydılar. Milton ve Jevy uçağın kontrolünü sağlamaya çalışırken arada bir bağırıyor ve hoplayıp zıplıyorlardı. İkisinin omuzu bazen birbirine çarpıyordu. Harita Jevy'nin bacakları arasına sıkışıp kalmıştı, hiçbir işe yaramıyordu.

Fırtına altlarında devam ediyordu. Milton iki yüz fite indi, bu irtifadan yeri bölümler halinde görebiliyorlardı. Ani ve güçlü bir rüzgâr hamlesi Cessna'yı birden yana doğru fırlattı, savurdu ve Nate ne kadar çaresiz olduklarını bir kez daha anladı. O anda altlarında, yerde beyaz bir şey gördü ve eliyle işaret ederek, "Bir sığır! Bir sığır!" diye bağırdı. Jevy de bunu Milton'a kendi dilinde aktardı.

Görüşü engelleyen yağmur altında bulutların arasından sıyrılıp seksen fite indiler ve bir evin kırmızı kiremitleri üzerinden uçtular. Jevy tekrar bağırdı ve uçağın yan tarafında bir yeri gösterdi. Uçuş pistinin uzunluğu ancak, banliyö evlerinin garaj ve cadde arasındaki özel araba yolu kadardı, güzel havada bile tehlikeli olabilirdi. Ama bu önemli değildi şimdi. Başka çareleri yoktu. İnişte yere çarpsalar bile, yakınlarda insanlar vardı.

Pisti çok geç görmüşler ve kaçırmışlardı, bunun için Milton, rüzgârı önden almak için bir tur daha atmaya çalıştı. Rüzgâr Cessna'yı âdeta tokatladı ve düşmelerine ramak kaldı. Yağmur görüş mesafesini neredeyse sıfıra indiriyordu. Nate pisti görmek için eğildi ama camda sudan başka bir şey göremedi.

Cessna elli fitte tekrar yana savruldu. Milton büyük çaba gösterip uçağı düzeltti. Jevy birden, "*Vaca! Vaca!*" diye bağırdı ve Nate bu sözcüğün sığır anlamına geldiğini hemen anladı. Onu Nate de görmüştü. Birinciyi kaçırdılar.

Yere vurmadan önce Nate kısa aralıklarla, elinde bir sopayla yüksek otların arasında koşan bir çocuk gördü, korkmuş ve sırılsıklamdı. Sonra pistten koşarak kaçan bir sığır gördü. Jevy korkulu gözlerle, ağzı açık bir halde gerilmiş, ön camdan ileriye bakıyor ve ağzından hiçbir söz çıkmıyordu.

Otlara çarptılar ama ileriye doğru gitmeye devam ettiler. Bu bir düşme değil, inişti ve Nate bir an için, ölmeyebileceklerini düşündü. Bir rüzgâr hamlesi onları on fit havaya kaldırdı ama sonra yine indiler.

"*Vaca! Vaca!*"

Pervane, önlerinde duran kocaman, meraklı bir sığıra çarptı ve hayvanı paramparça etti. Uçak şiddetle savruldu, tüm pencereler kırılıp dışarıya doğru dağıldı ve üçü birden bağırarak kendilerinden geçtiler.

• • •

Nate uyanıp yana doğru yattığını görerek doğruldu, her yanı kan içindeydi, tarif edilemeyecek kadar korkuyordu ama yaşıyordu ve birden hâlâ yağmur yağdığını fark etti. Rüzgâr, uçağın içinde uğulduyordu. Milton ve Jevy birbirlerinin üstüne çıkmış ama onlar da kımıldıyor ve kemerlerini çözmeye çalışıyorlardı.

Nate bir pencere buldu ve başını dışarıya çıkardı. Cessna yan yatmış, kanatlardan biri kırılıp gövdenin altına katlanmıştı. Her taraf kan içindeydi ama uçaktakilerin değil, sığırın kanıydı bu. Sağanak halinde yağan yağmur kanı alıp götürüyordu.

Elinde sopa olan çocuk onları alıp pistin yakınındaki küçük bir ahıra götürdü. Fırtınadan kurtulan Milton dizlerinin üstüne çöktü ve Meryem Ana'ya mırıldanarak dualar etti. Nate onu seyretti ve içinden ona katıldı.

Hiçbirinde önemli bir yara yoktu. Sadece Milton'un alnında küçük bir kesik vardı. Jevy'nin de sağ bileği şişiyordu. Ağrılar daha sonra artacaktı.

Uzun süre, toprağın üzerinde oturup hiç konuşmadan, neler olabileceğini düşünüp, yağmuru seyrederek ve rüzgârı dinleyerek öylece kaldılar.

13

Sığırın sahibi bir saat kadar sonra, fırtına dinmek üzereyken ve yağmur da bir süre kesildikten sonra geldi. Ayakları çıplaktı, üzerinde solmuş bir kot şort ve eski bir Chicago Bulls resimli tişört vardı. Adı Marco'ydu ve Marco'da tatil yapan insanların neşesi hiç yoktu.

Adam, çocuğu gönderdikten sonra Jevy ve Milton'la sığırın değeri konusunda ateşli bir tartışmaya girişti. Milton uçağıyla ve Jevy de şişen bileğiyle daha çok ilgileniyordu kuşkusuz. Nate ise pencere önünde durmuş, nasıl olup da hayatta kaldıklarını ve şu anda Brezilya'nın bu ıssız topraklarında, Noel'de, kötü kokulu bir ahırda yara bere içinde, üstü başı sığır kanıyla bulanmış, üç adamın yabancı bir dilde tartışmalarını dinlemeyi başarabildiğini düşünüyordu. Buna verilecek net cevabı yoktu.

Yakındaki çayırda otlayan sığırlara bakılırsa, değerleri pek fazla olamazdı. Nate, Jevy'ye baktı ve, "O lanet hayvanın parasını öderim," dedi.

Jevy adama sığırın değerini sordu ve sonra, "Yüz real," dedi.

Nate, "American Express kartı kabul ediyor mu?" diye espri yaptı ama o anda kimsede bunu anlayacak hal yoktu. "Tamam, ödeyeceğim." Alt tarafı yüz dolardı. Sadece Marco'yu susturmak için bile bu kadar ödeyebilirdi.

Anlaştılar ve adam onlara büyük misafirperverlik gösterdi. Onları evine götürdü ve öğle yemekleri onları gülümseyerek karşılayan kısa boylu, çıplak ayaklı bir kadın tarafından hazırlandı. Pantanal'a pek ziyaretçi gelmezdi ve Nate'in Amerikalı olduğunu anlayınca çocuklarını da çağırdılar. Sopalı çocuğun iki kardeşi daha vardı ve anneleri onlara Nate'e iyi bakmalarını, çünkü onun bir Amerikalı olduğunu söyledi.

Kadın onların gömleklerini alıp sabun ve yağmur suyu dolu bir leğene bastırdı. Gömleksiz olarak küçük bir masaya oturdular, barbunya fasulyesi ve pilav yerken gömleksiz olmaktan hiç rahatsızlık duymadılar. Nate gelişmiş kasları ve dümdüz karnıyla gurur duyuyordu. Jevy, ciddi bir halterci görüntüsü veriyordu. Zavallı Milton ise orta yaşa yaklaşan bir adam görünümündeydi ama buna aldırmadığı belliydi.

Üç adam yemekte pek konuşmadı. Uçak kazasının dehşetini henüz üzerlerinden atamamışlardı. Çocuklar masanın yanında yere oturmuş, ekmek ve pilav yerken Nate'in her hareketini izliyorlardı.

Yoldan çeyrek mil aşağıda bir nehir vardı ve Marco'nun kıçtan takma motorlu bir teknesi bulunuyordu. Paraguay Nehri beş saat mesafedeydi. Yeterli benzini olup olmadığını bilmiyordu. Ama o tekne üç yolcu taşıyamazdı.

Hava açılınca Nate ve çocuklar uçak enkazına gidip Nate'in çantasını aldılar. Yolda giderlerken Nate onlara İngilizce ona kadar saymayı öğretti. Onlar da ona Portekizcesini öğrettiler. Tatlı çocuklardı, başlangıçta çok utangaçtılar ama Nate'e çabuk alışıyorlardı. Nate Noel olduğunu hatırladı. Noel Baba Pantanal'a gelir miydi acaba? Ama buralarda sanki kimse onu beklemiyordu.

Nate, ön avluda düz bir kütüğün üzerinde çantasını dikkatle açtı ve uydu telefonunu ayarladı. Sistemin küçük bir alıcı anteni vardı ve kendisi de ancak bir dizüstü bilgisayar kadardı. Bir kablo ikisini bağlıyordu. Nate çalıştırma düğmesine bastı, kimlik numarasıyla diğer gerekli rakamları tuşladı ve sonra da ekvator yakınlarında bir yerlerde, Atlantik'in üzerinde yüz mil irtifada dönen Astar-Doğu Uydusu'ndan gelecek sinyalleri alabilmek için çanak anteni döndürdü. Sinyal güçlüydü, sürekli bir düdük sesi bunu doğruluyordu, Marco ve ailesinin diğer bireyleri Nate'e biraz daha yaklaştı. Nate onların bir telefon bile gördüklerinden kuşkuluydu.

Jevy, Milton'un Corumba'daki evinin numarasını ağır ağır söyledi ve Nate de rakamları tuşlayıp nefesini tutarak bekledi. Telefon çalışmadığı takdirde Noel'i Marco ve ailesiyle birlikte geçirecekler demekti. Ev küçüktü; Nate, ahırda uyurum diye düşündü. Harika.

Plan B, Jevy ve Marco'yu tekneyle gönderme şeklindeydi. Saat öğleden sonra bire geliyordu. Yeterli benzin olduğu takdirde beş saatlik mesafede bulunan Paraguay Nehri'ne ancak hava kararmak üzereyken varabilirlerdi. Büyük nehre varınca yardım aramak zorunda kalacaklardı ki bu da saatler sürerdi. Benzin yetmezse, Pantanal'ın uçsuz bucaksız bataklıklarında, bir yerlerde karaya oturacaklardı. Jevy bu planı hemen reddetmedi, ama zaten kimse onu zorlamıyordu.

Başka faktörler de vardı. Marco böyle geç bir saatte yola çıkmak istemiyordu. Ticaret amacıyla Paraguay'a gittiği zamanlarda normal olarak güneş doğarken yola çıkardı. Bir saat mesafedeki bir komşusundan benzin bulabilme şansı vardı ama bu da garantili değildi.

Telefonun ahizesinden bir kadın sesinin, "*Oi,*" dediği duyuldu ve herkes gülümsedi. Nate ahizeyi Milton'a uzattı ve o da karısına merhaba dedikten sonra başlarına geleni anlattı. Jevy konuşulanları fısıltıyla Nate'e tercüme ediyordu. Çocuklar İngilizceyi şaşkın şaşkın dinliyordu.

Konuşma gerginleşti ve sonra birden kesildi. Jevy, "Karısı bir telefon numarası arıyor," diye açıklama yaptı. Telefon numarası geldi, Milton'un tanıdığı başka bir pilotun numarasıydı bu. Milton, akşam yemeğine eve yetişeceğine söz verdi ve kapattı.

Aradıkları pilot evde değildi. Karısı onun bir iş için Campo Grande'ye gittiğini ve hava kararmadan dönemeyeceğini söyledi. Milton ona nerede olduğunu söyledi ve kadın da kocasının bulunabileceği başka telefon numaraları verdi.

Nate başka bir numara çevirirken, "Ona çabuk konuşmasını söyle," dedi, "Bunun pilleri sonsuza kadar dayanmaz."

Bir sonraki numaradan cevap çıkmadı. Ondan sonraki numarada pilot telefona geldi ve uçağının onarımda olduğunu söylüyordu ki hat kesildi.

Hava tekrar bulutlandı. Nate inanamıyormuş gibi kararan gökyüzüne baktı. Milton ağlamak üzereydi.

Kısa bir sağanak, serin bir yağmur başladı ve çocuklar ıslanarak oynarken büyükler de verandada oturup sessizce onları seyretti.

Jevy'nin başka bir planı vardı. Corumba yakınlarında bir ordu kışlası olduğunu söyledi. Orada görev yapmamıştı ama birçok subayla halter kaldırmıştı. Hava tekrar açıldığında yine telefonun başına toplandılar. Jevy bir arkadaşını aradı ve ondan bazı telefon numaraları aldı.

Orduda helikopterler vardı. Ne de olsa bir uçak kazası söz konusuydu. İkinci bir subay telefona cevap verdiğinde Jevy neler olduğunu aceleyle anlattı ve yardım istedi.

Jevy'nin konuşmasını dinlemek Nate'e bir işkence gibi geliyordu. Tek kelime anlamıyordu ama vücut dili bir şeyler söylüyordu. Gülümsemeler, kaş çatmalar, acele konuşmalar ve ricalar, öfkeli bekleyişler ve sonra aynı şeylerin tekrarı.

Konuşma sona erdiğinde Jevy, Nate'e döndü ve, "Komutanına haber verecek," dedi. "Bir saat sonra tekrar aramamı istedi."

Bir saat onlara bir hafta kadar uzun geldi. Güneş tekrar çıkmış ve ıslak otları kurutmaya başlamıştı. Nem oranı yüksekti. Hâlâ gömleksiz olan Nate, güneşin tenini yakmaya başladığını hissediyordu.

Güneşten kaçmak için bir ağacın gölgesine çekildiler. Evin hanımı son sağnakta da asılı kalmış olan gömleklere baktı. Gömlekler hâlâ ıslaktı.

Jevy ve Milton'un tenleri Nate'inkinden çok daha esmerdi ve onlar güneşe pek aldırmıyordu. Tabii Marco da güneşten etkilenmiyordu ve üçü birlikte uçaktaki hasarı değerlendirmek için enkaza gittiler. Nate, daha güvenli bir yer olan ağaç altında kaldı. Öğleden sonra sıcağı boğucuydu. Göğsü ve omuzları sertleşmeye başlamıştı ve biraz kestirmeyi düşündü. Ama çocukların başka planları vardı. Sonunda onların isimlerini öğrendi – inişlerinden birkaç saniye önce pistteki sığırı kovan en büyüklerinin adı Luis, ortancanın Oli ve küçüğün de Tomas'dı. Nate çantasını açıp pratik konuşma kitapçığını çıkardı ve kısa sürede dil engelini biraz aştı. Merhaba. Nasılsın? Adın ne? Kaç yaşındasın? İyi günler. Çocuklar cümleleri Portekizce olarak tekrarlıyor ve Nate de telaffuzlarını öğreniyor sonra da onlara aynı şeyleri İngilizce söyletiyordu.

Jevy haritalarla döndü ve tekrar telefonu açtılar. Durumları orduyu ilgilendirmiş gibiydi. Milton haritalardan birini gösterdi, "Fazenda Esperança," dedi ve Jevy de bunu büyük bir hararetle tekrarladı. Ama birkaç saniye sonra hevesleri sönmüş gibiydi ve Jevy telefonu kapattı. Sonra, umutlu görünmeye çalışarak İngilizce, "Komutanı bulamıyorlar," dedi. "Biliyorsun şimdi Noel."

Pantanal'da Noel. Korkunç bir sıcak ve nem oranı. Kavurucu

bir güneş ve sığınılacak bir yerin olmayışı. Böcekler, sinekler ve bunlardan kurtulmak için kullanılacak bir ilacın bulunmayışı. Oyuncak bulma umudu bulunmayan neşeli çocuklar. Elektrik olmadığı için dinlenemeyen müzik. Noel ağaçsız bir ortam. Ne Noel yemeği, ne şarap ne de şampanya.

Kendi kendine, bunun macera olduğunu tekrarlayıp duruyordu. 'Espri anlayışın nerede?'

Nate telefonu kutusuna koydu ve kapattı. Milton ve Jevy uçağa gittiler. Kadın eve girdi. Marco'nun evin arkasında yapılacak işi vardı. Nate tekrar gölgeye gitti ve bir kadeh şampanyayı yudumlarken "Beyaz Noel" şarkısını dinlemenin ne kadar harika bir şey olacağını düşündü.

Bir süre sonra Luis kemikleri çıkmış üç atla döndü, Nate hayatında bu kadar sıska at görmemişti. Birinin üzerinde eyer vardı ama berbat bir şeydi bu, eski bir kıl keçeye benzer parlak portakal rengi ince bir yastık üzerine oturtulmuş, deri ve tahtadan yapılmış bir eyerdi. Bu eyer Nate içindi. Luis ve Oli hiç zorluk çekmeden çıplak atların sırtına zıpladı; biraz geri çekilip atlamış ve ata binip dengelerini de bulmuşlardı.

Nate ata baktı ve sonra, "*Onde?*" diye sordu. Nereye?

Luis toprak yolu gösterdi. Nate, bu yolun, Marco'nun teknesinin durduğu nehre gittiğini biliyordu.

Neden olmasın? Bu bir maceraydı. Saatler ilerlerken yapılacak başka ne vardı ki? Gömleğini asılı durduğu ipten aldı ve sonra da düşmeden ve canı yanmadan zavallı ata binmeyi becerdi.

Nate ve Walnut Hill'de tedavi gören diğer bazı bağımlılar, Ekim sonunda at binip güzel bir pazar günü geçirmiş, Blue Ridge'de dolaşıp sonbaharın zevkini çıkarmışlardı. Kıçı ve kalçaları bir hafta süreyle ağrımıştı ama at korkusunu üzerinden atmıştı. En azından biraz.

Bir süre üzengileri arayıp güçlükle bularak ayaklarını onlara geçirdi ve dizgini öylesine sıktı ki hayvan yerinden kımıldayamadı. Çocuklar gülerek ona bakmış ve sonra atlarını sürmüşlerdi. Nate'in atı da diğerleri gibi tırıs gitmeye başladı, ağır ve sert bir tırıstı bu ve bir süre sonra Nate'in kasığı acımaya başladı, iki yana sallanıp duruyordu. Yürümeyi yeğlerdi doğrusu, atı dizginledi ve hayvan yavaşladı. Çocuklar da geriye dönüp onun yanında gitmeye başladılar.

Patika küçük bir çayırdan geçiyor ve dönüyordu, böylece ev bir süre sonra gözden kayboldu. Önlerinde su vardı – Nate'in havadan gördüğü bir sürü bataklık gibi bir bataklıktı bu da. Bu sığ su çocukları caydırmadı tabii, çünkü patika bataklığın ortasından geçiyordu ve atlar buradan çok geçmişti. Hiç yavaşlamadılar. Su önceleri sadece birkaç santim derinliğindeydi, sonra yaklaşık otuz santime çıktı ve daha sonra da üzengilere erişti. Çocuklar hiç kuşkusuz çıplak ayaktı, tenleri kösele gibiydi ve suyla ya da içindekilerle hiç ilgilenmiyorlardı. Nate'in ayaklarında her zaman giydiği Nike spor ayakkabılar vardı ve onlar da kısa sürede ıslandı tabii.

Pantanal'ın her yerinde ustura dişli korkunç piranhalar vardı.

Nate dönmek istiyordu ama bunu çocuklara nasıl anlatacağını kestiremedi. En sonunda, korkutuğunu belli eden bir sesle, "Luis," dedi. Çocuklar ona baktı ama ne istediğini hiç merak etmemişlerdi.

Su bir süre sonra atların göğsüne kadar yükselince biraz yavaşladılar. Birkaç adım sonra Nate ayaklarını tekrar gördü. Atlar en sonunda diğer kıyıya, patikanın tekrar göründüğü yere çıktılar.

Sol tarafta bir çit kalıntısını geride bıraktılar. Sonra harap bir ev gördüler. Patika biraz daha genişledi ve bir yol yatağı haline geldi. *Fazenda* belli ki yıllar önce daha büyük ve zengindi, daha çok sığırı vardı ve birçok işçi çalıştırıyordu.

Nate'in bilgi notlarından öğrendiğine göre, insanlar Pantanal'a iki yüz yıldan fazla bir zaman önce yerleşmeye başlamıştı ve o zamandan bu yana fazla bir şey değişmemişti. İnsanların bu kadar yalnız yaşamaları şaşırtıcıydı. Etrafta hiç komşu, ya da başka çocuk yoktu ve Nate okulları ve eğitimi düşündü. Acaba çocuklar büyüdüklerinde iş ve eş bulmak için Corumba'ya kaçıyor muydu? Yoksa onlar da küçük çiftlikler kurup daha sonraki *pantaneiro* kuşaklarını mı yetiştiriyordu? Marco ve karısı acaba okuma yazma biliyor muydu ve biliyorsa bunu çocuklarına öğretiyor muydu?

Bunları Jevy'ye sormalıydı. Önlerinde daha büyük bir bataklık, daha çok su vardı, her iki yanda çürümüş ağaçlar görülüyordu. Ve tabii patika yine onun ortasından geçiyordu. Taşkın mevsimiydi ve her taraf sular altındaydı. Kuru aylarda bataklık bir çamur deryası haline gelir ve bir acemi bile yenme korkusu duymadan patikayı izleyebilirdi. Nate kendi kendine, 'Buraya o zaman gel,' diye söylendi. Ama bu küçük bir şanstı.

Atlar suyun içinde makine gibi ilerliyor, bataklığa ya da dizlerine çarpan sulara hiç aldırmıyordu. Çocuklar yarı uykulu gibiydi. Su yükselince hızları biraz düştü yine. Nate'in dizleri ıslanıp da korkuyla Luis'e seslenmek üzereyken, Oli soğukkanlı bir tavırla sağ tarafta, yaklaşık üç metre boyunda çürümüş iki ağaç gövdesini gösterdi. İkisinin arasında sığ suda, kocaman siyah bir sürüngen duruyordu.

Oli, omuzunun üzerinden Nate'e baktı ve sanki Nate bilmek istiyormuş gibi, "*Jacare,*" dedi. Yani, timsah.

Hayvanın gözleri yuvalarından fırlamıştı ve Nate onun özellikle kendisini izlediğinin bilincindeydi. Kalp atışları hızlandı ve birden bağırıp yardım istemek geldi içinden. O anda Luis döndü ve sırıttı, çünkü misafirin korktuğunu anlamıştı. Ama misafir, sanki bu kadar yakından bir timsah gördüğü için çok heyecanlanmış gibi gülümsemeye çalıştı.

Su yükselirken atlar da başlarını kaldırdı. Nate suyun içinde atını mahmuzladı ama hiçbir şey olmadı. Timsah yavaşça kendini suya bıraktı, şimdi sadece gözleri görünüyordu, sonra onlara doğru gelmeye başladı ve karanlık suda kayboldu. Nate ayaklarını üzengilerden çıkarıp dizlerini göğsüne çekti, şimdi eyerin üzerinde âdeta sallanır gibiydi. Çocuklar bir şeyler söyleyip kıkırdadı ama Nate onlara hiç aldırmadı.

Bataklığın ortasını geçtikten sonra su önce atların bacaklarına, sonra da ayaklarına kadar indi. Diğer tarafa güvenle çıktıklarında Nate rahatladı. Sonra kendine güldü. Geriye, Amerika'ya döndüğünde bu hikâyeyi etrafına satabilirdi. Olağanüstü seyahat ve maceralara düşkün arkadaşları vardı – sırt çantalı gezginler, hırçın sularda rafting yapanlar ve dünyanın bir ucunda ölüm tehlikesi dolu maceralar yaşayıp da bunları herkese anlatarak cesaretlerini kanıtlamak isteyen safari tipleriydi bunlar. Pantanal'ın ekolojik ortamında, bir at üzerine atlayıp bataklıklara dalarak yılanların ve timsahların fotoğraflarını çekebilmek için on bin doları rahatça gözden çıkarabilirlerdi.

Hâlâ nehire benzer bir şey görmeyince, Nate geriye dönüş zamanının geldiğine karar verdi. Saatini gösterdi ve Luis öne geçip onları eve götürdü.

Komutanın kendisi telefona geldi. Jevy ve komutan beş dakika süreyle asker konuşması yaptı – atandıkları birlikler, tanıdıkları kişiler – ve bu arada pillerin göstergesi daha hızlı yanıp sönmeye başladı. Uydu telefonunun pilleri tükenmek üzereydi. Nate göstergeyi işaret etti ve Jevy de komutana, bir daha konuşma şansı bulamayabileceklerini söyledi.

Sorun yoktu. Helikopter hazırdı; uçuş ekibi toplanmıştı. Ağır yaralı var mıydı?

Jevy, Milton'a baktı ve durumu açıkladı.

Ordu pilotlarına göre *fazenda* helikopterle kırk dakika mesafedeydi. Komutan, bize bir saat verin dedi. Milton o gün ilk kez olarak gülümsedi.

Bir saat geçti ve umutlar zayıflamaya başladı. Güneş batıda hızla alçalıyor, hava kararıyordu. Gece kurtarma operasyonu imkânsızdı.

Hasarlı uçağın başına çöktüler, Milton ve Jevy öğleden sonra hep uçakla uğraşmıştı. Hasarlı kanat ve pervaneyi sökmüşlerdi. Pervane hâlâ kanlı olarak uçağın yanında, otların arasında duruyordu. Sağ iniş dikmesi biraz eğilmişti ama yedek dikme gerektirmiyordu.

Marco ve karısı ölü sığırı kesmişti. Hayvanın gövdesi pistin yakınındaki otların arasında güçlükle görülüyordu.

Jevy'ye göre, Milton yeni bir kanat ve pervane bulur bulmaz tekneyle buraya dönecekti. Nate'e göre ise bu imkânsızdı. Koca bir uçak kanadını Pantanal'ın derelerinde seyredebilecek kadar küçük bir tekneye nasıl yükleyebilecek ve sonra da Nate'in at sırtından gördüğü o bataklıklardan nasıl geçirebilecekti.

Ama bu onun sorunuydu tabii. Nate'in başka dertleri vardı.

Marco'nun karısı onlara sıcak kahve ve kıtır kıtır kurabiyeler getirdi ve ahırın yanında otlara oturup gevezelik ettiler. Nate'in üç küçük gölgesi hemen onun yakınına çöktü, onun, kendilerini bırakıp gitmesinden korkuyorlardı. Böylece bir saat daha geçti.

Uğultuyu ilk işiten, en küçük çocuk Tomas oldu. Bir şey söyledi, sonra ayağa kalkıp işaret etti ve diğerleri donup kaldı. Ses gittikçe yaklaşıyordu ve bir süre sonra bunun, bir helikopter sesi olduğunu anlamışlardı. Pistin ortasına koştular ve gökyüzüne baktılar.

Helikopter indiğinde, dört asker açık kapıdan aşağıya atladı ve onlara doğru koştu. Nate çocukların arasına diz çöktü ve her birine onar real verdi. *"Feliz Natal."* Mutlu Noeller. Sonra onları çabucak kucakladı, çantasını kaptı ve helikoptere doğru koşmaya başladı.

Helikopter havalanırken Jevy ve Nate bu küçük aileye el salladı. Milton pilotlara ve askerlere teşekkür etmekle meşguldü. Beş yüz fit irtifada Pantanal ufka doğru uzamaya başladı. Doğu kararıyordu.

Yarım saat kadar sonra şehir üzerinden uçarken Corumba da karanlıktı. Ama aşağıda harika bir manzara vardı – binalar, evler, Noel ışıkları ve trafik. Bir süre sonra kentin batısında, Paraguay Nehri üzerindeki bir kayalığa kurulmuş olan ordu kışlasına indiler. Onları komutan karşıladı sonsuz teşekkürlerini kabul etti, ki bunu hak etmişti. Ağır yaralı olmadığına şaşırmıştı ama görevin başarıyla tamamlanmasına seviniyordu. Onları genç bir erin kullandığı üstü açık bir jiple gönderdi.

Şehre girdikten bir süre sonra jip birden döndü ve küçük bir bakkal dükkânı önünde durdu. Jevy dükkâna girdi ve biraz sonra üç şişe Brahma birasıyla geri döndü. Şişelerden birini Milton'a, diğerini de Nate'e uzattı.

Nate kısa bir tereddütten sonra şişeyi alıp açtı ve dudaklarına götürdü. Çok soğuk ve harikaydı bira. Şimdi Noel'di, ne olurdu yani? Bu kadarını idare edebilirdi.

Jipin arka koltuğuna oturmuş, nemli hava suratına vurup, tozlu sokaklardan geçerken, elinde soğuk birasıyla, yaşadığı için çok şanslı olduğunu düşündü.

Yaklaşık dört ay önce kendini öldürmeye kalkmıştı. Yedi saat önce bir uçak kazasından sağ salim çıkmıştı.

Ama o gün hiçbir şey yapamamıştı. Rachel Lane'e bir gün önce olduğundan daha yakın sayılmazdı.

İlk durakları oteldi. Nate onlara Mutlu Noeller diledi, odasına çıkarak soyundu ve duşun altına girip yirmi dakika orada kaldı.

Buzdolabında dört teneke kutu bira vardı. Onları bir saat içinde içip bitirdi, her kutuda da bunun yeni bir çöküş olmadığına dair kendisini kandırmaya çalışıyordu. Her şey kontrol altındaydı. Ölümden dönmüştü, o halde neden bunu biraz Noel neşesiyle kutlamayacaktı? Kimsenin haberi olmazdı. Bu kadarını idare edebilirdi.

Ağırbaşlı, ılımlı ve daima ayık olmak zaten ona yakışmıyordu. Bir parça alkole dayanabileceğini kendine kanıtlamalıydı. Sorun yoktu. Arada bir birkaç bira içebilirdi. Bundan ne çıkacaktı ki?

14

Telefon onu uyandırdı ama ona ulaşması biraz zaman aldı. Biranın, suçluluk duygusundan başka uzun süreli bir etkisi yoktu, ama Cessna'daki maceranın etkileri kendisini göstermeye başlamıştı. Boynu, omuzları ve belinde çürükler belirmişti – uçak yere hızla inerken sıkı emniyet kemerlerinin basıncıyla meydana gelmiş berelerdi bunlar. Başında iki şiş vardı, bunlardan birincisini hatırlıyordu ama, ikincisi ne zaman oldu bilemiyordu. Dizleri pilot koltuklarının arkalarını çatlatmıştı – büyük yara sayılmaz, diye düşündü ama gece ağrıları şiddetlendi. Kolları ve boynu güneşte iyice yanmıştı.

Telefondaki ses, "Mutlu Noeller," diyerek selamladı onu. Arayan Valdir'di ve saat dokuza geliyordu.

Nate, "Teşekkür ederim," dedi. "Sana da Mutlu Noeller."

"Evet. Nasılsın bakalım?"

"İyiyim, teşekkür ederim."

"Evet, şey, Jevy dün gece beni aradı ve uçak kazasını anlattı. Milton böyle bir fırtınada uçmak için deli olmalı. Ona bir daha asla iş vermeyeceğim."

"Ben de öyle."

"İyi misin?"

"Evet."

"Doktor ister misin?"

"Hayır."

"Jevy senin iyi olduğunu sandığını söyledi."

"İyiyim, sadece ufak tefek ağrılar var."

Diğer yanda kısa bir sessizlik oldu ve Valdir konuyu değiştirdi. "Bugün öğleden sonra benim evde küçük bir Noel partisi veriyorum. Sadece ailem ve birkaç arkadaş. Bize katılmak ister misin?"

Davette biraz zorlama var gibiydi. Nate, Valdir'in sadece nazik olmaya mı çalıştığını, yoksa bu ses tonunun yabancı dil konuşma ve aksandan mı doğduğunu anlayamamıştı.

"Çok naziksin," dedi. "Ama okumam gereken bir sürü şey var."

"Emin misin?"

"Evet, teşekkürler."

"Pekâlâ. Sana iyi haberlerim var. Dün, en sonunda bir tekne kiraladım." Parti konusunu hemen bırakıp tekne konusuna atlaması pek uzun sürmemişti.

"Güzel. Ne zaman gidiyorum?"

"Belki yarın. Tekneyi hazırlıyorlar. Jevy o tekneyi tanıyor."

"Nehirde yola çıkmak için sabırsızlanıyorum. Özellikle dünkü olaylardan sonra."

Valdir daha sonra hemen, cimri olarak adı çıkmış ve başlangıçta tekne kirası olarak haftada bin real isteyen adamla nasıl zorlu bir pazarlık yaptığını anlatmaya başladı. Sonunda altı yüze anlaşmışlardı. Nate dinledi ama buna aldırmıyordu. Phelan serveti bunu halledebilirdi.

Valdir tekrar mutlu bir Noel diledi ve telefonu kapadı.

Nate'in Nike spor ayakkabıları hâlâ ıslaktı ama koşu şortu ve bir tişörtle birlikte yine de onları giydi. Hızlı bir yürüyüşe çıkacaktı, ama orası burası ağrırsa yavaş yürürdü. Temiz hava ve egzersize ihtiyacı vardı. Odanın içinde yavaşça dolaşırken çöp sepetindeki bira kutularını gördü.

Bu konuyu daha sonra hallederdi. Bu bir kayma değildi ve onu yeni bir çöküntüye götürmeyecekti. Yaşamı dün gözlerinin önünden geçmişti ve bu da bazı şeyleri değiştirirdi. Orada ölebilirdi. Onun için artık her gün bir armağandı, her saniyenin tadını çıkarmalıydı. Neden hayattan biraz zevk almayacaktı ki? Sadece biraz bira ve şarap içebilirdi, sert içki, hele uyuşturucu asla olmayacaktı.

Bunlar bilinen şeylerdi; daha önce de yaşadığı yalanlar.

İki Tylenol aldı ve teninin açık yerlerine güneş kremi sürdü. Lobideki televizyonda bir Noel şovu vardı ama kimse izlemiyordu, etrafta kimseler yoktu. Resepsiyondaki genç kadın gülümsedi ve günaydın dedi. Ağır, yapışkan, sıcak hava, açık olan cam kapılardan içeriye giriyordu. Nate resepsiyonun yanındaki kontuarda durdu ve bir fincan tatlı kahve içti. Termos kontuarın üzerinde duruyordu ve yanına da küçük karton fincanlar dizilmişti, isteyen gelip kahvesini içiyor ve *cafezinho*'nun zevkini çıkarabiliyordu.

İkinci fincanı da içti ve lobiden çıkmadan terlemeye başladı. Kaldırımda adalelerini açmak istedi ama kasları âdeta bağırıyordu ve eklemleri kilitlenmiş gibiydi. Bu durumda onlara meydan okuyup koşamayacaktı, topallamadan ağır ağır yürümesi yeterli olurdu.

Ama ona bakan hiç kimse yoktu ortalarda. Tahmin ettiği gibi dükkânlar kapalı, sokaklar bomboştu. İki blok yürüdükten sonra gömleği sırtına yapışmıştı bile. Sanki bir saunada egzersiz yapıyordu.

Avenida Rondon, nehrin üstünde, kayalık boyunca uzanan, kaldırımlı son sokaktı. Sokak boyunca kaldırımda uzun süre yürüdü, hafifçe topallıyordu ama adaleleri zorla da olsa biraz gevşemiş ve eklemleri gıcırdamaktan vazgeçmişti. İki gün önce kalabalığın Noel şarkıları ve ilahiler dinlemek üzere toplandığı küçük parka geldi. Katlanabilir sandalyelerden bazıları hâlâ orada duruyordu. Bacaklarının dinlenmeye ihtiyacı vardı. Aynı piknik masasına oturdu ve ona uyuşturucu satmak isteyen iğrenç genci görmek ister gibi çevresine bakındı.

Ama etrafta kimse yoktu. Yavaşça dizlerini ovdu ve ufukta kilometrelerce uzayıp kaybolan büyük Pantanal'a baktı. Sonsuz bir ıssızlık. Ceplerinde onar real'leri olan ama harcayacak yer bulamayan küçük arkadaşlarını – Luis, Oli ve Tomas'ı – düşündü. Onlar için Noel'in hiçbir anlamı yoktu; her günleri aynıydı.

Önünde uzanan şu ucu bucağı belirsiz sulak toprakların bir yerinde, şu anda Tanrı'nın mütevazı bir hizmetkârı olan ama yakında dünyanın en zengin kadınlarından biri olacak Rachel Lane yaşıyordu. Onu gerçekten bulabilirse, kadın o büyük serveti duyunca ne yapacaktı acaba? İzini bulan bir Amerikalı avukatla yüz yüze gelince ne diyecekti?

Muhtemel cevaplar Nate'in huzurunu kaçırıyordu.

Nate şimdi, Troy'un gerçekten de deli olabileceğini ilk kez düşünüyordu. Akıllı geçinen bir insan, zenginlikle hiç ilgilenmeyen birine on bir milyar dolar bırakır mıydı hiç? Hem de, vasiyetnameyi imzalayan da dahil olmak üzere kimsenin tanımadığı birine? Bu davranış, şu anda evinden beş bin kilometre uzakta, Pantanal'da vahşi doğayı seyreden Nate'e çok daha çılgınca geliyordu.

Rachel konusunda çok az bilgi vardı. Annesi Evelyn Cunningham, Louisiana'nın küçük bir kasabası olan Delhi'dendi. On dokuz yaşında Baton Rouge'a gitmiş ve bir doğal gaz araştırma şirketinde sekreter olarak iş bulmuştu. Şirketin sahibi Troy Phelan'dı, New York'tan gelip yaptığı kontrol gezilerinden birinde Evelyn'i görmüştü. Hiç kuşkusuz çok güzel bir kadındı ve küçük bir kasabada büyüdüğü için de saftı. Troy her zamanki akbaba davranışıyla hemen saldırıya geçmiş ve Evelyn birkaç ay içinde kendisini hamile bulmuştu. Bunlar 1954 ilkbaharında oluyordu.

Aynı yılın Kasım ayında Troy'un adamları merkezden gelip Evelyn'i New Orleans'daki Katolik Hastanesi'ne sessizce yatırıyor ve ayın ikisinde de Rachel doğuyordu. Evelyn çocuğunu hiç görmemişti.

Troy bir sürü avukatını işe sürerek, sonunda Kalispell, Montana'da yaşayan bir rahip ve karısının Rachel'i evlat edinmesini sağladı. O eyalette bakır ve çinko madenleri satın alıyordu ve oradaki şirketleri kanalıyla temasları vardı. Evlat edinenler, gerçek anne babanın kimliklerinden habersizdi.

Evelyn ne çocuğu, ne de Troy Phelan'ı istemişti. On bin dolar almış ve doğal olarak günahlarının söylentileriyle çalkalanan Delhi'ye dönmüştü. Anne ve babasıyla yaşamaya başlamış, sabırla, fırtınanın geçmesini beklemişlerdi. Ama fırtına geçmedi. Küçük kasabalara has zulüm ortamında Evelyn kendisini, ihtiyacı olan insanlar tarafından dışlanmış olarak bulmuştu. Evden pek az çıkıyordu ve zamanla iyice kapandı ve yatak odasının karanlığına çekildi. İşte ondan sonra, Evelyn, o küçük hüzünlü dünyasında kızını özlemeye başlamıştı.

Troy'a mektuplar yazdı ama hiçbir cevap alamadı. Bir sekreter gelen mektupları dosyalayıp saklıyordu. Josh'un araştırmacılarından biri, Troy'un intiharından iki hafta sonra bu mektupları onun dairesinde, özel arşivinde buldu.

Yıllar geçtikçe Evelyn iyice kendi içine kapandı. Söylentiler, dedikodular azalmıştı ama tamamen bitmemişti. Annesiyle babası kiliseye ya da bir markete gittiğinde insanlar hemen onlara bakıp fısıldaşmaya başlıyordu ve zamanla onlar da insan içine çıkmaz oldu.

Evelyn 2 Kasım 1959'da, Rachel'in beşinci doğum gününde

kendini öldürdü. Babasının arabasıyla kasabanın kenarına gitti ve kendini bir köprüden aşağıya attı.

Yerel gazetede ölümüyle ve kısa yaşam hikâyesiyle ilgili yayımlanan yazı Troy'un New Jersey'deki ofisine kadar ulaştı ve yine dosyalanıp kaldırıldı.

Rachel'in çocukluğuyla ilgili çok az bilgi vardı. Rahip ve Bayan Lane iki kez taşınmış, önce Kalispell'den Butte'ye, oradan da Helena'ya gitmişti. Rachel on yedi yaşındayken rahip kanserden öldü. Ailenin başka çocuğu da yoktu.

Troy, sadece kendisinin bileceği nedenlerle, liseyi bitirirken genç kızın yaşamına tekrar girmeye karar verdi. Belki bir tür suçluluk duygusu içindeydi. Belki de kızın üniversite eğitimini, onun bu eğitim için gereken parayı nasıl bulabileceğini düşünmüştü. Rachel evlatlık olduğunu biliyordu ama gerçek ana babasının kimliğini öğrenme konusunda hiçbir gayret göstermemişti.

Ayrıntılar olmamakla beraber, Troy'un 1972 yazında Rachel'le buluştuğu biliniyordu. Genç kız dört yıl sonra, Montana Üniversitesi'nden mezun oldu. Daha sonraki yaşamı konusunda büyük boşluklar vardı ve yapılan tüm araştırmalara karşın bir ipucu bulunamamıştı.

Nate'e göre, aradaki bağı sadece iki kişi ortaya koyabilirdi. Bunlardan biri ölmüştü, diğeriyse şu uçsuz bucaksız topraklarda, binden fazla nehirden birinin kıyısında bir yerli gibi yaşıyordu.

Nate bir blok kadar hafif koşu yapmayı düşündü ama, birkaç adım sonra canı yandığı için vazgeçti. Yürümek bile güçtü. İki araba geçti, insanlar telaşlıydı. Bir süre sonra arkasında bir araba gürültüsü duydu ve daha ne olduğunu anlayamadan araba yanında duruverdi. Jevy tam yan tarafında kaldırıma yanaşmış ve frene basmıştı. Motorun gürültüsünü bastırmak için, "*Bom dia,*" diye bağırdı.

Nate başını salladı. "*Bom dia.*"

Jevy kontağı kapadı ve motoru susturdu. "Kendini nasıl hissediyorsun?"

"Her yanım ağrıyor. Ya sen?"

"Sorun yok. Resepsiyondaki kız koşuya çıktığını söyledi. Hadi gel biraz dolaşalım arabayla."

Nate, Jevy'nin arabasıyla dolaşmaktansa ayağı ağrıya ağrıya koşmayı yeğlerdi ama, trafik azdı ve sokaklar güvenli görünüyordu.

Kentin merkezinden geçtiler, Jevy yine trafik ışıklarına ve stop levhalarına boş veriyordu. Genç adam kavşaklardan geçerken hiçbir yana bakmıyordu.

Jevy bir süre sonra, "Sana tekneyi göstermek istiyorum," dedi. Yere çakılmaya benzer inişleri nedeniyle onun da bir yerleri ağrıyorsa bile, bunu belli etmiyordu. Nate sadece başını sallamakla yetindi.

Kentin doğu yakasında, kayalığın dibinde küçük bir koyda bir tür yat limanı vardı, su burada simsiyah ve yağlıydı. Eski ve harap bir sürü tekne nehrin sularında hafif hafif yalpalıyordu – bazıları belki yıllar önce hurdaya çıkmış, bazıları ise pek az kullanılmıştı. İki tanesinin güvertesi çamurlu tahta bölmelere ayrılmıştı, belli ki bunlar sığır taşıyordu.

Jevy nehre doğru işaret ederek, "İşte şurada," dedi. Arabayı sokakta park edip kıyıya indiler. Suya indirilmiş bir sürü küçük balıkçı teknesi vardı ve bazılarının sahipleri gelirken, bazılarınınki de gidiyordu. Nate hangisi olduğunu anlamamıştı. Jevy bunlardan ikisine seslendi ve adamlar da gülerek bir şeyler söyledi.

Jevy, "Babam kaptandı," dedi. "Ben her gün buralardaydım eskiden."

Nate, "Baban nerde şimdi?" diye sordu.

"Bir fırtınada boğuldu."

Nate, harika, diye düşündü. Fırtınalar burada insanı havada da, suda da rahat bırakmıyordu.

Kalın kontrplak levhalardan yapılmış ve bel vermiş bir köprü pis suyun üzerinden tekneye uzanıyordu. Kıyıda durup *Santa Loura* isimli tekneye baktılar. Jevy, "Nasıl buldun?" diye sordu.

Nate, "Bilmiyorum," diye cevap verdi. Sığır teknelerinden iyiydi tabii. Teknenin arka tarafında birisi bir şeyler çakıyordu.

İyi bir boya çekilse bir şeye benzeyebilirdi. En azından on sekiz metre boyunda bir tekneydi, iki güvertesi ve merdiven üstünde de kaptan köprüsü vardı. Nate'in umduğundan daha büyüktü.

"Sadece ben, öyle mi?" diye sordu.

"Evet, öyle."

"Başka yolcu olmayacak, değil mi?"

"Hayır. Sadece sen, ben ve aynı zamanda aşçılık yapacak bir tayfa."

"İsmi ne onun?"

"Welly."

Kontrplak gıcırdadı ama kırılmadı. İkisi de güverteye atlayınca tekne biraz sallandı. Burunda dizilmiş dizel yakıtı ve su varilleri vardı. Bir kapıdan geçip iki basamak inerek kabine girdiler, burada yatak olarak kauçuk plakaların kullanıldığı, beyaz çarşaflı dört tane ranza vardı. Nate'in ağrıyan adaleleri, bu yataklardan birinde geçireceği bir haftanın düşüncesiyle titreşir gibi oldu. Tavan alçak, pencereler kapalıydı ve en büyük sorun da klima sisteminin olmayışıydı. Kabin fırın gibiydi.

Jevy onun düşüncesini okumuş gibi, "Bir vantilatör alacağız," dedi. "Tekne seyir halindeyken bu kadar sıcak olmaz." Buna inanmak imkânsızdı. Yanlamasına yürüyüp daracık güverte kenarından teknenin kıç tarafına gittiler, bir lavabosu ve propan ocağı olan mutfağı, makine dairesini ve en sonunda da küçük banyoyu gördüler. Makine dairesinde üstü çıplak ve asık suratlı bir adam ter içinde, sanki kendisine küfretmiş gibi elindeki İngiliz anahtarına bakıyordu.

Jevy adamı tanıyordu ve galiba hoşuna gitmeyen bir şey söyledi ki, öfkeli laflar havada uçuştu. Nate kıç tarafa gitti ve *Santa Loura*'ya bağlanmış küçük bir alüminyum tekne gördü. Küçük teknede kısa kürekler ve bir kıçtan takma motor vardı ve Nate birden, kendisini ve Jevy'yi, sığ sularda giderken, yabani otlar ve ağaç kütükleri arasında timsahlardan kaçıp bir diğer çıkmaza doğru yol alırken hayal etti. Macera büyüyordu.

Jevy güldü ve hava yumuşadı. Jevy teknenin kıçına gitti ve, "Adamın bir yağ pompasına ihtiyacı var," dedi. "Ama dükkânlar bugün kapalı."

Nate, "Yarın olmuyor mu?" diye sordu.

"Sorun yok. Hallederiz"

"Bu küçük kayık ne için?"

"O pek çok işe yarar."

Basamakları tırmanıp köprü üstüne çıktılar ve Jevy dümene ve motor düğmelerine baktı. Kaptan köprüsünün arkasında, içinde iki ranza yatak olan küçük, açık bir oda vardı; Jevy ve tayfa sırayla orada uyuyacaklardı. Onun arkasında da, üzeri parlak yeşil bir tenteyle örtülmüş, yaklaşık iki metrekarelik küçük bir güverte görülüyordu. Buraya asılı duran hamak Nate'in hemen dikkatini çekti.

Jevy gülümseyerek, "Bu senin için," dedi. "Okumak ve uyumak için çok zamanın olacak."

Nate, "Ne kadar güzel," dedi.

"Bu tekne bazen turistler ve genellikle de Pantanal'ı görmek isteyen Almanlar için kullanılır."

"Bu teknede kaptan olarak çalıştın mı hiç?"

"Evet, birkaç kez. Yıllar önce. Sahibi pek hoş bir adam değildir."

Nate dikkatle hamağın kenarına oturdu ve sonra ağrıyan bacaklarını sallayıp kaldırarak içine uzandı. Jevy onu biraz itip sallanmasını sağladı ve sonra tekrar tamirciyle konuşmaya gitti.

15

Lillian Phelan'ın rahat bir Noel yemeği hayali, Troy Junior'un geç vakit sorhoş ve Biff'le kavga ederek gelmesiyle uçup gitti. İkisi de ayrı ayrı, değişik renkli yeni Porsche arabasıyla gelmişlerdi. Rex de birkaç kadeh içmişti ve onun, ağabeyini, annelerinin Noel yemeğini berbat etmekle suçlaması üzerine bağırışlar arttı. Ev doluydu. Lillian'ın dört çocuğu – Troy Junior, Rex, Libbigail ve Mary Ross – onların çocukları olan on bir torun ve büyük çoğunluğu özel olarak davet edilmediği halde gelmiş olan bazı dostlar evi doldurmuştu.

Phelan ailesinin torunları da ebeveynleri gibi, Troy'un ölümünden sonra bir sürü yeni dost ve sırdaş edinmişti.

Troy Junior'un gelişine kadar Noel kutlaması iyi gidiyordu. Şimdiye kadar hiç bu kadar muhteşem armağanlar alınıp verilmemişti. Phelan vârisleri birbirleri ve Lillian için parayı hiç düşünmeden en lüks mağazalardan giysiler, mücevherat, elektronik cihazlar ve hatta sanat eserleri gibi pahalı armağanlar almıştı. Para birkaç saat için onların en iyi taraflarını ortaya çıkarmıştı. Cömertliklerinin sınırı yoktu.

Vasiyetnamenin okunmasına sadece iki gün kalmıştı.

Libbigail'in rehabilitasyonda tanışıp evlendiği motosikletçi kocası Spike, Troy Junior'la Rex'in arasına girip onları yatıştırmaya çalıştı ama, Troy Junior ona da sövüp saydı ve, "Sen, beyni LSD ile kızartılmış şişko bir hippisin," diye bağırdı. Libbigail buna çok kızdı ve Biff'e "Sürtük," dedi. Lillian yatak odasına kaçtı ve kapısını kilitledi. Torunlar ve arkadaşları bodruma koştular, birisi oraya bir sürü bira depolamıştı.

Dört kardeşin içinde en mantıklı ve en az havaileri olan Mary Ross, ağabeyleri ve Libbigail'i, bağırmayı bırakıp raundlar arasında karşı köşelere çekilme konusunda ikna etti. Küçük gruplar halinde birbirlerinden ayrıldılar; kimisi küçük odaya, kimisi de oturma odasına çekildi. Kolay olmayan bir ateşkes sağlanmıştı.

Avukatlar fazla bir şey yapamamıştı. Şimdi gruplar halinde, her bir Phelan vârisinin en iyi çıkarları sağlaması için çalışıyorlardı. Hepsi de pastadan daha büyük bir dilim kapabilmek için çeşitli yollar bulmaya uğraşıyordu. Dört küçük avukat ordusu – Geena ve Ramble'ınkiler de sayılırsa altı – çılgın gibi çalışıyordu. Phelan vârisleri, avukatlarıyla ne kadar uzun zaman harcarsa, birbirlerine karşı güvenleri de o kadar azalıyordu.

Bir saatlik bir sükûnetten sonra Lillian odasından çıktı ve duruma baktı. Hiçbir şey söylemeden mutfağa gitti ve akşam yemeği hazırlığını tamamladı. En mantıklısı açık büfeydi. Herkes kendi grubuyla gelip tabağına istediği yiyeceklerden alır ve kendi güvenli köşesine çekilirdi.

Böylece birinci Phelan ailesi her şeye rağmen sakin bir Noel yemeği yedi. Troy Junior arka verandaya yakın barın kenarında kendi başına jambon ve fırın patates yedi. Biff yemeğini mutfakta, Lillian'la birlikte yiyordu. Rex ve striptizci karısı Amber, yatak odasında TV'de futbol maçı izleyip hindi yediler. Libbigail, Mary Ross ve kocaları da ellerinde tepsileriyle küçük odadaydı.

Torunlar ve arkadaşları ise fırınlanmış pizzalarını alıp bodruma inmişti, bira su gibi akıyordu.

İkinci Aile'de Noel yemeği ve eğlencesi yoktu, en azından bir araya gelmediler. Janie, Noel tatilinden zaten hiç hoşlanmazdı ve bu nedenle güzel Avrupalıların kendilerini göstermek ve kayak yapmak için toplandıkları yerlerden biri olan, İsviçre'deki Klosters'e kaçmıştı. Yanına Lance adında bir vücutçuyu almıştı, yirmi sekiz yaşındaki genç adam onun yarı yaşındaydı ve bu seyahatten çok memnundu.

Kızı Geena Noel'i Connecticut'taki kayınvalidesi ve kayınpederiyle geçirmek zorunda kalmıştı, orası genelde sıkıcı, kasvetli bir yerdi ama artık her şey çok değişmişti. Geena'nın kocası Cody için oraya gitmek, ailenin Waterbury'deki eski sayfiye evine zafer kazanmış olarak dönmekti.

Strong ailesi bir zamanlar gemicilikten bir servet kazanmış, ama tüm servetleri kötü yönetim ve hesapsız harcamalar sonucu hemen hemen tükenme noktasına gelmişti. Aile adı ve şeceresi hâlâ iyi okullara ve uygun kulüplere girebilmek için iyi bir referanstı ve Strong ailesinin düğünleri hâlâ büyük yankı uyandırırdı. Ama yemliğin eni boyu belliydi ve pek çok kuşak beslenmişti oradan.

İsimleri, aksanları ve soylarıyla gurur duyan, kibirli insanlardı ve görünüşte, aile parasının azalmasına aldırmıyorlardı. Birçoğunun New York ve Boston'da işleri vardı. Kazandıklarını geleceği düşünmeden harcıyorlardı, çünkü aile servetini her zaman kendileri için bir garanti olarak görüyorlardı.

İleri görüşlü olan son Strong herhalde gidişatı görmüş olacak ki, bir sürü avukatı görevlendirip, geleceğin Strongları tarafından saldırıya uğrayamayacak bir eğitim vakfı kurmuştu. Daha sonra saldırılar geldi ama vakıf sağlamdı ve şu anda bile küçük Strong çocuklarının eğitimleri garanti altındaydı. Cody, Taft'ta yatılı okumuş, Dartmouth'da orta bir öğrenci olmuş ve sonra Columbia'da master yapmıştı.

Cody'nin Geena Phelan'la evliliği ailede hoş karşılanmamıştı, bunun nedeni de kadının daha önce evlenmiş olmasıydı. Ama evlilik sırasında çocuklarından ayrı yaşayan babanın altı milyar dolara sahip olması gerçeği, Geena'nın aile topluluğuna girişini kolaylaştırmıştı. Ama ona yine de tepeden bakacaklardı, çünkü bir duldu ve iyi okullarda eğitim görmemişti ve ayrıca, Cody de zaten garip bir çocuktu.

Tüm bunlara rağmen, Noel'de Geena'yı karşılamak için hepsi oradaydı. Hiç hoşlanmadığı bu insanlardan şimdiye değin bu kadar gülümseme görmemişti Geena; herkes onu kucaklıyor, yanaklarını okşuyor, omuzlarına hafif hafif vuruyordu. Bu sahtekârlıkları için onlardan daha çok nefret ediyordu.

Birkaç kadeh içkiden sonra Cody konuşmaya başladı. Erkekler salonun köşesinde onun çevresinde toplandı ve içlerinden birinin, "Ne kadar?" diye sorması fazla sürmedi.

Cody kaşlarını çattı, para sanki şimdiden bir yük olmuştu ona. Banyo odasında provasını yaptığı gibi, hiç umursamadan, "Muhtemelen yarım milyar kadar bir şey," diye cevap verdi.

Adamlardan bazıları içini çekti. Bazıları yüzünü buruşturdu çünkü Cody'yi tanıyorlardı, o da Strong ailesindendi ve o paranın bir kuruşuna bile dokunamayacaklarının bilincindeydiler. Hepsi de sessizce, kıskançlıktan kıvranıyordu. Bu gruptan sızan haber kadınlara ulaştı ve bir süre sonra evin odalarına dağılan kadınlar yarım milyardan fısıldayarak söz etmeye başladılar. Gülümsediği zaman yüzündeki kırışıklıklar âdeta çatlar gibi görünen, ciddi görünüşlü bir kadın olan Cody'nin annesi, bu karanlık servetin büyüklüğü karşısında şaşırmıştı. Kızlarından birine, "Bunlar yeni zenginler," diye söylendi. Hiçbiri de isim yapmış üniversitelere girmeyi başaramamış berbat çocuklar doğuran üç karılı ve hayatı skandallarla dolu yaşlı bir keçi tarafından kazanılmış yeni paraydı bu.

Yeni ya da eski, bu zenginlik genç kadınlarca kıskanılıyordu. Onlar bu parada özel jet uçakları, plaj evleri, uzak adalarda muhteşem aile toplantıları, yeğenler için yatırımlar ve hatta doğrudan nakit armağanları görüyor, hayal ediyorlardı.

Para Strongları gevşetmişti, şimdiye kadar bir yabancıya göstermedikleri bir sıcaklığa, erime noktasına kadar gevşetmişti. Para onlara açık ve sevgi dolu olmayı öğreterek sıcak, samimi bir Noel ortamı yaratmıştı.

Akşamüstü geleneksel akşam yemeği için masa başına toplandıklarında kar yağışı başladı. Tüm Stronglar, harika bir Noel olduğunu söylüyordu. Geena ise onlardan, her zamankinden daha çok nefret ediyordu.

Ramble, Noel tatilini saatine altı yüz dolar ödenen avukatıyla geçirdi, ama avukatlar tatili bile gizlice faturalamayı unutmazlardı.

Tira da aynı şekilde, genç bir jigoloyla ülkeden kaçmıştı. Sutyensiz ve belki de tamamen çıplak olarak bir yerlerde bir plajdaydı ve on dört yaşındaki oğlunun neler yaptığı umurunda bile değildi.

Avukat Yancy bekârdı, iki kez boşanmıştı ve ikinci evliliğinden on bir yaşlarında ikiz oğulları vardı. Çocuklar yaşlarına göre olağanüstü bir zekâya sahipti; Ramble ise yaşına göre oldukça gerideydi. Bu nedenle Ramble çocuklarla yatak odasında video oyunları oynayıp iyi vakit geçirirken Yancy de futbol maçını tek başına izledi.

Müvekkili, yirmi bir yaşına gelince, tüm aile çocuklarına verilen beş milyon doları alacaktı ama, onun zekâsına ve evindeki yönetime bakılırsa bu para, diğer Phelan çocuklarının paraları kadar bile dayanmazdı. Ama Yancy şu anda bu küçük beş milyonu düşünmüyordu; lanet olsun, o bu parayı, Ramble'ın hissesine düşen mirastan ücret olarak alacaktı sadece.

Yancy'nin başka endişeleri vardı. Tira, Capitol yakınlarında bulunan ve çok iyi bağlantıları olan yeni bir hukuk firmasıyla anlaşmıştı. O sadece eski bir eşti, Phelan çocuklarından değildi ve alacağı pay, Ramble'ın mirasından çok daha az olacaktı. Yeni avukatlar kuşkusuz bunu biliyordu. Tira'ya, oğlu Ramble'ın Yancy'yi bırakıp kendi firmalarına getirmesi için baskı yapıyorlardı. Çok şükür ki Tira çocuğuyla pek ilgilenmiyor ve Yancy de çocuğu annesinden ayrı tutabilmek için harika işler çeviriyordu.

Çocukların gülüşleri kulağına müzik gibi geliyordu.

16

Akşama doğru otel yakınlarındaki küçük bir şarküteriye uğradı. Kaldırımlarda dolaşıp duruyordu ve dükkânın açık olduğunu görünce, bira bulurum umuduyla içeriye daldı. Sadece bir ya da iki bira alacaktı, başka bir şey değil. Dünyanın uzak bir köşesinde yapayalnızdı. Noel'di ve onu paylaşacağı kimse yoktu. Nate korkunç bir yalnızlık ve umutsuzluk çekmeye ve yavaş yavaş özdenetimini yitirmeye başlamıştı. Kendine acıma aşamasındaydı.

Gözleri, parlak üniformaları içinde sıralanmış askerler gibi duran viski, cin ve vokta şişelerine takıldı, hepsi de dolu ve henüz açılmamış olarak sıra sıra raflarda duruyordu. Ağzının içi birden kurumuş, âdeta sıcaktan kavrulmuş gibiydi. Çenesi sarktı ve gözleri kapandı. Sallanacağını anlayıp tezgâha yapıştı ve Walnut Hill'deki Sergio'yu, Josh'u, eski karılarını ve yeniden başladığında üzmüş olduğu herkesi düşünerek yüzünü acıyla buruşturdu. Kafasının içinde düşünceler dönüp duruyordu ve ufak tefek adam bir şey söylediğinde bayılmak üzereydi. Adama dik dik baktı, dudağını ısırdı ve votkayı gösterdi. İki şişe, sekiz real.

Her çöküşü farklıydı. Bazıları çok ağır gelirdi, orada bir kadeh, şurada iki tek ve sonra bunlar artar ve baraj çatlardı. Bir keresinde temizlenme merkezine kendisi gitmişti. Bir başkasında kendisini bir yatağa bağlanmış ve bileğine bir serumla bulmuştu. Son krizde, günlüğü otuz dolarlık ucuz bir motelde, orada çalışan bir kadın tarafından koma halinde bulunmuştu.

İçinde şişeler olan kesekâğıdını yakaladı ve bir amacı olduğunu bilerek oteline doğru yürümeye başladı, kaldırım üzerinde bir futbol topu peşinde koşan çocukların yanından geçti. Çocuklar ne kadar da şanslı, diye düşündü. Üzerlerinde hiçbir yük yoktu. Yarın yine oyun oynayacaklardı.

Bir saat sonra hava kararacaktı ve Corumba yavaş yavaş canlanıyordu. Kaldırım kahveleri ve barlar açılıyordu, etraftan birkaç araba geçti. Otele girdiğinde havuzbaşından gelen canlı müziğin lobiye gelen nağmelerini duydu ve biraz müzik dinlemek için bir masaya oturmayı düşündü.

Ama oturmadı. Odasına çıkıp kapısını kilitledi ve büyük bir plastik bardağa buz doldurdu. Şişeleri yan yana koydu, birini açtı, buzların üzerine ağır ağır votka doldurdu ve iki şişe de boşalıncaya kadar durmayacağına dair kendine söz verdi.

Yedek parçacı sekizde geldiğinde Jevy onu bekliyordu. Güneş gökyüzünde pırıl pırıldı, bulut yoktu. Kaldırımlar dokunulamayacak kadar ısınmıştı.

Yağ pompası yoktu, yani en azından bir dizel motoruna uygun pompa bulunmuyordu. Parçacı iki yere telefon etti ve Jevy pikabına atlayıp yola çıktı. Corumba'nın kenarında, düzinelerce eski tekne hurdasının bulunduğu bir hurdacıya gitti. Motor parçalarının bulunduğu depoda bir genç ona, yağlı, kirli bir beze sarılmış, oldukça eski bir yağ pompası çıkardı. Jevy bu eski pompa için memnuniyetle yirmi real ödedi.

Nehir kenarına gidip arabasını kıyıya yakın bir yere park etti. *Santa Loura* yerinden kımıldamamıştı. Welly'nin gelmiş olduğunu görünce sevindi. Acemi bir tayfaydı, henüz on sekizine basmamıştı ama, aşçılık, kaptanlık, rehberlik, temizlik, seyrüsefer ve tüm diğer istenen işleri yapabileceğini söylüyordu. Jevy onun yalan söylediğini biliyordu ama, nehirde iş arayan gençler arasında bu tür gözü karalığın yaygın olduğu da bir gerçekti.

Jevy ona, "Bay O'Riley'i gördün mü?" diye sordu.

"Amerikalıyı mı?"

"Evet, Amerikalıyı."

"Hayır, hiç görmedim onu."

Bir balıkçı, ahşap teknesinden Jevy'ye seslendi ama o başka şeylerle meşguldü. Tahta iskeleden teknenin güvertesine atladı, kıç taraftan yine çekiç sesleri geliyordu. Aynı pis makinist yine motorla uğraşıyordu. Gömleksiz ve ter içinde, yarı çömelmiş, motorun üzerine eğilmişti. Makine dairesi insanı âdeta boğuyordu. Jevy ona pompayı uzatınca adam küt parmaklarıyla alıp onu inceledi.

Motor, beş silindirli bir dizeldi, pompa, yağ karterinin dibine, ızgara döşeme kenarının biraz altına takılıyordu. Motor tamircisi, Jevy'nin getirdiği pompanın işe yarayacağından kuşkuluymuş gibi omuzlarını silkti, göbeğini manifoldun kenarından çekip yavaşça dizlerinin üzerine çöktü ve başının üst kısmı egzozun üzerinde kalacak şekilde eğildi.

Adam bir şeyler homurdandı ve Jevy ona bir İngiliz anahtarı uzattı. Yağ pompası yavaşça yerine oturmuştu. Jevy'nin şortu ve gömleği birkaç dakika içinde sırılsıklam olmuştu.

Her ikisi de makine dairesine takılıp kaldığı için, Welly gidip kendisine ihtiyaç olup olmadığını sormak istedi. Hayır, ona ihtiyaçları yoktu. Jevy alnındaki terleri silerken, "Sadece Amerikalı gelirse, onu haber ver," dedi.

Tamirci yarım saat küfrederek anahtarlarla oynadı ve sonra pompanın çalışmaya hazır olduğunu söyledi. Motoru çalıştırdı ve birkaç dakika durup yağ basıncını kontrol etti. En sonunda gülümsedi ve aletlerini topladı.

Jevy Nate'i bulmak için şehir merkezine, otele gitti.

Resepsiyondaki utangaç kız Bay O'Riley'i görmemişti. Kız Nate'in odasına telefon etti ama cevap yoktu. Oradan geçmekte olan bir temizlikçi kadını sorguya çektiler. Hayır, kadının bildiği kadarıyla Bay O'Riley odasından çıkmamıştı. Resepsiyondaki kız isteksiz bir tavırla anahtarı Jevy'ye uzattı.

Kapı kilitliydi ama zincirlenmemişti, Jevy sessizce içeriye girdi. Gözüne çarpan ilk gariplik, çarşafları karmakarışık olmuş boş yatak oldu. Sonra şişeleri gördü. Biri boştu ve yanlamasına yerde duruyordu; diğerinin yarısı boşalmıştı. Klima sistemi tam hızla çalışıyordu ve odanın içi iyice serindi. Çıplak bir ayak gördü ve Nate'i görebilmek için biraz daha yaklaştı; Nate çıplaktı, yatakla duvar arasına sıkışmış, çarşafı çekip dizlerine sarmıştı. Jevy onun ayağını hafifçe tekmeledi ve ayak oynadı.

En azından ölü değildi.

Jevy ona bir şeyler söyledi, omuzuna dokundu ve birkaç saniye sonra bir homurtu duydu. Hafif, acı dolu bir sesti bu. Yatağın üzerine çömelip koltuk altlarından tutarak yatağın üzerine çekip yatırdı ve belden aşağısını bir çarşafla örttü.

Nate yine acıyla homurdandı. Şimdi sırtüstü yatıyordu, bir ayağı yataktan aşağıya sarkmıştı, gözleri şiş ve hâlâ kapalıydı, ağır ağır ve güçlükle nefes alıyordu. Jevy karyolanın ayakucunda durup ona baktı.

Kat görevlisi kadın ile resepsiyondaki kız kapıya gelip aralıktan baktılar ve Jevy onlara gitmelerini işaret etti. Kapıyı kilitledi, boş şişeyi aldı.

"Gitme zamanı," dedi ama hiçbir yanıt alamadı. Belki de Valdir'i arasa daha iyi olacaktı, o hiç olmazsa bu zavallı sarhoşu Brezilya'ya gönderen Amerikalıları arar ve onlara durumu anlatırdı.

Yüksek sesle, "Nate!" diye seslendi. "Konuş benimle!"

Cevap yoktu. Biraz daha kendine gelmediği takdirde doktor çağırması gerekecekti. Bir gecede bir buçuk şişe vokta adamı öldürebilirdi. Adam belki de zehirlenmişti ve hastaneye götürülmesi gerekiyordu.

Banyoya gidip bir havluyu soğuk suyla ıslattı ve onu Nate'in boynuna sardı. Nate kıpırdadı ve konuşmak için ağzını açtı. Sonra, "Neredeyim?" diye homurdadı, sesi boğuk çıkıyordu ve dili ağzına yapışmış gibiydi.

"Brezilya'da. Otel odasında."

"Yaşıyorum."

"Aşağı yukarı."

Jevy havlunun bir ucunu aldı ve Nate'in yüzünü, gözlerini sildi. Sonra, "Nasıl hissediyorsun?" diye sordu.

Nate havluya uzandı ve, "Ölmek istiyorum," dedi. Havluyu alıp ucunu ağzına soktu ve emmeye başladı.

Jevy, "Sana biraz su getireyim," dedi. Buzdolabını açtı ve bir şişe su çıkardı. Sonra, "Başını kaldırabilir misin?" diye sordu.

Nate, "Hayır," diye homurdandı.

Jevy onun dudaklarına ve diline su damlattı. Suyun bir kısmı yanaklarından süzülüp havlunun üzerine aktı. Nate buna aldırmadı. Başı çatlıyor, uğulduyordu ve ilk düşüncesi, nasıl uyandığı oldu.

Sağ gözünü güçlükle araladı. Sol gözünün kapakları hâlâ birbirine yapışıktı. Işık sanki beynini kaynatıyordu ve dizlerinden boğazına doğru bir bulantı dalgası yükseldi. Şaşırtıcı bir hızla bir yanına döndü, kusmaya başlarken elleri ve dizleri üzerinde durdu.

Jevy geriye sıçradı ve başka bir havlu almaya gitti. Banyoda biraz oyalanarak Nate'in öğürmesinin, öksürmesinin bitmesini bekledi. Çıplak bir adamın yatağın ortasında elleri ve dizleri üzerinde durarak midesini boşaltması görülecek bir manzara değildi kuşkusuz. Duşu açıp, suyu ayarladı.

Valdir ona, Bay O'Riley'i Pantanal'a götürmesi, aradığı kişiyi bulması ve onu tekrar Corumba'ya geri getirmesi için bin real ödüyordu. Bu iyi paraydı kuşkusuz, ama o bir hastabakıcı ya da bebek bakıcısı değildi. Tekne hazırdı. Eğer Nate bu işi beceremeyecekse Jevy de bundan sonraki işe bakardı.

Mide bulantısı şimdilik geçmişti, Jevy onu âdeta sırtlayıp banyoya götürerek duşun altına soktu, Nate hemen plastik döşemeye çöktü. Birkaç kez, "Özür dilerim," diye mırıldandı. Jevy onu orada bırakıp çekildi, adam isterse boğulabilirdi. Çarşafları katlayıp ortalığı biraz düzeltti ve sonra bir fincan sert kahve bulmak için aşağıya indi.

Welly onların gelişini duyduğunda saat ikiye geliyordu. Jevy etrafa taşlar sıçratıp koca pikabını kenara park etti, motor da stop ederken çıkardığı homurtuyla uyuyan balıkçıları uyandırmıştı. Amerikalı ortada görünmüyordu.

Birkaç saniye sonra arabanın ön tarafından bir baş yavaşça yükseldi. Gözlerinin çevresi iyice morarmış gibiydi ve adam, kasketi başına iyice geçirmişti. Jevy yolcu tarafındaki kapıyı açtı ve Bay O'Riley'nin kayaların üzerine inmesine yardım etti. Welly pikaba gitti ve aracın arkasından Nate'in torbasıyla çantasını aldı. Bay O'Riley'yle tanışmak istiyordu ama galiba zamanlama kötüydü. Adam oldukça hastaydı, bembeyaz suratı ter içindeydi ve kendi başına yürüyemeyecek kadar zayıf düşmüştü. Welly suyun kenarına kadar onları izledi ve sonra, sallanan tahta iskeleden tekneye atlamalarına yardım etti. Jevy, Bay O'Riley'in merdivenden kaptan köprüsüne çıkmasına yardım ederken onu âdeta taşıdı ve sonra daracık kenar güverteden geçirip hamağın bulunduğu küçük güverteye götürdü. Sonra da onu kaldırıp hamağa yatırdı.

Güverteye döndüklerinde Jevy motoru çalıştırdı ve Welly de halatları çözüp topladı. Bir süre sonra Welly, "Nesi var adamın?" diye sordu.

"Sarhoş."

"Ama saat daha iki."

"Uzun bir süredir sarhoş."

Santa Loura kıyıdan yavaşça ayrılıp nehrin yukarısına doğru seyretmeye başladı ve bir süre sonra Corumba'nın önünden geçti.

Nate kentin yavaş yavaş geride kalışını izledi. Üzerinde, güvertedeki dört dikme çubuğa bağlı metal bir çerçeveye gerilmiş kalın, yeşil renkli, eski bir çadırbezinden yapılmış bir tente vardı. Dikmelerden ikisi aynı zamanda hamağı da tutuyordu ve kıyıdan ayrılırken biraz sallanmışlardı. Midesi yine bulanıyordu. Kımıldamamaya çalıştı. Her şeyin tamamen sakin olmasını istiyordu. Tekne ağır ağır nehir yukarı seyrediyordu. Sular sakindi. O anda hiç rüzgâr yoktu ve Nate böylece hamağında uzanıp üzerindeki koyu yeşil tenteye bakarak düşünebiliyordu. Ama düşünmek de kolay değildi, çünkü başı dönüyor ve ağrıyordu. Konsantre olabilmesi güçtü.

Otelden ayrılmadan biraz önce Josh'a telefon etmişti. Ensesinde buz parçaları ve ayaklarının arasında çöp sepeti olduğu halde numarayı çevirmiş ve sesinin doğal çıkması için büyük gayret göstermişti. Jevy, Valdir'e bir şey söylememişti. Valdir de Josh'a söylemedi tabii. Olanları sadece Nate ve Jevy biliyordu ve bunu bir sır olarak saklama konusunda fikir birliğine varmışlardı. Teknede içki yoktu ve Nate, geriye dönünceye kadar ayık kalacağına söz verdi. Zaten Pantanal'da içkiyi nasıl bulabilirdi ki?

Josh'un sesinde vaziyeti fark ettiğini gösteren herhangi bir belirti fark etmedi. Firma hâlâ Noel tatilindeydi ama Josh çok meşguldü, v.s. Her zamanki laflar işte.

Nate her şeyin yolunda gittiğini, çok iyi olduğunu söyledi. Tekne yeterliydi ve yeni onarım görmüştü. Nehre açılmak için sabırsızlanıyordu. Telefonu kapadıktan sonra tekrar kustu. Ve tekrar duşa girdi. Daha sonra Jevy ona yardım etti, asansöre bindirip lobiye indirerek dışarıya çıkardı.

Bir süre sonra nehir hafifçe kıvrılarak tekrar döndü ve Corumba gözden kayboldu. Kent yakınındaki tekne trafiği artık gittikçe azalıyordu. Nate bulunduğu yüksek noktadan dümen suyunu ve arkalarında köpüren çamurlu, kahverengi suları rahatça görebiliyordu.

Paraguay Nehri'nin genişliği yüz metreden azdı ve kıvrımlarda hızla daralıyordu. Bir süre sonra yeşil muz yüklü eski bir teknenin yanından geçtiler ve iki küçük çocuk onlara el salladı.

Dizel motorun sürekli gürültüsü Nate'in beklediği gibi kesilmemiş, ama biraz daha hafif sürekli bir sese dönüşmüştü ve bütün tekne devamlı olarak titriyordu. Buna alışmaktan başka çaresi yoktu. Hamakta hafifçe sallanmaya çalıştı, hafif bir esinti meydana gelmişti. Mide bulantısı geçti.

Kendi kendine, 'Noel'i, evini, çocukları, kırık anıları ve bağımlılıklarını düşünme,' diye söylendi. Çöküntü geçti işte, diye düşündü. Bu tekne onun tedavi merkeziydi. Jevy danışmanıydı. Welly de bakıcısı. Pantanal'da temizlenecek, kuruyacak ve bir daha da asla içmeyecekti.

Kendi kendine daha kaç kez yalan söyleyecekti böyle?

Jevy'nin verdiği aspirinin etkisi geçmiş, başı yine ağrımaya başlamıştı. Bir süre dalıp kestirdi ve Welly'nin bir şişe su ve bir kâse pilav getirmesiyle uyandı. Pilavı kaşıkla yedi, ama elleri öylesine titriyordu ki, gömleğine ve hamağın içine pirinç taneleri döktü. Pilav sıcak ve tuzluydu, son pirinç tanesine kadar yedi.

Welly, "*Mais?*" diye sordu.

Nate başını iki yana sallayarak istemediğini belirtti, sonra biraz su içti. Tekrar hamağa gömüldü ve uyumaya çalıştı.

17

Bir süre sonra, saat farkı, yorgunluk ve votkanın etkisi kendisini gösterdi. Pilavın da yardımı oldu tabii ve derin bir uykuya daldı. Welly saatte bir gelip onu kontrol ediyordu. Her seferinde dümen başındaki Jevy'ye gidip, "Horluyor," diyordu.

Uyku rüyasızdı. *Santa Loura* tam kuzey rotasında akıntı ve rüzgâra karşı seyrederken Nate'in uykusu dört saat sürdü. Dizelin hiç durmayan gürültüsüyle uyandığında tekne hiç ilerlemiyormuş gibi geldi ona. Hamakta yavaşça doğruldu, kenardan baktı ve ilerleme olup olmadığını anlamak için nehir kıyısını kontrol etti. Bitki örtüsü çok yoğundu. Kıyı boyunca kimse yaşamıyor gibiydi. Teknenin arkasından dümensuyu çıkıyordu ve bir ağaca bir süre bakınca, ilerlediklerini anlayabiliyordu. Ama hızları çok düşüktü. Yağmurlar nedeniyle sular yükselmiş ve seyrüsefer daha kolaylaşmıştı ama, nehir yukarı trafik o kadar hızlı değildi.

Mide bulantısı ve baş ağrısı kaybolmuştu, fakat vücut hareketleri hâlâ dengesizdi. Hamaktan kalkmaya çalıştı, çünkü tuvalete gitmesi gerekiyordu. Ayaklarını olaysız bir şekilde güverteye bastı ve bir an durup dengesini bulmaya çalışırken Welly bir fare gibi belirdi ve ona bir fincan kahve uzattı.

Nate fincanı alıp burnuna götürerek kokladı. Bu kadar güzel bir koku olamazdı. "*Obrigado,*" dedi. Teşekkürler.

Welly de mutlu bir gülümsemeyle ona bakarak, "*Sim,*" dedi.

Nate tatlı ve leziz kahveden bir yudum aldı ve Welly'nin bakışlarını görmezlikten gelmeye çalıştı. Çocuk standart nehir giysileri giymişti: eski idman şortu, eski bir tişört ve yara izli ve nasırlı ayaklarının tabanlarını koruyan ucuz kauçuk sandallar. Jevy, Valdir ve şimdiye kadar gördüğü tüm Brezilyalılarda olduğu gibi Welly'nin de saçları ve gözleri siyahtı, yarı-melez özellikleriydi bu, teni de bazılarına kıyasla koyu, bazılarına kıyasla da açık kahverengiydi, kendine göre bir ten rengi vardı işte.

Nate kahvesini yudumlarken, 'Yaşıyorum ve ayığım,' diye düşündü. 'Bir kez daha uçurumun kenarına geldim ama kurtuldum. Dibe battım, çöktüm ve ölümü karşılamaya hazırlandım, ama işte burada oturuyor ve nefes alıyorum. Üç gün içinde iki kez son sözlerimi söyledim. Belki zamanım henüz gelmedi.'

Welly, başıyla boş fincanı işaret edip, "*Mais?*" diye sordu.

Nate, "*Sim,*" diye cevap verdi ve fincanı uzattı. Çocuk iki basamağı atladı ve kayboldu.

Uçak kazasının etkisiyle her yanı ağrıyor, votkanın etkisiyle de titriyordu, kendini toparladı ve güvertenin ortasında kimsenin yardımı olmadan durdu, ama sallanıyordu ve dizleri hafif bükülmüştü. Fakat yine de ayakta durabiliyordu ve bu bile bir şeydi. Kurtulmak küçük adımlar, küçük zaferlerden başka bir şey değildi. Bunları tökezlemeden ve çökmeden birbirine bağlayabildiğin takdirde iyileşiyorsun demekti. Bu tam bir tedavi değildi tabii, bir süre için iyileşme, toparlanmaydı. Bu bulmacayı daha önce de yapmıştı; her parçayı bul ve kutla.

O sırada teknenin düz olan altı bir kum tepeciğine sürtündü, tekne sarsıldı ve Nate hızla hamağa doğru düştü. Hamak yaylanıp onu geriye, güverteye itti ve Nate'in başı döşeme tahtasına vurdu. Hemen ayağa fırladı, bir eliyle parmaklığa yapıştı ve diğeriyle de başını ovmaya başladı. Başında kanama yoktu, sadece küçük bir şiş olacaktı, belki de minik bir sıyrık. Ama bu darbe onu uyandırdı ve gözleri normal görmeye başladığında parmaklığı izleyip küçük köprüye yürüdü, Jevy bir tabureye oturmuş, bir eli dümendeydi.

Jevy onu görünce hemen tipik bir Brezilya gülümsemesiyle, "Nasıl hissediyorsun?" diye sordu.

Nate, biraz da utanıyormuş gibi, "Daha iyiyim," diye cevap verdi. Ama utanma, Nate'in yıllar önce terk ettiği bir duyguydu. Bağımlılar utanma nedir bilmez. Bağımlı insan kendisini o kadar çok rezil eder ki, sonunda utanmaya karşı bağışıklık kazanır.

Welly, her iki elinde de kahve olduğu halde merdiveni çıkıp geldi. Birini Nate'e, diğerini Jevy'ye verdi ve sonra kaptanın yanındaki dar bir sıraya tünedi.

Güneş, Bolivya'nın uzakta görünen dağları arkasına doğru alçalmaya başlamıştı ve kuzeyde, tam önlerinde bulutlar beliriyordu.

Hava hafif ve şimdi çok daha serindi. Jevy tişörtünü alıp giydi. Nate yeni bir fırtınadan korkuyordu ama, nehir geniş değildi. Tekneyi hemen kıyıya çekip bir ağaca bağlayabilirlerdi tabii.

Bir süre sonra küçük, kare şeklinde bir eve doğru yaklaştılar, Nate'in Corumba'dan beri gördüğü ilk evdi burası. Yaşam belirtileri vardı: bir at, bir sığır, ipe serilmiş çamaşırlar ve suya yakın bir kano görülüyordu. Hasır şapkalı bir adam, gerçek bir *pantaneiro* verandaya çıktı ve onlara tembel bir tavırla el salladı.

Evi geçtiler ve Welly ilerde, çalılar ve yüksek otların suya uzandığı bir noktayı gösterdi. Sonra da, "*Jacares*," dedi. Jevy baktı ama pek umursamamış gibiydi. Milyonlarca timsah görmüştü. Nate ise sadece bir tane ve onu da at sırtından görmüştü ve çamur içinden kendilerini seyreden üstü kaygan sürüngene bakarken, onların, bir tekne güvertesinden ne kadar da küçük göründüklerine hayret etti. Ama onların uzakta olmasını yeğliyordu.

Ama içinden bir ses ona, bu seyahat sona ermeden bu hayvanlara tekrar yaklaşacağını söyler gibiydi. Rachel Lane'i bulmak için *Santa Loura*'nın arkasından gelen küçük tekneyi kullanmak zorunda kalabilirlerdi. Jevy'yle birlikte küçük derelerde dolaşıp, çalıların otların altından geçmek, simsiyah ve sazlık sularda seyretmek durumunda kalacaklardı kuşkusuz. Pek tabii, etrafta yemek bekleyen *Jacares*'ler ve başka cins korkunç sürüngenler de olacaktı.

Gariptir ama, Nate şu anda bunlara aldırmıyordu Brezilya'da şimdiye kadar oldukça dayanıklı olduğunu kanıtlamıştı. Bu bir maceraydı ve rehberi de korkusuz bir adama benziyordu.

Merdiven parmaklığına tutunup basamakları büyük bir dikkatle indi, daracık güverte parçasından yürüyüp kamarayı geçti ve Welly'nin, propan ocak üstüne bir kap yerleştirdiği mutfağa geldi. Dizel motoru makine dairesinde yine gürültüyle çalışıyordu. Son durağı banyo ve tuvalet oldu, bir köşede kirli bir lavabo vardı ve başının birkaç santim üstünde, kopacakmış gibi sallanan eğreti bir duş süzgeci duruyordu. Bir yandan duşun bağlantı hortumunu incelerken, bir yandan da işedi. İşini bitirince geriye çekildi ve duşun ipine asıldı. Duştan hafif kahverengi ve sıcak bir su yeterince basınçla gelmişti. Sonsuz bir kaynak olan nehir suyu olmalıydı bu ve hiç kuşkusuz filtresiz geliyordu. Kapının üst tarafında havlu ve çıkarılacak çamaşırlar için bir tel sepet vardı. Bu durumda insanın tuvalet üzerinde bacaklarını açarak durması ve bir eliyle duşun ipini çekerken, diğeriyle de yıkanması gerekiyordu.

Nate, ne yapalım yani, diye düşündü. O kadar sık duş yapmayacaktı zaten, değil mi.

Mutfakta, ocak üstündeki kaba bakınca içinde pilav ve barbunya fasulyesi olduğunu gördü ve hep aynı şeyi mi yiyeceğiz yoksa? diye düşündü. Ama buna da aldırmıyordu. Yemek onun için sorun değildi. Walnut Hill de insanı alkolden arındırırken nazik bir şekilde açlığa da alıştırırlardı. İştahı zaten aylar öncesinden kaçmıştı.

Sırtını kaptana ve Welly'ye dönüp kaptan köprüsüne çıkan merdivene oturdu ve kararan nehre baktı. Vahşi yaşam, akşam karanlığında kendisini geceye hazırlıyordu. Kuşlar ağaçların arasında, suyun üzerinde alçaktan uçuyor ve gece karanlığı bastırmadan küçük bir balık daha bulmaya çalışıyordu. Tekne geçerken birbirlerine sesleniyor, çığlıkları motor gürültüsünü bile bastırıyordu. Kıyıda timsahlar kımıldarken etrafa sular sıçrıyordu. Oralarda belki koca koca boa yılanları da vardı ama, Nate onları düşünmemeyi yeğledi. *Santa Loura*'nın güvertesinde kendisini güvencede hissediyordu. Esinti azalmıştı ve şimdi biraz daha sıcak esiyordu yüzlerine. Fırtına çıkmamıştı.

Başka yerlerde zaman hızlı geçiyor olabilirdi ama Pantanal'da zamanın hiç önemi yoktu. Nate de kendisini yavaş yavaş buna alıştırıyordu. Birden Rachel Lane'i düşünmeye başladı. Para ona neler yapacaktı acaba? İnançları ve bağlılıkları ne olursa olsun, hiç kimse aynı kalamazdı. Acaba babasının miras konusunu halletmek için onunla beraber Birleşik Devletler'e gelir miydi? İstediği zaman yerlilerine dönebilirdi. Haberi alınca nasıl davranacaktı? İzini bulan Amerikalı avukatı görünce nasıl bir reaksiyon gösterecekti.

Welly eski bir gitarı tıngırdatmaya ve Jevy de akortsuz sesiyle bir şeyler mırıldanmaya başladı. Gençlerin düeti oldukça hoştu, insanı sakinleştiren bir havası vardı; dakikaları sayarak değil, rahat ve günlük yaşayan basit insanların şarkısıydı bu. Yarını düşünmeyen, gelecek yıl neler olacağı ya da olmayacağına aldırmayan insanların şarkısı. Onları kıskandı, yani en azından şu anda, şarkı söylerken.

Bir gün önce kendisini içerek öldürmeye çalışan bir adam için müthiş bir geriye dönüştü bu. Bu anı yaşamaktan zevk alıyor, yaşadığı için mutluluk duyuyor ve maceranın geriye kalanı için heyecanlanıyordu. Geçmişi, gerçekten başka bir dünyada, ışık yılları kadar geride, Washington'un soğuk ve ıslak sokaklarında kalmıştı.

Hiçbir iyi şey olamazdı orada. Orada aynı insanların arasında yaşayıp, aynı işi yaparak, yeni bir çöküntüye kadar eski bağımlılıkları görmezden gelerek temiz kalamayacağı belli olmuştu. Çöküntü hep gelecekti.

Welly'nin bir soloya başlamasıyla, Nate düşüncelerinden sıyrıldı. Ağır, kederli ve duygusal bir halk şarkısı olmalıydı bu ve nehir iyice kararıncaya kadar sürdü. Jevy, pruvanın iki yanındaki iki küçük projektörü yaktı. Nehirde seyir kolaydı. Sular, mevsime göre alçalıp yükseliyor ama hiçbir zaman fazla derinleşmiyordu. Tekneler derin değildi, altları düzdü ve bazen önlerine çıkan kum tepeciklerini aşacak şekilde yapılmıştı. Jevy hava karardıktan biraz sonra bir kum tepeciğine oturdu ve *Santa Loura* oracıkta kaldı, kımıldamıyordu. Jevy motoru geri vitese alıp çalıştırdı, sonra tekrar ileriye verdi ve beş dakika kadar bu şekilde uğraştıktan sonra tekne kurtuldu. Batmayan bir tekneydi bu.

Nate kamarada, dört ranza yatağın hemen bitişiğindeki, döşemeye tutturulmuş bir masada yemeğini yalnız başına yedi. Welly ona pilav ve barbunya fasulyesiyle birlikte haşlanmış tavuk eti ve bir de portakal verdi. Bir şişeden soğuk su içti. Masanın üzerinde sallanan bir ampul yemekleri aydınlatıyordu. Kamara sıcak ve havasızdı. Welly ona hamakta uyumasını tavsiye etti.

Jevy elinde bir Pantanal haritasıyla geldi, Şimdiye kadar nerelere geldiklerini hesaplamak istiyordu ve sonuçta fazla bir yol katetmedikleri anlaşıldı. Paraguay'da çok ağır seyrediyorlardı ve şu anda bulundukları noktayla Corumba arasında fazla bir mesafe yoktu.

Jevy, "Sular yüksek," dedi. "Dönüşte çok daha hızlı yol alırız."

Nate şimdiden dönüşü pek düşünmüyordu. "Sorun yok," dedi. Jevy çeşitli yönleri gösterdi ve birkaç hesaplama daha yaptı. Akıntıya karşı hızları düşünülürse, ancak birkaç haftada gidebileceklermiş gibi görünen bir noktayı gösterip, "İlk yerli köyü bu bölgede," dedi.

"Guato mu?"

"*Sim.* Evet. Sanırım önce oraya gitmeliyiz. Kadın orada değilse bile, nerede olduğunu bilen biri çıkabilir."

"Oraya gitmemiz ne kadar sürer?"

"İki, belki de üç gün."

Nate omuzlarını silkti. Zaman durmuştu. Kol saati cebinde duruyordu. Saatlik, günlük, haftalık, aylık planlamaları çoktan unutmuştu. Yaşamının hiç değiştirilemeyen bir haritası olan dava planlaması şu anda bir sekreterin çekmecesinde duruyordu. Ölümü kandırmıştı ve artık her gün onun için bir armağandı.

"Okuyacağım çok şey var," dedi.

Jevy haritayı dikkatle katlarken, "İyisin, değil mi?" diye sordu.

"İyiyim. Kendimi iyi hissediyorum."

Jevy'nin sormak istediği başka sorular da vardı. Ama Nate henüz itirafa hazır değildi. Tekrar, "İyiyim," dedi. "Bu küçük seyahat benim için iyi olacak."

Bir saat kadar, tepesinde sallanan lambanın ışığında bir şeyler okudu ve sonunda sırılsıklam terlediğini gördü. Ranzasından böcek ilacını, el fenerini ve Josh'un tuttuğu kısa notların bir tomarını alarak dikkatle baş tarafa gitti, merdivenlerden kaptan köprüsüne çıktı, Welly dümendeydi ve Jevy uykuya dalmıştı. Kollarını bacaklarını biraz sallayıp hareket ettirdikten sonra hamağa tırmandı, uzandı ve birkaç kez kımıldayıp başının, poposundan biraz daha yüksek seviyeye çıkmasını sağladı. Her şey dengelendikten ve hamak, nehrin akışına uyarak hafif hafif sallanmaya başladıktan sonra fenerini yaktı ve tekrar okumaya başladı.

18

Bir vasiyetnamenin okunacağı basit bir oturumdu ama önemli ayrıntıları vardı. F. Parr Wycliff, Noel tatilinde bundan başka bir şey düşünememişti. Mahkeme salonundaki tüm sandalyeler dolacak, duvarların önünde de üçer sıra dinleyici olacaktı. Bu konu onu öylesine düşündürüyordu ki, Noel'in ertesi günü boş mahkeme salonuna gelip, herkesi nereye oturtacağı konusunda planlar yapmıştı.

Her zamanki gibi basın zaten kontrolden çıkmıştı. Salona kamera sokmak istemişler ve o, şiddetle karşı çıkmıştı. Kameraları koridora koyup kapılardaki küçük kare pencerelerden çalışmak istemişler, buna da hayır demişti. Tercihli koltuk talep etmişler ve yine hayır cevabı almışlardı. Onunla mülakat yapmak istemişlerdi ama o yine reddetmişti.

Avukatlar da başka telden çalıyordu. Bazıları kapalı celse istiyor, bazıları da bilinen nedenlerle oturumda çekim yapılmasını talep ediyordu. Bir kısmı dosyanın gizli tutulmasını isterken, bir kısmı da inceleyebilmeleri için vasiyetname kopyalarının kendilerine fakslanmasını istiyordu. Belirli yerlerde oturma istekleri, salona kimin alınıp kimin alınmayacağı konusunda çeşitli tartışmalar, başvurular vardı. Avukatlardan birçoğu, vasiyetnameyi önceden açıp okumak bile istemişti. Bilindiği gibi vasiyetname çok kalındı ve okurken, karışık birtakım maddeleri açıklamak zorunda kalabilirlerdi.

Wycliff erkenden geldi ve istediği ilave polis memurlarını gördü. O, salonda dolaşıp koltuk tahsisi yapar ve sandalyeleri sayarken, polisler de sekreteri ve zabıt kâtibiyle birlikte onu izledi. Wycliff ayrıntılara büyük önem veriyordu. Birisi gelip bir televizyon ekibinin koridorda yerleşmeye çalıştığını söyleyince, hemen bir polis gönderip bunu önledi.

Mahkeme salonu güvenceye alınıp işler düzene sokulduktan sonra yargıç, ofisine gitti ve diğer konularla ilgilenmeye başladı. İlgilenmesi gereken çok şey vardı ve önüne bir daha böyle büyük, heyecanlı bir celse çıkmayabilirdi. Biraz bencildi belki ama, Troy Phelan'ın vasiyetnamesinin büyük tartışmalara, skandallara yol açmasını diliyordu; paraların ailelerden birine verilip, diğerine verilmemesi skandal yaratırdı. Adam tüm çılgın çocuklarını bir yana bırakıp başka birini zengin yapabilirdi. Uzun ve tartışmalı bir vasiyetnameye yapılacak itirazlar, hiç kuşkusuz Wycliff'in vasiyetname onaylama davasındaki sıradan kariyerini canlandırırdı. On bir milyarın söz konusu olduğu bir vasiyetnamenin yıllarca sürecek fırtınalı ortamında Wycliff merkezde olacaktı.

Böyle bir şeyin olacağına emindi. Kapısını kilitledi ve yalnız başına kalıp on beş dakika süreyle cüppesini ütüledi.

İlk izleyici sekizi biraz geçe gelen bir gazeteci oldu ve ilk gelen olduğu için de salonun kapısını tutmuş olan heyecanlı polislerce tam ayrıntılı bir formaliteye tabi tutuldu. Polisler onu asık suratlarla karşıladı, kimlik kartını gösterip, gazeteciler için hazırlanmış bir görevli listesini imzalamasını istedi, steno defterini sanki bir el bombasıymış gibi kontrol etti ve onu bir metal dedektöründen geçirdi, oradaki iki iriyarı polis de, onun geçişinde düdük çalmadığı için sanki hayal kırıklığına uğramıştı. Adamcağız çırılçıplak soyulup aranmadığına şükretti. Duruşma salonuna girince, başka bir polis onu alıp orta koridordan geçirerek önden ikinci sıraya götürdü. Adamcağız oturacak bir yer bulduğu için mutluydu. Duruşma salonu o anda bomboştu.

Oturum saat onda başlayacaktı ve saat dokuzda duruşma salonu dışındaki fuayede bir hayli insan toplanmıştı. Güvenlik, kimlik ve arama işlemleri nedeniyle yavaş çalışıyordu. Koridorda uzunca bir kuyruk oluşmuştu.

Phelan vârislerinin avukatlarından bazıları büyük bir telaş içinde geldi ve hemen duruşma salonuna giremedikleri için sinirlendiler. Sert sözler sarf edildi; avukatlar ve polisler birbirlerini tersleyip, işi tehdide kadar götürdüler. Birisi Wycliff'i çağırmak istedi, ama o ayakkabılarını cilalıyordu ve rahatsız edilmek istemediğini söyledi. Düğüne hazırlanan bir gelin gibi, önceden misafirlere görünmek istemiyordu. Daha sonra vârislerle avukatlarına öncelik tanındı ve bu da gerginliği biraz azalttı.

Duruşma salonu yavaş yavaş doldu. Masalar U şeklinde yerleştirilmişti, yargıç kürsüsü U'nun açık ucundaydı Wycliff bulunduğu yerden avukatları, vârisleri, dinleyicileri, yani herkesi rahatça görebilecekti. Phelanlar kürsünün solunda, jüri locasının önündeki uzun bir masaya yerleştiriliyordu. İlk gelen Troy Junior oldu, Biff de onu izliyordu. Onları yargıç kürsüsüne en yakın noktaya götürdüler ve onlar da oturdukları yerden, avukatlarından üçüyle konuşurken ciddi görünmeye çalışıyor, duruşma salonunda kimseye bakmıyorlardı. Biff öfkeliydi, çünkü kapıdaki polisler cep telefonunu almıştı. Emlak komisyonculuğuyla ilgili işleri için gerekli telefonları edemeyecekti.

İkinci gelen Ramble'dı. Olay nedeniyle saçlarını ihmal etmişti, iki haftadır yıkanmayan saçlarda hâlâ sarı yeşil meçler vardı. Kulaklarına burnuna, kaşlarına taktığı halkalar göz kamaştırıyordu. Üzerinde kolsuz, siyah bir deri ceket, sıska kollarında geçici dövmeler vardı. Eski, yırtık pırtık bir blucin pantolon, yine eski botlar giymişti. Haşin bir görüntüsü vardı. Sıraların arasından yürürken gazetecilerin dikkatini çekmişti. Nasıl olduysa kıymetli müvekkilini kaybetmemiş olan orta yaşlı hippi avukatı ona, attığı her adımda bir şeyler söylüyor, talimat verip ihtimam gösteriyordu, Yancy onu elinden kaçırmamayı başarmıştı.

Yancy oturma planına baktı ve Troy Junior'dan mümkün olduğunca uzağa oturmak istedi. Polis memuru onun isteğine uyarak, onları kürsünün önüne yerleştirilmiş olan masanın ucuna oturttu. Ramble sandalyesine otururken, yeşilli uzun saçları arkaya sarktı. Salondaki dinleyiciler şaşkın gözlerle ona bakıyordu – bu serseri mi yarım milyarlık mirasa konuyordu?

Ondan sonra Geena Phelan Strong, kocası Cody ve iki avukatıyla salona girdi. Troy Junior'la Ramble arasındaki mesafeyi ölçüp, bunun ortasını bularak ikisinden de mümkün olduğunca uzağa oturdular. Cody özellikle sorumluluğu almış gibi, heyecanlı görünüyordu ve hemen avukatıyla birlikte büyük gazetelerden bazılarının muhabirleriyle görüşmeye başladı. Geena aptallaşmış gibiydi, Ramble'a bakarken, bu çocuğun üvey kardeşi olduğuna inanamıyordu.

Striptizci Amber salona muhteşem bir giriş yaptı, mini etekliği ve dolgun göğüslerinin büyük bir bölümünü açıkta bırakan dekoltesiyle tüm gözleri üzerinde toplamıştı. Onu sıraların arasından geçirip yerine götüren polis memuru, bu kadar şanslı olduğuna inanamıyodu. Onunla birlikte yürürken sürekli konuşuyordu, gözleri sanki kadının bluzuna yapışmıştı. Rex onun arkasından geliyordu, koyu renk bir takım elbise giymişti ve sanki o gün çok ciddi işleri varmış gibi dolu bir el çantası taşıyordu. Onun arkasında, avukatların en gürültücüsü olmayı sürdüren Hark Gettys gelmekteydi. Hark yanında iki yeni avukat getirmişti; firması bir haftada bile büyümüştü. Amber ve Biff konuşmadıklarından, Rex hemen müdahale etti ve Ramble'la Geena arasındaki bir yeri gösterdi.

Masalar doluyor, boşluklar azalıyordu. Çok geçmeden bazı Phelanlar yan yana oturmak zorunda kalacaktı.

Ramble'ın annesi Tira, ikisi de hemen hemen aynı yaşta olan iki genç adam getirdi. Gençlerden biri dar blucin pantolon giymişti, kıllı bir göğsü vardı; diğeriyse koyu renk çizgili takım elbisesiyle çok şıktı. Kadın jigoloyla yatıyordu. Avukat da sonunda kendi payına düşeni alacaktı.

Bir boşluk daha dolduruldu. Dinleyicileri ayıran parmaklığın diğer yanında dedikodu ve spekülasyonlar fısıltı halinde sürüyordu. Gazetecilerden biri, Phelanlara bakarak, diğerine, "İhtiyarın kendini terastan atmasına şaşmamalı," dedi.

Phelan torunları normal dinleyiciler arasında oturmak zorunda kalmıştı. Arkadaşları ve destekçileriyle gruplar halinde oturup, kaderlerinin belirlenmesini beklerken heyecanla kıkırdaşıp duruyorlardı.

Libbigail Jeter, yüz kırk kiloluk eski motosikletçi kocası Spike'la geldi ve onlar da diğerleri gibi dikkatleri üzerlerine çekip sıraların arasından geçerek yerlerine gittiler, ama onlar daha önce de duruşma salonları görmüşlerdi. Sarı sayfaların avukatı olan avukatları Wally Bright'ın arkasından yürüdüler. Wally, etekleri yerleri süpüren lekeli bir pardesü, eski ayakkabılar giymiş ve yirmi yıllık bir polyester kravat takmıştı ve salondakiler o anda oy verseydi, oradaki en berbat giyimli avukat ödülünü rahatça alabilirdi. Kâğıtlarını, daha önce de sayısız boşanma davasında ve başka davalarda kullandığı körüklü bir dosyada taşıyordu. Bright, kendine göre nedenlerle hiçbir zaman bir evrak çantası satın almamıştı. Gece okulunda sınıfını onuncu olarak bitirmişti.

Onlar da doğruca en büyük aralığa gidip oturdular ve otururlarken Bright büyük bir gürültüyle pardesüsünü çıkarmaya başladı. Pardesünün yıpranmış kenarı Hark'ın yardımcısı olan avukatlardan birinin ensesine değince adam irkildi, heyecanlı, genç bir adamdı ve Bright'ın vücut kokusundan zaten rahatsız olmuştu.

Elini arkaya doğru sallayıp sert bir sesle, "Biraz dikkatli olsana be adam!" diye söylendi. Bu sözler gergin ortamda bir kamçı şaklaması gibi etki yaptı. Diğerleri önlerindeki önemli belgeleri bırakıp başlarını çevirdiler. Herkes herkesten nefret ediyordu.

Bright, istihzalı bir tavırla, "Özür dilerim!" dedi. İki polis memuru, gerektiğinde müdahale edebilmek için biraz ilerledi. Ama pardesü en sonunda masanın altında bir yere kondu ve Bright da Libbigail'in hemen yanına oturdu; Spike diğer uca oturmuş, sakalını sıvazlıyor ve sanki tokatlamak istiyormuş gibi Troy Junior'a bakıyordu.

Biraz önceki küçük çatışmanın, Phelanlar arasındaki son çatışma olacağını sanan pek az insan vardı salonda.

İnsan geride on bir milyar bırakıp da ölürse, onun vasiyetnamesiyle herkes ilgilenirdi. Özellikle de dünyanın en büyük servetlerinden birinin akbabalara verilmesi ihtimali varsa. Büyük küçük gazetelerle yerel basın ve tüm finans dergilerinin muhabirleri oradaydı. Wycliff'in basına ayırdığı üç sıra, saat dokuz buçukta dolmuştu. Gazeteciler, önlerinde toplanan Phelanları seyrederken oldukça eğleniyordu. Üç ressam hemen çalışmaya başlamıştı; önlerinde büyük bir ilham kaynağı duruyordu. Hiç kuşkusuz yeşil saçlı punk da gereğinden fazla ilgi çekti ve ressamlara model oldu.

Josh Stafford salona dokuz buçukta girdi. Yanında Tip Durban, şirketin diğer iki avukatı ve ekibi tamamlayan birkaç avukat yardımcısı vardı. Ciddi bir ifade ve asık suratlarla kendilerine ayrılan masaya oturdular, tüm Phelanlara ve avukatlarına ayrılan yerlerle kıyaslandığında onlarınki oldukça geniş ve rahattı. Josh bir tek kalın dosya çıkarıp önüne koydu ve tüm gözler anında oraya odaklandı. Dosyadaki belge yaklaşık beş santim kalınlığındaydı ve ihtiyar Troy'un on dokuz gün önce video kamera karşısında imzaladığı vasiyetnameye çok benziyordu.

Kimse gözünü oradan ayıramıyordu. Yani Ramble dışında herkes dosyaya bakıyordu. Virginia yasaları, servet kolayca paraya çevrilebiliyorsa, borç ve vergi ödenmesi söz konusu değilse, vârislerin mirası erken paylaşımına izin veriyordu. Phelan avukatlarının tahminleri vâris başına on milyondan, Bright'ın tahmini olan elli milyonuna kadar değişiyordu. Bright yaşamı boyunca elli bini bir arada görmemişti.

Polis memurları saat onda kapıları kapadı ve görülmeyen bir işaret verilmiş gibi Yargıç Wycliff kürsünün arkasındaki bir kapıdan içeriye girdi, salonda derin bir sessizlik vardı. Yargıç ütülü cüppesine dikkat ederek sandalyesine oturdu ve gülümsedi. Sonra mikrofonuna doğru hafifçe eğildi, "Günaydın," dedi.

Herkes ona gülümseyip karşılık verdi. Salon onu tatmin edecek kadar dolmuştu. Hızlı bir sayım, salonda sekiz silahlı ve hazır polis memuru olduğunu gösteriyordu. Yargıç, Phelanlara baktı; tüm boşluklar dolmuştu. Bazı avukatlar omuz omuza oturuyordu.

Yargıç, "Tüm taraflar hazır mı?" diye sordu. Masalardan başlar sallandı.

Wycliff önündeki kâğıtları alıp, "Herkesi tanımak istiyorum," dedi. "İlk dilekçe Rex Phelan tarafından verilmiştir." O daha sözlerini bitirmeden Hark Gettys ayağa fırladı ve boğazını temizledi.

Kürsüye doğru, "Sayın Yargıç, ben Hark Gettys," diye âdeta haykırdı. "Bay Rex Phelan'ı temsil ediyorum."

"Teşekkür ederim. Oturabilirsiniz."

Yargıç sırayla tüm masalara bakıp mirasçı ve avukatların adlarını aldı. Tüm avukatların adını alıyordu. Gazeteciler de bu isimleri yargıç gibi hızla yazmaktaydı. Toplam altı mirasçı vardı, üç de eski eş. Herkes salondaydı.

Wycliff kendi kendine, "Yirmi iki avukat," diye mırıldandı.

"Vasiyetname yanınızda mı Bay Stafford?" diye sordu.

Josh ayağa kalktı, elinde başka bir dosya vardı. "Evet."

"Lütfen tanık kürsüsüne gelir misiniz?"

Josh masaların etrafından dolandı ve birkaç muhabirin önünden geçip tanık kürsüsüne çıktı, sonra da sağ elini kaldırıp, doğruyu söyleyeceğine dair yemin etti.

Wycliff, "Troy Phelan'ın avukatı mıydınız?" diye sordu.

"Evet. Uzun yıllardan beri."

"Onun için bir vasiyetname hazırladınız mı?"

"Birçok vasiyetname hazırladım."

"Son vasiyetnamesini de siz mi hazırladınız?"

Salonda bir sessizlik oldu ve bu sessizlik uzayınca Phelanlar merakla öne doğru eğildiler.

Bir süre sona Josh, akbabalara bakıp yavaşça, "Hayır, ben hazırlamadım," dedi. Sözcükler yumuşaktı ama, salonda bir gökgürültüsü etkisi yapmıştı. Phelan avukatları, mirasçılardan çok daha hızlı reaksiyon gösterdi, birçoğu bunun ne anlama geldiğini anlamamıştı. Fakat çok ciddi ve hiç beklenmedik bir şeydi bu. Masalarda yeni bir gerginlik dalgası oluştu. Duruşma salonu şimdi iyice sessizdi.

Wycliff, elindeki senaryoyu okuyan kötü bir aktör gibi, "Peki onun son vasiyetnamesini kim hazırladı?" diye sordu.

"Bay Phelan'ın kendisi."

Doğru değildi bu. İhtiyarı, avukatları ve üç psikiyatrla birlikte – Zadel, Flowe ve Theishen – masanın karşı tarafında otururken görmüşlerdi. Akli dengesinin yerinde olduğu onaylanmış ve sonra da Stafford ve yardımcıları tarafından hazırlanmış olan kalın vasiyetnameyi alıp kendisine ait olduğunu söylemiş ve imzalamıştı.

Bunun tartışılacak bir yanı yoktu.

Hark Gettys, kendi kendine, "Aman Tanrım," diye söylendi, ama bunu öyle yüksek sesle söylemişti ki, herkes duydu.

Wycliff, "Onu ne zaman imzaladı?" diye sordu.

"İntihar için atlamadan saniyeler önce."

"Bu vasiyetname elle mi yazılmış?"

"Evet."

"Bunu, sizin yanınızda mı imzaladı?"

"Evet. Başka tanıklar da vardı. İmzalama işlemi videoya da alındı."

"Lütfen vasiyetnameyi bana verin."

Josh sakin bir tavırla dosyadan bir tek zarf çıkardı ve yargıca verdi. Küçük bir zarftı bu. Bunun içinde Phelanların mirasından bahsedecek kadar uzun bir yazı olamazdı.

Troy Junior, yanındaki avukata, "Bu lanet şey de ne?" diye tısladı. Fakat avukat ona cevap veremezdi.

Zarfın içinde sadece bir tek sarı kâğıt vardı. Wycliff kâğıdı herkesin görebileceği şekilde yavaşça zarftan çıkardı, dikkatle açtı ve sonra inceledi.

Phelanlar paniğe kapılmıştı, ama yapacakları hiçbir şey yoktu. İhtiyar onlara son bir kazık daha mı atmıştı yoksa? Para ellerinden uçuyor muydu? Ama belki fikir değiştirmiş ve onlara daha fazlasını vermişti. Masalarda avukatlarını dürtüyor, ne olduğunu öğrenmek istiyorlardı ama avukatlar sessizdi.

Wycliff boğazını temizledi ve mikrofona doğru biraz daha eğildi. "Elimde, Troy Phelan tarafından, kendi eliyle yazılmış ve kendi vasiyetnamesi olduğu belirtilen bir sayfalık bir belge var. Onu şimde olduğu gibi okuyorum:

"'Troy L. Phelan'ın son vasiyetnamesi. Ben Troy L. Phelan, akli dengem ve hafızam tamamen yerinde olarak burada, şimdiye kadar yapılmış olan tüm eski vasiyetname ve eklerini geçersiz kılıyor ve servetimi aşağıdaki şekilde dağıtıyorum:

'Çocuklarım Troy Phelan Jr., Rex Phelan, Libbigail Jeter, Mary Ross Jackman, Geena Strong ve Ramble Phelan'ın her birine, bugün itibariyle tüm borçlarını ödeyecek miktarda para bırakıyorum. Bugünden sonra yapılacak borçlanmalar bundan yararlanmayacaktır. Çocuklarımdan herhangi biri buna itiraza kalkışacak olursa onun mirası iptal edilecek, para verilmeyecektir.'"

Ramble bile bu sözleri duymuş ve anlamıştı. Geena ve Cody sessizce ağlamaya başladı. Rex dirseklerini masaya koyup öne eğildi, yüzünü elleri arasına aldı, kafası durmuştu. Libbigail, Bright'ın yanında oturan Spike'a baktı ve, "Adi herif," dedi. Spike onunla aynı fikirdeydi. Mary Ross elleriyle gözlerini kaparken, avukatı onun dizini okşuyordu. Diğer dizini de kocası okşamaktaydı. Sadece Troy Junior kazık gibi bir yüzle duruyordu ama bu da uzun sürmedi.

Sürpriz henüz sona ermemişti. Wycliff işini henüz bitirmemişti. Yargıç devam etti. "'Eski eşlerim Lillian, Janie ve Tira'ya hiçbir şey vermiyorum. Boşanmalar sırasında yeterince nafaka aldılar.'"

O anda Lillian, Janie ve Tira, bu lanet olası mahkeme salonuna neden geldiklerini düşünüyordu. Nefret ettikleri bir adamdan daha fazla para almayı gerçekten de ummuşlar mıydı? Herkesin kendilerine baktığını hissedip avukatlarının arasına gizlenmeye çalıştılar.

Gazeteciler, muhabirler serseme dönmüştü. Not almak istiyor ama, bazı sözcükleri kaçırmaktan korkuyorlardı. Bazıları kendisini tutamamış, sırıtıyordu.

"'Servet ve mülkümün geri kalan kısmını, şimdi ölmüş olan Evelyn Cunningham isimli kadından 2 Kasım 1954'te New Orleans, Louisiana'da, Katolik Hastanesi'nde doğan kızım Rachel Lane'e bırakıyorum.'"

Wycliff durdu, ama bunu dramatik etki yaratmak için yapmamıştı. İki küçük paragraf kalmıştı ama vasiyetname yeterince şaşkınlık yaratmıştı. On bir milyar, daha önce adı duyulmamış evlilik dışı bir mirasçıya veriliyordu. Önünde oturan Phelanlar dımdızlak bırakılmıştı. Kendini tutamadı ve onlara baktı.

"'Bu vasiyetnamenin uygulayıcısı olarak, güvendiğim avukatım Joshua Stafford'u tayin ediyor ve kendisine gerek duyacağı her türlü yetkiyi veriyorum.'"

Bir an için Josh'u unutmuşlardı. Ama işte o orada, tanık kürsüsüsünde, bir araba kazasının masum tanığı gibi oturuyordu ve tüm nefretleriyle ona baktılar. Bu adam neler biliyordu? Bu komplonun ortağı mıydı? Hiç kuşkusuz bunu engellemek için bir şeyler yapabilirdi.

Josh ciddi ve ifadesiz bir yüzle oturmak için büyük çaba harcıyordu.

"'Bu belgedeki her bir sözcük tarafımdan el yazısıyla yazıldı ve şimdi de imzalıyorum.'" Wycliff kâğıdı indirdi ve, "Vasiyetname Troy L. Phelan tarafından 9 Aralık 1996 günü saat 15.00'de imzalanmış," dedi.

Kâğıdı bıraktı ve salona göz gezdirdi, deprem merkezinin üstündeydiler. Zelzele geçiyordu ve şimdi zelzele sonrası şoklar beklenmeliydi. Phelanlar sandalyelerinde çökmüştü, bazıları gözlerini ve alınlarını ovuyor, bazıları da aptal aptal duvarlara bakıyordu. Yirmi iki avukattan hiçbiri de ağzını açıp konuşamıyordu.

Şok dalgaları izleyici sıralarına doğru yayıldı ve ne gariptir, onların arasında gülümseyen birkaç kişi de vardı. Ah, medyaydı bu, birden salondan dışarıya fırlayıp haberi yetiştirmek için can atıyorlardı.

Amber yüksek sesle ağlamaya başladı ama kendisini çabuk toparladı. Troy'la bir kez karşılaşmış ve adam ona kaba davranmıştı. Onun üzüntüsünün nedeni, sevilen birinin kaybı değildi. Geena ve Mary Ross sessizce ağlıyordu. Libbigail ve Spike ise küfretmeyi yeğliyordu. Bright, sanki bu haksızlığı birkaç günde düzeltebilecekmiş gibi, "Üzülmeyin," diyerek elini salladı.

Biff öfkeli gözlerle Troy Junior'a baktı ve boşanmanın tohumları o anda atıldı. Troy intihardan beri iyice küstahlaşmış, ona tepeden bakmaya başlamıştı. Bilinen nedenlerle bugüne kadar buna dayanmıştı ama, artık dayanamazdı. Hiç kuşkusuz mahkeme salonu kapısından birkaç metre sonra başlayacak ilk kavganın zevkini şimdiden alır gibiydi.

Başka tohumlar da atılıyordu. Her şeye alışkın avukatlar bu şoku hemen algılamış ve sonra da bir ördeğin üzerindeki suları silkelemesi gibi atıvermişlerdi. Zengin olmak üzereydiler. Müvekkilleri ağır borç yükü altındaydı ve görünürde bir kurtuluş yolu da yoktu. Vasiyetnameye itirazdan başka çareleri yoktu. Dava yıllarca sürebilirdi.

Wycliff, Josh'a, "Vasiyetnameyi ne zaman onaylatmayı düşünüyorsunuz?" diye sordu.

"Bir hafta içinde."

"Pekâlâ. Kürsüden inebilirsiniz."

Josh sandalyesine bir zafer kazanmış gibi döndü, diğer avukatlar da sanki her şey yolundaymışçasına önlerindeki kâğıtları karıştırıyordu.

"Oturuma son verilmiştir."

19

Oturum kapandıktan sonra koridorda üç kavga birden başladı. Çok şükür ki bu kavgalar Phelanlar arasında değildi. Onların kavgaları daha sonra başlayacaktı.

Phelanlar içerde avukatları tarafından teselli edilirken, gazeteciler de salon kapılarının önünde bekliyordu. Troy Junior dışarıya çıkan ilk Phelan oldu ve anında, ellerinde mikrofonlar bulunan bir sürü kurt tarafından sarıldı. Zaten akşamdan kalmaydı ve yarım milyar daha fakirleşmişken, babası hakkında konuşacak halde değildi.

Salağın biri mikrofonun arkasından, "Şaşırdınız mı?" diye sordu.

Troy Junior grubun arasından geçmeye çalışırken, "Gayet tabii," dedi.

Bir diğeri, "Rachel Lane kim?" diye sordu.

Troy Junior, "Sanırım kız kardeşim!" diye terslendi.

Aptal bakışlı, bozuk ciltli ve sıska bir oğlan onun tam önünde durup teybi suratına uzattı ve, "Babanızın kaç tane evlilik dışı çocuğu vardı acaba?" diye sordu.

Troy Junior, içgüdüsel olarak teybi ona doğru itti. Teyp, gazetecinin burnunun tam üstüne çarptı ve genç adam gerilerken, Troy Junior onun kulağının üzerine müthiş bir sol yumruk indirdi ve onu yere devirdi. Kargaşada bir polis memuru Troy Junior'u başka bir yöne çekti ve hemen oradan uzaklaştılar.

Ramble başka bir gazeteciye tükürdü ve bu gazeteci de bir arkadaşı tarafından, Ramble'ın henüz reşit olmadığı bahanesiyle güçlükle tutuldu.

Üçüncü çatışma, Libbigail ve Spike'ın, Wally Bright'ın arkasından dışarıya çıkmasıyla başladı. Bright, etraflarına toplanan gazetecilere, "Yorum yok!" diye bağırdı. "Yorum yok! Lütfen yoldan çekilin!"

Ağlamakta olan Libbigail bir TV kablosuna takılıp bir gazetecinin üzerine yıkıldı ve ikisi birden yere düştüler. Bağırışlar, küfürler duyuldu ve gazeteci, dizleri ve elleri üzerinde doğrulup kalkmaya çalışırken Spike onun kaburgalarına bir tekme savurdu. Adam bağırarak tekrar düştü ve çabalayıp kalkmaya çalışırken ayağı Libbigail'in eteğine takıldı ve bu sefer kadından okkalı bir tokat yedi. Spike adamı parçalamak üzereydi ki bir polis geldi ve onu kurtardı.

Polisler her kavgayı ayırıp yatıştırıyordu ama her durumda Phelanları koruyorlardı. Kuşatılan mirasçılarla avukatlarını koşarak merdivenlerden indirip, lobiden geçirdiler ve binadan çıkardılar.

Mary Ross Phelan Jackman'ın avukatı Grit, bir sürü gazetecinin önünden kaçamadı. Konuşması gerektiği kanısına vardı. Kolunu şaşkın ve üzgün müvekkilinin omuzlarına atarak, asık bir suratla sürpriz vasiyetnameye karşı olan reaksiyonlarını belirtti. Bu vasiyetnamenin aklı başında olmayan bir adamın eseri olduğu açıktı. Tanınmayan bir vârise böyle büyük bir mirasın bırakılması başka nasıl açıklanabilirdi? Müvekkili babasını çok sever, ona âdeta tapardı ve Grit baba kız arasındaki inanılmaz sevgiden tekrar tekrar söz ederken, Mary Ross nihayet işareti anladı ve ağlamaya başladı. Grit de ağlayacak gibiydi. Evet, bunun mücadelesini yapacaklardı. Bu büyük haksızlığı Yüksek Mahkeme'ye kadar götüreceklerdi. Neden? Çünkü bu, tanıdıkları Troy Phelan'ın işi değildi. Tanrı rahmet eylesin. O çocuklarını severdi ve çocukları da onu. Onların arasında, acılar ve meşakkatle perçinlenmiş bir bağ vardı. Savaşacaklardı, çünkü sevgili babaları bu korkunç belgeyi imzalarken kendinde değildi.

Josh Stafford'un gitmek için acelesi yoktu. Sakin bir tavırla Hark Gettys ve diğer masalardaki avukatlardan bazılarıyla konuştu. Onlara, bu korkunç vasiyetnamenin kopyalarını göndereceğine dair söz verdi. İlişkiler başlangıçta iyi gidiyordu ama düşmanlıklar da her geçen dakika biraz daha artmaktaydı. *Post*'dan tanıdığı bir gazeteci koridorda bekliyordu. Josh onunla on dakika konuştu ama aslında hiçbir şey söylemedi. En büyük ilgiyi Rachel Lane çekiyordu; onun hikâyesi ve nerelerde olduğu. Bu konuda çok soru vardı ama Josh'un bunlara cevabı yoktu.

Nate hiç kuşkusuz onu herkesten önce bulacaktı.

• • •

Olay hızla duyuldu; mahkeme salonundan en yüksek teknoloji haberleşme cihazları ve sistemleri kanalıyla dalgalar halinde yayıldı. Muhabirler cep telefonları, dizüstü bilgisayarlar, elektronik mektuplarla durmadan ve düşünmeden konuştular.

Büyük kanallar, oturumun sonra ermesinden yirmi dakika sonda haberi verdiler ve bir saat sonra, günün yirmi dört saati sürekli olarak yayın yapan bir istasyon, mahkeme binası önüne yerleştirdiği kameralı bir muhabiri kanalıyla seri halinde haberler geçmeye başladı. Kadın muhabir ilk haberine, "Burada şaşırtıcı şeyler oluyor..." diye başladı ve olanları anlattı, söylediklerinin çoğu doğruydu.

Duruşma salonunun arka sıralarından birinde Troy Phelan tarafından Yönetim Kurulu'nun başına getirilen ve altı yıldır şirketi olaysız yöneterek, bütün bu yıllar şirketi kâr ettiren Pat Solomon oturuyordu.

Pat, mahkeme salonundan çıkarken hiçbir gazeteci onu tanımamıştı. Limuzin arabasının arka koltuğunda oradan ayrılırken Troy'un son bombasını analiz etmeye çalıştı. Olanlar onu pek şaşırtmamıştı. Troy'la yirmi yıl birlikte çalıştıktan sonra hiçbir şey onu şaşırtmıyordu. Troy'un salak çocukları ve avukatlarının reaksiyonu onu rahatlatmıştı. Solomon bir ara çok güç bir görev almıştı; şirket içinde Troy Junior'a, üç aylık kâr hesaplarını düşürmeden yapabileceği bir iş bulması gerekiyordu. Bu onun için bir karabasan olmuştu. Şımarık, olgunlaşmamış, iyi eğitim görmemiş ve temel yönetim bilgilerinden bile yoksun olan Troy Junior, yukardan Solomon'a, onu kovmak için yeşil ışık yakılıncaya kadar Madenler bölümünde berbat işler yapmıştı.

Birkaç yıl sonra aynı şeyler Rex'le oldu, o da babasının desteği ve parasının peşinde koştu. Sonunda Rex, Troy'a gitmiş ve Solomon'un şirketten uzaklaştırılması için uğraşmıştı.

Troy'un karıları ve diğer çocukları da yıllarca uğraştılar ama Troy hepsine dayandı. Özel yaşantısı bir rezaletti ama şirketinin önüne hiçbir şey geçemezdi.

Solomon ve Troy hiçbir zaman birbirlerine yakın olmamışlardı. Aslında hiç kimse, belki Josh Stafford'un dışında, onun çok yakınına girip güvenini kazanmamıştı. Sarışınlar seri halinde hayatına, onun mahremiyetine giriyordu ama Troy'un hiç arkadaşı yoktu. Daha sonra geriye çekilip fiziksel ve akıl yönünden bir çöküş içine girdiğinde, şirketi yönetenler bazen şirketin sahipliği konusunda fısıldaşıyorlardı. Troy hiç kuşkusuz şirketi çocuklarına bırakmazdı.

En azından, haklarında her zaman kuşku duyulanlara bırakmamıştı.

Yönetim Kurulu on dördüncü katta, Troy'un vasiyetnameyi imzaladığı ve daha sonra da kaçtığı toplantı odasında bekliyordu. Solomon kuruldaki arkadaşlarına duruşma salonunda olanları anlattığında, gülüşmelere neden oldu, olayları renkli bir şekilde hikâye etmişti. Vârislerin şirketi ele geçirecekleri düşüncesi, Yönetim Kurulu'nun huzurunu kaçırmıştı. Tory Junior, kendisi ve kardeşlerinin hisseleriyle çoğunluğu ele geçirip şirkette temizlik yapacağını ve büyük kârlar getireceğini belirtmişti.

Kuruldakiler ikinci eş Janie'yi merak ediyorlardı. Troy'un metresi ve sonra da karısı oluncaya kadar şirkette sekreter olarak çalışmıştı Janie ve tepeye çıktıktan sonra da çalışanların çoğuna karşı çok kaba ve sert davranmıştı. Daha sonra Troy onun şirket merkezine girmesini yasaklamıştı.

Solomon mutlu bir ifadeyle, "Janie salondan çıkarken ağlıyordu," dedi.

Kurul üyelerinden biri olan ve bir zamanlar Rex tarafından bir asansörde kovulmuş olan muhasebe grubu başkanı, "Ya Rex?" diye sordu.

"Pek mutlu bir adam değil. Hakkında araştırma var, biliyorsunuz?"

Çocukların çoğundan ve eski eşlerden söz ettiler, hepsi de çok neşeliydi.

Solomon, "Yirmi iki avukat saydım," dedi. "Hepsi de müthiş üzgündü."

Yönetim Kurulu toplantısı gayriresmi olduğundan, Josh'un yokluğu önem taşımıyordu. Hukuk bölümü başkanı onlara vasiyetnamenin her şeye rağmen büyük bir şans olacağını belirtmişti. Bu durumda sadece, o altı aptalın karşısında olan, kim olduğu bilinmeyen mirasçıyı düşünmeleri gerekiyordu.

"Bu kadının nerede olduğunu bilen var mı?"
Solomon, "Hayır," diye cevap verdi. "Belki Josh biliyordur."

Akşama doğru Josh, ofisinden çıkıp binasının bodrum katındaki küçük bir kütüphaneye çekilmek zorunda kalmıştı. Sekreteri, gelen telefon mesajlarını yüz yirmiye kadar saydıktan sonra saymaktan vazgeçti. Ana giriş lobisi öğle saatlerinden beri muhabirlerle kaynıyordu. Sekreterlerine, kendisini bir saat hiç kimsenin rahatsız etmemesi talimatını vermişti. Onun için kapının vurulması onu sinirlendirdi.

Kapıya doğru, "Kim o?" diye bağırdı.

Sekreterlerden biri, "Acil bir durum var efendim," diye cevap verdi.

"Gel."

Kadın kapıyı aralayıp başını uzattı ve onun yüzüne bakıp, "Bay O'Riley arıyor efendim," dedi. Josh şakaklarını ovmaktan vazgeçti ve hafifçe gülümsedi. Odada etrafına bakındı ve orada telefon bulunmadığını hatırladı. Sekreter iki adımda yaklaştı ve masanın üzerine kablosuz, portatif bir telefon bırakıp uzaklaştı.

Josh, telefonu alıp, "Nate," dedi.

"Sen misin Josh?" diye cevap geldi. Ses duyuluyordu ama biraz parazitliydi, zor anlaşılıyordu. Ama yine de oto telefonlarından da iyi bir konuşma yapılabiliyordu.

"Evet, beni duyabiliyor musun Nate?"

"Evet."

"Neredesin?"

"Paraguay Nehri üzerinde, küçük yatımda, uydu telefonuyla konuşuyorum."

"Beni duyabiliyor musun?"

"Evet, iyi duyuyorum. İyi misin Nate?"

"Harikayım, çok eğleniyorum, sadece biraz tekne sorunu var."

"Nasıl bir sorun bu?"

"Şey, su içinde eski bir halat parçası pervaneye sarıldı ve motor durdu. Ekip onu kurtarmaya çalışıyor. Ben de izliyorum."

"Sesin çok iyi geliyor."

"Bu bir macera, öyle değil mi Josh?"

"Kuşkusuz. Kızdan bir haber var mı?"

"Hiçbir şey yok. En iyi tahminle oralara iki gün uzaktayız ve şu anda da geriye sürükleniyoruz. Oraya ne zaman varırız bilemiyorum."

"Oraya gitmek zorundasın Nate. Bu sabah vasiyetnameyi mahkemede okuduk. Yakında bütün dünya Rachel Lane'i aramaya başlayacaktır."

"Bu konuda canını sıkma sakın. Kadın kendini iyi gizlemiş."

"Senin yanında olmak isterdim doğrusu."

Bir bulut sinyalleri kesti. Nate yüksek sesle, "Ne dedin?" diye sordu.

"Hiçbir şey. Demek onu birkaç gün içinde göreceksin, öyle mi?"

"Şansımız varsa. Tekne yirmi dört saat seyir halinde, yol alıyoruz, ama nehir yukarı gidiyoruz, yağmur mevsimi nehirler dolu ve akıntılar güçlü. Ayrıca nereye gittiğimizi de tam olarak bilemiyoruz. İki gün çok iyimser bir tahmin, tabii o da pervane onarılırsa."

Josh, ne diyeceğini bilemiyormuş gibi, "Demek hava kötü," dedi. Konuşulacak fazla bir şey yoktu. Nate yaşıyordu, iyiydi ve hedefe doğru yol alıyordu.

"Burası cehennem gibi sıcak ve günde beş kez yağmur yağıyor. Bunlar dışında her şey çok iyi."

"Yılanlar var mı?"

"Birkaç tane gördüm. Tekneden uzun boa yılanları. Bir sürü timsah. Köpek büyüklüğünde fareler var. Onlara *capivara* diyorlar. nehir kenarlarında, timsahların arasında yaşıyorlar ve buradaki insanlar yiyecek bulamadıklarında onları öldürüp yiyor."

"Ama bol yiyeceğiniz var, değil mi?"

"Oh evet. Yükümüz barbunya fasulyesi ve pirinç. Welly bana günde üç kez yemek pişiriyor."

Nate'in sesi oldukça neşeliydi, macera yaşadığına seviniyordu.

"Welly de kim?"

"Bizim tayfa. Şu anda teknenin altında, üç dört metre suyun içinde, nefesini tutmuş pervaneye sarılı ipi kesmeye çalışıyor. Dediğim gibi ben de çalışmaları denetliyorum."

"Suyun dışında kal Nate."

"Dalga mı geçiyorsun? Üst güvertedeyim. Bak, kesmem gerekiyor. Piller zayıflıyor ve onları şarj edecek yer bulamadım henüz."

"Tekrar ne zaman ararsın?"

"Rachel Lane'i buluncaya kadar beklemeye çalışacağım."

"İyi fikir. Ama bir sorun çıkarsa hemen ara."

"Sorun mu? Seni neden arayayım ki Josh? Senin yapabileceğin hiçbir lanet şey yok."

"Haklısın. Arama."

20

Fırtına akşam karanlığında, Welly mutfakta pilav pişirir ve Jevy de kararan nehre bakarken patladı. Rüzgâr birden uğuldayıp hamağı sallayınca Nate uyandı ve ayağa fırladı. Arkadan gökgürültüsü ve şimşekler geldi. Nate, Jevy'nin yanına gitti ve kuzeydeki sonsuz karanlığa baktı. Jevy, kaygısız bir tavırla, "Büyük bir fırtına," dedi.

Nate, kıyıya çekip tekneyi bağlamamız gerekmiyor mu? diye düşündü. En azından sığ bir yer bulmak? Ama Jevy gayet rahattı ve onun bu soğukkanlılığı Nate'i de rahatlatmıştı. Yağmur başlayınca Nate pilav ve fasulyesini yemek için aşağıya indi. O sessizce yerken Welly de kamaranın bir köşesinde duruyordu. Teknenin rüzgârda yalpalamasıyla tepedeki ampul de sallanıp duruyordu. Koca koca yağmur damlaları pencerelere vurmaya başladı.

Köprüde Jevy, üzeri yağlanmış sarı muşamba yağmurluğunu giydi ve yüzüne vuran yağmur damlalarıyla boğuşmaya başladı. Küçük dümen odasında pencere yoktu. İki yandaki projektör karanlıkta, teknenin önünde kaynaşan suları ancak on beş metreye kadar gösterebiliyordu. Jevy nehri iyi tanırdı ve çok daha kötü fırtınalar görmüştü.

Teknenin batıp çıkması ve yalpalaması yüzünden okumak güçtü. Birkaç dakika sonra Nate'in midesi bulanmaya başladı. Torbasında, kukuletalı ve dizlerine kadar inen, sarı renkli muşamba bir yağmurluk buldu. Josh her şeyi düşünmüştü. Parmaklığa tutunup merdiveni ağır ağır çıktı ve Welly'nin, dümen odasının yanında sırılsıklam bir halde büzülüp oturduğu yere gitti.

Nehir doğuya, Pantanal'ın göbeğine doğru kıvrılıyordu ve oraya döndüklerinde rüzgâr onlara bordadan vurdu. Tekne birden sallandı ve Nate'le Welly parmaklığa doğru fırladılar. Jevy dümen odasının kapısına yapıştı ve güçlü kollarıyla tutunarak kontrolü sağladı.

Rüzgâr hamleleri birkaç saniyelik aralıklarla birbiri ardına amansızca vuruyordu ve *Santa Loura* olduğu yerde kalmıştı. Fırtına tekneyi kıyıya doğru atıyordu. Yağmur sağanak halinde soğuk ve sert bir şelale gibi dökülüyordu. Jevy dümenin yanındaki bir kutuda uzun bir elfeneri bulup Welly'ye uzattı.

Rüzgârın uğultusunu ve yağmurun sesini bastırmak için sesini yükseltip, "Kıyıyı bul!" diye bağırdı.

Nate de parmaklığa tutunup Welly'nin yanına gitti, çünkü o da nereye gittiklerini görmek istiyordu. Fakat yağmur o kadar şiddetliydi ki, suyun yüzeyinden yükselen sise benziyordu ve fenerin ışığında sadece yağmur görünüyordu.

O sırada şimşek imdatlarına yetişti. Şimşek çaktı ve onun ışığında pek uzakta olmayan nehir kıyısındaki bitki örtüsünü ve ağaçları gördüler. Rüzgâr da onları o yöne itiyordu. Welly bağırdı ve Jevy de ona bağırıp cevap verirken, yeni bir rüzgâr hamlesi tekneyi birden ve şiddetle sancak tarafına yatırdı. Ani sarsıntı el fenerini Welly'nin elinden alıp götürdü ve fenerin suya düşüp kaybolduğunu gördüler.

Daracık güverte kenarında parmaklığa yapışmış, sırılsıklam ıslanmış titreyerek, yere çömelmiş olarak duran Nate, iki şey olabilir diye düşündü. Ve ikisi de onların kontrolünde değildi. Birincisi, tekne alabora olacaktı ya da rüzgârla sürüklenip sürüngenlerin kaynaştığı nehir kenarına, bataklığa gidecekti. Kâğıtlar aklına gelinceye kadar korkusu o kadar büyük değildi.

O kâğıtlar ne olursa olsun kaybolmamalıydı. Tekne tekrar savrulurken birden ayağa kalktı ve az kalsın küpeşteden nehre uçuyordu. Dümene yapışmış olan Jevy'ye, "Aşağıya inmek zorundayım!" diye bağırdı. Artık kaptan da korkuyordu.

Nate sırtını rüzgâra verip gıcırdayan basamakları indi. Güverte, dökülen dizel yakıtından dolayı kayıyordu. Varillerden biri devrilmişti ve yakıt sızdırıyordu. Varili kaldırmak istedi ama bunun için iki kişi gerekiyordu. Kamaraya daldı, yağmurluğunu çıkarıp bir köşeye fırlattı ve yatağın altındaki çantasını almak için eğildi. Rüzgâr tekneye bir tokat daha vurdu. Tekne savrulurken Nate'in elleri boşluktaydı. Hızla duvara çarpıp yere düştü ve ayakları havaya kalktı.

'Kaybetmemem gereken iki şey var,' diye düşündü. 'Birisi kâğıtlar, diğeri de SatFon yani uydu telefonu.' Her ikisi de çantadaydı, çanta iyi ve yeniydi ama su geçirmez değildi tabii. Çantayı kavrayıp göğsüne bastırdı ve *Santa Loura* fırtınadan kurtulmaya çalışırken kendini ranzanın üzerine attı.

Motorun sesi kesilmişti. Jevy'nin motoru durdurduğunu düşündü. Tepesinde onların ayak seslerini duyabiliyordu. Kıyıya vuracaklardı anlaşılan. Motoru boşa almasının nedeni bu olmalıydı. Herhalde bir arıza falan yoktu.

Birden ışıklar söndü. Tamamen karanlıkta kalmışlardı.

Karanlık içinde, teknenin dalıp çıkması, sağa sola yalpalamasıyla orada hiçbir şey yapamadan, *Santa Loura*'nın kıyıya vurup karaya oturmasını beklemek Nate'i dehşete düşürmüştü ve korkunç bir şey de gelmişti aklına. O kadın eğer vasiyet tebligatını imzalamaz ya da feragatname vermezse buralara bir kez daha gelmesi gerekecekti. Aylarca ve belki de yıllarca yollarda sürünmek demekti bu. Birisi ve büyük olasılıkla da Nate, Paraguay Nehri'ni tekrar katedip dünyanın en zengin misyonerine, tüm işlemlerin tamamlandığını ve paranın artık ona ait olduğunu bildirmek zorunda kalabilirdi.

Misyonerlerin uzun süreli izinler yaptıklarını duymuştu, Birleşik Devletler'e dönüyor ve akülerini şarj ediyorlardı böylece. Rachel de böyle uzun süreli bir izin alıp onunla birlikte Amerika'ya dönerek, babasının miras işleri çözümleninceye kadar orada kalamaz mıydı yani? On bir milyarın hatırı için en azından bunu yapabilirdi, değil mi? Bunu o kadına teklif edecekti, tabii bulabilirse.

O anda bir çarpma, bir sarsıntı oldu ve Nate yere düştü. Kıyıdaki bitki örtüsüne çarpmışlardı.

Pantanal'daki diğer tekneler gibi *Santa Loura*'nın altı da düzdü, kum tepeciklerine ve nehir pisliklerine dayanacak şekilde yapılmıştı. Fırtınadan sonra Jevy motoru çalıştırdı ve yarım saat kadar tekneyi ileri geri hareket ettirip onu yavaş yavaş kum ve çamurdan kurtarmaya çalıştı. Tekne kurtulduktan sonra Welly ve Nate, güvertedeki dal ve çalı parçalarını temizledi. Teknenin içinde yaptıkları araştırmada herhangi bir davetsiz misafire rastlamadılar, ne yılan vardı ne de *jacare*. Kahve molasında Jevy, yıllar önce tekneye girmiş olan boa yılanı hikâyesini anlattı. Yılan, uyumakta olan bir tayfaya saldırmıştı.

Nate, yılanlı hikâyelerden pek hoşlanmadığını söyledi. Arama çalışması yavaş ve dikkatliydi.

Bir süre sonra bulutlar kayboldu ve nehrin üzerinde harika bir yarım ay belirdi. Welly yeniden taze kahve yaptı. Fırtınanın şiddetinden sonra Pantanal sakin kalacak gibiydi. Nehrin suları çarşaf gibi dümdüzdü. Ay onlara rehberlik yapıyor, nehrin dönmesiyle kayboluyor, ama kuzeye dönünce tekrar ortaya çıkıyordu.

Nate artık yarı Brezilyalı olduğundan kol saati takmıyordu. Zaman önemini yitirmişti. Vakit geçti, belki de geceyarısıydı. Yağmur dört saat süreyle onları kamçılamıştı.

Nate hamakta birkaç saat uyudu ve güneş doğduktan biraz sonra uyandı. Jevy dümen odasının arkasındaki küçük kamarada, ranzasına uzanmış horluyordu. Welly dümendeydi ama o da yarı uyur gibiydi. Nate ona kahve getirmesini söyledi ve kendisi *Santa Loura*'nın dümenine geçti.

Gökyüzünde yine bulutlar vardı ama görünürde yağmur yoktu. Nehir, fırtınada kopmuş, parçalanmış dallar, çalılar ve atıklarla doluydu. Genişti ve etrafta hiç trafik yoktu, böylece Kaptan Nate, Welly'yi, biraz uyuması için hamağa gönderdi ve teknenin yönetimini ele aldı.

Mahkeme günleri geride kalmıştı. Gömleksiz, ayakkabısızdı, dünyanın en büyük bataklığında sefere çıkmış, teknenin dümeninde tatlı kahve içiyordu. Eski muhteşem günlerinde olsaydı, şimdi aynı anda on işle birden uğraşır, her cebinde bir telefon, bir yerdeki mahkemeye koşar olacaktı. Aslında o günleri pek de özlemiyordu; aklı başında hiçbir avukat mahkeme salonunu özlemezdi. Ama hiçbiri de bunu itiraf etmezdi tabii.

Tekne âdeta kendi kendine gidiyordu. Jevy'nin dürbünüyle kıyıyı, oradaki *jacare*'leri, yılanları ve *capivara*'ları gözetliyordu. Bir ara da, Pantanal'ın sembolü olan büyük, beyaz, kırmızı başlı ve uzun boyunlu bir kuş olan tuiuiuları saymaya başladı. Bir kum tepeciği üzerinde tam on iki tane vardı. Durup tekneyi seyrediyorlardı.

Gökyüzü portakal rengine bürünüp yeni bir gün başlarken, kaptan ve uyuyan mürettebatı kuzeye doğru seyrediyordu. Bu seyahatin onları nereye götüreceğini tam olarak bilmeden Pantanal'ın derinliklerine doğru gidiyorlardı.

21

Güney Amerika Misyonları koordinatörü, Neva Collier adında bir kadındı. Anne ve babasının İnuit yerlileri arasında yirmi yıl çalıştığı Newfoundland'de, buzdan bir Eskimo evinde doğmuştu. Kendisi de Yeni Gine dağlarında on bir yıl çalışmıştı ve faaliyetlerini koordine ettiği dokuz yüz kadar kabilenin yaşam tarzları ve mücadelelerini ilk elden biliyordu.

Rachel Porter'ın bir zamanlar Troy Phelan'ın evlilik dışı kızı Rachel Lane olduğunu bilen tek kişi de oydu. Rachel, tıp fakültesinden sonra, geçmişine ait izleri mümkün olduğunca silebilmek için adını, daha doğrusu soyadını değiştirmişti. Ailesi yoktu, kendisini evlat edinen insanlar da ölmüştü. Kardeş, teyze, hala, amca, dayı ya da kuzen yoktu. Yani en azından kendisinin bildiği kimse yoktu. Sadece Troy'u biliyor ve onu da hayatından silmek için çaba gösteriyordu. Rachel, Dünya Kabileleri seminerini tamamladıktan sonra sırlarını Neva Collier'ye açıklamıştı.

Dünya Kabileleri'nin üst düzey yetkilileri Rachel'in sırları olduğunu biliyordu ama, bunlar onun Tanrı'ya hizmet arzularını engelleyecek bir şey olamazdı. Genç kadın bir doktordu, onların seminerini bitirmişti ve misyon çalışmasına başlamak isteyen hevesli bir Hz. İsa kulu, sadık ve mütevazı bir kişilikti. Rachel hakkında, Güney Amerika'daki yeri de dahil olmak üzere dışarıya hiçbir bilgi vermemeye söz vermişlerdi.

Houston'daki küçük bürosunda oturan Neva, Bay Phelan'ın mahkemede okunan vasiyetnamesi hakkındaki olağanüstü hikâyeyi okudu. Bu hikâyeyi intihar haberinden beri izliyordu.

Rachel'le haberleşme çok zaman alıyordu. Mart ve Ağustos aylarında olmak üzere yılda iki kez mektuplaşırlar ve Rachel yılda bir kez, alışveriş için Corumba'ya gittiğinde paralı bir telefondan onu arardı. Neva onunla bir yıl önce konuşmuştu. Rachel son uzun iznini 1992'de almış, ama altı hafta sonra, iznini tamamlamadan

Pantanal'a dönmüştü. Neva'ya, Amerika Birleşik Devletleri'nde bulunmanın ilgisini çekmediğini söylemişti. Orası onun memleketi değildi. O, kendi halkına aitti.

Haberdeki yorumlara bakılırsa, avukatlara göre, mesele çözümlenmiş olmaktan çok uzaktı. Neva dosyayı kaldırdı ve beklemeye karar verdi. Uygun zaman geldiğinde Rachel'in eski kimliğini yönetim kuruluna bildirebilirdi.

O uygun zamanın asla gelmemesini umuyordu. Ama bir insan on bir milyar doları nasıl saklayabilirdi ki?

Avukatların, toplantının nerede yapılacağı konusunda fikir birliğine varmasını kimse beklemiyordu. Her firma zirve toplantısının yerini kendisi belirlemek istiyordu. Bu kadar kısa bir sürede bir araya gelmeyi kabul etmeleri bile müthiş bir şeydi.

Sonunda, Tysons Corner'daki Ritz Oteli'nde, masaların aceleyle bir araya getirilip kare şeklinde düzenlendiği ziyafet salonunda toplandılar. Kapılar en sonunda kapandığında içerde yaklaşık elli kişi vardı, çünkü her firma, diğerlerini etkilemek için fazladan bir sürü avukat, hukuk yardımcısı ve hatta sekreter getirmişti.

Gerginlik gözle görülebilir gibiydi. Phelanlardan kimse gelmemişti, sadece avukatları oradaydı.

Hark Gettys toplantıyı açtı ve akıllı davranıp komik bir şeyler söyledi. İnsanların gergin olduğu ve komedi beklemediği duruşma salonlarında olduğu gibi, herkes güldü ve rahatladı. Hark daha sonra, her bir Phelan vârisi adına bir avukatın sırayla konuşmasını teklif etti. Kendisi en son konuşacaktı.

Birisi bir soru attı ortaya. "Gerçek vârisler kimler?"

Hark, "Phelan ailesinin altı çocuğu," diye cevap verdi.

"Üç eş ne oluyor peki?"

"Onlar mirasçı değil. Sadece eski eşler."

Bu söz eski eşlerin avukatlarını kızdırdı ve hararetli bir tartışmanın sonunda toplantıyı terk etmekle tehdit ettiler diğerlerini. Birisi onlara da konuşma izni verilmesini teklif etti ve böylece sorun çözümlendi.

Mary Ross Phelan Jackman ve kocasının avukatı olan Grit, ayağa kalkıp savaş ilanı yaptı. "Vasiyetnameye itirazdan başka çaremiz yok," dedi. "Ortada yasadışı herhangi bir zorlama ve etkileme olmadığına göre, yaşlı atmacanın deli olduğunu kanıtlamak zorundayız. Lanet olsun, adam ölümüne atladı. Ve dünyanın en büyük servetlerinden birini bilinmeyen bir vârise bıraktı. Bunlar bana delice şeyler gibi geliyor. Tanıklık yapacak psikiyatrlar bulabiliriz."

Masanın karşı tarafından birisi, "Peki, onu atlamadan önce inceleyen şu üç psikiyatr ne olacak?" diye sordu.

Grit, "O, aptalca bir şeydi," diye söylendi. "O bir oyundu ve sizler de bu oyuna geldiniz."

Akli denge muayenesi konusunda fikir birliği yapmış olan Hark ve diğerleri buna kızdı. Yancy alayla, "Ne kadar da zekisin!" dedi ve bu söz Grit'i o an için susturdu.

Geena ve Cody Strong'u savunan ekibin başında, uzun boylu, iri cüsseli, Armani elbise giymiş Langhorne adında bir kadın vardı. Bir zamanlar Georgetown Hukuk Fakültesi'nde hocalık yapmıştı ve gruba hitap ederken, her şeyi biliyormuş gibi bir havayla konuşuyordu. Virginia'da bir vasiyetnameye iki nedenle itiraz edilebilirdi – yasadışı etkileme ve akli denge bozukluğu. Rachel Lane'i kimse tanımadığına göre, onun Troy'la çok az teması olduğunu ya da hiç olmadığını düşenebilirlerdi. Bu nedenle o kadının, vasiyetname konusunda Troy'u etkilediğini kanıtlamak imkânsız olmasa bile çok zordu. İkinci nokta vasiyetname imzalama ehliyetinin olmadığıydı ve bu onların tek umuduydu. Üçüncü nokta olarak da, hile yapılarak aldatılmış olduklarıydı. Adam hile yapıp onları akli denge incelemesi konusunda tuzağa düşürmüştü ama, vasiyetnameye hile karıştığı gerekçesiyle dava açamazlardı. Bunu bir anlaşma için açılan davada yapabilirlerdi ama bir vasiyetname için hayır. Bu konuda bir araştırma yapmışlardı bile ve isteyenler varsa onlara ilgili davalardan bahsedebilirdi.

Kadın, önündeki notlara bakarak konuşuyordu ve çok iyi hazırlanmıştı. Firmasından en az altı kişi de arkasında durmuş onu desteklemek için bekliyordu.

Dördüncü nokta: akli denge ile ilgili olarak alınan kararı çürütmeleri çok zordu. Kadın videoyu görmüştü. Savaşı büyük olasılıkla kaybederlerdi, ama savaş için ücretlerini alırlardı. Bu durumda onun açısından sonuç şuydu: Vasiyetnameye şiddetle itiraz etmek ve işi, kârlı bir mahkeme dışı anlaşmayla bağlamak.

Kadının konuşması on dakika sürmüş ve pek yeni bir şey de getirmemişti. Kadın olduğu için ona tolerans gösterilmiş ve sözü hiç kesilmemişti.

Ondan sonraki konuşmacı gece okulundan Wally Bright'tı ve o, Bayan Langhorne'un aksine genelde karşı karşıya oldukları haksızlığa saldırdı, sert konuştu. Hiçbir şey hazırlamamıştı – ne rapor, ne not vardı ve cümlesinin arkasından ne geleceği belli değildi, sadece aklından geçenleri söylüyor ve öfkesini ortaya döküyordu.

Lillian'ın avukatlarından ikisi aynı zamanda, sanki kalçalarından bağlıymış gibi kalktı. Her ikisi de siyah takım giymişti ve güneşi pek az gören veraset avukatları gibi suratları soluktu. Cümleye birisi başlıyor, diğeri tamamlıyordu. Birisi bir etkileyici soru sorduğunda, diğeri hemen yanıtını veriyordu. Birisi bir dosyadan söz ediyor, diğeri onu hemen çantasından çekip çıkarıyordu. 'Elim sende' timi etkiliydi ve daha önce söylenenleri kısa ve öz olarak tekrarladı.

Çok geçmeden ortaya bir konsensus çıktı. Mücadele, çünkü (a) kaybedecek çok az şey vardı, (b) yapılacak başka bir şey yoktu, ve (c) anlaşmaya götürecek tek yol buydu. Tabii (d)den bahsedilmiyordu ki, o da, bu mücadelede hepsi saat başı ücretini alacaktı.

Özellikle Yancy dava açma konusunda çok istekliydi. Ve bunda da haklı sayılırdı. Vârislerin içinde reşit olmayan sadece Ramble'dı ve onun hiçbir borcu da yoktu. Yirmi birinci doğum gününde alacağı beş milyon için gerekli yatırımlar yıllar önce yapılmıştı ve iptal edilemezdi. Beş milyonu garanti altında olan Ramble, finansal açıdan diğer kardeşlerin hepsinden iyi durumdaydı. Kaybedecek bir şey olmadıktan sonra neden daha fazlası için dava açmayacaklardı ki?

Vasiyete itiraz maddesi ancak bir saat sonra söz konusu oldu. Ramble dışında diğer vârisler, itiraz ettikleri takdirde Troy'un borçlarını ödemek için bıraktığı parayı kaybedecekti. Avukatlar bu madde üzerinde pek durmamıştı. Vasiyetnameye itiraz konusunda kararlıydılar ve açgözlü müvekkillerinin de onları dinleyeceğinden emin görünüyorlardı.

Fazla konuşmak gereksizdi. Dava baştan itibaren ağır ve sıkıcı olacaktı. En akıllı ve etkin yol, tecrübesi olan bir firmanın, herkes adına şef firma olarak seçilmesi ve davayı yürütmesi olmalıydı. Diğerleri bir adım geri atarak müvekkillerini savunmayı sürdürecek ve her gelişmeden haberdar olacaktı. Bu tür bir strateji için iki şey gerekirdi: (1) işbirliği, ve (2) herkesin, yani orada bulunanların kendi bencilliğini en alt düzeye indirmesi.

Üç saatlik toplantıda bunlardan hiç söz edilmedi.

Avukatlar kendi başlarına ve hiçbir işbirliğine girmeden mirasçıları öylesine dağıtmışlardı ki, iki mirasçının aynı firmayı seçmesi imkânsızdı. Avukatlar, hukuk fakültelerinde öğretilmeyen, ama daha sonra doğal olarak kazanılan ustalıklarla müvekkillerini, diğer mirasçılardan ziyade kendileriyle konuşmaları konusunda ikna etmişlerdi. Güven duygusu Phelanların ve avukatlarının bildiği bir erdem değildi.

Uzun ve karmaşa yaratacak bir dava olacaktı bu.

Vasiyetnamenin olduğu şekliyle kabülünü hiç kimse istemedi. Soyup soğana çevirmek için birlikte planlar yaptıkları serveti kazanıp bu hale getirmiş olan adamın arzularını yerine getirme konusunda hiçbirinden bir talep gelmedi.

Masa çevresindeki üçüncü ya da dördüncü konuşma turunda, Bay Phelan'ın ölümü sırasında her bir mirasçının ne kadar borcu olduğu ve bunların saptanması konusu ortaya geldi. Ama bu çaba yasal birtakım konuşmalarla örtülüp âdeta rafa kaldırılmak istendi.

Çıplak kadınların çalıştığı kulüplerin sahibi görünen ve borçların çoğunda imzası bulunan striptizci Amber'in kocası Rex'in avukatı Hark, "Eski eşlerin borçları da buna dahil mi?" diye sordu.

On beş yıldır vergi sorunları olan Troy Junior'un avukatı ise, "Vergi borçları ne olacak peki?" sorusunu attı ortaya.

Langhorne, "Müvekkillerim finansal konularda konuşmam için bana yetki vermedi," diyerek, sert bir ifadeyle konuyu kapadı.

Bu konudaki isteksizlik herkesin bildiğini doğruluyordu – Phelan vârisleri gırtlaklarına kadar borç içinde ve hacizliydi.

Avukatların hepsi de, tüm diğerleri gibi reklam konusunda titizdi ve davanın medyada yapacağı etkiyi düşünüyordu. Müvekkilleri sadece, babaları tarafından mirastan mahrum edilmiş şımarık, açgözlü çocuklar değildi. Ama medyanın, işin bu yanına ağırlık vermesinden korkuyorlardı. Basının değerlendirmesi çok önemliydi.

Hark, "Bir halkla ilişkiler firmasıyla anlaşalım, bunu teklif ediyorum," dedi. Harika bir fikirdi bu ve büyük çoğunluk bunu kendi fikriymiş gibi kabul ediverdi. Phelan vârislerini babalarını çok seven üzgün çocuklar olarak takdim edecek biri gerekiyordu onlara, babaları tarafından ihmal edilmiş çocuklar. Egzantrik, kadın peşinde koşan, yarı deli bir adam... Evet! İşte gereken şey buydu! Troy'un kötü adam, müvekkillerinin ise birer kurban olduğunun gösterilmesi!

Fikir gittikçe gelişiyor ve masa çevresine yayılıyordu ki, birisi çıkıp, bu tür hizmetler için gereken parayı nasıl bulacaklarını sordu.

Kendi saati için altı yüz ve yararsız üç yardımcısından her birinin saatine de dört yüz dolar fatura kesen bir avukat, "Bu tür firmalar çok pahalıdır," dedi.

Fikir böylece çabucak sönmeye yüz tuttu ama Hark, bu kez de, her firmanın harcamalar için ortaya bir para koyması teklifini getirdi. Toplantı salonu birden sessizleşmişti. Her konuda düşünmeden bol bol konuşanlar, ceplerinden para çıkacağını anlayınca birden sus pus olmuştu.

Onların güç durumda kaldığını gören Hark, "Pekâla bunu daha sonra konuşuruz," dedi. Hiç kuşkusuz bu konu bir daha asla gündeme gelmedi.

Daha sonra Rachel ve onun nerede olabileceği konusu tartışıldı. Onu bulmak için iyi bir araştırma firması tutmalı mıydılar acaba? Her avukatın bildiği bir firma vardı. Bu fikir oldukça ilginçti ve sanıldığından daha çok dikkat çekti. Seçilmiş bir vârisi temsil etmeyi hangi avukat istemezdi?

Fakat sonunda Rachel'i aramamaya karar verdiler, çünkü onu bulduklarında ne yapacakları konusunda anlaşamamışlardı. Kadın nasıl olsa bir süre sonra kendi avukatlarıyla birlikte ortaya çıkardı.

Toplantı herkesin hoşuna gidecek şekilde sona erdi. Avukatlar istedikleri sonucu almıştı. Hemen müvekkillerini arayıp onlara büyük bir ilerleme kaydettiklerini bildireceklerdi tabii. Tüm Phelan avukatlarının, su götürmez bir şekilde, vasiyetnameye karşı çıkma konusunda fikir birliği içinde olduklarını söyleyeceklerdi.

22

Nehir gün boyu yükselmeyi sürdürdü, bazı yerlerde taşıp sığ yerleri kapladı, sık çalıların arasına yayıldı ve üç saatte bir gördükleri evlerin küçük, çamurlu bahçelerini bastı. Suyun içinde bir sürü şey görüyorlardı – yabani otlar, çalı çırpı, büyük ve küçük ağaç dalları sürükleniyordu. Nehir genişledikçe güçleniyordu ve tekneye karşı gelen akıntılar onları daha da yavaşlatmıştı.

Ama kimse saate bakmıyordu. *Santa Loura*, Nate'in hiç görmediği koca bir ağaç kütüğüne çarptıktan sonra onu nazikçe kaptanlık görevinden aldılar. Teknede bir hasar yoktu ama, sarsıntıya Jevy ve Welly telaş içinde koşarak dümen odasına geldiler. Nate kendi küçük güvertesine dönüp hamağına uzandı ve bütün sabahı okuyarak ve vahşi yaşamı seyrederek geçirdi.

Jevy onunla beraber kahve içmek için yanına geldi ve, "Ee, Pantanal konusunda ne düşünüyorsun bakalım?" diye sordu. Yan yana bir bankın üzerine oturup kollarını küpeştedan dışarıya uzattılar ve çıplak ayaklarını da teknenin yanından sarkıttılar.

"Güzel ve muhteşem."

"Kolorado'yu bilir misin?"

"Evet, orada bulunmuştum."

"Yağmur mevsiminde Pantanal'daki nehirler taşar. Sellerle kaplanan araziler Kolorado büyüklüğündedir."

"Peki sen gittin mi Kolorado'ya?"

"Evet. Orada bir kuzenim var."

"Başka nerelere gittin?"

"Üç yıl önce kuzenimle birlikte büyük bir otobüse, bir Greyhound'a binip her yanı gezdik. Altı eyalet dışında hepsini gördük."

Jevy yirmi dört yaşında fakir bir Brezilya çocuğuydu. Nate ondan iki kat yaşlıydı ve meslek yaşamında epey para görmüştü. Ama Jevy, Amerika Birleşik Devletleri'nin, onun gezdiğinden daha büyük bir kısmını gezmiş dolaşmıştı.

Nate ise, iyi parası olduğunda hep Avrupa'ya gitmişti. En sevdiği restoranlar Roma ve Paris'teydi.

Jevy, "Sel baskınları sona erdiğinde kuru mevsim başlar," diye devam etti. "Otlaklar, sazlıklar, daha çok küçük göller ve sayısız bataklıklar. Mevsimlerin bu dönemi – yani sel baskınları ve kuru sezon – buralarda, dünyanın her yerinde olduğundan daha fazla vahşi yaşam yaratır. Burada, Birleşik Devletler ve Kanada'daki toplam kuş türünden daha çok, altı yüz elli kuş türü vardır. En azından iki yüz altmış balık türü. Yılanlar, çeşitli türden timsahlar ve dev susamurları yaşar bu sularda."

Bunları söylerken küçük bir ormanın kenarındaki sık çalıları gösterdi ve, "Bak, orada bir geyik var," dedi. "Buralarda çok geyik vardır. Sürüyle jagar, dev karıncayiyenler, *capivara*'lar, tapirler ve papağanlar yaşar. Pantanal vahşi yaşam doludur."

"Sen burada mı doğdun?"

"İlk nefesimi Corumba'da bir hastanede aldım, ama bu nehirler üzerinde doğdum. Burası benim evim, ülkem."

"Babanın bir nehir pilotu olduğunu söylemiştin."

"Evet. Küçük bir çocukken onunla gitmeye başladım. Sabahın erken saatlerinde, herkes uyurken dümeni bana verirdi. On yaşıma geldiğimde büyük nehirlerin hepsini tanıyordum."

"Sonra baban nehirde öldü, öyle mi?"

"Bunda değil, doğudaki Taqiri'de. Alman turistleri gezdirirken fırtına patladı. Sadece tayfası kurtuldu."

"Ne zaman oldu bu?"

"Beş yıl önce."

Nate, bir dava avukatı olarak kaza hakkında daha bir sürü soru sorabilirdi. Ayrıntıları istiyordu – davalar ayrıntılarla kazanılırdı. Ama, "Üzüldüm," dedi ve sustu.

Jevy, "Pantanal'ı tahrip etmek istiyorlar," dedi.

"Kimler?"

"Bir sürü insan. Büyük çiftlikleri olan büyük firmalar. Pantanal'ın kuzey ve doğusunda çiftlik yapmak için büyük arazi parçalarını temizliyorlar. Buralarda temel ürün soyadır, hani sizin soya fasulyesi dediğiniz şey. Bunu ihraç etmek istiyorlar. Pantanal'da ne kadar çok orman kesip tarla yaparlarsa o kadar çok kazanıyorlar.

Nehirlerimizde her yıl çökeltiler yükselir. Onların çiftlik toprakları verimli olmadığından, şirketler iyi ürün almak için spreyler, gübreler kullanır. Kimyasal maddeler bizlere de bulaşıyor. Büyük çiftliklerin çoğu yeni otlaklar için nehirleri barajlarla tutuyor. Bu da su baskınları devrini etkiliyor, bozuyor. Cıva da balıklarımızı öldürüyor."

"Cıva nasıl geliyor buralara?"

"Madenler. Kuzeyde altın çıkarıyorlar ve bunu da cıvayla yapıyorlar. Cıva nehirlere akıp sonunda Pantanal'a geliyor. Balıklarımız bunu yutup ölüyor. Her şey Pantanal'a atılıyor. Doğuda bir milyon nüfuslu Cuiaba kenti var. Atık temizleme tesisleri yok. Bütün kanalizasyon nereye gidiyor dersin."

"Hükümet yardım etmiyor mu peki?"

Jevy acı acı güldü. "Hidrovia'yı duydun mu?"

"Hayır."

"Pantanal'da kazılacak dev bir çukur bu, bir hendek. Brezilya, Bolivya, Paraguay, Arjantin ve Uruguay'ı birbirlerine bağlayacakmış. Sözde Güney Amerika'yı kurtaracakmış. Ama Pantanal'ı emecek bu hendek. Ve bizim hükümetimiz de onu destekliyor."

Nate neredeyse çevre sorumluluğu konusunda bir şeyler söyleyecekti ama, birden vatandaşlarının dünyanın gördüğü en büyük enerji domuzları olduğunu hatırladı ve sustu. Sonra, "Burası hâlâ çok güzel," dedi.

"Öyle, güzeldir." Jevy kahvesini bitirdi. "Bazen burasının, onların tahrip edemeyeceği kadar büyük olduğunu düşünüyorum."

O sırada daracık bir akarsu önünden geçtiler, buradan Paraguay'a sular akıyordu. Küçük bir geyik sürüsü, sel suları arasına dalmış, nehirden gelen gürültüye aldırmadan yeşil otları yoluyordu. Yedi geyikten ikisi benekli yavruydu.

Jevy, "Birkaç saat ilerde küçük bir dükkân var," diyerek ayağa kalktı, "Hava kararmadan orada olabiliriz."

"Ne alacağız?"

"Sanırım hiçbir şey. Dükkânın sahibi Fernando'dur ve nehirde olan her şeyi duyar. Belki misyonerler konusunda da bir şey biliyordur.

Jevy kalan kahveyi nehre boşalttı ve kollarını uzatıp gerindi. "Bazen bira da satar. *Cerveja.*"

Nate gözlerini sulardan ayırmadı.

Jevy, "Sanırım almasak daha iyi olacak," dedi ve uzaklaştı.

Nate, "Bana göre hava hoş," dedi. Fincanı iyice boşalttı, içindeki kahve telvesini ve dipte kalan şekeri de emdi.

Soğuk, kahverengi bir şişe, belki de Antartica ya da Brahma; Brezilya'da bu iki markadan tatmıştı. Çok güzel biraydı bunlar. Sevdiği yerlerden biri de Georgetown'da bir üniversite barıydı, listesinde 120 tane yabancı bira markası vardı. Hepsini denemişti. Orada sepet içinde, fırınlanmış fıstık verir ve kabuklarını da yerlere atmanızı beklerlerdi. Hukuk fakültesinden arkadaşları kente geldiklerinde orada buluşur ve eski günleri anarlardı. Bira buz gibi, fıstıklar sıcak ve tuzluydu, yürürken yerdeki fıstık kabukları çıtırdardı, genç ve rahat kızlar vardı. O bar hâlâ yerinde duruyordu ve Nate'in rehabilitasyonlardan sonra en çok özlediği yer orasıydı.

Güneş gizlenmişti ve serin bir meltem esiyordu ama Nate terlemeye başlamıştı. Hamağa iyice gömüldü ve uyuyabilmek için dua etmeye başladı, iyice dalıp, o küçük dükkânı görmeden gecenin içine girmek istiyordu. Bir süre sonra terlemesi arttı ve gömleği sırılsıklam oldu. Brezilya yerlilerinin soyunun azalması konusunda bir kitap okumaya başladı, ama sonra tekrar uyumaya çalıştı.

Motorun yavaşladığını ve teknenin kıyıya doğru yöneldiğini anladığında uyanıktı. Sesler duydu ve sonra tekne dükkânın iskelesine yanaşırken hafif bir çarpma oldu. Nate yavaşça hamaktan kalktı ve tekrar banka oturdu.

Teneke çatılı, ayaklar üzerine tahtadan inşa edilmiş küçük bir köy dükkânıydı bu ve önündeki dar verandada birkaç yerli çömelmiş çay ve sigara içiyordu. Dükkânın arkasında da küçük bir ırmak dönerek Pantanal'ın içlerine doğru kayboluyordu. Kulübenin yan tarafına büyük bir yakıt varili konmuştu.

Teknelerin yanaşması için nehrin içine doğru uydurma bir iskele inşa edilmişti. Jevy ve Welly iskele boyunca büyük bir dikkatle yanaştı, çünkü akıntı kuvvetliydi. Verandadaki *pantaneiro*'larla biraz gevezelik edip dükkâna girdiler.

Nate teknede kalacağına yemin etmişti. Güvertenin diğer tarafına gidip banka oturdu, kollarını ve bacaklarını küpeşteden çıkardı ve nehrin akışını seyretmeye başladı. Kolları ve bacakları parmaklığa kilitlenmiş gibi burada, güvertede, bu bankın üzerinde kalmalıydı. Dünyanın en soğuk birası bile onu buradan kaldıramazdı.

Öğrendiği gibi, Brezilya'da kısa ziyaret diye bir şey yoktu. Özellikle ziyaretlerin çok seyrek olduğu nehirlerde. Jevy, fırtına sırasında dökülüp azalan yakıtı tamamlamak için otuz galon dizel yakıtı aldı. Motor çalıştı.

Jevy, Nate'e soğuk bir şişe su uzattı ve, "Fernando bir kadın misyoner olduğunu söyledi," dedi. "Yerlilerin yanında çalışıyormuş." Yeniden yola çıkmışlardı.

"Neredeymiş?"

"Bundan emin değil. Kuzeyde, Bolivya yakınlarında yerleşim bölgeleri varmış. Ama yerliler nehirde pek dolaşmaz, bunun için onlar hakkında fazla bir şey bilmiyor."

"En yakın yerleşim bölgesi ne kadar uzakta?"

"Yarın sabah yaklaşmış oluruz. Ama bu tekneyle gidemeyiz. Küçük tekneyi almalıyız."

"Eğlenceli olacağa benziyor."

"Marco'yu hatırlıyorsun değil mi? Hani şu, sığırı bizim uçağa çarparak ölen adam?"

"Tabii hatırlıyorum. Üç küçük oğlu vardı."

Jevy, dükkânı gösterip, "Evet. Dün buraya gelmiş," dedi. Dükkân nehrin dönemecinde kaybolmak üzereydi. "Ayda bir gelirmiş buraya."

"Çocukları da getirmiş mi?"

"Hayır. Çocuklar için çok tehlikelidir buraları."

Dünya ne kadar küçük, diye düşündü Nate. Çocukların, Noel için verdiği parayı harcamış olmalarını umut ediyordu. Dükkân gözden kayboluncaya kadar gözlerini oradan ayırmadı.

Belki dönüşte yeterince iyi olur ve soğuk bir şeyler içebilirdi. Sadece başarılarını kutlamak için bir iki şişe. Hamağının güvenine inanarak oraya uzandı ve zayıflığı için kendine küfretti. Muazzam bataklığın vahşi ortamında alkolle yakın temasa geçmiş ve saatler boyunca başka bir şey düşünememişti. Ummak, korkmak, terlemek ve bir içki bulmak için bahaneler yaratmaya çalışmak. Hedefin yakınından geçip gitmişti ama bunda kendi gücünün rolü yoktu, şimdi uzaklaşırken alkolle romantizmin fantezisini yeniliyordu.

Birkaç kadeh iyi olurdu, çünkü ondan sonra yine durulacaktı. Her zaman tekrarladığı bir yalandı bu.

O sadece bir sarhoştu. Onu günde bin dolara bir rehabilitasyon kliniğine yatırsan da hâlâ bir bağımlıydı. Salı geceleri kilise bodrumunda yapılan eğlencelere davet etsen de o bir sarhoştu.

Bağımlılık onu yokluyordu ve Nate büyük umutsuzluk içindeydi. Bu lanet olası teknenin kirasını ödüyordu ve Jevy onun için çalışıyordu. Dönmeleri için ısrar ederse, döner ve o dükkâna tekrar gidebilirlerdi. Fernando'nun bütün biralarını satın alıp güverte altına buzlu depoya koyar, Bolivya'ya gidinceye kadar Brahma yudumlayabilirdi. Kimse de bu konuda bir şey yapamazdı.

O sırada Welly, elinde bir fincan kahve, sırıtarak bir hayal gibi çıkıp geldi. "*Vou cozinhar.*" Yemek pişireceğim.

Nate, yemek iyi gelir, diye düşündü. Yine barbunya, pilav ve tavuk eti bile olsa iyi gelirdi. Yemek onu oyalar, en azından arzularının yönünü değiştirebilirdi.

Üst güverteye çıkıp yalnız başına oturdu ve karanlıkta yüzüne konan sivrisinekleri kovalayıp ağır ağır yemeğini yedi. Yemeğini bitirince, boynundan çıplak ayaklarına kadar her yanına sinek kovucu sprey sıktı. Alkol krizi geçmişti ama arkasında başka üzüntüler bırakmıştı. Bundan sonra o çok sevdiği barda bira içip fıstık yiyemeyecekti.

Tekrar sığınağına çekildi. Sessiz bir yağmur başlamıştı, rüzgâr ve fırtına yoktu. Josh ona okuması için dört kitap vermişti. Tüm raporları ve notları tekrar tekrar okumuştu. Geriye sadece o kitaplar kalmıştı. En incesinin yarısını okumuştu bile.

Hamağına gömüldü ve Brezilya yerlilerinin hüzünlü hikâyelerini okumaya başladı yine.

Portekizli kâşif Pedro Alvares Cabral, 1500 yılının Nisan ayında ilk kez olarak Bahia kıyısında Brezilya topraklarına ayak bastığında ülkede dokuz yüz kabileye dağılmış beş milyon yerli vardı. Bunlar 1.175 değişik lehçe, dil konuşuyordu ve olağan kabile çatışmaları dışında barışçıl insanlardı.

Beş yüzyıl boyunca Avrupalılar tarafından 'uygarlaştırıldıktan' sonra, yerli nüfusunun büyük çoğunluğu katliama uğradı, Sadece

206 kabilede 270.000 yerli sağ kaldı ve konuşulan dil sayısı da 170'e düştü. Savaş, katliam, kölelik, bölgeye taşınan hastalıklar – uygar kültürlerden gelen insanlar yerlileri yok etmek için hiçbir yöntemi ihmal etmediler.

Üzücü ve şiddet dolu bir tarihti. Yerliler, barışçı olup kolonicilerle işbirliğine yöneldiklerinde, garip hastalıklara yakalanıyorlardı – çiçek, kızamık, sarı humma, grip, verem – ve bunlara karşı hiçbir savunmaları yoktu. İşbirliği yapmazlarsa da, oklardan ve zehirli mızraklardan daha gelişmiş silahlar kullanan adamlar tarafından öldürülüyorlardı. Kendilerini savunup saldıranları öldürdüklerinde ise onlara vahşiler deniyordu.

Yerliler, madenciler, çiftçiler ve kauçuk patronları tarafından köle olarak kullanılıyordu. Ellerinde yeteri kadar silah olan herhangi bir grup, gelip onları evlerinden alıyor, götürüyordu. Papazlar tarafından kazıklara bağlanıp yakıldılar, ordular ve haydutlar tarafından avlandılar, cinsel iştahı kabaran erkeklerce ırzlarına geçildi ve hiçbir suçları olmaksızın öldürüldüler. Tarihin her döneminde, yerli Brezilyalıların çıkarları, önemli ya da önemsiz olsun, beyazlarla çakıştığında hep yerliler kaybetmişti.

Beş yüz yıl boyunca hep kaybet ve hayattan çok az şey bekle. Günümüz kabilelerinden bazılarının en büyük sorunu ise genç insanların intihar etmeleriydi.

Yüzyıllar süren soykırımlardan sonra, Brezilya hükümeti en sonunda 'asil vahşileri'nin korunma zamanının geldiğine karar vermişti. Modern çağda yapılan katliamlar uluslararası kınamalara neden olmuş, bu nedenle yasalar çıkarılmıştı. Onların haklarının verildiği ilan edilip, bazı kabile arazileri sahipleri olan yerlilere iade edilmiş ve haritalarda hatlar çizilip buraların güvenli bölgeler olduğu belirtilmişti.

Ama hükümet aynı zamanda düşman taraftı. 1967'de, yerli sorunlarıyla uğraşan bir kuruluş hakkında açılan soruşturma bütün Brezilya'yı sarsmıştı. Rapora göre, bu kuruluş için çalışan – ya da kuruluşu kendileri için çalıştıran – eşkiyalar, yani bürokratlar, arazi spekülatörleri ve büyük çiftçiler, yerlileri yok etmek için sistemli bir şekilde kimyasal ve bakteriyel silahlar kullanıyordu. Bunlar yerlilere, çiçek hastalığı ve verem mikrobu bulaştırılmış giysiler veriyordu. Yerlilerin köylerini, uçak ve helikopterlerle, havadan ölümcül bakteri bombardımanına tutuyorlardı.

Ayrıca Amazon havzasında ve diğer sınırlarda, çiftçiler ve madenciler haritalardaki çizgileri hiç umursamıyordu.

Rondonia'da bir çiftçi, 1986'da, yakınındaki yerli arazisine tarım ilaçlama uçaklarıyla öldürücü kimyasal maddeler püskürtmüştü. Araziyi tarım amacıyla kullanmak istiyordu, ama tabii önce, oradaki yaşamları ortadan kaldırması gerekiyordu. Otuz yerli öldü, ama çiftçi hiçbir ceza almadı. Mato Grosso'da başka bir çiftçi, 1989'da, ödül avcılarına, öldürülmüş yerlilerin kulakları başına para vaat etti. 1993'te Manaus'da altın arayıcılar, topraklarını bırakmadıkları için barışçı bir yerli kabilesine saldırdı. On üç yerli öldürüldü ve yine kimse suçlanıp cezalandırılmadı.

Hükümet 1990'larda, Pantanal'ın kuzeyinde bulunan Amazon Havzasını, uçsuz bucaksız doğal kaynaklar bölgesini açmak için saldırgan bir politika uygulamıştı. Ama yerliler yine de bir engeldi. Sağ kalanların büyük çoğunluğu bölgede yaşıyordu; gerçekten de, yapılan tahminlere göre yaklaşık elli kadar orman kabilesi uygarlıkla temasa geçmemiş ve şimdiye kadar kendini kurtarmıştı.

Şimdi uygarlık yeniden saldırıya geçiyordu. Madenciler, ağaç kesenler ve çiftçilerin hükümet desteğiyle Amazon içlerine doğru ilerlemeleri sonucu, yerlilere karşı saldırılar yeniden başlamıştı.

Okudukları büyüleyici ve aynı zamanda üzücüydü. Nate dört saat gözlerini kırpmadan okudu ve kitabı bitirdi.

Sonra dümen odasına gitti ve Jevy'yle birlikte kahve içti. Yağmur durmuştu.

"Sabahleyin orada olur muyuz?" diye sordu.

"Sanırım oluruz."

Teknenin ışıkları akıntının etkisiyle aşağı yukarı sallanıyordu. Sanki yerlerinde sayıyor gibiydiler.

Nate bir süre düşündükten sonra, "Sende yerli kanı var mı?" diye sordu. Bu kişisel bir konuydu ve Birleşik Devletler'de kimse böyle bir soru sormaya cesaret edemezdi.

Jevy gözlerini nehirden ayırmadan gülümsedi. "Hepimizde yerli kanı vardır. Neden sordun?"

"Brezilya yerlileriyle ilgili bir kitap okudum da."

"Ee, ne düşünüyorsun?"

"Oldukça üzücü."

"Öyledir. Buradaki yerlilere kötü davranıldığını düşünüyor musun peki?"

"Kuşkusuz öyle davranılmış."

"Senin ülkende durum nasıl?"

Her nedense ilk akla gelen General Custer'dı. En azından yerliler bir şey kazanmıştı. Ve onları kazıklara bağlayıp yakmadık, kimyasal maddelerle öldürmedik ya da köle olarak satmadık, diye düşündü. Yoksa bunları yapmışlar mıydı? Peki, şu koruma bölgeleri neydi? Her yer topraktı, değil mi?

Bunları düşününce, "Ne yazık ki bizde de durum pek iyi sayılmaz," diyerek yenilgiyi kabul etti. İstediği şey tartışmak değildi.

Uzun bir sessizlikten sonra Nate tuvalete gitti. İşini bitirip zinciri çekti ve çıktı. Tuvalete akan hafif kahverengi nehir suyu her şeyi alıp, bir tüpten tekrar nehre taşıdı.

23

Motor durup Nate'i uyandırdığında hava hâlâ karanlıktı. Sol bileğine dokundu ve kol saati kullanmadığını hatırladı. Aşağıdan gelen Jevy ve Welly'nin seslerini dinledi. Teknenin kıç tarafında hafif sesle konuşuyorlardı.

Bir sabah daha ayık olarak uyandığı ve yeni bir temiz güne başlayacağı için kendisiyle gurur duyuyordu. Altı ay önce her sabah şiş ve bulanık gözler, karmakarışık düşünceler, kupkuru bir ağız, tatsız bir dil ve her zamanki, "Bunu yine neden yaptım?" sorusuyla uyanırdı. Genellikle duşta kusar ve çoğu kez de alkolün etkisinden kurtulmak için bunu kendisini zorlayarak yapardı. Duştan sonra her zaman, kahvaltıda ne yiyeceği sorusunu sorardı kendine. Mideyi düzeltmek için sıcak ve yağlı bir şey mi, yoksa sinirleri gevşetmek için bir domatesli votka mı? Sonra da bir dava avukatı olarak vahşi bir güne başlamak üzere çıkar ve saat tam sekizde masasının başında olurdu.

İstisnasız her sabah. Son çöküşünün son günlerinde, haftalar boyunca ayık kafayla uyanmamıştı. Umutsuzluk içinde bir danışmana gitmiş ve adam ona, son kez ayık olduğu günü sorduğunda buna cevap verememişti.

İçkiyi özlüyordu ama ertesi gün ayıldığında getirdiği rahatsızlıklar çekilir gibi değildi.

Welly küçük tekneyi *Santa Loura*'nın iskele tarafına çekti ve sıkıca bağladı. Nate merdivenden inerken ona bir şeyler yüklüyorlardı. Macera yeni bir aşamaya giriyordu. Nate de bir manzara değişikliğine hazırdı.

Hava kapalıydı ve yağmur ihtimali vardı. Güneş nihayet saat altıda kendini gösterdi. Nate bu kez zamanı biliyordu çünkü yanına tekrar bir saat almıştı.

Bir horoz ötüşü duyuldu. Küçük bir çiftlik evine yanaşmış ve teknenin burnunu, bir zamanlar iskele desteği olan bir kütüğe bağlamışlardı. Sol taraflarında, batıya doğru, küçük bir akarsu Paraguay'la birleşiyordu.

Küçük tekneyi gereğinden fazla doldurmadan yüklemeye çalışıyorlardı. Yakında görecekleri küçük akarsular da taşmıştı; dere kenarları her zaman görülemeyebilirdi. Eğer tekne suya fazla batmış olursa karaya oturabilir ya da daha kötüsü, kıçtan takma motorun pervanesine zarar verebilirlerdi. Küçük tekne için sadece bir motor vardı, yedek yoktu ve ayrıca kısa kürekler vardı ve Nate, güvertede kahvesini içerken onları seyretti. Vahşi yerliler ya da aç hayvanlara karşı bu kısa kürekler işe yarayabilirdi.

Teknenin ortasına üç tane beş galonluk yakıt tankı koydular. Jevy, "Bunlar bize on beş saat yeter," dedi.

"Uzun bir süre bu."

"Önlem almak iyidir."

"Yerleşim bölgeleri ne kadar uzakta?"

Jevy, "Bilmiyorum," dedi ve sonra parmağıyla evi gösterdi. "Çiftçi dört saatlik mesafe olduğunu söyledi."

"Yerlilerden haberi var mı?"

"Hayır. Yerlileri pek sevmez. Onları nehirde hiç görmediğini söyledi."

Jevy küçük bir çadır, iki battaniye, iki sivrisinek tülü, çadır için kapı perdesi, tekneden yağmur sularını atmak için iki kova ve yağmurluğunu getirdi. Welly de bunlara bir kutu yiyecek ve bir kasa şişe suyu ekledi.

Nate kamarada yatağın üzerine oturup çantasından vasiyetname kopyasını, kabul ve feragat belgelerini çıkardı ve hepsini katlayıp bir mektup zarfına koydu. Stafford Hukuk Firması'nın antetli zarflarından birisiydi bu. Teknede plastik torba ya da çöp torbası olmadığından, yağmurluğun eteğinden bir parça muşamba kesti ve zarfı ona sardı. Paketin kenarlarını yapıştırıcı bantla iyice yapıştırdı ve su geçirmez olduğunu kani oldu. Sonra bu paketi tişörtünün göğsüne bantla yapıştırdı ve üzerine de ince bir kot süveter geçirdi.

Kâğıtların kopyaları çantadaydı ve onları orada bırakacaktı. *Santa Loura* küçük tekneden çok daha güvenli olduğundan, SatFon'u da orada bırakmaya karar verdi. Kâğıtları ve telefonu tekar kontrol etti, sonra çantasını kapayıp kilitledi ve ranzasının üzerine bıraktı. 'Beklediğim gün, bugün olabilir,' diye düşündü. Rachel Lane'le görüşebilmesi ihtimali onu heyecanlandırmıştı.

Kahvaltısını güvertede, küçük teknenin tam tepesinde durup tereyağlı ekmek yiyerek yaptı ve yerken bulutları seyretti. Brezilya'da dört saat denildiği zaman bu altı ya da sekiz saat anlamına gelirdi ve Nate bir an önce yola çıkmak istiyordu. Jevy'nin küçük tekneye koyduğu son eşya, uzun kabzalı pırıl pırıl bir pala oldu. Gülerek, "Bu, boa yılanları için," dedi. Nate onu görmezden geldi. Welly'ye el salladı ve tekne nehir sularıyla sürüklenirken son fincan kahvesine iki eliyle sarılıp, Jevy motoru çalıştırıncaya kadar bekledi.

Suların hemen üzerinde bir sis perdesi vardı ve hava serindi. Nate, Corumba'dan ayrıldıklarından beri nehri üst güvertenin güvenli yüksekliğinden seyretmişti; şimdi ise nehirle hemen hemen aynı seviyedeydi. Etrafına bakındı ama can yeleği göremedi... Sular teknenin yanlarına vuruyor, şırıldıyordu. Nate dikkatle sis perdesine bakıyor, sularda yabancı madde arıyordu; ucu sivri büyük bir ağaç kütüğüne çarparlarsa bu küçük tekne hemen tarihe karışabilirdi.

Onları yerlilere götürecek olan küçük akarsuya girinceye kadar, akıntıya çaprazlar çizerek seyrettiler. Orada sular çok daha sakindi. Kıçtan takma küçük motor saat gibi çalışıyor ve arkada, kaynaşan bir dümensuyu bırakıyordu. Paraguay Nehri bir süre sonra kayboldu.

Jevy'nin haritasına göre, üzerinde ilerledikleri akarsuyun adı Cabixa'ydı. Jevy daha önce bu suya hiç girmemişti, çünkü işi düşmemişti. Bu ırmak kıvrılarak Brezilya'dan çıkıyor, Bolivya'ya giriyor ve belki de hiçbir yere varmıyordu. Girişte genişliği en fazla yirmi beş metreydi ve ilerledikçe on beş metreye kadar düşüyordu. Bazı yerlerde taşmıştı ve bazı yerlerde kenardaki çalılıklar, Paraguay'dakinden daha sıktı.

Irmağın ağzından gireli on beş dakika olmuştu, Nate bunu saatine bakarak kontrol etti. Artık her şeyin zamanını ölçecekti. Jevy, belki bin kadar çatalın birincisine gelince teknenin hızını kesti. Aynı büyüklükte başka bir nehir sola ayrılıyordu ve kaptan, bunlardan hangisinin Cabixa olduğunu bilemiyordu. Sağı izlediler ama daha düşük hızla gidiyorlardı ve bir süre sonra bir göle girdiler. Jevy motoru susturdu. "Sıkı tutun," diyerek ayağa kalktı ve yakıt tanklarının üstüne çıkıp, etraflarını sarmış olan taşkın sularına baktı. Tekne şimdi hiç kımıldamıyordu. İlerde bir yığın düzensiz bodur ağaç kütüğü ve çalı çırpı dikkatini çekti. Orayı gösterdi ve kendi kendine bir şeyler söylendi.

Nate onun ne kadarını bilerek, ne kadarını tahmin yürüterek gittiğinden emin değildi. Jevy önceden haritalarını incelemişti ve bu nehirler hakkında bilgisi vardı. Bu kolların hepsi de Paraguay'a çıkıyordu. Yanlış bir akarsuya girip kaybolsalar bile akıntılar onları eninde sonunda Welly'ye götürecekti.

Kuru mevsimde nehir kenarını oluşturan bodur ağaçları, çalıları izlediler ve bir süre sonra kendilerini sığ bir akıntının ortasında buldular, başlarının üzerinde dallar vardı. Bu nehir Cabixa'ya benzemiyordu ama, Nate kaptanın yüzüne bakınca onun, kendine güvendiği izlenimini alıyordu.

Bir saatlik bir yol alıştan sonra, ilk yerleşim yerini gördüler – çatısı kırmızı kiremti kaplı, çamura bulanmış küçük bir kulübeydi bu. Zemininde yaklaşık bir metre derinliğinde sel suları vardı ve etrafta insan ya da hayvan izi görünmüyordu. Jevy konuşabilmek için hız kesti.

"Sel mevsiminde Pantanal'da yaşayan pek çok insan daha yüksek arazilere gider. Sığırlarını ve çocuklarını alıp üç aylığına buralardan ayrılırlar."

"Etrafta hiç yüksek yer görmedim."

"Pek fazla yoktur zaten. Ama her *pataneiro*'nun yılın bu döneminde gideceği bir yeri vardır."

"Peki ya yerliler?"

"Onlar da sağa sola giderler."

"Harika, biz daha eski yerlerini bilmiyoruz, onlar sağa sola gidiyor!"

Jevy güldü ve, "Onları bulacağız, korkma," dedi.

Kulübenin yanından geçtiler. Ne kapısı vardı ne de penceresi. Pek ev denecek yer değildi yani.

Doksan dakika geçti ve bir kıvrımı dönüp de on beş santim derinliğinde suyun içinde üst üste yığılmış uyuyan timsahları görünceye kadar Nate, onlar tarafından yenebileceğini unutmuştu. Motor gürültüsü onların uykusunu böldü ve kıpırdanmalarına neden oldu. Kuyrukları suyu birkaç kez dövdü. Nate bir an için palaya baktı ama sonra kendi aptallığına güldü.

Sürüngenler saldırmadı. Durdukları yerden teknenin geçişini izlediler.

Ondan sonraki yirmi dakikada başka hayvan görmediler. Nehir yine daralmıştı. İki kıyı birbirine o kadar yakındı ki, her iki yandaki ağaçların dalları suyun üstünde birbirine değiyordu. Etraf birden kararmıştı. Bir tünelden geçiyorlardı. Nate saatine baktı. *Santa Loura*'dan iki saatlik mesafedeydiler.

Bataklıklarda zigzag yaparken birkaç kez ufuk hattını gördüler. Bolivya dağları yaklaşıyor gibiydi, tepeler görünmüştü. Akarsu genişledi ağaçlar açıldı ve geniş bir göle girdiler, bir düzineden fazla küçük ırmak dökülüyordu bu göle. Hız kesip ilk turlarını attılar ve sonra daha düşük hızla bir kez daha dolaştılar. Göle bağlanan tüm akarsular aynı gibiydi. Cabixa bu bir düzine akarsudan biriydi ama kaptan hangisi olduğunu bilemiyordu.

Nate hareketsiz otururken, Jevy tekrar yakıt bidonlarının üstüne çıkıp sel sularını gözden geçirdi. Gölün diğer tarafında, çalılar arasında bir balıkçı vardı. O gün ilk kez şansları gülüyordu.

Adam, uzun zaman önce bir ağaç kütüğünden oyularak yapılmış bir kanonun içinde sabırla oturuyordu. Başında, yüzünün büyük bölümünü gizleyen, kenarları parçalanmış hasır bir şapka vardı. Ona iyice yaklaştıklarında Nate, adamın elinde bir kamış falan olmadığını gördü. Oltanın ipini doğrudan doğruya eline sarmıştı.

Jevy ona Portekizce, gereken iyi şeyleri söyledi ve bir şişe de su verdi. Nate sadece gülümsüyor ve yabancı dilin yumuşak akışını anlamadan dinliyordu. Portekizce, İspanyolcadan daha yavaştı ve âdeta Fransızca gibi biraz da genizden konuşuluyordu.

Balıkçı, bu ıssız yerlerde bir insan görmekten mutlu olmuşsa bile bunu hiç belli etmiyordu. Bu zavallı adam nerede yaşıyordu acaba?

Sonra birbirlerine bazı noktaları göstermeye başladılar, genelde dağları gösteriyorlardı, ama aslında konuşma sona erdiğinde, ufak tefek adam sanki gölün her yönünü göstermişti. Biraz daha konuştular, Nate, Jevy'nin, mümkün olduğunca bilgi almaya çalıştığını anlamıştı. Başka bir insan görünceye kadar saatler geçebilirdi. Bataklıklar ve taşmış nehirlerde seyrüsefer güçtü. İki buçuk saattir dolaşıyorlardı ve şimdiden kaybolmuşlardı.

Küçük siyah sivrisinekler bir bulut halinde üzerlerinde dolaşıp duruyordu ve Nate hemen sinek ilacına sarıldı. Balıkçı meraklı gözlerle ona baktı.

Bir süre sonra adama veda edip hafif rüzgârda oradan ayrıldılar.

Jevy, "Adamın annesi yerliymiş," dedi.

Nate, sivrisineklerle boğuşarak, "Çok iyi," diye cevap verdi.

"Buradan birkaç saat mesafede bir yerleşim bölgesi varmış."

"Birkaç saat mı?"

"Belki üç saat."

On beş saatlik yakıtları vardı ve Nate, bunun her dakikasını sayacaktı. Cabixa, başka bir nehrin de gölü terk ettiği bir yerin yakınında tekrar başladı. Nehir genişledi ve gazı açıp hızlandılar.

Nate teknenin dibine çöküp yemek kutusuyla kovalar arasında bir yer bularak oturdu ve sırtını sıraya dayadı. Sis burada başına değmezdi. Motor birden öksürmeye başladığında dalmak üzereydi. Tekne hafifçe sallandı ve hız kesti. Nate gözlerini nehirden ayıramıyordu, Jevy'ye bakmaya korkuyor gibiydi, ona doğru dönemiyordu.

Şimdiye kadar motor arızası gibi bir konuyu dert etmemişti. Seyahatlerinde zaten ufak tefek aksilikler, tehlikeler çıkmıştı karşılarına. Welly'nin oraya kürekle gitmek için günlerce belleri kırılıncaya dek kürek çekmeleri gerekirdi. Teknenin içinde uyumak zorunda kalacaklar, teknedeki yiyecekten başka yiyecek bulamayacaklar, yağmur yağdığında tekneye dolan suları boşaltacak ve onlara güvenli yolu gösterecek o küçük balıkçıyı tekrar bulmak için dua edeceklerdi.

Nate bir anda dehşet içinde kalmıştı.

Ama sonra motor yine çalıştı ve hiçbir şey olmamış gibi yollarına devam ettiler. Daha sonra bu olay tekrarlanmaya başladı; yaklaşık her yirmi dakikada bir, tam Nate uykuya dalmak üzereyken motorun düzenli çalışması duruyor, burun suya dalıyordu. O zaman Nate hemen nehrin kenarlarına, vahşi yaşam belirtilerine bakıyordu, Jevy Portekizce küfredip jikle ve gazkoluyla oynuyor ve işler bir yirmi dakika için daha düzeliyor, motor çalışıyordu.

Bir süre sonra yağmur altında, küçük bir çatalağzında bir ağacın dalları altına sığınıp peynir, tuzlu balık ve kurabiyeden ibaret öğle yemeklerini yediler.

Nate, "Şu rastladığımız ufak tefek balıkçı," dedi. "Yerlileri biliyor mu?"

"Evet. Yaklaşık ayda bir, tekneleriyle ticaret için Paraguay'a giderlermiş. Onları görürmüş."

"Bir kadın misyoner görüp görmediğini sordun mu ona?"

"Sordum. Görmemiş. Gördüğü ilk Amerikalı sensin."

"Şanslı adam!"

İlk yerleşim bölgesi belirtileri yaklaşık yedi saat sonra ortaya çıktı. Nate, bir tepenin dibinde, ağaçların arasından yükselen ince bir mavi duman gördü. Jevy, Bolivya'ya geçtiklerine emindi. Burada arazi daha yüksekti ve dağlara yakındılar. Seller altındaki araziler arkalarında kalmıştı.

Ağaçlar arasında bir açıklığa geldiler ve kenarda iki kano duruyordu. Jevy tekneyi kıyıya döndürdü. Nate hemen kenara atladı, bir an önce toprağı hissetmek ve bacaklarını hareket ettirmek istiyordu.

Jevy teknedeki yakıt tanklarının yerini değiştirirken, "Uzaklaşma," diye uyardı onu. Nate ona baktı. Göz göze geldiler ve Jevy ağaçları işaret etti.

Bir yerli onlara bakıyordu. Esmer tenli bir erkekti, üst kısmı çıplaktı, belinden aşağısı hasır benzeri bir tür eteklikle örtülmüştü, üzerinde silaha benzer bir şey görünmüyordu. Silahsız olması, ilk bakışta dehşete düşmüş olan Nate'i rahatlatmıştı. Yerlinin uzun siyah saçları vardı, alnında kırmızı çizgiler görülüyordu ve elinde bir mızrak olsaydı Nate tek kelime söylemeden ona teslim olabilirdi.

Nate gözlerini ondan ayırmadan, "Acaba dost mu?" diye sordu.

"Sanırım öyle."

"Portekizce biliyor mudur sence?"

"Bilmiyorum."

"Neden gidip öğrenmiyorsun peki?"

"Sakin ol."

Jevy tekneden çıkarken, "Yamyama benziyor," diye fısıldadı. Ama espri istenen etkiyi yapmamıştı.

Onlar yerliye doğru birkaç adım attılar. O da onlara doğru yürüdü. Belli bir mesafede her üçü de durdu. Neredeyse burun buruna gelmişlerdi.

Jevy hafif bir gülümsemeyle, "*Fala portugues?*" diye sordu.

Yerli soruyu uzun süre düşündü ve tabii Portekizce bilmediği anlaşıldı. Genç görünüyordu, belki yirmisinde bile değildi ve onların motor sesini duyduğunda oralarda dolaşıyor olmalıydı.

Jevy ne yapması gerektiğini düşünürken, yaklaşık altı metre mesafeden birbirlerini süzüp duruyorlardı. O anda, yerlinin arkasındaki çalılarda bir hareket oldu. Gerideki ağaçların arasından birden üç kişi daha çıktı, ama çok şükür ki onlar da silahsızdı. Onların topraklarındaydılar ve azınlıkta kalmışlardı. Nate fırlayıp kaçmaya hazırdı. İri adamlar değillerdi ama kendi sahalarındaydılar. Ve ayrıca da pek dostane görünmüyorlardı, hiç gülmüyorlardı ve merhaba da dememişlerdi.

Birden ağaçların arkasından genç bir kadın çıktı ve ilk yerlinin yanına gelip durdu. Kadın da esmer ve üst kısmı çıplaktı, Nate ona bakmamaya çalıştı. Kadın, "*Falo,*" dedi.

Jevy ağır ağır konuşup ona ne aradıklarını anlattı ve kabile şefini görmek istediklerini söyledi. Kadın onun sözlerini kendi diline çevirip erkeklere aktardı ve onlar da kafa kafaya verip asık suratlarla konuyu görüşmeye başladılar.

Jevy, "Bazıları bizi hemen şimdi yemek istiyor," diye fısıldadı. "Bir kısmı da yarını bekleyelim diyor."

"Çok komiksin."

Erkekler bir süre konuşup bir karara varınca bunu kadına bildirdiler. Kadın da onlara nehir kıyısında beklemelerini söyledi, geldiklerini büyüklerine ileteceklerdi. Nate buna razıydı tabii, ama Jevy biraz rahatsız olmuş gibiydi. Genç kadına, aralarında bir kadın misyonerin yaşayıp yaşamadığını sordu.

Genç kadın, "Bekleyin," dedi.

Yerliler ormana dalıp kaybolmuştu.

Onlar gidince Nate, "Ne düşünüyorsun?" diye sordu. Ne o ne de Jevy yerinden kımıldamıştı. Ayak bileklerine kadar çıkan otların üzerinde durmuş, sık ormana bakıyorlardı, Nate onların oradan kendilerini gözetlediğine emindi.

Jevy, "Yabancılardan onlara hastalık bulaşıyor," diye açıkladı. "Bu nedenle çok dikkatli davranıyorlar."

"Ben kimseye dokunmuyorum ki."

Tekneye döndüler ve Jevy bujileri temizlemeye başladı. Nate üzerindeki iki gömleği de çıkardı ve kendi yaptığı su geçirmez paketi inceledi. Kâğıtlar hâla kupkuru duruyordu.

Jevy, "Bu kâğıtlar o kadın için mi?" diye sordu.

"Evet."

"Neden? Ne oldu o kadına?"

Müvekkil sırlarını saklama konusundaki kurallar o anda Nate'e o kadar da önemli değilmiş geldi. Meslek için bu kurallar büyük önem taşırlardı kuşkusuz, ama Pantanal'ın derinliklerinde bir teknede otururken ve etrafta başka Amerikalı da yokken, kurallar biraz esnekleştirilebilirdi. Neden olmasındı? Jevy bunu kime anlatabilirdi ki? Küçük bir dedikodunun kime ne zararı olabilirdi?

Valdir, Josh'un sıkı talimatı gereğince, Jevy'ye, Amerika'da önemli, yasal bir mesele olduğunu ve bunun da, Rachel Lane'in bulunmasını gerektirdiğini söylemişti sadece.

"Babası birkaç hafta önce öldü. Ve ona çok para bıraktı."

"Ne kadar?"

"Birkaç milyar."

"Milyar mı?"

"Evet."

"Babası çok mu zengindi?"

"Evet, öyleydi."

"Başka çocukları da var mıydı?"

"Sanırım altı çocuğu vardı."

"Onlara da birkaç milyar bıraktı mı?"

"Hayır. Onlara çok az verdi."

"Neden bu kadına çok para bırakmış acaba?"

"Bunu kimse bilmiyor. Bu bir sürpriz olmuş."

"Bu kadın babasının öldüğünü biliyor mu peki?"

"Hayır."

"Babasını sever miymiş?"

"Bundan kuşkuluyum. Evlilik dışı bir çocukmuş. Galiba ondan

ve her şeyden kaçmış. Sen de öyle düşünmüyor musun?" Nate bunu sorarken elini Pantanal'a doğru salladı.

"Evet. Buraları saklanmak için çok uygun yerler. Adam öldüğü zaman kızının nerede olduğunu biliyor muymuş?"

"Pek sanmıyorum. Sadece onun buralarda bir yerlerde yerlilerle birlikte, bir misyoner olarak yaşadığın biliyormuş."

Jevy elindeki bujiyi bir süre unuttu ve söylenenleri düşündü. Kafasında bir sürü soru vardı. Avukatın müvekkilinin sırlarını bu kadar açığa vurmaması gerekiyordu.

"Onu sevmemiş bir çocuğa neden böyle bir servet bırakmış acaba?"

"Belki de deliydi. Kendisini bir terastan attı."

Bunları bir anda öğrenmek Jevy'ye fazla geldi. Gözlerini kıstı ve düşünceli bir ifadeyle nehre baktı.

24

Yerliler Guato kavmindendi. Uzun zamandır bu bölgede ataları gibi yaşıyor ve yabancılarla temastan kaçınıyorlardı. Gıdalarını küçük tarlalarda yetiştiriyor, nehirlerde balık tutuyor ve ok ve yaylarıyla avlanıyorlardı.

Hiç kuşkusuz dikkatli insanlardı. Bir saat sonra Jevy duman kokusu aldı. Teknenin yakınındaki ağaçlardan birine tırmandı ve on metre kadar yükselince kulübelerinin damlarını gördü. Nate'e, tırmanıp yanına gelmesini söyledi.

Nate kırk yıldır bir ağaca çıkmamıştı ama şu anda yapılacak başka bir şey yoktu tabii. Ağaca Jevy'den biraz daha zor çıktı ve sonunda ince bir dalın üzerinde durdu. Bir koluyla ağacın gövdesine sarıldı.

Üç kulübenin tepesini görebiliyorlardı – bir sıraya dizilmiş, kalın sazlardan yapılmış şeylerdi. Mavi duman ikisinin arasında bir yerden çıkıyordu ama hangi delikten çıktığı belli değildi.

Rachel Lane'e bu kadar yaklaşmış olabilir miydi? Acaba şu anda orada mıydı, çevresindekileri dinleyip ne yapacağını mı düşünüyordu? Bir savaşçı gönderip onları çağırır mıydı? Yoksa ormanın içinden gelerek merhaba mı derdi?

Nate, kımıldamamaya çalışarak, "Küçük bir köy," dedi.

"Başka kulübeler de olabilir."

"Ne yapıyorlar dersin?"

"Konuşuyorlar. Sadece konuşuyorlar."

"Bunu söylemekten nefret ediyorum ama, bir şeyler yapmamız gerekiyor. Tekneyi sekiz buçuk saat önce terk ettik. Hava kararmadan önce Welly'yi görmek isterim."

"Sorun yok. Dönüşte akıntı arkamızdan gelecek. Ayrıca yolu da biliyorum. Çok daha hızlı döneriz."

"Endişeli değil misin yani?"

Jevy, Cabixa'da gece karanlığında yol alma konusunu hiç düşünmüyormuş gibi başını iki yana salladı. Ama Nate düşünüyordu. Özellikle de, rastladıkları iki büyük gölü, bunlara açılan dereleri ve onların gün ışığında bile birbirlerine çok benzediklerini düşünüyordu.

Onun planı, Bayan Lane'e hemen merhaba deyip hikâyeyi anlatmak, gerekli yasal bilgileri vermek, kâğıtları göstermek, onun basit sorularını cevaplandırmak, imzasını almak, teşekkür etmek ve toplantıyı mümkün olduğunca çabuk bitirmekti. Zaman, arada bir susan motor ve *Santa Loura*'ya geri dönüş onu endişelendiriyordu. Kadın muhtemelen konuşmak isteyecek, belki de istemeyecekti. Belki de çok az konuşup onlardan gitmelerini ve bir daha da gelmemelerini söyleyecekti.

Ağaçtan inip biraz dinlenmeyi düşünüyordu ki, Jevy yerlileri gördü. Bir şey söyleyip parmağıyla işaret etti ve Nate ormana baktı.

Şimdiye kadar gördükleri en yaşlı Guato olan şeflerinin peşine takılmış olan yerliler, ağır adımlarla nehre doğru geliyorlardı. Şef tıknaz, kısa boylu, göbekliydi ve elinde uzun bir değnek tutuyordu. Değnek sivri ya da tehlikeli bir şeye benzemiyordu. Ucuna yakın bir yerde güzel tüyler vardı ve Nate onun bir tören sopası olabileceğini düşündü.

Şef davetsiz gelen bu iki yabancıyı kısa bir incelemeden geçirdi ve sonra Jevy'ye konuştu.

Portekizce, neden burada olduklarını sordu. Yüzünde dostça bir ifade yoktu ama saldırgan da görünmüyordu. Nate adamın elindeki değneğe baktı.

Jevy ona, Amerikalı bir kadın misyoneri aradıklarını söyledi.

Şef, Nate'e bakarak, nereden geldiklerini sordu bu kez.

Corumba cevabı verildi.

Ya o? Tüm gözler Nate'in üzerindeydi.

O bir Amerikalı. Kadını bulmakla görevli.

Neden o kadını bulmak istiyor?

Yerlinin Rachel Lane'i tanıdığını gösteren ilk işaretti bu. Acaba Rachel oralarda bir yerlerde, köyde ya da ormanda saklanmış onları mı dinliyordu?

Jevy onlara, Nate'in ne kadar uzaklardan geldiğini ve neredeyse hayatını kaybedeceği bir kaza geçirdiğini hararetli bir ifadeyle anlattı. Bu, Amerikalıların kendi aralarında olan önemli bir meseleydi, bunu ne Jevy kendisi ne de yerliler anlayabilirdi.

Kadın tehlikede miydi?

Hayır. Hiçbir tehlike yoktu.

Kadın burada değil.

Jevy, Nate'e döndü ve, "Burada olmadığını söylüyor," dedi.

Nate yumuşak bir sesle, "Onun aşağılık bir yalancı olduğunu düşündüğümü söyle," dedi.

"Bunu yapabileceğimi sanmıyorum."

Jevy şefe, buralarda bir kadın misyoner görüp görmediğini sordu.

Şef başını iki yana salladı. Hayır.

Peki böyle birini duymuş muydu acaba?

Önce hiçbir cevap gelmedi. Şefin Jevy'ye bakan gözleri, onu tartar ve sanki, 'Bu adama güvenilir mi?' diye sorar gibi kısıldı. Sonra adam hafifçe başını aşağı yukarı salladı.

Jevy, kadın nerede? diye sordu.

Başka bir kabiledeydi.

Nerede?

Şef emin olmadığını söyledi ama yine de parmağıyla işaret etti. Elindeki değneği, Pantanal'ın yarısını gösterecek şekilde sallayıp, kuzeyle batı arasında bir yerlerde olabileceğini söyledi.

Jevy, "Guato mu?" diye sordu.

Şef kaşlarını çattı ve kadın sanki istenmeyenler arasında yaşıyormuş gibi, başını iki yana salladı. Sonra onları küçümser gibi bir tavırla, "İpikalar," dedi.

Ne kadar uzaktaydılar?

Bir gün.

Jevy onu sıkıştırıp mesafeyi biraz daha kesinleştirmek istedi ama, saatlerin yerliler için hiçbir anlam taşımadığını hemen öğrendi. Bir gün yirmi dört saat de değildi, on iki saat de. O sadece bir gündü işte. Yarım gün kavramını denedi ve başarılı oldu.

Sonra Nate'e baktı ve, "On iki ile on beş saat arası," dedi.

Nate, "Ama bu saat hesabı onların şu kanoları için, değil mi?" diye fısıldadı.

"Evet."

"Pekâlâ, biz ne kadar zamanda gideriz?"

"Üç ya da dört saat. Tabii yolu bulabilirsek."

Jevy iki harita getirdi ve otların üzerine yaydı. Yerliler meraklanmıştı. Şefe yaklaşıp yere çömeldiler.

Gidecekleri yeri bulmak için, önce bulundukları yeri saptamaları gerekiyordu. Ama şef Jevy'ye, onları buraya getiren nehrin Cabixa olmadığını söyleyince işler karıştı. Balıkçıyla karşılaştıktan sonra bir yerlerde yanlış yere sapmış ve böylece Guatolara rastlamışlardı. Jevy bundan hiç hoşlanmadı ve durumu Nate'e anlattı.

Nate daha çok öfkelendi. O Jevy'ye büyük güven duyuyor, inanıyordu.

Renkli haritalar yerliler için hiçbir anlam taşımıyordu. Jevy kendi haritasını çizerken gerçek haritalar bir tarafa itildi. Jevy sürekli olarak şefle konuşarak, önlerindeki isimsiz nehirle başladı işe ve ağır ağır kuzeye çıktı. Şef de yanındaki iki gençten bilgi alıyordu. Şefin söylediğine göre bu iki genç çok iyi balıkçılardı ve arada bir Paraguay'a giderlerdi.

Nate, "Onları tutalım," diye fısıldadı.

Jevy onları parayla tutmayı denedi ama, konuşmalar sırasında bu iki gencin İpikaları hiç görmediği, görmek de istemediği, yerlerini bilmedikleri ve parayla çalışmanın ne demek olduğunu da anlamadıkları ortaya çıktı. Zaten şef de gitmelerini istemiyordu.

Yol bir nehirden diğerine, kuzeye doğru kıvrılarak çıktı ve bir noktada şefle balıkçılar, ne tarafa gidilmesi gerektiği konusunda anlaşmazlığa düştüler. Jevy kendi çizdiği rotayı haritalarla kıyasladı.

Sonra Nate'e döndü ve, "Onu bulduk," dedi.

"Nerede?"

Jevy haritada bir noktayı gösterip, "Şurada İpika köyü var," dedi. "Dağların kenarında, Porto Indio'nun güneyinde. Bunların yönlendirmeleri bizi oraya yakın bir yere götürdü."

Nate iyice eğildi ve işaretleri inceledi. "Oraya nasıl gideceğiz?"

"Sanırım tekneye gidip Paraguay nehri üzerinde yarım gün kuzeye yol alacağız. Sonra tekrar küçük tekneyi alıp köye varacağız."

Paraguay Nehri hedeflerine yakın yerlere kadar kıvrılarak yaklaşıyordu ve oralara kadar *Santa Loura*'yla gitme fikri Nate'in hoşuna gitti. "Küçük tekneyle ne kadar gideriz acaba?" diye sordu.

"Aşağı yukarı dört saat kadar."

Brezilya'da 'aşağı yukarı'nın anlamı genişti. Fakat mesafe, sabahtan beri katettikleri mesafeden az görünüyordu.

Nate ayağa kalktı ve yerlilere gülümseyerek, "O halde ne bekliyoruz?" dedi.

Jevy haritaları katlarken ev sahiplerine teşekkür etti. Onlar gitmeye hazırlanırken yerliler de rahatlamıştı, misafirperverliklerini göstermek istiyorlardı. Yiyecek bir şeyler ikram etmek istediler ama Jevy istemedi. Onlara, çok aceleleri olduğunu, hava kararmadan büyük nehre dönmeleri gerektiğini söyledi.

Nate de nehre doğru yürümeden önce sırıtarak onlara baktı. Yerliler tekneyi görmek istiyordu. Jevy motoru ayarlarken suyun kenarında durup meraklı gözlerle baktılar. Motor çalışınca da birer adım gerilediler.

Adını bilmedikleri bu nehir, diğer yöne gidişte tamamen farklı görünüyordu. İlk dönemece yaklaşırken Nate omzunun üzerinden geriye baktı ve Guato yerlilerinin hâlâ orada suyun içinde durduğunu gördü.

Saat öğleden sonra dörde geliyordu. Şansları iyi giderse hava kararmadan büyük gölü geçip Cabixa'ya girebilirlerdi. Welly fasulye pilavla onları bekliyor olacaktı. Nate bu hesaplamaları yaparken ilk yağmur damlalarını hissetti.

Motorun arıza nedeni kirli bujiler değildi. Dönüş yoluna başladıktan elli dakika sonra yine ve bu kez tamamen sustu. Tekne akıntıya kapılıp giderken Jevy karbüratör kapağını açtı ve elindeki tornavidayla çalışmaya başladı. Nate yardım gerekip gerekmediğini sordu ve gerekmediğini öğrendi. Yani motor konusunda yapabileceği bir şey yoktu onun. Ama bir kova alıp teknedeki yağmur sularını boşaltmaya başlayabilirdi. Sonra da bir kürek alıp tekneyi, adını bilmedikleri bu nehrin ortasında tutmaya çalışabilirdi.

Nate her ikisini de yaptı. Akıntı onları götürüyordu ama, Nate'in istediği kadar hızlı değil tabii. Yağmur aralıklı yağıyordu. Keskin bir dönemece yaklaşırlarken nehir sığlaştı, ama Jevy bunu göremeyecek kadar meşguldü. Tekne hızlandı ve köpüren akıntı onları sık bir çalılığa doğru sürüklemeye başladı.

Nate, "Hey, yardıma ihtiyacım var burada," dedi.

Jevy küreklerden birini aldı. Tekneyi, çalılığa burun vuracak şekilde döndürdü. Sonra, tekne sık çalılar ve ağaçlara çarparken, "Sıkı tutun!" diye seslendi. Nate'in etrafında çalılar ve ağaç dalları uçuşurken, o da elindeki kürekle onlardan kurtulmaya çalışıyordu.

O sırada küçük bir yılan Nate'in omuzu üzerinden sıyrılıp teknenin içine düştü. Nate onu görmemişti. Jevy yılanı küreğin ucuyla alıp nehre attı. Ondan söz etmenin bir anlamı yoktu.

Birkaç dakika süreyle, hem akıntıyla hem de birbirleriyle mücadele ettiler. Nate her nedense suları hep yanlış tarafa itiyor, kürek çekme hevesi yüzünden teknenin dengesini bozup alabora durumuna yaklaştırıyordu.

Vahşi yaşam ve çalılarla ağaçlardan kurtulduktan sonra Jevy her iki küreği de aldı ve Nate için yeni bir görev buldu. Ona, motorun üzerinde durup yağmurluğunu açarak, karbüratöre yağmur girişini önlemesini söyledi. Böylece Nate, bir ayağı yakıt tankı üzerinde diğeri teknenin yan tarafında, kollarını açıp bir melek gibi, ama korku içinde oraya dikildi.

Daralan nehirde böylece, amaçsız bir şekilde yirmi dakika kadar sürüklendiler. Phelan mirası Brezilya'daki her yeni motoru satın alabilirdi ama şu anda Nate, amatör bir motor tamircisinin, kendisinden de yaşlı bir motoru onarmaya çalışmasını seyrediyordu.

Jevy bir süre sonra karbüratörü kapadı, vidaladı ve gazkoluyla oynamaya başladı. O, çalıştırma ipini çekerken Nate de içinden dualar ediyordu. Dördüncü çekişte mucize gerçekleşti. Motor çalıştı ama önceki gibi pek normal değildi. Arada bir öksürüyor, duracak gibi oluyordu. Jevy gazkolu kablolarını ayarladı ama nafile.

Bir ara Nate'e bakmadan, "Düşük süratle gitmemiz gerekiyor," dedi.

"Tamam. Yeter ki bulunduğumuz yeri bilelim."

"Mesele değil."

Bir süre sonra Bolivya dağları üzerinde patlayan fırtına Pantanal üzerine doğru geldi, uçakta yakalandıkları ve ölümden zor kurtuldukları fırtınayı andırıyordu. Nate teknenin dibine oturup yağmurluğunun altından nehrin doğusunu gözetliyor, aşina bir şeyler arıyordu ve birden ilk rüzgâr hamlesini hissetti. Yağmur da aynı anda hızlanmıştı. Yavaşça döndü ve arkasına baktı. Jevy de görmüştü ama bir şey söylemedi.

Gökyüzü koyu gri, neredeyse siyahtı. Bulutlar yere iyice yaklaşmış kaynaşıyordu, dağlar artık görünmüyordu. Yağmur onları sırılsıklam ediyordu. Nate tamamen açıkta ve çaresiz hissetti kendini.

Etrafta saklanacak, tekneyi bağlayıp da fırtınanın geçmesini bekleyebilecekleri bir yer görünmüyordu. Her taraf suydu, bütün yönler millerce suyla kaplanmıştı. Su baskınına uğramış bir bölgedeydiler, sadece birkaç ağaç ve çalılık tepesi görebiliyor, nehir ve bataklıkta ancak onlarla yön bulabiliyorlardı. Teknenin içinde kalmalıydılar, çünkü başka seçenekleri yoktu.

Arkalarından sert bir rüzgâr gelip tekneyi ileriye doğru itti, yağmur sırtlarını dövüyordu. Gökyüzü iyice kararmıştı. Nate alüminyum sıranın altına girip, yüzer minderini alarak mümkün olduğunca yağmurluğunun altına gizlenmek istedi. Ama yağmur suları ayaklarının arasında toplanıyordu. Her şey ıslanıyordu. Kovayı aldı ve tekneye dolan yağmur sularını boşaltmaya başladı.

O sırada bir çatalağzına geldiler, Nate daha önce buradan geçmediklerine emindi, sonra da nehirlerin birleştiği bir noktaya geldiler ama yağmurda iyi göremiyorlardı. Jevy gazı kesip suları inceledi ve sonra da, sanki nereye gittiğini biliyormuş gibi gazı açıp sağa keskin bir dönüş yaptı. Nate kaybolduklarına emindi.

Birkaç dakika sonra nehir, çürümüş ağaçlar ve çalıların arasına girdi – daha önce görmedikleri, unutulmaz bir manzaraydı bu. Jevy tekneyi hemen geriye döndürdü. Şimdi fırtınanın içine doğru gidiyorlardı ve görüntü korkunçtu. Gökyüzü simsiyahtı. Nehir suları köpürmüş, beyaz dalgalar oluşmuştu.

Birkaç nehrin birleştiği yerde, rüzgâr ve yağmurda birbirlerini duyabilmek için bir süre bağırarak konuştular ve sonra başka bir nehir seçtiler.

Hava iyice kararmadan biraz önce sularla kaplı, sel altında kalmış geniş bir bölgeyi geçtiler, çalılıklarda balıkçıyı gördükleri geçici göle benziyordu biraz. Ama balıkçı oralarda değildi.

Jevy, oraya akan küçük akarsulardan birini seçti ve sanki Pantanal'ın bu bölgesinde her gün dolaşıyormuş gibi rahatça yola devam etti. Bir süre sonra şimşek çaktı ve birkaç saniye için nereye gittiklerini görüyormuş gibi oldular. Yağmur azaldı. Fırtına yavaşça onlardan uzaklaşıyordu.

Jevy motoru susturdu ve nehrin kıyılarını inceledi.

Nate, "Ne düşünüyorsun?" diye sordu. Fırtına sırasında çok az konuşmuşlardı. Koybolmuşlardı, bu açıktı. Ama Nate, bunu kabul etmesi için Jevy'yi zorlayamazdı kuşkusuz.

Jevy, "Kamp kurmalıyız," dedi. Bu bir plandan ziyade bir teklifti.

"Neden?"

"Çünkü bir yerde uyumamız gerekiyor."

Nate, "Teknede nöbetleşe kestirebiliriz," dedi. "Burası daha güvenli." Bunu sanki kendine güvenen bir nehir rehberi gibi söylemişti.

"Olabilir. Ama ben, burada durmamız gerektiğini düşünüyorum. Karanlıkta yola devam edersek kaybolabiliriz."

Nate ona, üç saattir zaten kaybolmuş durumdayız, demek istedi.

Jevy tekneyi çalılar ve ağaçlarla örtülü bir kıyıya doğru götürdü. El fenerleriyle sığ suları gözetleyip, kıyıya yakın kalarak akıntıyla birlikte sürükleniyorlardı. Suyun yüzünde parlayacak iki kırmızı nokta, bir timsahın onları gözetlediği anlamına gelecekti ama, çok şükür böyle bir şey görmediler. Birkaç dakika sonra kıyıdan üç metre kadar ileriye uzanmış bir ağaç dalı bulup tekneyi ona bağladılar.

Akşam yemeği olarak yarı kurutulmuş ekmek, balık konserve muz ve peynir yediler, Nate bu tür balık hiç yememişti.

Rüzgâr kesilince sivrisineklerin saldırısı başladı. İlâcı birbirlerine verip önlem aldılar. Nate ilacı ensesine, yüzüne ve hatta gözkapakları ve saçlarına bile sürdü. Minik haşereler çok hızlı ve acımasızdı, küçük bulutlar halinde teknenin bir ucundan diğerine uçup duruyorlardı. Yağmur durmuş olmasına rağmen ikisi de yağmurluğunu çıkarmamıştı. Sivrisinekler amansızca saldırıp yağmurluktan içeri girmek istedi ama plastiği delemediler.

Gecenin on birine doğru bulutlar dağıldı ama ay yoktu. Akıntı tekneyi hafif hafif sallıyordu. Jevy ilk nöbeti tutacağını söyledi ve Nate, uyuyabilmek için mümkün olduğunca rahat bir pozisyon almaya çalıştı. Başını çadırın üzerine dayayıp bacaklarını uzattı. Ama yağmurlukta açık bir yer bulan sivrisinekler, içine dolup belini sokmaya başladı. Bir şırıltı duyuldu, belki de bir sürüngendi. Alüminyum tekne boylu boyunca uzanılacak şekilde yapılmamıştı.

Uyumak imkânsızdı.

25

Birkaç hafta önce Troy Phelan'ı inceleyip hem videoda ve hem de daha sonraki yeminli ifadelerinde, oy birliğiyle, adamın akli dengesinin yerinde olduğunu söyleyen üç psikiyatr, Flowe, Zadel ve Theishen kovuldu. Adamlar sadece kovulmakla kalmamış, Phelan avukatları tarafından deli, hatta kafadan çatlak olmakla suçlanıp, azarlanmıştı.

Yeni psikiyatrlar bulunmuştu. İlk psikiyatrı Hark getirdi, adamın saat ücreti üç yüz dolardı. Onu, dava avukatları için yayımlanan ve içinde kaza geçirmiş insanları eski haline döndürebilen doktorlardan, röntgen uzmanlarına kadar herkesin reklamı bulunan bir dergiden bulmuştu. Bulunan adamın adı Dr. Sabo'ydu, kendisini emekliye ayırmıştı ama, para karşılığı uzman tanıklık yapabilecekti. Bay Phelan'ın davranışına kısaca bir göz atmış ve böyle bir adamın vasiyet ehliyetinin olamayacağını beyan edivermişti. İnsanın kendisini terastan atması, akıllı işi değildi, olamazdı. Ayrıca on bir milyarlık bir serveti bilinmeyen birine bırakması da, onun bir ruh hastası olduğunu açıkça gösteriyordu.

Sabo, Phelan davasında çalışma fikrinden çok hoşlanmıştı. İlk üç psikiyatrın fikirlerini çürütmek büyük bir meydan okuma olacaktı. İşin reklamı ona çekici gelmişti – daha önce hiç büyük bir davada çalışmamıştı ve kazanacağı parayla bir Doğu seyahatine çıkabilirdi.

Tüm Phelan avukatları Flowe, Zadel ve Theishen'in yeminli beyanını çürütmek için çırpınıyordu. Onları safdışı bırakmanın tek çaresi, yeni fikirleri olan yeni uzmanlar bulmaktı kuşkusuz.

Yüksek saat ücretleri sorun oluyordu. Vârisler, bu yüksek ücretler sonucu oluşacak büyük aylık ödemeleri yapamayacak duruma gelmişti ve bu nedenle avukatlar nezaket gösterip alacaklarını yüzdeye çevirerek meseleleri basitleştirmeye karar verdiler. İstenen yüzdeler şaşırtıcıydı ve hiçbir hukuk firması kendi yüzdesini açıklamıyordu. Hark yüzde 40 istedi ama Rex onu açgözlü olmakla suçladı. Sonunda yüzde 25 üzerinde anlaştılar. Grit de Mary Ros Phelan Jackman'dan yüzde 25 sözü aldı.

En büyük zafer, Libbigail ve Spike'la yarı yarıya savaşı veren Sokak savaşçısı Wally Bright'ın oldu. Adam onlara düşecek payın yarısını alacaktı.

Davaları açmadan önceki çılgınca karmaşa içinde, hiçbir Phelan vârisi de çıkıp doğru şeyi yapıp yapmadıklarını sormadı. Avukatlarına güveniyorlardı ve zaten herkes de vasiyetnameye itiraz ediyordu. Hiç kimse bu işin dışında kalamazdı. Ortada büyük para vardı.

Hark, Phelan avukatları içinde sesi en çok çıkanıydı ve bu özelliği nedeniyle, uzun yıllar Troy'un hizmetinde çalışmış olan Snead'ın dikkatini çekmişti. İntihar olayından sonra hiçkimse Snead'a dikkat etmemişti. Adam, dava koşuşturması nedeniyle tamamen unutulmuştu. İşini kaybetmişti. Vasiyetname okunurken Snead duruşma salonunda, gözünde güneş gözlüğü, başında şapkası, kimsenin dikkatini çekmeden oturmuş, sonra da ağlayarak çıkmıştı.

Phelan çocuklarından nefret ediyordu, çünkü Troy nefret ederdi onlardan. Troy'u ailelerinin onun başına açacağı belalardan korumak için yıllar boyu hoş olmayan şeyler yapmış, yapmak zorunda kalmıştı Snead. Kürtajlara aracı olmuş, çocuklar uyuşturucuyla yakalandığında polislere rüşvetler vermişti. Metresleri korumak için eşlere yalanlar söylemiş ve metresler eş olunca, bu kez de sevgilileri korumak için onlara yalan söylemişti.

Tüm bu çırpınıp didinmeleri karşılığında Troy'un karıları ve çocukları ona eşcinsel demişti.

Bay Phelan da hizmetlerine karşın ona hiçbir şey bırakmamıştı. Bir kuruş alamıyordu. Uzun yıllar iyi maaş almış ve parasının bir kısmını fonlara yatırmıştı ama, bunlar yaşamının sonuna kadar yetmezdi ona. İşi ve patronu için her şeyi bir yana bırakmıştı. Normal bir yaşamı olmamıştı, çünkü Bay Phelan onu günün her saatinde işte görmek istiyordu. Bir aile kurması imkânsızdı, bundan söz bile edilemezdi. Konuşabileceği gerçek bir dostu bile yoktu.

Güvenebileceği, sırlarını paylaşabileceği, arkadaş olabileceği tek kişi Bay Phelan olmuştu.

İhtiyar ona yıllar boyu birçok söz vermiş, Snead'ı açıkta bırakmayacağını söylemişti. Vasiyetnamelerden birinde adının geçtiğini biliyordu. Bu belgeyi kendi gözleriyle görmüştü. Buna göre, Bay Troy'un ölümünden sonra bir milyon dolar alacaktı. O zaman Troy'un serveti net üç milyardı ve Snead bir milyonun ne kadar küçük bir rakam olduğunu düşünmüştü, bunu iyi hatırlıyordu. İhtiyar zamanla zenginleştikçe, Snead da payına düşecek paranın her yeni vasiyetnamede arttığını düşünürdü.

Arada sırada, zamanlamanın uygun olduğunu düşündüğünde patronuna bu konuyla ilgili imalarda bulunur, nazikâne sorular yöneltirdi. Ama Bay Phelan onu hep terslemiş, hiçbir şey bırakmamakla tehdit etmişti. Bir gün, zavallı Snead'ı, "Sen de çocuklarım kadar berbatsın," diyerek üzmüştü.

Nasıl olduysa, bir milyon alacakken ortada kalmıştı ve buna çok kızıyordu. Başka hiçbir seçeneği olmadığı için düşmanla işbirliği yapmak zorunda kalabilirdi.

Hark Gettys ve Ortakları'nın Dupont Circle yakınlarındaki yeni ofislerine gittiğinde, danışmadaki kız, Bay Gettys'in çok meşgul olduğunu söyledi. Snead, sert bir sesle, "Ben de meşgulüm," dedi. Troy'a çok yakın olduğundan, yaşamının büyük bir bölümünü avukatlar arasında geçirmişti. Bu adamlar hep meşgul olurdu zaten.

Kıza bir zarf uzattı ve, "Bunu kendisine ver," dedi. "Çok acildir. Şurada on dakika bekleyecek ve sonra caddedeki başka bir hukuk firmasına gideceğim."

Snead bir koltuğa oturdu ve yere bakmaya başladı. Yerde ucuz ve yeni bir halı vardı. Danışmadaki kız biraz tereddüt etti ve sonra bir kapı açıp kayboldu. Zarfın içindeki kısa elyazısı notta, 'Otuz yıl Troy Phelan için çalıştım. Her şeyi biliyorum. Malcolm Snead.' yazıyordu.

Çok geçmeden Hark, not elinde olduğu halde, aptalca bir gülümsemeyle koşar adım çıkıp geldi, dost görünmenin Snead'ı etkileyeceğini sanıyordu. Acele adımlarla koridoru geçip büyük bir büroya girdiler, danışma memuru da onları izliyordu. Hayır, Snead çay, kahve ya da Cola istemiyordu. Hark kapıyı kapadı ve kilitledi.

Ofis taze boya kokuyordu. Masa ve raflar yeniydi ama tahtaları birbirine uymuyordu. Dosyalarla dolu kutular ve kâğıtlar, duvarlar boyunca yere yığılmıştı. Snead hiç acele etmeden ayrıntıları incele-di. Sonra, "Yeni taşındınız galiba, öyle mi?" dedi.

"Birkaç hafta oluyor."

Snead bu yerden hiç hoşlanmamıştı ve şu anda avukat konu-sunda da pek iyi şeyler düşünmüyordu. Adamın üzerinde, Snead'ın giydiğinden bile daha ucuz bir yün takım elbise vardı.

Hark notu hâlâ elinde tutarak, "Demek otuz sene, ha?" dedi.

"Evet, öyle."

"Atladığı zaman onun yanında mıydınız?"

"Hayır. O yalnız atladı."

Sahte bir gülüş ve sonra yeni bir gülümseme. "Yani, odada mıy-dınız demek istedim?"

"Evet. Az kalsın onu yakalıyordum."

"Korkunç bir şey olmalı."

"Öyleydi. Hâlâ da öyle."

"Vasiyetnameyi imzaladığını gördünüz mü? Yani sonuncu vasi-yetnameyi?"

"Evet gördüm."

"O lanet şeyi yazarken de gördünüz mü peki?"

Snead yalan söylemeye hazırdı. Gerçeğin hiçbir anlamı yoktu, çünkü ihtiyar da ona yalan söylemişti. Kaybedecek neyi vardı ki?

"Pek çok şey gördüm," dedi. "Pek çok şey de biliyorum. Bu zi-yaret sadece para içindir, başka bir şey için değil. Bay Phelan vasi-yetnamesine beni de koyacağını söylemişti. Pek çok söz verildi ama hiçbiri tutulmadı."

"Demek siz de müvekkilimle aynı durumdasınız."

"Ama biliniz ki müvekkilinizi ve kardeşlerini hiç sevmem. Önce bu konuda anlaşalım."

"Anlıyorum."

"Kimse Troy Phelan'a benim kadar yakın olmadı. Kimsenin ta-nıklık edemeyeceği şeyler gördüm ve duydum."

"Yani tanıklık etmek mi istiyorsunuz?"

"Ben bir tanığım, bir uzman tanık. Ve fiyatım da yüksektir."

Bir an göz göze geldiler. Mesaj verilmiş ve alınmıştı.

"Yasalara göre, meslekten olmayanlar, vasiyetname imzalayan birinin akli dengesi konusunda fikir beyan edemez, ama siz, akli dengesinin bozuk olduğunu kanıtlayacak bazı hareket ve davranışlar konusunda tanıklık yapabilirsiniz."

Snead kaba bir tavırla, "Bütün bunları biliyorum," dedi.

"Deli miydi o?"

"Deliydi ya da değildi. Benim için önemsiz. Ben iki yöne de gidebilirim."

Hark durup bunu düşünmek durumundaydı. Yüzünü kaşıdı ve duvara baktı.

Snead ona yardıma karar verdi. "Ben meseleye şöyle bakıyorum. Sizin çocuk, erkek ve kız kardeşleriyle birlikte zor durumda. Hepsi de yirmi bir yaşında beşer milyon dolar aldı ve bu parayla ne yaptıklarını biliyoruz. Hepsi gırtlağına kadar borca batmış olduğundan, vasiyetnameye itirazdan başka çareleri yok. Ama hiçbir jüri onlara acımayacaktır. Hepsi de açgözlü ve kaybetmeye mahkûm insanlar. Davayı kazanmak çok güç. Ama siz ve diğer avukatlar ya da akbabalar, vasiyetnameye itiraz edeceksiniz ve kısa zamanda tüm medyaya aksedecek büyük bir dava yaratacaksınız, çünkü işin içinde on bir milyar dolar var. Elinizde kazanacağınıza dair bir kanıt olmadığından da, mahkemeye gitmeden bir anlaşmaya varmayı umuyorsunuz."

"Çok çabuk anlıyorsunuz."

"Hayır. Sadece otuz yıl boyunca Bay Phelan'ı izledim. Her neyse, mahkeme dışı anlaşmadan alacağınız paranın büyüklüğü bana bağlı. Zihnim her şeyi net ve ayrıntılı olarak hatırlarsa, belki eski patronum vasiyetnameyi yazarken, aklı başında değildi diyebilirim."

"Yani hafızanız bazen çalışıyor bazen çalışmıyor, öyle mi?"

"Hafızam ben ne istersem onu yapar. Bunu kimse sorgulayamaz."

"Ne istiyorsunuz peki?"

"Para."

"Ne kadar?"

"Beş milyon."

"Çok para."

"Hiçbir şey değil. Bunu ya bu taraftan ya da diğerinden alacağım. Benim için fark etmez."

"Bu parayı size nasıl verebileceğimi düşünüyorsunuz?"

"Bilmiyorum. Ben avukat değilim. Sanırım siz ve yardımcılarınız bu konuda küçük bir entrika çevirebilirsiniz."

Hark bir yol bulmak için düşünürken, odada derin bir sessizlik oldu. Kafasında bir sürü soru vardı ama, cevap alabileceğini sanmıyordu. En azından şimdilik alamazdı.

"Başka tanık var mı?" diye sordu.

"Sadece bir kişi. Kadının adı Nicolette'dir. Bay Phelan'ın son sekreteriydi."

"O neler biliyor?"

"Bu bazı şeylere bağlı. Onu da satın alabilirsiniz."

"Bu konuda onunla görüştünüz mü?"

"Her gün görüşüyoruz. Birlikte hareket ediyoruz."

"Ona ne kadar verilecek peki?"

"Beş milyonun içine o da dahil."

"Fiyat makulleşiyor. Başka kimse?"

"Sonucu etkileyecek başka biri yok."

Hark gözlerini kapadı ve şakaklarını ovuşturdu. Sonra burnunu kaşıyarak, "Sizin beş milyona itirazım yok," dedi. "Sadece bu parayı size nasıl verebileceğimizi bilemiyorum."

"Bir yolunu bulacağınızdan eminim."

"Bana biraz zaman tanıyın, tamam mı? Bunu düşünmem gerekiyor."

"Acelem yok. Size bir hafta vereceğim. Eğer hayır derseniz bu kez diğer tarafa gideceğim."

"Başka taraf yok ki."

"Bundan bu kadar emin olmayın."

"Rachel Lane konusunda bir şey biliyor musunuz?"

Snead, "Ben her şeyi biliyorum," dedi ve sonra da çıkıp gitti.

26

Güneşin ilk ışıkları onlara yeni bir şey getirmedi. Daha önce gördükleri tüm diğerlerine benzeyen küçük bir nehrin kıyısında bir ağaca bağlanmışlardı. Gökyüzü yine bulutluydu; gün ışığı ağır ağır yükseldi.

Kahvaltı küçük bir kutu kurabiyeydi ve Welly'nin verdikleri bitmek üzereydi. Nate yavaş yavaş yerken, bir daha ne zaman yemek yiyebileceğini düşünüyordu.

Akıntı güçlüydü ve güneş yükselirken yola çıktılar. Duydukları tek ses suların şırıltısıydı. Yakıttan tasarruf etmek için motoru çalıştırmamışlardı ve Jevy, mecbur kalmadıkça da çalıştırmayacaktı, akıntıyla mümkün olduğunca mesafe katetmek istiyorlardı.

Bir süre sürüklendikten sona üç akarsuyun döküldüğü, su basmış bir araziye geldiler ve sessizce bakıştılar.

Nate, "Galiba kaybolduk, değil mi?" diye sordu.

"Nerede olduğumuzu çok iyi biliyorum ben."

"Neredeyiz peki?"

"Pantanal'dayız. Ve burada tüm nehirler Paraguay'a akar."

"Eninde sonunda."

"Evet. Eninde sonunda."

Jevy motor kapağını kaldırdı ve karbüratör üzerindeki nemi sildi. Gazkolunu ayarladı, yağı kontrol etti ve sonra motoru çalıştırmayı denedi. Beşinci çekişte motor çalıştı, ama sonra öksürdü ve durdu.

Nate kendi kendine, 'Galiba burada öleceğim,' dedi. 'Ya boğulacak ya açlıktan ölecek ya da bir canavar tarafından parçalanıp yeneceğim, ama bu uçsuz bucaksız bataklık son nefesimi vereceğim yer olacak.'

Tam o sırada bir bağırış duyup şaşırdılar. Ses yüksekti ve bir genç kız sesine benziyordu. Motorun sarsılıp öksürmesi başka bir insanın dikkatini çekmişti. Ses aynı yere akan bir diğer nehrin kenarından, yabani otlarla kaplı bataklıktan gelmişti. Jevy bağırdı ve birkaç saniye sonra aynı ses tekrar duyuldu.

Biraz sonra, yabani otların ve sazların arasından, ağaç kütüğünden oyma bir kanoya binmiş bir çocuk çıktı ortaya, on beş yaşından fazla değildi. El yapımı bir kürek kullanıyor ve suda büyük bir hızla ve rahatlıkla ilerliyordu. Yaklaşınca, gülümsedi ve, *"Bom dia,"* dedi. Küçük, esmer ve kare şeklinde bir yüzü vardı ve Nate'in yıllardan beri gördüğü en güzel yüzdü bu. Genç onlara bir ip attı ve yanaştı.

Jevy onunla uzun uzun konuştu ve bir süre sonra Nate sabırsızlandı. "Neler söylüyor bu çocuk?" diye sordu.

Çocuk Nate'e baktı ve Jevy ona, *"Americano,"* dedi.

Jevy, "Cabixa Nehri'nden çok uzakta olduğumuzu söylüyor," dedi.

"Bunu sana ben de söyleyebilirdim."

"Paraguay yarım gün doğudaymış söylediğine göre."

"Tabii kanoyla, değil mi?"

"Hayır, uçakla!"

"Çok komik. Bizim için ne kadar sürer?"

"Aşağı yukarı dört saat."

Beş, belki de altı saat. Ama bu tabii normal çalışan bir motor içindi. Kürekle gitmeye kalkarlarsa bir hafta sürebilirdi.

Portekizce konuşma sakin bir tonla tekrar başladı. Kanoda bir teneke kutuya sarılmış olta ipi ve içi çamurlu su dolu bir kavanoz vardı, bunda da herhalde kurtlar ya da başka tür balık yemi olacaktı. Zaten balıkçılık konusunda ne biliyordu ki? Sivrisineklerin ısırdığı yerleri kaşımaya başladı.

Bir yıl önce, çocuklarla birlikte kayak yapmak için Utah'a gitmişti. Bir gün bir tekila karışımı içmiş ve tadını çok sevdiğinden, sızıncaya kadar devam etmişti. Baş ağrısı iki gün sürmüştü.

İki Brezilyalı konuşurken birden sesleri yükseldi ve bir yeri gösterdiler. Jevy konuşmaya devam ederken ona baktı.

Nate, "Ne oluyor?" diye sordu.

"Yakında yerliler var."

"Ne kadar yakında?"

"Bir saatlik mesafede, belki de iki."

"Çocuk bizi oraya götürebilir mi?"

"Ben yolu biliyorum."

"Eminim biliyorsundur. Ama bu oğlan bizimle gelirse daha rahat edeceğim."

Jevy'nin gururu incinmiş gibiydi ama bu koşullarda itiraz edemezdi kuşkusuz. "Biraz para isteyebilir."

"Ne isterse veririz." Çocuk işin içindeki paranın büyüklüğünü bilseydi ne yapardı acaba? Phelan serveti masanın bir yanında, bu sıska küçük *pantaneiro* diğer tarafındaydı. Nate bunu düşününce gülümsedi. Modern makaralı oltalar ve dip radarları olan bir kano filosuna ne dersin evlat? Sadece iste, hepsi senin olabilir.

Jevy onunla biraz konuştu ve sonra, "On real istiyor," dedi.

"Güzel." Yaklaşık on dolar verip Rachel Lane'i bulacaklardı demek.

Bir plan yaptılar. Jevy, pervanenin sudan çıkması için motoru kaldırdı ve ikisi de kürek çekmeye başladılar. Kanodaki çocuğu yirmi dakika kadar izledikten sonra, hızla akan dar ve sığ bir suya girdiler. Nate küreğini sudan çekti, nefesini tuttu ve yüzündeki teri sildi. Kalbi hızla çarpıyordu ve kasları çoktan yorulmuştu. Bulutlar parçalanmaya başlamıştı, güneş artık görünüyordu.

Jevy motorla biraz uğraştı. Çok şükür ki motor çalıştı ve durmadı, çocuğun kanosunu izlemeye devam ettiler, oğlan kürekle neredeyse onları geride bırakacaktı.

Yüksek araziyi bulduklarında saat öğleyin bire geliyordu. Sel basmış bölge geride kalmıştı, şimdi nehir kenarlarındaki çalıları ve içerdeki sık ormanları görebiliyorladı. Çocuk sıkıntılı gibiydi ve garip ama, güneşin pozisyonuyla pek ilgileniyordu.

Bir süre sonra Jevy'ye, "İşte orası," dedi, "hemen nehir dönemecinden sonra." Daha ileriye gitmeye korkuyor gibiydi.

"Burada kalacağım," dedi. "Eve dönmem gerekiyor."

Nate çocuğa parayı verdi ve teşekkür ettiler. Çocuk geriye dönüp akıntıyla birlikte kısa sürede gözden kayboldu. Onlar ilerlemeye devam ettiler. Motor arada bir yine öksürüp sarsılıyordu ama, yarım yolla da olsa onları oraya doğru götürüyordu.

Nehir bir süre sonra bir ormanın içine daldı, ağaçların dalları suya çok yakındı ve yukarda birbirlerine öylesine girmişlerdi ki, bir tünel oluşmuştu ve ışığı geçirmiyordu. Etraf karanlıktı ve motorun muntazam olmayan homurtusu suyun kenarlarından yansıyordu. Nate'in içinde, sanki gözetleniyorlarmış gibi garip bir duygu vardı. Kendilerine yönelmiş okları hisseder gibiydi. Savaş boyalarını sürmüş ve suratı beyaz olan herkesi öldürmek için eğitilmiş vahşilerin fırlatacağı öldürücü oklara karşı hazırlandı.

Ama önce, suyun içinde mutlu gülücüklerle oynaşan küçük kahverengi vücutları, çocukları gördüler. Tünel bir köyde son bulmuştu. Anneler de nehirde yıkanıyordu, onlar da çocukları gibi tamamen çıplaktı ve buna da hiç aldırmıyorlardı. Küçük tekneyi görünce önce kıyıya çekildiler. Jevy motoru susturdu ve tekne süzülerek kıyıya doğru giderken gülümseyerek konuşmaya başladı. Diğerlerinden biraz daha yaşlı bir kadın köye doğru koşmaya başladı.

Jevy, dört kadın ve yedi çocuktan oluşan gruba, "*Fala portuğues?*" diye sordu. Onlar sadece bakıyordu. Küçük çocuklar annelerinin arkasına saklanmıştı. Kadınlar kısa boylu tıknazdı ve küçük göğüsleri vardı.

Nate, "Bunlar dost mu acaba?" diye sordu.

"Bunu erkekleri söyleyecek."

Birkaç dakika içinde erkekler geldi, üç kişiydiler ve onlar da kısa boylu, yapılı ve kaslı adamlardı. Çok şükür ki önlerinde küçük de olsa birer deri parçası vardı, bunlar arkalarındaki parçayla bir torba oluşturuyordu.

İçlerinden en yaşlısı Jevy'nin dilini konuştuğunu söyledi, ama Portekizcesi pek de iyi sayılmazdı. Jevy suya yakın bir ağaca yaslanıp onlara derdini anlatmaya çalışırken, Nate, daha güvenli olduğunu düşündüğü teknede kaldı. Yerliler Jevy'nin etrafını sardılar, Jevy onlardan otuz santim daha uzundu.

Birkaç dakikalık konuşma ve el hareketinden sonra, Nate, "Lütfen bana tercüme eder misin konuşulanları?" dedi.

Yerliler Nate'e baktı.

Jevy, "*Americano,*" dedi ve yeni bir konuşma başladı.

Nate, "Kadından bir haber var mı?" diye sordu.

"Henüz oraya gelmedik. Seni canlı olarak yakmamaları için hâlâ onları ikna etmeye çalışıyorum!"

"Biraz daha fazla çalış bakalım!"

Başka yerliler de geldi. Kulübeleri yüz metre kadar ilerde, ormanın kenarında görünüyordu. Nehrin biraz yukarısında yarım düzine kadar kano kıyıya bağlanmıştı. Çocuklar sıkılmış gibiydi. Yavaşça annelerinden ayrılıp suya girerek tekneyi incelemeye başladılar. Beyaz yüzlü adam da onları şaşırtmış, meraklandırmıştı. Nate onlara gülümseyip göz kırptı ve çok geçmeden onlar da sırıtmaya başladı. Welly kurabiyeler konusunda cimri davranmamış olsaydı şimdi bu çocuklara birkaç tane verebilirdi.

Sohbet devam ediyordu. Konuşan yerli arada bir dönüp arkadaşlarına rapor veriyor ve söylenenler de onlarda büyük ilgi uyandırıyordu. Konuşmaları bir dizi homurtu ve kısa sözcükler halindeydi ve konuşurken dudakları çok az hareket ediyordu.

Nate, "Ne diyor bu adam?" diye homurdandı.

Jevy, "Bilmiyorum," diye cevap verdi.

Küçük bir oğlan çocuğu elini teknenin kenarına koydu ve kapkara ve kocaman gözlerle Nate'e baktı. Sonra hafif ve yumuşak bir sesle, "Merhaba," dedi. Nate doğru yere geldiklerini anlamıştı.

Çocuğun söylediğini Nate'den başka duyan olmamıştı. Çocuğa doğru eğildi ve hafifçe, "Merhaba," diye karşılık verdi.

Çocuk yerinden kımıldamadan, "Güle güle," dedi. Rachel ona en azından iki İngilizce sözcük öğretmişti.

Nate, sesini iyice kısıp fısıltıyla, "Adın ne senin?" diye sordu.

Çocuk, "Merhaba," diye tekrarladı.

Ağacın altındaki tercüme çalışması da aynı şekilde ilerliyordu. Erkek yerliler heyecanlı ifadelerle birbirleriyle konuşurken kadınların hiç sesi çıkmıyordu.

Nate, "Kadından haber var mı?" diye tekrar sordu.

"Sordum. Buna cevapları yok."

"Bu da ne demek oluyor?"

"Bilmiyorum. Galiba kadın burada, ama nedense bu konuda konuşmakta isteksiz görünüyorlar."

"Neden isteksiz olsunlar ki?"

Jevy kaşlarını çattı ve uzaklara baktı. O nereden bilecekti yani?

Bir süre daha konuştular ve sonra yerliler hep birlikte ordan ayrıldı – önce erkekler, sonra kadınlar ve en sonra da çocuklar gitti.

Tek sıra halinde yürümüş ve köye doğru gidip gözden kaybolmuşlardı.

"Onları kızdırdın mı yoksa?"

"Hayır. Bir toplantı yapacaklarmış galiba."

"Kadın burada mı dersin?"

"Sanırım." Jevy tekneye girip oturdu ve biraz kestirmeye hazırlandı. Hangi zaman diliminde oldukları önemli değildi ama saat bire geliyordu. Ağızlarına birkaç parça bisküvi atıp öğle yemeğini geçiştirdiler.

Saat üçe doğru küçük bir grup genç adam gelip onları alarak önce toprak yoldan köye götürdü, herkesin hareketsiz durup onlara baktığı kulübelerin arasından geçtiler ve başka bir yoldan ormana doğru devam ettiler.

Nate, 'Bu bir ölüm yürüyüşü,' diye düşündü. 'Bir tür Taş Çağı kurban töreni için bizi ormana götürüyorlar.' Güvenli bir tavırla yerlileri izleyen Jevy'nin arkasına takıldı. Bir süre sonra, kendilerini esir alanları kızdırmak istemeyen bir savaş esiri gibi, "Hangi cehenneme gidiyoruz böyle?" diye tısladı.

"Sakin ol."

O sırada orman bitmiş bir açıklığa çıkmışlardı, yeniden nehir kenarındaydılar. Şef birden durdu ve işaret etti. Suyun kenarında koca bir boa yılanı güneş altında uzanmıştı. Siyahtı ama alt kısmında sarı işaretler vardı. En kalın yerinde çevresi en azından otuz santim vardı.

Nate, "Bunun boyu ne kadar acaba?" diye sordu.

Jevy, "Altı, yedi metre vardır," diye cevap verdi. "En sonunda bir boa yılanı gördün işte."

Nate'in dizleri büküldü, ağzı da kupkuru olmuştu. Yılanlar konusunda espriler yapıp duruyordu. Ama bu kadar uzun ve kalın bir yılanı böyle yakından görmek gerçekten de şaşırtıcı bir olaydı doğrusu.

Jevy, "Bazı yerliler yılana tapar," dedi.

Nate, 'O zaman bizim misyonerler ne yapıyor acaba?' diye düşündü. Bunu Rachel'e sormak isterdi.

Sivrisinekler sadece onu sokuyordu sanki. Yerliler bu hayvanlara karşı bağışıklık kazanmış gibiydi. Jevy de sineklere vurmuyordu. Nate durmadan kendini tokatlıyor ve cildini kanatıncaya kadar kaşıyordu. Sinek kovucu ilacı da çadır, pala ve tüm diğer eşyalarla birlikte teknede kalmıştı ve hiç kuşkusuz çocuklar da onları inceliyordu.

Yürüyüş yarım saat kadar yeni bir macera şeklinde sürdü ama daha sonra, sıcak ve sinekler onu monoton bir hale getirdi. Nate, tam bir cevap beklememesine rağmen, "Ne kadar yürüyeceğiz böyle?" diye sordu.

Jevy baştaki adama bir şey söyledi ve o da ona cevap verdi. Cevap, "Pek uzak değil," şeklindeydi. Bir patika daha geçtiler ve sonra daha geniş bir yola geldiler. Buralarda başka yerliler de vardı. Bir süre sonra ilk kulübeyi gördüler ve duman kokusu aldılar.

İki yüz metre kadar yaklaştıklarında, onları götürenlerin lideri nehir yakınındaki gölgelik bir alanı gösterdi. Nate ve Jevy'yi, içi boş kamışların birbirine bağlanmasıyla yapılmış bir banka götürdüler. Onları orada iki nöbetçiyle bırakıp köye gittiler.

Zaman ilerleyince iki nöbetçi sıkıldı ve kestirmeye karar verdiler. Bir ağacın gövdesine yaslandılar ve birkaç dakika içinde uykuya daldılar.

Nate, "Sanırım kaçabiliriz artık," dedi.

"Nereye?"

"Acıktın mı?"

"Biraz. Ya sen?"

Nate, "Hayır, benim midem tıka basa dolu," dedi. "Dokuz saat önce yedi tane incecik kurabiye yemiştim. Welly'yi görünce hatırlat da ona bir tokat atayım!"

"Umarım iyidir o çocuk."

"Neden olmayacakmış. Benim hamağımda sallanıyor, taze kahve içiyor, güvende, kupkuru ve karnı da tok."

Rachel yakınlarda bir yerde olmasaydı onları buralara kadar getirmezlerdi herhalde. Nate sırada oturup uzaktaki kulübelerin tepelerine bakarken, kafasının içinde kadınla ilgili bir sürü soru vardı. Nasıl bir kadındı acaba – söylenenlere göre annesi çok güzeldi. Troy Phelan güzel kadınlara düşkündü. Nasıl giyiniyordu Rachel? Eğittiği İpikalar çıplaktı. Ne zamandan beri uygarlıktan uzak yaşıyordu? Bu köye gelen ilk Amerikalı mıydı acaba?

Nate'in burada bulunmasına tepkisi ne olacaktı? Ve tabii paraya?

Zaman ilerledikçe Nate'in de onunla karşılaşma konusundaki sabırsızlığı artıyordu.

Köyden hafif gürültüler geldiğinde iki nöbetçi hâlâ uyuyordu. Jevy onlara küçük bir taş attı ve bir şeyler fısıldadı. Adamlar ayağa fırlayıp pozisyon aldı.

Patikada dizboyu yabani otlar vardı ve uzakta, bu yoldan kendilerine doğru gelenler olduğunu gördüler. Rachel de onların arasındaydı; geliyordu. Kahverengi çıplak göğüslerin arasında açık sarı bir gömlek ve hasır şapkanın altında açık tenli bir yüz vardı. Nate yüz metreden onu görebiliyordu.

"Kızımızı bulduk," dedi.

"Evet. Sanırım bulduk."

Ağır adımlarla yürüyorlardı. Genç erkeklerden üçü önde, diğer üçü de arkadaydı. Rachel, yerlilerden biraz daha uzun boyluydu ve zarif hareketlerle ilerliyordu. Çiçekler arasında yürüyüşe çıkmıştı sanki. Kimsenin acelesi yoktu.

Nate onun her adımını izliyordu. İnce, zarif bir kadındı, geniş ve kemikli omuzları vardı. Onlara yaklaşırken, bulundukları yere bakmaya başladı, Nate ve Jevy onu karşılamak için kalktılar.

Yerliler gölgelik yerin kenarına gelince durdu, ama Rachel yürümeye devam etti. Şapkasını çıkardı. Kahverengi, kısa ve yarısı kırlaşmış saçları vardı. Jevy ve Nate'e bir iki metre mesafede durdu.

Jevy'ye, "*Boa tarde, senhor,*" dedi ve sonra Nate'e baktı. Gözleri koyu maviydi, neredeyse çivit mavisi. Yüzünde kırışıklık ya da makyaj yoktu. Kırk iki yaşındaydı ve fazla stres yaşamayan insanların rahatlığı içinde yaşını pek göstermiyordu.

"*Boa tarde.*"

Kadın tokalaşmak için elini uzatmadı ve adını da söylemedi. Bir sonraki hareketi onlardan bekliyordu.

"Benim adım Nate O'Riley. Washingtonlı bir avukatım."

Rachel bu kez Jevy'ye döndü ve, "Ya siz?" diye sordu.

"Ben Jevy Cardozo'yum, Corumba'da yaşıyorum ve onun rehberiyim."

Kadın hafif bir gülümsemeyle onları tepeden tırnağa inceledi. Bu an onun için pek de tatsız sayılmazdı. Onlarla karşılaşmaktan hoşlandığı belliydi.

"Buraya gelişinizin nedeni nedir?" diye sordu. Hiçbir Louisiana ya da Montana aksanı olmadan, güzel, hiç bozulmamış Sacramento ya da St. Lois Amerikan İngilizcesiyle konuşuyordu.

Nate, "Buralarda çok güzel balıklar olduğunu duyduk," dedi.

Kadın sesini çıkarmadı. Jevy, özür diler gibi, "Kötü esprileri vardır efendim," dedi.

"Özür dilerim. Ben Rachel Lane'i arıyorum. Sizin o kadın olduğunuza inanmam için nedenlerim var."

Kadın yüz ifadesini hiç değiştirmeden dinledi onu. "Rachel Lane'i neden bulmak istiyorsunuz?"

"Çünkü ben bir avukatım ve çalıştığım firmanın Rachel Lane ile önemli ve hukuki bir meselesi var."

"Nasıl bir hukuki mesele bu?"

"Bunu sadece ona söyleyebilirim."

"Ben Rachel Lane değilim. Özür dilerim."

Jevy içini çekti ve Nate'in de omuzları çöküverdi. Kadın onların her hareketini, her davranışını ve her yüz ifadesini izliyordu. Onlara bakıp, "Karnınız aç mı?" diye sordu.

İkisi de baş salladı. Kadın yerlileri çağırıp onlara bazı talimatlar verdi. Sonra, "Jevy, sen bu adamlarla beraber köye git," dedi. "Senin karnını doyuracaklar ve burada kalacak olan Bay O'Riley için de yemek verecekler."

Kararmaya başlayan gölgelik yerde sıraya oturdular ve Jevy'yle beraber köye giden yerlilerin arkasından sessizce baktılar. Jevy, Nate'in iyi olup olmadığını anlamak için sadece bir kez dönüp baktı.

27

Yerliler yanında değilken o kadar uzun boylu görünmüyordu kadın. Kadınları şişmanlatan yiyeceklerden de kaçınmış olmalıydı. Bacakları ince ve uzundu. Ayaklarında deri sandallar vardı ki, bu da kimsenin ayakkabı giymediği bir kültürde garipti. Onları nereden bulmuştu acaba? Haki şortunu ve kısa kollu sarı gömleğini nereden almıştı. Oh, saçma sorular.

Kadının giysileri basit ve eskiydi. Eğer Rachel Lane değilse, en azından onun nerede olduğunu bilirdi.

İkisinin dizleri birbirine çok yakındı, neredeyse değecekti. Kadın ilerdeki köye bakarak, "Rachel Lane yıllar önce ortadan kayboldu," diye konuştu. "Rachel adını tuttum, ama Lane'i bıraktım. Konu ciddi olmalı, yoksa buralara gelmezdiniz." Yumuşak bir sesle, yavaşça ve her sözcüğün hakkını vererek konuşuyordu.

"Troy öldü. Üç hafta önce kendisini öldürdü."

Kadın başını hafifçe eğdi, gözlerini kapadı ve dua eder gibi bir hal aldı. Dua kısa sürdü ve arkasından uzun bir sessizlik geldi. Sessizlik onu asla rahatsız etmiyordu. Bir süre sonra, "Onu tanır mıydınız?" diye sordu.

"Yıllar önce bir kez karşılaşmıştım. Firmamızda birçok avukat vardır ve ben şahsen Troy'un işleriyle hiç ilgilenmedim. Hayır, onu fazla tanımıyorum."

"Ben de fazla tanımıyorum. Aslında o benim gerçek babamdı ve onun için çok dualar ettim, saatlerce hem de, ama benim için o hep bir yabancıydı."

"Onu en son ne zaman gördünüz?" Nate'in konuşması da yumuşak ve yavaştı. Kadın insanı yumuşatıyordu sanki.

"Uzun yıllar önce. Koleje başlamadan önce... Benim hakkımda neler biliyorsunuz?"

"Fazla bir şey bilmiyorum. Geride fazla iz bırakmıyorsunuz."

"O zaman beni nasıl buldunuz?"

"Troy yardımcı oldu. Ölmeden önce sizi bulmak istedi ama bunu başaramadı. Dünya Kabileleri'nde bir misyoner olduğunuzu ve bu ülkede bulunduğunuzu biliyordu. Gerisini de biz tamamladık."

"Bunu nasıl öğrenmiş olabilir?"

"Çok parası vardı."

"Ve siz de bunun için mi buradasınız?"

"Evet, bunun için buradayım. İş konusunda görüşmeliyiz."

"Troy vasiyetinde bana bir şeyler bırakmış olmalı."

"Bunu rahatça söyleyebilirsiniz."

"Ben iş konuşmak istemiyorum. Sadece sohbet etmek istiyorum. İngilizceyi ne kadar az duyduğumu biliyor musunuz?"

"Pek sık olmasa gerek."

"Yılda bir kez alışveriş için Corumba'ya giderim. Bizim merkeze telefon eder ve yaklaşık on dakika İngilizce konuşurum. Bu da her zaman korkutucudur."

"Neden?"

"Heyecanlanırım. Telefonu tutan elim titrer. Konuştuğum insanları tanıyorum ama yanlış sözcükler kullanmaktan korkarım hep. Bazen kekelerim bile. Yılda on dakika."

"Burada ve şu anda çok iyi konuşuyorsunuz ama."

"Çok heyecanlıyım."

"Sakin olun. Ben iyi bir adamım."

"Ama beni buldunuz. Bir saat kadar önce bir hastayla uğraşırken çocuklar gelip buraya bir Amerikalı'nın geldiğini söyledi. Kulübeme koştum ve dua etmeye başladım. Tanrı bana güç verdi."

"Ben herkes için barış adına geliyorum."

"İyi bir insana benziyorsunuz."

Nate, 'Ah bir bilseydin,' diye düşündü. "Teşekkür ederim. Şey, biraz önce bir hastayla uğraştığınızı söylediniz."

"Evet."

"Ben sizin bir misyoner olduğunuzu sanıyordum."

"Öyleyim tabii. Ama aynı zamanda da doktorum."

Nate'in uzmanlık dalı ise doktorlar aleyhine dava açmaktı. Ama şimdi doktorların kötü olanları konusunda konuşmanın ne yeri ne de zamanıydı tabii. "Doktorluk konusu benim araştırmamın dışında."

"Kolejden sonra, tıp fakültesine ve seminere başlamadan önce adımı değiştirdim. Belki de izlerimi o şekilde silmiş oldum."

"Tamamen öyle. Adınızı neden değiştirdiniz peki?"

"Bu uzun ve karmaşık bir hikâye, en azından o zaman öyleydi. Şu anda önemli görünmüyor."

Nehirden hafif bir meltem esti. Saat beşe geliyordu. Ormanın üzerinde alçak ve koyu renk bulutlar vardı. Rachel onun saate baktığını gördü. "Çocuklar çadırınızı buraya getiriyor. Bu gece uyumanız için iyi bir yer burası."

"Teşekkürler, sanırım öyle. Güvende oluruz, değil mi?"

"Evet. Tanrı sizi koruyacaktır. Dua edin."

Nate o anda bir rahip gibi dua etmeyi düşündü. Özellikle de nehrin bu kadar yakınında olmaları onu çok ilgilendiriyordu. Gözlerini kapatır ve boa yılanının çadırının üstüne süzüldüğünü görebilirdi.

"Dua edersiniz, değil mi Bay O'Riley?"

"Lütfen bana Nate deyin. Evet, ederim."

"İrlandalı mısınız?"

"Biraz karışığım. Alman yanım biraz daha güçlüdür. Baba tarafında İrlandalı var. Ama aile tarihi beni pek ilgilendirmedi."

"Hangi kiliseye gidersiniz?"

"Episkopal." Katolik, Luteryen ya da Episkopal, ne önemi vardı ki? Nate ikinci evliliğinden sonra kiliseye hiç gitmemişti.

Dindarlıkla ilgili yaşamdan kaçınmayı yeğlerdi. Din konusu onu pek ilgilendirmiyordu ve bunu şimdi de bir misyonerle tartışmayacaktı. Rachel yine sustu ve Nate konuyu değiştirdi. "Bu yerliler barışsever midir?"

"Çoğunlukla öyle, İpikalar savaşçı değildir ama beyazlara güvenmezler."

"Ya size?"

"Ben on bir yıldır buradayım. Beni kabul ettiler."

"Kabul etmeleri ne kadar sürdü?"

"Ben şanslıydım, çünkü burada benden önce de misyoner bir çift varmış. Bunların dilini öğrenmiş ve İncil'i tercüme etmişlerdi. Ben bir doktorum. Onlarla çabuk dost oldum ve kadınların doğumlarına yardım ettim."

"Portekizceniz de çok iyi görünüyor."

"İyi bilirim. İspanyolca, İpika dili ve Machiguenga konuşurum."

"O nedir?"

"Machiguengalar Peru dağlarında yaşayan yerlilerdir. Oralarda altı yıl kaldım. Dillerini tam ve çok iyi öğreniyordum ki beni çektiler."

"Neden?"

"Gerillalar."

Sanki yılanlar, timsahlar, hastalıklar ve seller yetmiyordu.

"Benimkine pek uzak olmayan bir köyden iki misyoner kaçırdılar. Ama Tanrı onları kurtardı. Dört yıl sonra sağ salim serbest bırakıldılar."

"Buralarda da gerilla var mı?"

"Hayır. Burası Brezilya. Burada insanlar barışseverdir. Kuşkusuz bazı uyuşturucu kaçakçıları var, ama Pantanal'ın bu kadar derinliklerine kimse gelmez."

"Bu da bana ilginç bir şey hatırlattı. Paraguay Nehri ne kadar uzak buraya?"

"Yılın bu zamanında sekiz saat kadar."

"Brezilya saatiyle, değil mi?"

Rachel bu söze gülümsedi. "Burada zamanın yavaş aktığını öğrenmişsiniz. Sekiz ile on saat arası, Amerikan saati."

"Kanoyla, değil mi?"

"Biz böyle seyahat ederiz. Bir zamanlar motorlu bir teknem vardı, Ama eskiydi ve sonunda elden çıktı, bozuldu."

"Peki, motorlu bir tekneyle ne kadar sürer?"

"Yaklaşık beş saat. Şimdi taşkın mevsimi ve kaybolmak kolaydır."

"Bunu ben de öğrendim."

"Nehirler birbirine karışır, beraber akar. Giderken balıkçılardan birini yanınıza almanız gerekir. Rehber olmadan Paraguay Nehri'ni asla bulamazsınız."

"Demek siz yılda bir kez gidiyorsunuz, öyle mi?"

"Evet ama ben kuru mevsimde giderim, Ağustos'ta. O zaman hava biraz daha serindir ve çok sivrisinek de yoktur."

"Yalnız mı gidiyorsunuz?"

"Hayır. Paraguay Nehri'ne kadar yerli dostum Lako'yu alırım yanıma, nehir seviyesi aşağıdayken kanoyla yaklaşık altı saat sürer. Orada bir nehir teknesi bekler ve ona binip Corumba'ya giderim. Orada birkaç gün kalıp işlerimi bitirir ve sonra tekrar bir tekneye atlayıp geri dönerim."

Nate, Paraguay Nehri'nde ne kadar az tekne gördüğünü düşündü. "Herhangi bir tekneye mi binersiniz yani?"

"Genellikle bir sığır teknesi olur bu. Kaptanları yolcu alma konusunda zorluk çıkarmaz, iyi insanlardır."

Eski teknesinin motoru bozulduğu için Rachel kanoyla seyahat ediyordu. Uygarlıkla tek buluşma noktası olan Corumba'ya giderken de sığır taşıyan teknelere biniyordu. Para onu nasıl değiştirirdi acaba? Nate kendi kendine bunu sormadan edemiyordu. Bu soruya cevap vermek imkânsızdı.

Bunu ona yarın söyleyecekti, yeni bir güne başlarken, uyuyup dinlenmiş ve karnı doymuş olarak önlerinde konuşacak uzun saatler olacaktı.

O sırada gölgeliğin kenarında birkaç kişi belirdi – onlara doğru gelenler vardı.

Rachel, "İşte geldiler," dedi. "Hava kararmadan biraz önce yemek yer ve sonra da yatıp uyuruz."

"Herhalde yemekten sonra yapılacak hiçbir şey yoktur."

Rachel çabucak, "Konuşulacak bir şey yoktur," dedi ve bu da garipti.

Jevy birkaç yerliyle birlikte geldi ve adamlardan biri Rachel'e küçük, kare şeklinde bir sepet uzattı. Rachel de onu Nate'e verdi ve Nate, sepetin içinden küçük, sert bir ekmek parçası çıkardı.

Rachel, "Bu manyoktur," dedi. "En önemli yiyeceğimiz."

Herhalde, en azından bu gece için aynı zamanda tek yiyecekleriydi. Nate ikinci ekmek parçasını yemeye başlamıştı ki, ilk köydeki yerliler geldi. Tekneden çadırı, sivrisinek için cibinliği, battaniyeleri ve su şişelerini getirmişlerdi.

Nate, Jevy'ye, "Bu gece burada kalıyoruz," dedi.

"Kim diyor bunu?"

Rachel, "En uygun yer burası," dedi. "Size köyde bir yer vermek isterdim ama, beyazlar için önce şefin izin vermesi gerekiyor."

Nate, "Tabii bu beyaz da ben oluyorum," dedi.

"Evet."

Nate, başıyla Jevy'yi gösterdi ve, "O beyaz değil mi yani?" diye sordu.

"O sadece yemeğe gitti oraya, uyumak için değil. Bunların kuralları biraz karışıktır."

Nate bunu çok garip bulmuştu – bunlar hâlâ çıplak gezen ilkel yerlilerdi ama karmaşık kuralları vardı.

Nate kadına baktı ve, "Yarın öğle saatlerinde dönmek istiyorum," dedi.

"Bu da şefin iznine bağlı."

"Yani istediğimiz zaman gidemeyecek miyiz?"

"O ne zaman isterse o zaman gidebilirsiniz. Dert etmeyin bunu."

"Şefle aranız iyi midir?"

"Fena sayılmaz."

Rachel yerlileri köye gönderdi. Güneş dağların arkasında kaybolmuştu. Ormanın gölgeleri onları yutmaya başlamıştı.

Nate ve Jevy çadırla uğraşırken Rachel birkaç dakika onları izledi. Çantasının içine sarılarak yerleştirilen çadır oldukça küçük görünüyordu ama kazıkları çakılınca biraz genişledi, açıldı. Nate, ikisi bir yana, sadece Jevy'nin bile o çadıra sığacağını sanmıyordu. Tam kurulduğunda bile yüksekliği ancak insanın beline geliyor ve kenarlardan tepeye birden sivriliyordu, iki yetişkin erkek için çok küçüktü.

Rachel, "Ben gidiyorum," dedi. "Burada rahat edersiniz."

Nate ciddi bir tavırla, "Emin misiniz?" diye sordu.

"İsterseniz çocuklardan bir ikisini nöbetçi bırakabilirim size."

Jevy, "Merak etmeyin, biz iyiyiz," dedi.

Nate, "Sizler burada sabah kaçta uyanırsınız?" diye sordu.

"Güneş doğmadan bir saat önce."

Nate, çadıra bakarak, "Biz burada uyanmış oluruz, bundan eminim," dedi. "Erken buluşabilir miyiz? Konuşacağımız çok şey var."

"Evet. Gün ağarırken size yiyecek bir şeyler gönderirim. Sonra konuşuruz."

"Bu iyi olur."

"Dua edin Bay O'Riley."

"Edeceğim."

Rachel karanlığa doğru ilerledi ve gitti. Nate bir süre patikada onun siluetini gördü, sonra kaybetti. Köy de gecenin karanlığında kaybolmuştu.

Havanın serinlemesini bekleyip saatlerce sıranın üzerinde oturdular, o küçücük çadıra sığışıp kan ter içinde uyumaya çalışacakları saatin gelmesinden korkar gibiydiler. İkisi sırt sırta yatacaktı, terliydiler ve kokuyorlardı. Başka şansları da yoktu. Çadır ne kadar eğreti ve zayıf olursa olsun, onları sivrisinek ve diğer böceklere karşı koruyacaktı. Kuşkusuz sürüngenleri de engelleyecekti.

Bir süre köy hakkında konuştular. Jevy ona yerlilerle ilgili öyküler anlattı, ama bunların hepsi de birinin ölümüyle sonuçlanıyordu. En sonunda, "Ona paradan söz ettin mi?" diye sordu.

"Hayır. Bunu yarın sabah yapacağım."

"Onu gördün. Para konusunda ne düşünecek acaba?"

"Hiçbir fikrim yok. Burada mutlu. Onun yaşamını bozmak zalimce bir şey olacak."

"O halde parayı bana ver. Benim yaşamımı bozmaz!"

Uykusu gelen, yatmaya gitti. Çadıra önce Nate girip kıvrıldı. Bir önceki geceyi teknenin zemininde gökyüzünü seyrederek geçirmişti ve bu nedenle uyku çabuk bastırdı.

O horlamaya başladığında Jevy çadırın fermuarını açıp içeriye bir göz atarak yerini ayarladı ve uzandı. Arkadaşı baygın gibi yatıyordu.

28

İpikalar dokuz saat uykudan sonra, günlerine başlamak üzere güneş doğmadan önce uyandılar. Kadınlar kulübelerin dışında yemek pişirmek için küçük ateşler yaktı ve sonra çocuklarını alıp, yıkanmak ve su almak için nehre gittiler. Kurallarına uygun olarak, toprak yoldan yürümek için günün ilk ışıklarını beklediler. Yürürken önlerini görmek ve dikkatli olmak zorundaydılar.

Portekiz dilinde yılana *urutu* deniyordu. Yerliler ise *bima* derdi. Güney Brezilya'nın sulak topraklarında çok yılan vardı ve genelde öldürücüydüler. Kızın adı Ayeş'di, yedi yaşındaydı ve doğumunu beyaz misyoner yaptırmıştı. Ayeş, âdet olduğu üzere annesinin arkasında değil de önünde yürüyordu ve *bima*'nın, çıplak ayağının altında kıpırdadığını hissetti.

Kız çığlık atarken yılan onu ayak bileğinin hemen altından soktu. Babası yanına koşuncaya kadar kız şoka girdi, sağ bacağı şişmiş, kalınlığı iki kat olmuştu. Kabilenin en iyi koşucusu olan on beş yaşında bir çocuk Rachel'e gönderildi.

Jevy ve Nate'in durduğu yerin yakınında birleşip bir çatal oluşturan iki nehir boyunca dört küçük İpika köyü vardı. Çataldan son İpika kulübesine olan mesafe yedi-sekiz kilometre kadardı. Köyler birbirinden ayrı, kendi imkânlarıyla yaşardı ama hepsi İpika köyleriydi, aynı kültürü, dili ve âdetleri paylaşırdı. Birbirleriyle görüşür, aralarında kız alıp vererek evlenirlerdi.

Ayeş çataldan sonraki üçüncü köyde yaşıyordu. Rachel ise en büyük olan ikinci köydeydi. Koşucu çocuk onu, on bir yıldır yaşadığı kulübede İncil okurken buldu. Rachel hemen alacaklarını topladı ve küçük doktor çantasına doldurdu.

Pantanal'ın, onların yaşadığı bölgesinde dört tür zehirli yılan vardı ve Rachel'de bazen hepsi için ilaç bulunurdu. Ama bu kez yoktu. Çocuk ona yılanın *bima* cinsi olduğunu söyledi. Bu yılanın panzehiri bir Brezilya firması tarafından üretiliyordu ama Rachel

Corumba'ya son kez gittiğinde bu ilaçtan bulamamıştı. Şehirdeki eczanelerde Rachel'in istediği ilaçların ancak yarısı bulunabilmişti.

Deri sandallarını giyip bağladı ve çantasını alıp yola çıktı. Yüksek yabani otlar ve ağaçlar arasından giderken Lako ve köyün iki delikanlısı daha ona refakat ediyordu.

Rachel'in istatistiklerine, göre, dört köyde seksen altı yetişkin kadın, seksen bir yetişkin erkek ve yetmiş iki çocuk olmak üzere toplam 239 İpika yaşıyordu. On bir yıl önce onların yanına geldiğinde sayıları 280'di. Her birkaç yılda bir, sıtma zayıf olanları öldürüyordu. 1991'de bir köyde koleradan yirmi yerli ölmüştü. Rachel onları zorlayıp karantina uygulamasaydı İpikaların çoğu ölmüş olacaktı.

Rachel, bir antropolog gibi onların doğum, ölüm, evlenmelerini, soyağaçlarını, hastalık ve tedavilerini kaydediyordu. Çoğu kez kimin kiminle evlilik dışı ilişkiye girdiğini bile bilirdi. Köylerde yaşayanların hepsinin adlarını öğrenmişti. Ayeş'in anne babasını da yıkandıkları nehirde vaftiz etmişti.

Ayeş küçük ve zayıftı, büyük olasılıkla ölecekti çünkü panzehir yoktu. Panzehir Amerika Birleşik Devletleri'nde ve Brezilya'nın büyük kentlerinde bolca bulunuyordu ve pahalı bir ilaç da değildi. Dünya Kabileleri'nin gönderdiği küçük bütçeyle bile bunu sağlayabilirdi. Altı saat içinde yapılacak üç iğne ölümü engellerdi. İğne yapılmadığı takdirde çocukta korkunç bir mide bulantısı başlayacak, sonra ateşlenecek, komaya girip ölecekti.

İpikalar arasında üç yıldan beri yılan sokmasıyla ölüm vakası görülmemişti. Rachel de iki yıldır ilk kez panzehirsiz yakalanmıştı.

Ayeş'in ailesi yeni hıristiyan olmuştu ve yeni bir din öğreniyorlardı. İpikaların yaklaşık üçte biri hıristiyan olmuştu. Daha önce gelen misyonerlerin ve Rachel'in de yardımıyla yarısı okuma yazma öğrenmişti.

Rachel çocukların arkasından koşarak giderken içinden dualar ediyordu. İnce ve dayanıklı bir kadındı. Her gün çok yol yürür ve az yemek yerdi. Yerliler onun gücüne hayrandı.

Nate sivrisinek cibinliğini açıp çadırdan çıkarken Jevy nehirde yıkanıyordu. Nate'in vücudunda hâlâ uçak kazasından kalma bereler, çürükler vardı. Teknede ve arazide uyumak yüzünden çürüklerin acıları hâlâ geçmemişti. Sırt ve bacak adalelerini oynatıp gerindi ve kırk sekiz yaşının tüm yıllarını sanki hissetti, her yanı ağrıyordu. Pantanal'ın diğer yerlerinden daha temiz görünen suya beline kadar girmiş olan Jevy'yi görebiliyordu.

Kendi kendine, "Kayboldum," diye fısıldadı. Açım. Tuvalet kâğıdım yok. Acıklı halini düşünürken yavaşça ayak parmaklarına dokundu.

Lanet olsun, bu bir maceraydı işte! Bütün avukatların, yeni yılda daha yüksek ücret kararı alma, daha büyük davalar kazanma, masrafları biraz daha kısma ve eve biraz daha fazla para götürme zamanıydı. O da bütün bunları yıllarca yapmıştı ama şimdi her şey saçma geliyordu ona.

Şansı yaver giderse bu gece hamağında uyuyabilir, meltemde sallanabilir, kahvesini yudumlayabilirdi. Hatırladığı kadarıyla daha önce barbunya fasulyesi ve pilavı hiç özlememişti.

Jevy, köyden birkaç yerlinin gelmesiyle sudan çıktı. Şef onları görmek istiyordu. Oradan uzaklaşırlarken Jevy, "Şef ekmek istiyor," dedi.

"Ekmek tamam. Sor bakalım yumurta ve pastırmaları var mı?"

"Bunlar daha ziyade maymun yerler."

Şaka yapar gibi görünmüyordu. Köyün kenarında bir grup çocuk durmuş, yabancıları görmek için bekliyordu. Nate onlara zoraki bir gülümsemeyle baktı. Hayatında kendisini hiç bu kadar beyaz hissetmemişti ve onlar tarafından sevilsin istiyordu. İlk kulübeden birkaç çıplak anne aptal aptal bakıyordu. Jevy'yle birlikte köyün meydanına girdiklerinde herkes durup onlara bakmaya başladı.

Küçük ateşler yavaş yavaş sönüyordu; kahvaltı bitmişti. Dumanlar kulübelerin çatılarına doğu yükseliyor, nemli havayı biraz daha yapışkan hale getiriyordu. Saat yediyi biraz geçiyordu ama hava şimdiden sıcaktı.

Köy mimarı iyi çalışmıştı doğrusu. Her kulübe kare şeklindeydi, saz ve yapraklarla örtülü çatıları keskin bir açıyla yere yakın bir noktaya kadar iniyordu. Bazı kulübeler diğerlerinden büyüktü ama tasarım hiç değişmiyordu. Tüm kulübeler köy meydanının çevresinde oval bir hat üzerinde dizilmişti ve hepsi de meydana bakıyordu. Ortada, ikisi daire ikisi de dikdörtgen şeklinde dört büyük kulübe vardı ve hepsinin çatısı da kalın sazlarla örtülüydü.

Şef onları bekliyordu. Doğal olarak onun evi köyün en büyük kulübesiydi. Ve şef, tüm diğerlerinden daha iri bir adamdı. Gençti ve yaşlıların gururla taşıdığı göbek ve alındaki kırışıklıklar onda yoktu. Ayağa kalktı ve John Wayne'i bile dehşete düşürecek bir bakışla Nate'e baktı. Ondan biraz daha yaşlı bir savaşçı çevirmenlik yapıyordu ve birkaç dakika sonra, Nate ve Jevy'ye, şefin karısının kahvaltı hazırladığı ateşin yanına oturmalarını söyledi.

Kadın biraz eğilince memeleri sallandı ve zavallı Nate de uzunca bir saniye onlara bakmaktan kendini alamadı. Kadının çıplaklığı ya da memelerinde, insanda cinsel duygular uyandıracak hiçbir şey yoktu. Sadece çıplaklığı ve buna aldırmaması dikkat çekiyordu.

Kamerası neredeydi? Ofisteki çocuklar kanıtı olmadan buna asla inanmazlardı.

Kadın, içinde haşlanmış patatesler olan tahta bir tabağı Nate'e uzattı. Nate, Jevy'ye baktı ve o da, sanki yerlilerin mutfağı konusunda her şeyi biliyormuş gibi başını olumlu anlamda salladı. Kadın en son olarak şefe servis yaptı ve şef parmaklarıyla yemeğe başlayınca Nate de aynı şeyi yaptı. Şalgamla kırmızı kabuklu patates arası melez, tatsız bir şeydi bu.

Jevy yemeğini yerken bir yandan da konuşuyor ve şef de onu zevkle dinliyordu. Birkaç dakikalık konuşmadan sonra Jevy bunları İngilizceye çevirip Nate'e aktarıyordu.

Bu köy hiç su altında kalmamıştı. Yirmi yıldan fazla bir zamandır buradaydılar. Toprak verimliydi. Yer değiştirmeyi sevmezlerdi ama bazen toprak onları zorlardı. Adamın babası da şefti. Şefin anlattığına göre, köyün şefi, oradaki en akıllı, en bilge ve en dürüst kişiydi ve evlilik dışı ilişkilere girmezdi. Erkeklerin çoğu evlilik dışı ilişkilerde bulunurdu ama şef bulunmazdı.

Nate buralarda yapılacak fazla şey olmadığını ve erkeklerin de kadın peşinde koşmakla vakit geçirdiğini düşünüyordu.

Şef Paraguay Nehri'ne hiç gitmemişti. Avlanmayı balık tutmaya yeğler ve bu nedenle ormanlarda, nehirlerden daha çok zaman geçirirdi. Babasından ve bazı beyaz misyonerlerden biraz Portekizce öğrenmişti.

Nate yemeğini yiyor, onları dinliyor ve etrafa bakınıp Rachel'e ait bir iz görmeye çalışıyordu.

Daha sonra şef, Rachel'in orada olmadığını söyledi. Yılan sokmasıyla hastalanan bir çocuğu tedavi için komşu köye gitmişti. Ne zaman döneceği de belli değildi.

Nate, işte bu harika, diye düşündü.

Jevy, "Şef bu gece köyde kalmamızı istiyor," dedi. Şefin karısı tabakları yeniden dolduruyordu.

Nate, "Kalacağımızı bilmiyordum," dedi.

"O kalacağımızı söylüyor."

"Bunu düşüneceğimi söyle ona."

"Kendin söyle."

Nate uydu telefonunu buraya getirmediği için kendine küfrediyordu. Josh hiç kuşkusuz şu anda ofisinde, merak içinde dönüp duruyordu. Neredeyse bir haftadır konuşmamışlardı.

Jevy'nin şaka yollu söylediği bir şey tercüme edilince çok komik bulunmuştu galiba. Şef bir kahkaha atıp gülmeye başladı ve biraz sonra herkes de ona katıldı. Nate de, yerlilerle birlikte güldüğü için kendine gülüyordu.

Ava gitmek için yapılan bir daveti geri çevirdiler. Birkaç genç onları alıp ilk köye, teknelerinin bulunduğu yere götürdü. Jevy bujileri yeniden temizleyip karbüratöre bir kez daha bakmak istiyordu. Nate'in yapacak hiçbir işi yoktu.

Avukat Valdir'e erken saatte Bay Stafford'dan bir telefon geldi. selam faslı sadece birkaç saniye sürdü.

Stafford, "Günlerden beri Nate O'Riley'den haber alamıyorum," dedi.

Valdir, sanki Bay O'Riley'e bekçilik etmek göreviymiş gibi, hemen savunmaya geçti ve, "Ama onda şu telefonlardan biri var," dedi.

"Evet var. Beni endişelendiren de bu zaten. İstediği yerden, istediği zaman arayabilir."

"O telefonu kötü havada da kullanabilir mi?"

"Hayır. Pek sanmıyorum."

"Burada birçok fırtına çıktı. Ne de olsa yağmur mevsimindeyiz."

"Senin çocuktan da haber alamadın mı?"

"Hayır. Onlar beraberler. Rehber çok iyidir. Tekne de çok iyi. Onların iyi olduklarına eminim."

"O halde neden hiç aramadı?"

"Buna cevap veremem. Ama gökyüzü hiç açılmadı. Belki telefonu kullanamıyordur."

Tekneden bir haber çıkar çıkmaz Valdir'in telefon etmesi konusunda anlaştılar. Valdir açık pencereye gitti ve Corumba'nın kalabalık sokaklarına baktı. Paraguay Nehri tepenin hemen ardındaydı. Pantanal'a gidip de geri dönmeyen insanlar konusunda bir sürü hikâye vardı. Bu da işin çekiciliğinin bir parçasıydı.

Jevy'nin babası nehirlerde otuz yıl dolaşmıştı ama onun da cesedi bulunamamıştı.

Welly hukuk bürosunu bir saat sonra buldu. Bay Waldir'le tanışmamıştı ama seferin finansmanının avukat tarafından sağlandığını Jevy'den öğrenmişti.

Sekretere, "Çok önemli," dedi."Çok acele."

Valdir sesleri duydu ve ofisinden çıktı. "Sen de kimsin?" diye sordu.

"Benim adım Welly. Jevy beni *Santa Loura* için tuttu, tayfayım."

"*Santa Loura* mı?"

"Evet."

"Jevy nerede?"

"O hâlâ Pantanal'da."

"Tekne nerede."

"Battı."

Valdir, çocuğun yorgun ve korku içinde olduğunu anlamıştı. "Otur," dedi ve sekreter de koşarak ona su getirmeye gitti. "Her şeyi anlat bana."

Welly koltuğun kollarını sıkıca kavradı ve hızlı hızlı konuşmaya başladı. "Jevy ve Bay O'Riley yerlileri bulmak için küçük tekneyle gittiler."

"Ne zaman?"

"Bilmiyorum. Birkaç gün önce. Ben *Santa Loura*'da kaldım. Bir fırtına çıktı, en büyüğüydü. Tekneyi geceyarısı, ipini koparıp sürükledi ve sonra da alabora etti. Suya düştüm ve daha sonra bir sığır teknesi beni kurtardı.

"Buraya ne zaman geldin?"

"Yarım saat kadar önce."

Sekreter bir bardak su getirdi. Welly ona teşekkür etti ve kahve istedi. Valdir masasına dayandı ve zavallı çocuğa baktı. Leş gibiydi ve sığır pisliği kokuyordu.

Valdir, "Yani şimdi tekne gitti mi?" diye sordu.

"Evet. Özür dilerim. Yapabileceğim hiçbir şey yoktu. Hayatımda böyle fırtına görmedim.

"Fırtına sırasında Jevy neredeydi?"

"Cabixa Nehri'nin bir yerlerinde. Onun için korkuyorum."

Valdir ofisine dönüp kapısını kapadı ve tekrar pencerenin önüne gitti. Bay Stafford beş bin kilometre uzaktaydı. Jevy küçük bir tekneyle kendini kurtarabilirdi. Durup dururken saçma şeyler düşünmenin âlemi yoktu.

Birkaç gün daha telefon etmemeye karar verdi. Jevy'ye biraz daha zaman tanıyacaktı, onun Corumba'ya döneceğinden emindi.

Yerli teknenin içinde ayakta durdu ve Nate'in omzunu tutup kendisini dengeledi. Motorun performansında gözle görülür bir gelişme yoktu. Yine öksürüp sarsılıyordu ve gazkolu tam ilerdeyken bile, *Santa Loura*'dan ayrıldıklarında verdiği gücün yarısından azını veriyordu.

İlk köyü geçtiler ve nehir kıvrılmaya, âdeta daireler çizmeye başladı. Sonra çatal oldu ve yerli işaret etti. Yirmi dakika sonra küçük çadırları ortaya çıktı. Jevy'nin sabahleyin yıkandığı yere yanaştılar. Kampı bozup toplanarak eşyalarını şefin istediği gibi köye taşıdılar.

Rachel hâlâ dönmemişti.

O onlardan biri olmadığı için kulübesi oval hatta değildi. Yüz metre kadar ilerde, orman kenarına daha yakın bir yerde tek başınaydı. Rachel'in kulübesi diğerlerinden daha küçük gibi görünüyordu ve Jevy bunun nedenini sorduğunda, onlara yardım eden yerli, Rachel'in yalnız yaşadığını, ailesi olmadığını söyledi. Üçü birlikte – Nate, Jevy ve yardımcı yerli – köyün kenarında bir ağaç altında oturup kabile halkının günlük işlerini izleyerek Rachel'i bekledi.

Yerli Portekizceyi, Rachel'den önce gelen misyoner Cooper çiftinden öğrenmişti. Birkaç kelime de İngilizce öğrenmişti ve bunları Nate'e söyleyip kendini göstermeye çalışıyordu. Cooper ailesi, İpikaların gördüğü ilk beyaz insanlar olmuştu. Bayan Cooper sıtmadan ölmüş ve Bay Cooper da geldiği yere dönmüştü.

Misafirlerine anlattığına göre, erkekler ava ya da balığa çıkıyor, gençler de hiç kuşkusuz kız peşinden koşup, sevgilileriyle oynaşıyordu. Kadınların işleri ağırdı – yemek pişirmek, ekmek yapmak, temizlik ve çocuk bakmak zor işlerdi. Fakat çalışmalar çok yavaştı. Zaman ekvatorun güneyinde daha ağır akıyordu ama İpikalarda saat hiç yoktu, zaman kavramı bilinmiyordu buralarda.

Kulübelerin kapıları hep açıktı ve çocuklar birinden ötekine koşup duruyordu. Anneleri ocak başında uğraşırken, genç kızlar gölgede oturmuş saçlarını örüyordu.

Temizlik bu insanlarda bir sabit fikir haline gelmişti. Ortak mekânlar saz süpürgelerle temizleniyordu. Kulübelerin dışları tertemiz ve düzenliydi. Kadınlar ve çocuklar günde üç kez nehire girip yıkanıyordu; erkekler ise iki kez giriyordu ve asla kadınlarla birlikte yıkanmıyorlardı. Herkes çıplaktı ama bazı şeyler özeldi.

Akşama doğru erkekler, erkek evinin dışında toplandı; ortadaki iki dikdörtgen kulübenin büyüğüydü bu. Bir süre saçlarıyla uğraştılar – kesme ve temizleme – sonra da güreşmeye başladılar. Rakipler karşı karşıya durup güreşmeye başlıyor ve rakibini yere deviren galip sayılıyordu. Sert bir oyundu ama katı kuralları vardı ve rakipler maç sonunda birbirlerine gülümsüyordu. Tartışmaları şef hallediyordu. Kadınlar kulübelerinin kapısından sanki öyle isteniyormuş gibi, küçük bir ilgiyle izliyordu. Küçük çocuklar babalarını taklit ediyordu.

Nate ise bir ağacın altında, bir kütüğün üzerine oturmuş, başka bir çağa ait bir drama seyrediyor ve nasıl olup da buralarda olduğuna bir kez daha şaşıyordu.

29

Kızın adının Ayeş olduğunu, Nate'in etrafındaki yerlilerden pek azı biliyordu. O sadece bir çocuktu ve başka bir köyde yaşıyordu. Ama bir yılanın onu soktuğunu hepsi biliyordu. Kendi çocuklarını yanlarından uzaklaştırmamaya çalışırken, bütün gün bu konuyu konuştular.

Akşam yemeği sırasında kızın öldüğü haberi geldi. Bir haberci koşarak gelip haberi şefe ulaştırdı ve haber kısa zamanda tüm kulübelere yayıldı. Anneler küçük çocuklarına daha sıkı sarıldı.

Daha sonra yemek, yolda bir hareket oluncaya kadar devam etti. Rachel, yanında Lako ve bütün gün onunla beraber olan diğerleriyle birlikte dönüyordu. O köye girdiğinde, herkes yemeğini ve konuşmasını bırakıp ayağa kalkarak ona baktı. Rachel onların kulübelerinin önünden geçerken, başlarını eğiyorlardı. Bazılarına gülümsedi, bazılarına bir şeyler fısıldadı, şefin yanına gelip ona bir şeyler söyleyecek kadar kaldı ve sonra, peşinde, topallaması artmış olan Lako olduğu halde kulübesine doğru devam etti.

Nate, Jevy ve yardımcıları olan yerlinin öğleden sonra saatlerce oturduğu ağaç altının yakınından geçti ama onları görmedi. O tarafa bakmıyordu. Rachel yorgun ve üzgündü, bir an önce kulübesine gitmek istiyordu. Nate, Jevy'ye, "Şimdi ne yapıyoruz?" diye sordu ve o da soruyu Portekizceye çevirip yerliye nakletti.

Cevap, "Bekleyeceğiz," şeklindeydi.

"Sürpriz, sürpriz."

Güneş dağların arkasına doğru alçalırken Lako gelip onları buldu. Jevy ve yerli, artan yemekleri yemek üzere gittiler. Nate ise çocuğu izleyip patikadan Rachel'in kulübesine doğru yürümeye başladı. Rachel kulübesinin kapısında durmuş bir havluyla yüzünü kuruluyordu. Saçları ıslaktı ve giysilerini değiştirmişti.

Rachel, duygularını belli etmeyen aynı hafif ve yavaş sesle, "İyi akşamlar Bay O'Riley," dedi.

"Merhaba Rachel. Lütfen bana Nate de."

Rachel ona, son altı saattir üzerinde oturduğu kütüğe tıpatıp benzeyen kısa ve kare şeklinde bir kütüğü gösterip, "Şuraya otur Nate," dedi. Kütük kulübenin önünde, Rachel'in ateşlerini yaktığı daire şeklinde dizili taşların yakınındaydı. Nate oturdu, kıçı hâlâ uyuşuktu.

Nate, "Küçük kız için üzüldüm," dedi.

"O şimdi Tanrı'nın yanında."

"Ama anne babası orada değiller."

"Hayır. Acı içindeler. Çok üzücü bir olay."

Rachel kulübesinin kapı eşiğine oturup kollarını dizlerinin üzerinde katladı, gözleri uzaklara bakıyordu. Lako adlı çocuk yakındaki bir ağacın altında, karanlıkta hemen hemen görünmeden bekliyordu.

Rachel, "Seni evime davet etmek isterdim," dedi. "Ama uygun olmaz bu."

"Sorun değil."

"Günün bu saatinde sadece evli insanlar evde yalnız kalabilir. Bu bir âdet."

"Roma'daysan Romalılar gibi davranmalısın."

"Roma çok uzaklarda."

"Her şey çok uzaklarda."

"Evet öyle. Aç mısın?"

"Ya sen?"

"Hayır. Ama ben zaten çok yemem."

"Ben iyiyim. Konuşmamız gerekiyor."

"Bugün için özür dilerim. Eminim anlamışsındır."

"Gayet tabii."

"İstersen biraz manyok ve meyve suyum var."

"Hayır, gerçekten. İyiyim."

"Ne yaptın bugün?"

"Oh, şefle tanışıp onun masasında kahvaltı ettik, sonra ilk köye gidip tekneyi alarak biraz onunla uğraştık, çadırımızı şefin kulübesinin arkasında kurduk ve sonra da seni bekledik işte."

"Şef sizden hoşlandı mı?"

"Hiç kuşkusuz. Kalmamızı istiyor."

"Halkım konusunda ne düşünüyorsun?"

"Hepsi çıplak."

"Hep öyleydiler zaten."

"Onların bu haline alışman ne kadar sürdü?"

"Bilmiyorum. Belki birkaç yıl. Her şey gibi yavaş yavaş buna da alışıyorsun işte. Üç yıl sıla hasreti çektim, ve şimdi de bir araba kullanmak, pizza yemek ve iyi bir film izlemek istediğim zamanlar oluyor. Ama kendimi alıştırıyorum işte."

"Bunu yapabileceğimi hayal bile edemiyorum doğrusu."

"Bu bir iç dürtü meselesi. Ben on dört yaşımda bir Hıristiyan oldum ve o zaman Tanrı'nın, misyoner olmamı istediğini biliyordum. Tam olarak nerede olduğunu bilemiyorum ama, O'na tam olarak inandım.

"Senin için lanet bir yer seçmiş ama."

"İngilizcen hoşuma gidiyor ama lütfen küfretme."

"Özür dilerim. Troy konusunda konuşabilir miyiz?" Gölgeler hızla çoğalıyordu. Aralarında üç metre kadar bir mesafe vardı ve birbirlerini hâlâ görebiliyorlardı ama karanlık bir süre sonra onları ayıracaktı.

Rachel, yorgun ve teslimiyetçi bir tavırla, "Nasıl istersen," dedi.

"Troy'un üç karısı oldu ve altı çocuğu vardı, bildiğimiz kadarıyla altı çocuk yani. Tabii sen bir sürpriz oldun. Troy diğer altısını sevmezdi ama sana çok düşkün olduğu ortaya çıktı. Onlara sadece borçlarını ödeyecek kadar para bıraktı. Her şey, 2 Kasım 1954'te New Orleans'daki Katolik Hastanesi'nde, şimdi ölmüş olan Evelyn Cunningham adında bir kadından evlilik dışı doğan Rachel Lane'e kaldı. Bu Rachel de sen olacaksın."

Sözleri yoğun havada yankı yapar gibiydi; başka ses duyulmuyordu. Rachel'in silueti bu sözleri çekip aldı ve her zaman olduğu gibi, konuşmadan önce düşündü. "Troy bana düşkün değildi. Yirmi yıl zarfında birbirimizi hiç görmedik."

"Bu önemli değil. Servetini sana bıraktı. Kimse de bunun nedenini sorma fırsatı bulamadı, çünkü son vasiyetnamesini imzaladıktan sonra kendini terastan attı. Sana bir kopya getirdim."

"Onu görmek istemiyorum."

"Ayrıca imzalamanı istediğim bazı kâğıtlar var, ama bunu yarın ilk iş olarak, etrafı görebileceğimiz zaman yaparız. Ondan sonra ben de buradan gidebilirim.

"Nedir o kâğıtlar?"

"Hepsi senin yararına olan yasal belgeler."

"Sen benim yararımla ilgileniyor değilsin." Bu kez hızlı ve sert konuşmuştu ve Nate onun bu azarlar gibi konuşmasına şaşırdı.

Kendini savunur gibi, "Bu doğru değil," dedi.

"Tabii ki doğru. Benim ne istediğimi, neye ihtiyaç duyduğumu, neyi sevip neyi sevmediğimi bilmiyorsun. Beni tanımıyorsun Nate, o zaman benim yararıma olacak ya da olmayacak şeyleri nasıl bilebilirsin ki?"

"Pekâla, sen haklısın. Ben seni tanımıyorum, sen de beni tanımıyorsun. Ben buraya babanın vasiyeti üzerine geldim. Şu anda hâlâ, hayatımda hiç görmediğim bir üçüncü dünya ülkesinde, Kolorada büyüklüğünde bir bataklığın ortasında kaybolmuş olarak, bir kulübenin dışında ve karanlıkta oturup dünyanın en zengin kadını olmuş, çok güzel bir misyoner kadınla konuştuğuma inanmam çok zor. Evet haklısın, sana neyin yararlı olacağını bilmiyorum kuşkusuz. Ama bu kâğıtları görmen ve imzalaman çok önemli."

"Hiçbir şey imzalamıyorum."

"Oh, yapma."

"Senin kâğıtların beni hiç ilgilendirmez."

"Onları daha görmedin bile."

"Sen anlat ne olduklarını."

"Bunlar formalite. Firmam vasiyetnameyi resmen onaylatmak zorunda. Vasiyetnamede adı geçen tüm vârisler mahkemeye yazılı ya da sözlü olarak, işlemlerden haberdar edildiğini ve kendisine verasete katılma hakkının tanındığını bildirmek zorunda. Bu bir yasal zorunluluktur."

"Ya reddedersem?"

"Açıkçası bunu hiç düşünmedim. Bu herkesin hiç düşünmeden yaptığı bir işlemdir."

"Demek mahkemeye başvurman gerekiyor... nerede peki?"

"Virginia. Oradaki mahkeme, yani onay mahkemesi sen olmasan bile senin adına gerekeni yapacaktır."

"Bundan hoşlandığımı pek söyleyemeyeceğim."

"Güzel, o zaman atla şu bizim tekneye, Washington'a gidelim."

"Bir yere gitmiyorum." Bunu söyledikten sonra ortalığı derin bir sessizlik sardı, her yanı kaplamış olan karanlık, sessizliği sanki daha da artırıyordu. Lako, ağacın altında hiç kımıldamadan duruyordu. Yerliler kulübelerine çekiliyordu, bir bebek ağlaması dışında hiç ses duyulmuyordu.

Rachel âdeta fısıldar gibi, "Biraz meyve suyu alacağım," dedi ve evine girdi. Nate ayağa kalkıp gerindi, her yanı ağrıyordu, sonra sivrisinekleri kovaladı. Sinek ilacı çadırdaydı.

Evin içinde titreşen loş bir ışık vardı. Rachel'in elinde, ortasında küçük bir alev olan bir kil çanak vardı. Onu kapının yanına, yere koyarken, "Bu yananlar şuradaki ağacın yaprakları," diye açıkladı. "Sivrisinekleri kovmak için bunları yakarız. Şuraya, ona yakın otur."

Nate onun dediğini yaptı. Rachel biraz sonra, içinde ne olduğu görünmeyen iki bardakla döndü. "Bu *macajuno*'dur, portakal suyuna benzer." Sırtlarını kulübenin duvarına dayayıp, neredeyse birbirlerine değecek kadar yakın olarak yere oturdular, içinde yaprak yanan çanak ayaklarının dibindeydi.

Rachel, "Yavaş sesle konuş," dedi. "Karanlıkta sesler çok hızlı yayılır ve yerliler uyumaya çalışıyor. Ayrıca bizi de merak ediyorlar."

"Bir şey anlayamazlar ki."

"Evet ama yine de dinlerler."

Nate vücuduna kaç gündür sabun değmediğini düşündü, birden temizlik konusu gelmişti aklına. Bardaktan bir yudum aldı, sonra bir daha.

Rachel, "Bir ailen var mı?" diye sordu.

"Bir iki tane oldu. İki evlilik, iki boşanma, dört çocuk. Şimdi yalnız yaşıyorum."

"Boşanmak çok kolay, değil mi?"

Nate ılık sıvıdan küçük bir yudum daha aldı. Pek çok yabancının başına dert olan diyareden kaçınmayı şimdiye kadar başarabilmişti. Bu bulanık sıvı herhalde zararsızdı.

Vahşi yaşamın ortasında iki yalnız Amerikalı. Konuşacak bu kadar şeyleri varken boşanma konusunu bir yana bırakamazlar mıydı yani?

"Aslına bakarsan boşanmak acı veren bir şey."

"Ama devam ediyoruz. Evleniyor, sonra boşanıyoruz. Başka birini bul, evlen, sonra yine boşan. Tekrar birini bul."

"Biz mi?"

"Lafın gelişi canım, zamiri öyle kullandım işte. Uygar insanlar demek istiyorum. Eğitim görmüş, karmaşık insanlar. Yerliler asla boşanmaz."

"Ama onlar benim ilk karımı da görmedi."

"Kötü müydü?"

Nate nefes verdi ve bir yudum daha içti. İçinden, 'Bu kadına biraz hoşgörülü davranmalıyım,' diye geçirdi. Rachel kendi türünden olan biriyle konuşmaya hasretti.

Rachel, "Özür dilerim," dedi. "Söylemesen de olur. Önemli değil."

"İlk karım kötü bir insan değildi, ilk yıllarda yani. Çok çalışıyor ve çalışmaktan çok da içiyordum. Ofiste olmadığım zamanlarda bardaydım. Önceleri bana kızdı, gücendi, sonra kabalaştı ve sonra da korkunç hırçın, kötü biri oldu. İşler çığırından çıktı ve birbirimizden nefret etmeye başladık."

Bu küçük itiraf aniden sona erdi ve zaten ikisi için de yeterdi. Nate'in evliliğindeki pisliklerin buradaki konuyla hiç ilgisi yoktu.

Nate, "Sen hiç evlenmedin mi?" diye sordu.

"Hayır." Rachel bardağından bir yudum aldı. Solaktı ve kolunu kaldırınca dirseği Nate'inkine değdi.

"Paul hiç evlenmedi, biliyor musun?"

"Hangi Paul?"

"Aziz Paul."

"Oh, şu Paul."

"İncil okur musun?"

"Hayır."

"Bir kez kolejde âşık olduğumu sandığım biriyle evlenmek istedim ama Tanrı beni ondan uzaklaştırdı."

"Neden?"

"Çünkü Tanrı buraya gelmemi istiyordu. Sevdiğim çocuk iyi bir Hıristiyandı ama fiziksel olarak zayıftı. Misyon bölgelerine asla dayanamazdı."

"Burada ne kadar kalacaksın?"

"Gitmeyi düşünmüyorum."

"Yani seni yerliler mi gömecek?"

"Sanırım. Endişeleneceğim bir şey değil bu."

"Dünya Kabileleri misyonerlerinin çoğu görev yerlerinde mi ölür?"

"Hayır, çoğu emekli olur ve ülkelerine döner. Ama onların, kendilerini gömecek aileleri vardır."

"Şimdi ülkene dönecek olsan senin de bir sürü aile yakının, akraban ve dostun olur. Çok ünlü biri olurdun."

"Bu da burada kalmak için bir diğer güzel neden işte. Burası evim. Ben para istemiyorum."

"Aptallık etme."

"Aptal değilim. Paranın hiçbir anlamı yok benim için. Bu açıkça görülüyor olmalı."

"Paranın ne kadar olduğunu bile bilmiyorsun."

"Sormadım. Bu işimi yaparken hiç para düşünmedim. Yarın da aynı şeyi yapacağım, daha sonra da."

"Yaklaşık on bir milyar."

"Bunun beni etkilemesi mi gerekiyor?"

"Benim dikkatimi çekti."

"Ama sen paraya tapıyorsun Nate. Sen her şeyi parayla ölçen bir kültürün parçasısın. Bu bir din."

"Doğru. Ama cinsellik de oldukça önemli."

"Pekâlâ, para ve cinsellik. Başka ne var?"

"Şöhret. Herkes ünlü olmak ister."

"Zavallı bir kültür bu. İnsanlar bir çılgınlık içinde yaşıyor. Başkalarını etkileyecek şeyleri alabilmek ve bunun parasını kazanmak için durmadan çalışıyorlar. İnsanlar sahip olduklarıyla ölçülüyor."

"Ben de dahil miyim buna?"

"Dahil misin?"

"Sanırım."

"O halde Tanrı'sız yaşıyorsun. Sen çok yalnız bir insansın Nate, bunu hissedebiliyorum. Tanrı'yı tanımıyorsun."

Nate kıvrandı ve çabuk bir savunma düşündü ama gerçekler onu savunmasız bıraktı. Dayanabileceği ne bir temel, ne bir silahı, ne de enerjisi vardı. Doğruyu, ama zayıf bir sesle söyleyerek, "Tanrı'ya inanırım," dedi.

"Bunu söylemek kolaydır." Rachel'in sözleri hâlâ yavaş ve yumuşaktı. "Senden kuşku duymuyorum. İnanıyorum. Ama söylemek başka, onu yaşamak yine başkadır. Şurada ağacın altında duran sakat çocuğun adı Lako'dur. On yedi yaşında, yaşına göre gelişmemiş, ufak tefek ve her zaman hasta. Annesi bana, onun erken doğduğunu söyledi. Ortaya çıkan tüm hastalıkları herkesten önce Lako kapar. Otuz yaşına kadar yaşayacağından kuşkuluyum. Lako bunu umursamıyor. Lako birkaç yıl önce Hıristiyan oldu ve buradaki insanlar içindeki en güzel ruha sahip. Bütün gün Tanrı'yla konuşur; belki şu anda yine dua ediyordur. Hiçbir endişesi, korkusu yok. Bir sorunu olduğunda doğruca Tanrı'ya gider ve sorununu orada bırakır."

Nate, Lako'nun durup dua ettiği ağaç altına baktı ama karanlıkta hiçbir şey göremedi.

Rachel, "Bu küçük yerlinin dünyada hiçbir şeyi yok," diye devam etti, "Ama cennette zenginlikler biriktiriyor. Öldüğü zaman cennette yaratıcısıyla birlikte sonsuza kadar kalacağını biliyor. Lako zengin bir çocuk."

"Ya Troy?"

"Troy'un ölürken Hz. İsa'ya inandığından kuşkuluyum. Eğer öyleyse şu anda cehennemde yanıyordur."

"Buna inanmıyorsun."

"Cehennem çok gerçek bir yer Nate. İncil'i oku. Troy şu anda o on bir milyarını bir bardak soğuk su için verebilirdi."

Nate'in din bilgisi bir misyonerle tartışabilmesi için yeterli değildi ve bunu biliyordu. Bir süre hiç sesini çıkarmadı ve Rachel de onu anladı. Köyde son bebeğin de uyumasıyla sessiz dakikalar geçmeye başladı. Gece tamamen siyah ve sessizdi, ne ay ne de yıldızlar vardı, tek ışık kaynağı, ayaklarının dibinde yanan ince sarı alevdi.

Rachel ona hafifçe dokundu. Nate'in koluna üç kez hafifçe vurdu ve, "Özür dilerim," dedi. "Yalnız bir insan olduğunu söylememeliydim. Bunu nasıl bilebilirim ki?"

"Oh, önemli değil bu."

Rachel, bir şeylere dokunmayı çok istiyormuş gibi parmaklarını onun kolundan çekmedi.

"Sen iyi bir insansın, değil mi Nate?"

"Hayır, aslına bakarsan iyi bir insan değilim. Bir sürü kötü şey yapıyorum. Zayıfım, hassasım ve bu konuda konuşmak istemiyorum. Buraya Tanrı'yı bulmaya gelmedim. Seni bulmak zaten yeterince zor oldu. Yasalar benden, bu kâğıtları sana vermemi istiyor."

"Kâğıtları imzalamıyor ve parayı da istemiyorum."

"Hadi, yapma..."

"Lütfen yalvarma. Kararım kesindir. Para konusunda konuşmayalım."

"Ama buraya gelmemin tek nedeni para."

Rachel parmaklarını çekti ama ona doğru birkaç santim daha eğildi, dizleri birbirine değiyordu. "Geldiğine üzüldüm. Yani boşuna geldin." Aralarında yine uzun bir sessizlik oldu. Nate kalkıp gitmek istiyordu ama, herhangi bir yöne iki adım atma düşüncesi bile korkunçtu.

Lako bir şey söyledi ve Nate irkildi. Çocuk üç metre kadar uzaktaydı ama hâlâ görünmüyordu.

Rachel ayağa kalkıp, "Çocuk, kulübesine gitmek istiyor," dedi. "Onu izle."

Nate doğruldu ve yavaşça ayağa kalktı, eklemleri acıyor, kasları isteksizce geriliyordu. "Yarın gitmek istiyorum."

"Güzel. Şefle konuşurum."

"Bir sorun çıkmaz, değil mi?"

"Sanırım çıkmaz."

"Bana en azından otuz dakikanı ayırmalısın, sana kâğıtları gösterip açıklamam ve vasiyetnamenin kopyasını göstermem gerekiyor."

"Konuşabiliriz. İyi geceler."

Köye doğru kısa patikadan yürürken, nefesi neredeyse Lako'nun ensesine değecekti.

Karanlıkta Jevy, "Bu tarafta," diye fısıldadı. Erkekler evinin küçük verandasında iki hamak kapmayı başarmıştı. Nate bunu nasıl yapabildiğini sordu. Jevy ise sabahleyin anlatacağına söz verdi.

Lako karanlıkta kaybolmuştu.

30

F. Parr Wycliff geç saatlerde mahkeme binasındaki odasında oturmuş bir sürü sıkıcı takriri gözden geçiriyordu. Josh ise videoyla yargıcın ofisinde bekliyordu. Aklı başka bir yarımkürede, cep telefonu elinde, her yanı dolu odanın içinde dolaşıp duruyordu. Nate'den hâlâ haber yoktu.

Valdir durmadan bahane uyduruyordu – Pantanal çok büyük bir bölgedir, rehber çok iyidir, tekne büyüktür, yerliler hep yer değiştirir, bulunmak istemezler, her şey yolunda, gibi şeyler söylüyordu. Nate'den haber alır almaz onu arayacaktı.

Josh, bir arama kurtarma çalışması yapılması konusunda düşünmüştü. Ama Corumba'ya gidebilmek başlı başına bir meseleydi; kayıp bir avukatı bulmak için Pantanal'a girmekse imkânsız görünüyordu. Ama yine de oraya gidip, Valdir'le birlikte bir haber alıncaya kadar bekleyebilirdi.

Günde on iki saat, haftada altı gün çalışıyordu ve Phelan davası patlamak üzereydi. Josh'un değil Brezilya'ya gitmek, yemek yiyecek zamanı bile olmuyordu. Valdir'i aradı ama hat meşguldü.

Wycliff bir süre sonra geldi ve cübbesini çıkarırken özür diledi. Elinde önemli bir bekleyen davalar listesi olduğunu gösterip Stafford gibi güçlü bir avukatı etkilemek istiyordu.

Ofiste sadece ikisi vardı. Videonun birinci bölümünü hiç konuşmadan izlediler. Bu bölüm, tekerlekli sandalyesinde oturan Troy'un görünmesi, Josh'un, mikrofonu onun önüne ayarlaması ve önlerinde soru kâğıtları bulunan üç psikiyatrla başlıyordu. İnceleme, sorgulama yirmi bir dakika sürdü ve Bay Phelan'ın akli dengesinin yerinde olduğu konusunda fikir birliğiyle sona erdi. Wycliff, dişlerini göstererek gülmekten kendini alamadı.

Oda boşaldı. Troy'un tam karşısındaki kamera çalışıyordu. Adam eliyle yazdığı vasiyetnameyi çıkardı ve akli denge incelemesinden dört dakika sonra imzaladı.

Josh, "İşte burada yerinden fırladı," dedi.

Kamera kımıldamadı. Masayı itip birden ayağa kalkan Troy'u çekmişti. Troy ekrandan kayboldu, Josh, Snead ve Tip Durban bir saniye kadar inanamıyormuş gibi baktıktan sonra ihtiyarın arkasından fırladılar. Çekim oldukça dramatikti.

Beş buçuk dakika geçiyor, kamera sadece boş sandalyeleri ve sesleri alıyor. Sonra zavallı Snead, daha önce Troy'un oturduğu koltuğa oturuyor. Çok heyecanlı, titriyor ve ağlamak üzere, ama kameraya gördüklerini anlatmayı başarıyor. Josh ve Tip Durban da aynı şeyi yapıyor.

Video süresi otuz dokuz dakika.

Film bittikten sonra Wycliff, "Bunu nasıl açıklayacaklar?" diye sordu. Cevabı olmayan bir soruydu bu. Mirasçılardan ikisi – Rex ve Libbigail – vasiyetnameye itiraz talebinde bulunmuşlardı bile. Avukatları – Hark Gettys ve Wally Bright – yeterince dikkat çekmiş ve basına pozlar verip söyleşiler yapmıştı.

Diğer vârisler de kuşkusuz aynı şeyi yapacaktı. Josh avukatların çoğuyla konuşmuştu ve dava çalışmaları sürüyordu.

Josh, "Ülkede itibarı olmayan tüm psikiyatrlar bundan kendilerine bir pay çıkarmak istiyor," dedi. "Ortada bir sürü yeni fikir olacak."

"İntihar olayı sizi üzüp endişelendiriyor mu?"

"Gayet tabii. Fakat her şeyi çok iyi planlamış, ölümünü bile. Kesin olarak ne zaman ve nasıl öleceğini çok iyi biliyordu."

"Şu diğer vasiyetname ne olacak? İmzaladığı şu kalın vasiyetname?"

"Onu imzalamadı."

"Ama gördüm onu. Videoda görünüyor."

"Hayır. O kâğıtlara Mikifare diye yazdı."

Wycliff not defterine notlar alıyordu ve bunu duyunca birden duraladı. Sonra, "Mikifare mi?" diye tekrarladı.

"Mesele şöyle Sayın Yargıç. 1982'den 1996'ya kadar Bay Phelan için on bir vasiyetname hazırladım. Bazıları ince, bazıları kalındı ve servetini düşünemeyeceğiniz kadar çeşitli yerlere dağıtıyordu. Yasaya göre, her yeni vasiyetnameden sonra eskisinin ortadan kaldırılması gerekir, biliyorsunuz. Böylece yeni vasiyetnameyi onun ofisine getiriyordum, birlikte iki saat kadar onun üzerinde çalışıyorduk ve sonra da imzalıyordu. Vasiyetnameleri hep kendi ofisimde saklar ve en sonuncuyu da daima ona getirirdim. Yeni vasiyetnameyi imzaladıktan sonra ben ve Bay Phelan, eskisini onun masasının yanında duran kâğıt parçalama makinesine koyardık, hani şu kâğıtları ince şeritler halinde parçalayan makine. Bu işten büyük zevk alırdı. Birkaç ay böylece mutlu olurdu, ama çocuklardan biri onu yine kızdırır ve yine vasiyetnamesini değiştirmeye kalkardı.

"Vârisler eğer, kendi eliyle yazdığı son vasiyetnameyi imzaladığı zaman aklının başında olmadığını kanıtlayabilirlerse, bilsinler ki başka bir vasiyetname yok. Eskilerin hepsi yok edildi."

Wycliff, "Bu durumda da vasiyetnamesiz ölmüş olur," dedi.

"Evet ve çok iyi bildiğiniz gibi, bu durumda da Virginia yasalarına göre serveti çocukları arasında bölünür."

"Yedi çocuk, on bir milyar dolar."

"Bildiğimiz kadarıyla yedi. On bir milyar oldukça iyi bir rakam. Siz olsanız vasiyetnameye itiraz etmez misiniz?"

Wycliff de kavgalı, pis bir itiraz davası açılmasını istiyordu. Ve tabii, Stafford da dahil olmak üzere tüm avukatların da bu savaştan daha zengin olmuş olarak çıkacaklarını da biliyordu.

Fakat savaş için iki taraf gerekirdi ve şimdiye kadar sadece bir taraf çıkmıştı ortaya. Birinin çıkıp da Bay Phelan'ın son vasiyetnamesini savunması gerekiyordu.

"Rachel Lane'den herhangi bir haber var mı?" diye sordu.

"Hayır ama araştırmalarımız sürüyor."

"Nerede o kadın?"

"Güney Amerika'da bir yerlerde misyoner olduğunu sanıyoruz. Ama onu henüz bulamadık. Orada çalışan insanlar var." Josh o anda, 'insanlar' sözcüğünü rasgele kullandığını fark etti.

Wycliff dalgın gözlerle tavana bakıp düşünüyordu. "On bir milyarı neden misyoner olan evlilik dışı bir çocuğuna bıraktı acaba?"

"Buna cevap veremem Sayın Yargıç. Beni o kadar çok şaşırttı ki artık bitkinim."

"Biraz çılgınlık gibi geliyor insana, değil mi?"

"Garip tabii."

"O kadın hakkında bir şey biliyor muydunuz?"

"Hayır."

"Başka vâris de olabilir mi?"

"Her şey mümkündür."

"Dengesinin bozuk olduğunu düşünüyor musunuz?"

"Hayır. Garip, egzantrik, kaprisli ve çok kötü. Ama ne yaptığını biliyordu."

"Şu kızı bulun Josh."

"Çalışıyoruz."

Toplantıda sadece Rachel ve şef vardı. Nate verandada, hamağın altında oturduğu yerden onların yüzlerini görebiliyor seslerini duyuyordu. Şef, bulutlarla ilgili bir şey konusunda endişeliydi. Konuşuyor, Rachel'i dinliyor ve sonra, sanki gökyüzünden ölüm gelecekmiş gibi gözlerini yavaşça havaya kaldırıyordu. Nate, şefin Rachel'i sadece dinlemeyip, ondan bazı öğütler aldığını anlıyordu.

İpikalar yeni bir güne hazırlanırken kahvaltı telaşı yavaş yavaş sona eriyordu. Avcılar küçük gruplar halinde, erkekler evinde toplanmış, oklarının ucunu sivriltiyor, yaylarını geriyorlardı. Genç kadınlar bütün gün yaptıkları gibi, kulübelerinin çevresini süpürüp temizlemeye başlamıştı. Anneler ormanın yakınındaki bahçelere ve tarlalara doğru yola çıkıyordu.

Toplantı sonunda Rachel, "Şef fırtına gelecek sanıyor," diye açıklama yaptı. "Gidebileceğinizi söyledi ama rehber vermeyecekmiş, çok tehlikeli diyor."

Nate, "Rehbersiz gidebilir miyiz peki?" diye sordu.

Jevy, "Evet," dedi, ama Nate'in ona bakışında pek çok anlam vardı.

Rachel, "Bu akıllıca olmaz," dedi. "Nehirler birbirine karışıyor. Kaybolmak çok kolay. Yağmur mevsiminde İpikalar bile kaç balıkçı kaybetti."

Nate, "Fırtına ne zaman geçer acaba?" diye sordu.

"Bekleyip görmek lazım."

Nate derin bir nefes aldı, omuzları düşmüştü. Her yanı ağrıyordu, yorgundu, sivrisinek ısırığı içindeydi, karnı açtı, bu küçük maceradan bıkmıştı ve Josh'un endişelenmesine de üzülüyordu. Bu görevde şu ana değin yaptıkları hiç de başarılı sayılmazdı. Sıla hasreti çekmiyordu çünkü evinde onu bekleyen kimse yoktu. Ama, küçük sempatik kafeleri, güzel otelleri ve tembel sokaklarıyla Corumba'yı tekrar görmek istiyordu. Tekrar yalnız, temiz ve ayık olmak, içerek ölme korkusu olmadan yaşamak istiyordu.

Rachel, "Özür dilerim," dedi.

"Gerçekten de dönmem gerekiyor. Benden haber almak için ofiste bekleyenler var. Bu iş sandığımızdan çok uzun sürdü."

Rachel onu dinliyordu ama aldırmıyordu. D.C.'deki bir hukuk bürosunda bekleyen birkaç kişinin endişelenmesi onu o kadar ilgilendirmiyordu.

Nate, "Konuşabilir miyiz?" diye sordu.

"Küçük kızın cenazesi için komşu köye gitmeliyim. Neden benimle gelmiyorsunuz? Konuşacak çok zamanımız olurdu."

Lako önden gidiyor, sağ bacağı içeriye dönük olduğundan her adımda sola yatıyor, sonra tekrar sağa doğru bir sıçrama yapıyordu. Üzücü bir görüntüydü bu. Rachel çocuğu ve Nate de kadını izliyordu, Rachel ona bir kumaş torba yüklemişti. Jevy ise onların konuşmalarını duymaktan korkar gibi en arkadan geliyordu.

Oval hat üzerindeki kulübeleri arkada bırakıp, terk edilmiş ve çalılarla kaplanmış kare şeklinde eski tarlaları geçtiler. Rachel, "İpikalar gıdalarını ormanda açtıkları küçük tarlalarda yetiştirir," dedi. Nate hemen onun arkasındaydı, yetişmeye çalışıyordu. Rachel sırım gibi bacaklarıyla uzun adımlar atıyordu. Ormanda üç kilometrelik bir yürüyüş onun için çocuk oyuncağıydı. "Toprağı çok hırpalıyorlar ve birkaç yıl sonra tarla ürün vermiyor. O zaman tarlayı bırakıp ormanın daha içerilerine gidiyorlar ve eski tarla da doğanın elinde kalıyor. Uzun vadede toprak eski normal halini alıyor ve kimse de zarar görmüyor. Yerliler için toprağın anlamı büyüktür. Toprak onların hayatıdır. Ama topraklarının büyük bir kısmı uygar insanlar tarafından alınmıştır."

"Bunu daha önce de duymuş gibiyim."

"Mutlaka duymuşsundur. Kan akıtarak ve hastalıklarla onların nüfusunu azaltıyor, topraklarını ellerinden alıyoruz. Sonra onları koruma bölgesi denen küçük arazilere sıkıştırıyor ve bundan neden mutlu olmadıklarını da anlayamıyoruz."

Rachel, yol kenarındaki tarlada toprağı çapalayan iki çıplak kadına selam verdi. Nate, "Kadınların işi ağır," dedi.

"Ama çocuk doğurmayla kıyıslandığında yine de hafif kalıyor."

"Onların böyle çalışmalarını seyretmeyi yeğlerim."

Havada nem oranı yüksekti ama köyün üzerine çöken siste duman olmadığı için temizdi. Ormana girdiklerinde Nate ter içinde kalmıştı.

Rachel omzunun üzerinden dönüp ona baktı ve, "Ee, bana biraz kendinden bahsetsene Nate," dedi. "Nerede doğdun?"

"Bu uzun bir hikâye."

"Önemli yerlerini anlat."

"Önemsiz yeri daha çok."

"Hadi ama Nate. Konuşmak istiyordun, konuşalım işte. Yarım saatlik yol burası."

"İki erkek çocuğun büyüğü olarak Baltimore'da doğmuşum, ben on beş yaşındayken annemle babam ayrıldı, lise St. Paul'de, kolej Hopkins'de, hukuk fakültesi de Georgetown'da, sonra da D.C.'den hiç ayrılmadım."

"Çocukluğun mutlu mu geçti?"

"Sanırım. Spora meraklıydım. Babam otuz yıl Ulusal Bira Fabrikası'nda çalıştı. Fabrikanın ligdeki takımının maçları için her zaman bilet bulurdu. Baltimore büyük şehirdir. Senin çocukluğundan da söz edecek miyiz?"

"İstiyorsan. Ama benimki pek mutlu geçmedi."

Nate, ne kadar şaşırtıcı, diye düşündü. Bu zavallı kadın hayatında mutluluk şansını hiç yakalayamamıştı.

"Büyüdüğünde avukat olmak mı istiyordun?"

"Değil tabii. Aklı başında hiçbir çocuk avukat olmayı düşünmez. Colts ya da Orioles takımlarında belki de her ikisinde oynamayı düşlerdim."

"Kiliseye gittin mi?"

"Tabii. Her Noel ve Paskalya yortusunda."

Patika hemen hemen kaybolmuştu ve şimdi sert yabani otlar arasında yürüyorlardı. Nate onun botlarına bakıp bir süre yürüdü, sonra botlar kaybolunca, "Küçük kızı öldüren şu yılanın cinsi ne?" diye sordu.

"Ona *bima* derler, ama korkma."

"Neden korkmamalıyım peki?"

"Çünkü ayaklarında çizme var. Bu küçük bir yılandır, sadece bileğin alt kısmından sokabilir."

"Beni büyüğü bulacaktır."

"Sakin ol."

"Şu Lako ne yapıyor peki? Onun ayağında hiçbir şey görmedim."

"Evet ama o her şeyi görür."

"Galiba bu *bima* çok zehirli, öyle mi? Öldürücü yani."

"Öldürücü olabiliyor tabii, ama panzehiri var. Aslında bir ara bu ilaçtan bende de vardı ve dün de olsaydı zavallı kız ölmeyebilirdi."

"O halde çok paran olsa pek çok panzehir alabilirsin. İhtiyacın olan tüm ilaçları raflarına dizebilirsin. Sonra, seni Corumba'ya götürüp getirecek motorlu bir tekne alabilirsin. Bir klinik, bir kilise ve bir okul açabilir, İncil'i tüm Pantanal'a yayabilirsin."

Rachel birden durdu ve geriye döndü. Yüz yüzeydiler. "O parayı kazanmak için hiçbir şey yapmadım ve kazanan adamı da tanımıyorum. Lütfen bundan bir daha söz etme bana." Sert bir sesle konuşuyordu ama yüzünde bir öfke ifadesi yoktu.

"Dağıt o parayı. Yardım kuruluşlarına ver."

"Benim değil ki vereyim."

"O para boşa harcanacak, çarçur edilecek. Milyonlar avukatlara gidecek ve geriye kalan da kardeşlerin arasında paylaşılacak. İnan bana, bunu istemezsin. Bu insanlar parayı alırsa ne kadar büyük acılara ve kalp kırıklıklarına neden olacaklar hiçbir fikrin yok. Çarçur edemediklerini çocuklarına bırakacaklar ve Phelan parası daha sonraki kuşağı zehirleyecek."

Rachel onun bileğini tutup sıktı. Sonra çok ağır bir tonla, "Umurumda değil," dedi. "Onlar için dua edeceğim."

Sonra döndü ve tekrar yürümeye başladı. Lako oldukça ilerlemişti. Arkalarından gelen Jevy zor görünüyordu. Bir dere yanındaki tarladan sessizce geçip kalın ve yüksek ağaçların arasına daldılar. Ağaçların dalları birbirine girmiş, karanlık bir örtü oluşturmuştu. Hava birden serinledi.

Rachel, "Biraz dinlenelim," dedi. Dere ormanın içinde kıvrılıyor ve patika, mavi ve portakal rengi kayalardan yapılmış bir yolla dereyi geçiyordu. Rachel suyun kenarında eğilip yüzüne su vurdu.

"Bu suyu içebilirsin," dedi. "Dağlardan geliyor."

Nate onun yanına çömeldi ve elini suya soktu. Soğuk ve temizdi.

Rachel, "Burasını çok severim," dedi. "Buraya hemen her gün yıkanmaya dua etmeye, meditasyona gelirim."

"Pantanal'da olduğumuza inanmak güç. Burası oldukça serin."

"Onun tam kenarındayız. Bolivya dağları çok uzakta değil. Pantanal buralarda bir yerlerde başlar ve doğuya doğru uzar gider."

"Biliyorum. Seni bulmak için onun üzerinde epey uçtuk."

"Oh, öyle mi?"

"Evet, kısa bir uçuştu ama Pantanal'ı güzelce gördüm."

"Ve beni bulamadınız, öyle mi?"

"Hayır. Bir fırtınaya tutulduk ve acil iniş yapmak zorunda kaldık. Şansım varmış ki kurtuldum. Bir daha küçük uçakların yanına asla sokulmayacağım."

"Buralarda iniş için uygun yer yoktur."

Bot ve çoraplarını çıkarıp ayaklarını dereye soktular. Kayaların üstüne oturup suyun şırıltısını dinlediler. Yalnızdılar; ne Lako ne de Jevy görünüyordu.

"Montana'da küçük bir kızken babamın, yani beni evlat edinmiş olan babamın rahiplik yaptığı küçük bir kasabada yaşardık. Kasabanın dışında yakın bir yerde bir dere vardı, bunun kadar bir şeydi. Yine bunlara benzeyen yüksek ağaçların altında bir yer vardı, oraya gidip ayaklarımı suya sokar ve saatlerce otururdum."

"Saklanır mıydın?"

"Bazen."

"Şimdi de saklanıyor musun?"

"Hayır."

"Sanırım saklanıyorsun."

"Hayır, yanılıyorsun. Tam bir huzur içindeyim Nate. Ben yıllar önce kendimi Hz. İsa'ya adadım ve O nereye götürürse oraya giderim. Yalnız olduğumu sanıyorsun – yanılıyorsun. O her zaman, her adımda benim yanımda. Düşüncelerimi, ihtiyaçlarımı bilir ve korkularımı, üzüntülerimi alır. Bu dünyada tam anlamıyla huzur içindeyim."

"Daha önce hiç böyle bir şey duymadım."

"Dün akşam zayıf ve hassas olduğunu söyledin. Bunun anlamı ne?"

Terapi sırasında Sergio ona, insanın içini dökmesinin, her şeyi itiraf etmesinin, ruhu için iyi olduğunu söylemişti. Rachel bilmek istiyorsa, Nate de gerçekleri anlatarak onu şoke edebilirdi.

Rehabilitasyon sırasında öğretildiği gibi, gurur duyarcasına, "Ben bir alkoliğim," dedi. "Son on yılda dört kez dibe vurdum ve bu seyahat için alkolizm tedavisinden çıktım. Bir daha asla içmeyeceğimi kesin olarak söyleyemem. Kokaini üç kez tekmeledim ve emin değilim ama, sanırım o zehiri bir daha kullanmayacağım. Dört ay önce, tedavideyken iflasımı istedim. Hakkımda halen vergi kaçırma suçlamasıyla araştırma var ve yüzde elli ihtimalle hapse girecek ve avukatlık lisansımı kaybedeceğim. İki kez boşandığımı sana anlatmıştım. İkisi de beni sevmez ve çocuklarımı da zehirlediler. Hayatımı mahvetmek için her şeyi yaptım."

Kendisini çırılçıplak ortaya koymaktan hiç zevk almamış ve rahatlamamış gibiydi.

Rachel pek bir tepki göstermedi ve, "Başka ne var?" diye sordu.

"Oh evet. En azından iki kez kendimi öldürmeye çalıştım – yani hatırladığım iki kez. Birisi geçen Ağustos ve bunun sonunda rehabilitasyona girdim. Sonra da, birkaç gün önce Corumba'da. Galiba Noel akşamıydı."

"Corumba'da mı?"

"Evet, oteldeki odamda. Kendimi neredeyse öldürecek kadar ucuz vokta içtim."

"Zavallı adam."

"Tamam, hastayım. Bende bir hastalık var işte. Bunu birçok kez birçok danışmana itiraf ettim."

"Peki, Tanrı'ya da itiraf ettin mi?"

"Eminim O biliyordur."

"Eminim biliyordur. Ama sen istemezsen yardım etmez O. Her bakımdan güçlüdür O, ama O'na gitmek zorundasın, dualarınla, af dileyen bir ruh haliyle O'na sığınmalısın."

"O zaman ne olur?"

"Günahların affedilecektir. Günahların silinecek. Bağımlılıklarından kurtulacaksın. Tanrı tüm suçlarını affedecek ve Hz. İsa'ya inananlardan biri olacaksın."

"Vergi Dairesi işi ne olacak peki?"

"O devam edecektir, ama onunla başa çıkabilecek gücü bulacaksın kendinde. Dualar ederek tüm zorlukları yenebilirsin."

Nate daha önce de vaaz dinlemişti. Kendisini Yüce Güçler'e pek çok kez vermiş ve âdeta vaaz verebilecek hale gelmişti. Her seviye ve türden rahipler, terapistler, gurular ve psikiyatrlar dinlemiş, onlardan öğütler almıştı. Bir keresinde üç yıl süreyle alkol ve uyuşturucu kullanmamış, Alexandria'da eski bir kilisenin bodrumunda diğer alkoliklere ders ve öğütler vermiş, onlara on iki maddelik kurtuluş planını öğretmişti. Ama sonra birden, tekrar başlamıştı içmeye.

Rachel neden onu kurtarmaya çalışmasındı? Kaybolanları inananlar haline dönüştüren onun çabaları değil miydi?

Nate, "Nasıl dua edileceğini bilmiyorum," dedi.

Rachel onun elini tuttu ve sıktı. "Gözlerini kapa Nate. Söylediklerimi tekrarla: Yüce Tanrım, günahlarımı affet ve bana karşı günah işleyenleri affetmeme yardım et." Nate bunları tekrarladı ve Rachel'in elini daha da sıktı. Daha önce duyduğu dualara benziyordu bu da. "Bana, şeytana uymaktan, bağımlılıklardan kaçınma ve davaları kazanma gücü ver." Nate mırıldanıyor, Rachel'in sözlerini tekrarlıyordu ama kafası karışmaya başlamıştı. Rachel için dua etmek kolaydı, çünkü bunu her zaman yapıyordu. Nate içinse bu, yabancısı olduğu bir şeydi.

Rachel, "Amin," dedi. Gözlerini açtılar ama birbirlerinin ellerini bırakmadılar. Bir süre, suyun kayaların arasındaki şırıltısını dinlediler. Nate'in sırtından sanki bir yük kalkmış gibiydi; omuzları hafiflemiş, kafasının içi temizlenmişti sanki, ruhu huzura kavuşmuş gibiydi. Ama Nate'in yükü o kadar fazlaydı ki, hangi günahlarının affedildiğini ve hangilerinin kaldığını bilemiyordu.

Gerçek dünyadan hâlâ korkuyordu. Yoldan çıkma olanaklarının pek fazla olmadığı Pantanal'da cesur olmak kolaydı, ama Nate, kendisini ülkesinde nelerin beklediğini biliyordu.

Rachel, "Günahların affedildi Nate," dedi.

"Hangileri acaba? O kadar çok günahım var ki."

"Hepsi."

"Bu çok kolay. Arkamda bıraktığım bir sürü harabe var."

"Bu gece tekrar dua edeceğiz."

"Benim affedilmem için pek çok insandan fazla dua etmem gerek."

"İnan bana Nate. Tanrı'ya inan ve güven. O çok daha kötülerini gördü."

"Sana güveniyor, inanıyorum. Beni düşündüren Tanrı."

Rachel onun elini daha kuvvetlice sıktı ve uzun bir süre sessizce etraflarında akan suları seyrettiler. Sonra Rachel, "Artık gitmeliyiz," dedi. Ama yerlerinden kımıldamadılar.

Nate, "Şu küçük kızın cenaze törenini düşünüyordum," dedi.

"Ne var cenazede?"

"Onun vücudunu görecek miyiz?"

"Sanırım. Göz önünde olacaktır."

"O halde ben gitmesem daha iyi. Jevy'yle beraber köye gider bekleriz."

"Emin misin Nate? Saatlerce konuşabilirdik."

"Ölü bir çocuk görmek istemiyorum."

"Pekâlâ. Seni anlıyorum."

Rachel'in yardıma ihtiyacı yoktu ama Nate yine de onun kalkmasına yardım etti. Rachel botlarını almak için eğilinceye kadar birbirlerinin ellerini tuttular. Lako her zaman olduğu gibi aniden ortaya çıktı ve Rachel'le ikisi yola çıkıp bir süre sonra ormanda kayboldular.

Nate, Jevy'yi bir ağacın altında uyurken buldu. Onunla birlikte, her adımda yılanlara dikkat edip patikadan yürümeye başladılar ve yavaş yavaş ilerleyip köye döndüler.

31

Şef hava tahmini konusunda pek iyi sayılmazdı. Fırtına çıkmadı. Nate ve Jevy can sıkıntısıyla mücadele edip borç aldıkları hamaklarda kestirirken, o gün iki kez yağmur yağdı. Sağanaklar kısa sürdü ve her yağmurdan sonra güneş çıkıp nemli toprağı pişirmeye ve nemi artırmaya başladı. Gölgede kalıp sadece gerektiğinde kımıldamalarına karşın ikisi de sıcaktan neredeyse boğulacaktı.

Herhangi bir faaliyet olduğunda yerlileri seyrediyorlardı ama böyle bir sıcakta çalışma ve oyunlar da ağırlaşıyordu tabii. Güneş tam tepedeyken İpikalar kulübelerine ya da onların arkasındaki gölgelik ağaçların altına çekildi. Kısa süreli sağanaklarda çocuklar yağmur altında oynuyordu. Güneş, bulutların arkasında kalınca da kadınlar işlerine dönüyor ve nehire gidiyordu.

Nate, Pantanal'da geçen bir haftadan sonra bu ağır yaşamın kayıtsızlığıyla uyuşmuş gibiydi. Her gün, bir öncekinin tıpatıp aynıydı. Yüzyıllardır hiçbir şey değişmemişti buralarda.

Rachel öğleden sonra döndü. O ve Lako doğruca şefin evine gidip diğer köyde olanları anlattı. Rachel daha sonra gelip Nate ve Jevy'yle konuştu. Yorgundu ve aralarındaki iş konuşmasından önce biraz uyumak istiyordu.

Nate, 'Bir saati daha öldürmekten ne çıkar?' diye düşündü. Rachel uzaklaşırken Nate onun arkasından baktı. İnce, sırım gibiydi ve maraton bile koşabilirdi.

Jevy sırıtarak, "Nereye bakıyorsun sen?" diye sordu.

"Hiçbir şeye."

"Kaç yaşında o?"

"Kırk iki."

"Sen kaç yaşındasın?"

"Kırk sekiz."

"Daha önce evlenmiş mi Rachel?"

"Hayır."

"Bir erkekle beraber olmuş mudur hiç acaba?"

"Neden kendisine sormuyorsun?"

"Sen sorar mısın?"

"Beni ilgilendirmiyor ki."

Tekrar uykuya daldılar, çünkü uyumaktan başka yapılacak bir şey yoktu. Birkaç saat sonra güreşler, sonra akşam yemeği başlayacak ve ondan sonra da hava kararacaktı. Nate *Santa Loura*'yı düşünüyordu, mütevazı bir tekneydi ama her geçen saat onu biraz daha güzel buluyordu. Tekne rüyasında ince uzun, zarif bir yat halini aldı.

Adamlar saçlarıyla uğraşmaya başlayıp güreşe hazırlanırken Nate ve Jevy oradan sıvışmaya çalıştı. Ama iri yarı İpikalardan biri onlara seslendi ve sırıtarak bir işaret yaptı, sanki onları güreşe davet eder gibiydi. Nate bacaklarını açıp hızla oradan uzaklaştı. Bir an için kendisini, bodur savaşçılardan biri tarafından, tenasül uzuvları havada uçuşarak köyün ortasında savrulurken görür gibi olmuştu. Jevy de güreş filan istemiyordu kuşkusuz. Rachel gelip onları kurtardı.

Rachel ve Nate kulübelerden ayrılıp nehire doğru yürüyerek, ağaçların altında daha önce oturdukları dar sıraya gittiler. Yan yana oturdular, dizleri yine birbirine değiyordu.

Rachel, "Gelmemekle akıllılık ettin," dedi. Sesi yorgun çıkıyordu. Kısa uyku onu canlandıramamıştı.

"Neden?"

"Her köyün bir doktoru vardır. Ona *şalyun* derler ve bu adam otları, kökleri kaynatıp ilaç yapar. Ayrıca çeşitli sorunları çözümlemek için ruhları çağırır."

"Ha, şu ihtiyar şifacılar yani."

"Onun gibi bir şey işte. Daha ziyade büyücü doktor. Yerlilerin dünyasında çok ruh vardır ve *şalyun* da sözde onları yönlendirir. Ben onların dini için bir tehdit sayılıyorum tabii. Sürekli olarak bana saldırırlar. Hıristiyanlığa inananları suçlarlar. Benim burayı terk etmemi ister ve şefleri de bu konuda kandırmaya çalışırlar. Günlük savaşımızdır bu. Nehrin aşağısındaki son köyde küçük bir okulum vardı, orada okuma yazma öğretiyordum. İnananlar içindi ama isteyen herkese de açıktı okul. Bir yıl önce bir sıtma salgını oldu ve üç kişi öldü. Oradaki *şalyun*, köyün şefine, bu hastalığın benim okulum yüzünden bir ceza olarak gönderildiğini söyledi ve onu inandırdı. Okul şimdi kapalı."

Nate sadece dinliyordu. Rachel'in cesaretine giderek daha fazla hayran oluyordu. Havanın sıcaklığına ve yaşamın ağır temposuna bakıp, İpikalar arasında barış ve huzur içinde olduğunu sanmıştı. Hiçbir ziyaretçi onların içindeki bu savaşı tahmin edemezdi.

"Ölen kız Ayeş'in anne babası Hıristiyandır ve dindar insanlardır. Oradaki *şalyun* herkese, kızı kurtarabileceğini ama anne babasının kendisini çağırmadığını söylemiş, kızın anne babası tedaviyi benim yapmamı istemişti. *Bima* yılanı burada hep bu çevrelerde ortaya çıkar ve *şalyun* da buna karşı birtakım şeyler kaynatıp ilaç yapar. Ama bu ilaçlardan hiçbirinin de işe yaradığını görmedim. Dün kız öldükten ve ben de oradan ayrıldıktan sonra, *şalyun* ruhları çağırıp köyün meydanında bir ayin yapmış. Kızın ölümünden beni sorumlu tutuyor. Ve Tanrı'yı da."

Acele edip İngilizcesini daha fazla kullanmak ister gibi hızlı hızlı konuşuyordu.

"Bugünkü cenaze töreninde, *şalyun* ve her zaman sorun çıkaranlardan bazıları orada şarkılar söyleyip dansa başladı. Zavallı kızın ana babası hem üzgündü hem de hakarete uğradı. Cenaze törenini bitiremedim." Rachel'in sesi hafif titrer gibi oldu ve dudağını ısırdı.

Nate birkaç kez hafifçe onun koluna dokundu. "Aldırma. Artık geçti."

Ağlamak, Rachel'in yerlilerin önünde yapabileceği bir şey değildi. O, güçlü, sevinç ve kederini kolay göstermeyen, her türlü koşulda iman ve cesaret dolu bir insan olmak zorundaydı. Ama Nate'in yanında ağlayabilirdi, Nate onu anlardı. Zaten bunu bekliyordu.

Rachel gözlerini sildi ve kendini toparladı, sonra da, "Özür dilerim Nate," dedi.

Nate ona destek olma arzusu içinde, "Üzülme," dedi. Bir kadının gözyaşları, ister içki içmek için barda, ister nehir kenarında otur, onu, yanındakine yaklaştırıyordu.

O sırada köyden bağırışlar duyuldu. Güreşler başlamıştı. Nate hemen Jevy'yi düşündü. İnşallah oradaki gençlerle güreş tutmaya kalkmamıştı.

Rachel, aralarındaki sessizliği, "Sanırım artık gitmelisin," diyerek bozdu. Duygularını kontrol altına almıştı, sesi normal çıkıyordu şimdi.

"Neden?"

"Evet, şimdi gitmelisin. Fazla vakit geçirmeden."

"Ben de gitmek istiyorum tabii, ama acelemiz ne? Daha havanın kararmasına üç saat var."

"Beni endişlendiren bazı şeyler var."

"Dinliyorum."

"Galiba bugün diğer köyde bir sıtma vakası gördüm. Sıtmayı sivrisinekler taşıyor ve çok çabuk yayılır."

Nate birden kaşınmaya başladı, tekneye atlamaya hazırdı ama sonra haplarını hatırladı. "Ben güvendeyim. Kloro diye başlayan bir ilaç alıyorum."

"Klorokuin mi?"

"Evet, işte ondan."

"Ne zaman almaya başladın?"

"Birleşik Devletler'den ayrılmadan iki gün önce."

"Hapların nerede şimdi?"

"Büyük teknede bıraktım."

Rachel bu cevabı beğenmemiş gibi başını iki yana salladı. "Onları seyahatten önce, seyahat sırasında ve seyahat sonrası alman gerekir." Sesi, sanki hemen ölüm tehlikesi varmış gibi, otoriter bir doktor sesiydi.

"Peki ya Jevy?" diye sordu Rachel. "O da hap alıyor mu?"

"O ordudaymış. Sanırım sağlamdır."

"Bunu tartışmayacağım Nate. Şefle konuştum bile. Bu sabah güneş doğmadan iki balıkçı gönderdi. Taşkın suları ilk iki saat için insanı yanıltır ama sonra seyrüsefer normale döner. İki kanoyla üç rehber verecek ve lisan konusu için de Lako'yu göndereceğim. Bir kez Xeco Nehri'ne çıktınız mı oradan doğruca Paraguay'a geçersiniz."

"Orası ne kadar uzakta?"

"Xeco yaklaşık dört saat mesafededir. Paraguay ise altı. Ve akıntı aşağı gidiyorsunuz."

"Her neyse. Sen zaten her şeyi planlamışsın."

"Güven bana Nate. Ben de iki kez sıtma geçirdim, ondan hoşlanacağını hiç sanmam. İkincisinde az kaldı ölüyordum."

Nate onun da ölebileceğini hiç düşünmemişti. Phelan mirası davası, Rachel'in ormanda saklanması ve kâğıtları imzalamaması sonucu zaten karışacaktı. Bir de ölürse, işleri düzene sokmak yıllar alabilirdi.

Bu kadına hayrandı doğrusu. Onda, Nate'de olmayan her şey vardı – güçlü ve cesurdu, inançlıydı, basitlikler içinde mutluydu, bu dünyadaki ve öbür taraftaki yerinden de emindi. Birden, "Sakın ölme Rachel," dedi.

"Ölüm, korktuğum bir şey değildir. Bir Hıristiyan için ölüm bir ödüldür. Ama sen yine de benim için dua et Nate."

"Bundan sonra çok daha fazla dua edeceğim, söz veriyorum."

"Sen iyi bir adamsın. İyi bir kalbin ve fikirlerin var. Sadece biraz yardım alman gerekiyor."

"Biliyorum. Pek güçlü değilim."

Kâğıtlar, cebinde katlı duran zarfın içindeydi. Birden zarfı çıkardı ve, "En azından şunları biraz konuşabilir miyiz?" dedi.

"Evet ama, sadece seni üzmemek için. Buralara kadar gelmişsin, senin için en azından şu küçük hukuki konuşmayı yapabiliriz."

"Teşekkür ederim." Rachel'e birinci kâğıdı verdi, Troy'un tek sayfalık vasiyetnamesinin kopyasıydı bu. Rachel, el yazısının bazı bölümlerinde güçlük çekti ama kâğıdı ağır ağır okudu. Bitirdiği zaman, "Bu yasal bir vasiyetname mi?" diye sordu.

"Şu ana kadar öyle."

"Fakat ne kadar ilkel."

"El yazısı vasiyetnameler geçerlidir. Özür dilerim ama yasa böyle."

Rachel kâğıdı tekrar okudu. Nate, ormanın kenarının gölgelenmeye başladığını fark etti. Hem karada ve hem de suda karanlıktan korkar olmuştu. Bir an önce gitmek istiyordu.

Rachel, biraz eğlenir gibi, "Troy diğer çocuklarını pek düşünmemiş, değil mi?" dedi.

"Sen de düşünmezdin. Ama onun da iyi bir baba olduğundan kuşkuluyum."

"Annemin bana onu anlattığı günü hatırlıyorum. On yedi yaşındaydım. Yaz mevsimi sonlarıydı. Babam kısa süre önce kanserden ölmüştü, üzgün, kasvetli bir yaşamımız vardı. Troy nasıl olduysa beni bulmuştu ve gelip görmek için annemi sıkıştırıyordu. Annem bana gerçek ana ve babamı anlattı ama bu beni hiç etkilememişti. Bu insanları hiç umursamıyordum. Onları hiç tanımamıştım ve görmek de istemiyordum. Daha sonra, gerçek annemin intihar ettiğini öğrendim. Buna ne diyorsun Nate? Gerçek annem ve babam, ikisi de intihar ederek öldüler. Genlerimde bir şey mi var?"

"Hayır. Sen onlardan çok daha güçlüsün, onlar değildi."

"Ben ölüme hoş geldin diyebilirim."

"Böyle konuşma, Troy'la ne zaman karşılaştın?"

"Bir yıl böyle geçti. Annemle telefonda ahbap oldular. Annem onun niyetinin kötü olmadığını söylüyordu, buna inanmıştı ve böylece bir gün evimize geldi. Ona çay ve kek ikram ettik ve sonra gitti. Kolej için para gönderdi. Daha sonra, şirketlerinden birinde çalışmam için bana baskı yapmaya başladı. Bir baba gibi davranıyordu ama ben ondan hoşlanmıyordum. Derken bir gün annem öldü ve dünyam karardı. Soyadımı değiştirdim ve tıp fakültesine gittim. Tanıdığım tüm yolunu kaybetmiş insanlar için olduğu gibi, Troy için de hep dua ettim. Onun, beni unuttuğunu düşünüyordum."

Nate, "Demek unutmamış," dedi. O sırada bacağına bir sivrisinek kondu ve Nate, bir odunu çatlatacak kadar müthiş bir darbe indirdi. Hayvanda sıtma mikrobu varsa bile artık onu başkasına bulaştıramayacaktı. Bacağında elinin kırmızı izi kaldı.

Nate ona kabul ve feragat belgelerini verdi. Rachel onları da okudu ve sonra, "Hiçbir şey imzalamıyorum," dedi. "Parayı istemiyorum."

"Onları sadece sakla. Ve belgeler için de dua et."

"Benimle alay mı ediyorsun?"

"Hayır. Sadece bundan sonra ne yapacağımı bilemiyorum."

"Sana yardım edemem. Ama bir iyilik isteyeceğim."

"Tabii. Ne istersen."

"Nerede olduğumu kimseye söyleme. Senden rica ediyorum Nate. Lütfen benim özel yaşamımı koru."

"Söz veriyorum. Ama gerçekçi olmalısın."

"Ne demek istiyorsun?"

"Çok çekici, dayanılması güç bir hikâye bu. Bu parayı alırsan büyük olasılıkla dünyanın en zengin kadını olacaksın. Reddedersen hikâye daha da zorlayıcı olacaktır."

"Kimin umurunda?"

"Tanrı seni korusun. Şu an medyadan korunmuş durumdasın. Günümüzde her konuda haberler hiç durmaksızın, günün yirmi dört saati yayımlanıyor. Saatle süren haber programları, haber magazinleri, konuşmacılar, son dakika haberleri var. Hepsi de çöplük. Onlara göre hiçbir hikâye üzerinde durulmayacak ve hakkında sansasyon yaratılmayacak kadar önemsiz değil."

"Fakat beni nasıl bulabilirler?"

"Bu iyi bir soru. Bizim şansımız vardı, çünkü Troy senin izini bulmuştu. Ama bildiğimiz kadarıyla kimseye söylemedi."

"O halde güvendeyim, değil mi? Sen söylemezsin. Firmandaki avukatlar da söylemez."

"Bu çok doğru."

"Ve sen buraya gelirken kayboldun, değil mi?"

"Hem de nasıl."

"Beni korumak zorundasın Nate. Burası benim evim. Bunlar benim insanlarım. Tekrar kaçmak istemiyorum."

ORMANDAKİ YOKSUL MİSYONER ON BİR MİLYAR DOLARLIK SERVETE 'HAYIR' DİYOR.

Ne manşet ama. Tüm akbabalar bu hikâye için helikopterler ve amfibik teknelerle Pantanal'ı işgal edebilirdi. Nate onun için üzülüyordu.

"Elimden geleni yapacağım," dedi.

"Bana söz veriyor musun?"

"Evet, söz veriyorum."

Yolcu etme grubunun başında şefin kendisi, arkasında karısı ve bir düzine adamı vardı, Jevy de en azından on kişiyle birlikte onları izliyordu. Sıra halinde patikadan yürüyüp nehre yöneldiler. Rachel, "Gitme zamanı geldi," dedi.

"Öyle gibi. Karanlıkta güvende olacağımıza emin misin?"

"Evet. Şef en iyi balıkçılarını gönderiyor. Tanrı sizi koruyacaktır. Dualarını unutma."

"Unutmam."

"Senin için her gün dua edeceğim Nate. Sen iyi bir kalbi olan çok iyi bir insansın. Seni kurtarmaya değer."

"Teşekkür ederim. Evlenmek istiyor musun?"

"Bunu yapamam."

"Tabii ki yapabilirsin. Ben paraya bakarım, sen de yerlilerine. Daha büyük bir kulübemiz olur ve giysilerimizi de fırlatır atarız."

İkisi de güldü ve şef yanlarına geldiğinde hâlâ gülüyorlardı. Nate onlara veda etmek üzere, bir şeyler söylemek için durdu ama bir an için gözleri kararır gibi oldu. Göğsünden yukarıya, başına doğru bir baş dönmesi hissetti. Kendini toparladı, görüşünü netleştirdi ve görüp görmediğini anlamak için Rachel'e baktı.

Rachel fark etmemişti. Nate'in gözkapakları acıyordu. Dirseklerinde, eklem yerlerinde bir zonklama vardı.

İpikalarda el kol hareketleri, neşeli homurtular vardı ve hepsi de nehire girdi. Jevy'nin teknesiyle, rehberler ve Lako'nun bineceği iki dar kanoya yiyecekler kondu. Nate, Rachel'e teşekkür etti, o da şefe teşekkürleri bildirdi ve ayrılık töreni tamamlandığında yola çıkma zamanı geldi. Nate, topuklarına kadar suya girip Rachel'i hafifçe kucaklayarak sırtına birkaç kez hafifçe vurdu ve, "Teşekkürler," dedi.

"Neden teşekkür ediyorsun?"

"Oh, bilmiyorum. Avukatlara ücret olarak servet kazandıracağın için teşekkürler."

Rachel gülümsedi ve, "Senden hoşlandım Nate," dedi. "Ama yine de para ve avukatlar umurumda değil."

"Ben de senden hoşlandım."

"Lütfen geri gelme."

"Endişelenme."

Herkes bekliyordu. Balıkçılar nehire açılmıştı bile, Jevy de küreğini almış yola çıkmak için sabırsızlanıyordu.

Nate bir ayağını tekneye attı ve, "Balayımızı Corumba'da geçirebilirdik," dedi.

"Güle güle Nate. Arkadaşlarına sadece beni bulamadığını söyle."

"Söyleyeceğim. Allahaısmarladık." Tekneyi itip içine atladı ve sert bir hareketle oturdu, başı yine dönüyordu. Suda sürüklenirken Rachel ve yerlilere el salladı, ama görüşü yine bulanmıştı.

Kanolar akıntı aşağı, su üzerinde hızla kayıyor ve yerliler de art arda oturmuş mükemmel bir uyum içinde kürek çekiyordu. Zaman ve güç harcamıyorlardı. Aceleleri yoktu. Motor üçüncü çekişte çalıştı ve kanolara kısa sürede yetiştiler. Jevy gazkolunu geriye çekti, motor öksürdü ama susmadı. Nehrin ilk dönemecinde Nate omuzunun üzerinden geri baktı. Rachel ve yerliler yerlerinden kımıldamamıştı.

Nate terliyordu. Güneş bulutların arkasındaydı ve yüzüne de güzel bir meltem vuruyordu ama Nate terlediğini hissediyordu. Kolları ve bacakları ıslaktı. Ensesini, alnını sildi ve parmaklarındaki ıslaklığa baktı. Söz verdiği gibi dua etmek yerine, "Lanet olsun, hastalandım," diye homurdandı.

Ateşi fazla değildi ama yükseliyordu. Meltem onu titretti. Oturduğu yerde çömeldi ve üzerine giyebileceği bir şeyler aradı. Jevy ona baktı ve birkaç dakika sonra, "Nate, iyi misin?" diye sordu.

Nate başını hayır anlamına iki yana salladı, gözlerinden belkemiğine kadar her yeri ağrıyordu. Akan burnunu sildi.

Nehirde iki dönemeç geçtikten sonra ağaçlar inceldi. Arazi de daha alçaktı şimdi. Bir süre sonra nehir genişledi ve ortasında üç tane çürümüş ağaç bulunan bir taşkın gölüne döküldü. Nate gelirken bu ağaçları geçmediklerini biliyordu. Başka bir yoldan dönüyorlardı. Akıntı kesilince kanoların hızı biraz düşmüştü ama yine de suyu büyük bir hızla yarıyorlardı. Rehberler gölü incelemedi. Nereye gittiklerini çok iyi biliyorlardı.

Nate, "Jevy, galiba sıtmaya yakalandım," dedi. Sesi boğuktu ve boğazı ağrımaya başlamıştı.

Jevy biraz gaz kesti ve, "Nerden biliyorsun?" diye sordu.

"Rachel beni uyarmıştı. Dün diğer köyde sıtma gördüğünü söyledi. Bunun için aceleyle yola çıktık zaten."

"Ateşin var mı?"

"Evet ve gözlerim bulanık görüyor, cisimleri seçemiyorum."

Jevy tekneyi durdurdu ve neredeyse gözden kaybolacak olan yerlilere seslendi. Boş yakıt bidonlarını ve geri kalan eşyaları geriye çekti ve hemen çadırı açtı. Bunları yaparken, "Şimdi üşümeye başlarsın," dedi. Onun ileri geri hareketiyle tekne sallanıyordu.

"Sen sıtma geçirdin mi hiç?"

"Hayır. Ama arkadaşlarımdan çoğu sıtmadan öldü."

"Nee?!"

"Kötü bir şaka canım. Sıtmadan ölen çok değildir ama çok hasta olacaksın."

Nate gayet ağır hareketlerle, başını oynatmamaya çalışarak oturduğu yerin arkasına kaydı ve teknenin ortasına uzandı. Bir yatak tomarını yastık yaptı. Jevy hafif çadırı onun üzerine serdi ve uçlarını da iki tane boş yakıt bidonuyla tutturdu.

Yerliler hemen yanlarına geldi, merak etmişlerdi. Lako Portekizce olarak ne olduğunu sordu. Nate, Jevy'nin konuşmasında sıtma sözcüğünü anladı ve İpikalar bir şeyler mırıldandı. Sonra aceleyle onlardan uzaklaştılar.

Motorlu tekne daha hızlıymış gibi geldi Nate'e. Bunun nedeni, Nate'in tekne dibinde yatıyor ve su üzerindeki kayışı hissediyor olması olabilirdi. Jevy'nin suda görmediği dal parçaları tekneye çarpıp Nate'i sarsıyordu ama o aldırmıyordu. Başı ağrıyor ve daha önceki, akşamdan kalma hallerinde olduğundan çok daha fazla zonkluyordu. Kaslarını ve eklemlerini acıdan hareket ettiremiyordu. Üşümeye başlamıştı. Titremeler başlıyordu.

Uzaklardan hafif bir gürültü duyuldu. Nate bunun gökgürültüsü olabileceğini düşündü. "Harika," diye mırıldandı. Bir fırtına tam da ihtiyaçları olan bir şeydi ya.

Yağmur onlara ulaşmadı. Nehir bir ara batıya döndü ve Jevy, batan güneşin son sarı ve portakal rengi ışıklarını gördü. Sonra tekrar doğuya, Pantanal'a yaklaşan karanlığa döndüler. İpikaların hangi çatala girmeleri gerektiği konusundaki konuşmaları sırasında kanolar iki kez yavaşladı. Jevy onları yaklaşık otuz metre mesafeden izliyordu ama, hava kararmaya başlayınca biraz daha yaklaştı. Çadırın altında yatan Nate'i göremiyordu ama, arkadaşının acı çektiğini biliyordu. Jevy gerçekten de bir zamanlar sıtmadan ölen bir adam görmüştü.

Yola çıkalı iki saat olmuş ve rehberler onları bir sürü karışık dar dereler ve sakin gölcüklerden geçirmişti ve bir süre sonra daha geniş bir nehire girdiklerinde kanolar yavaşladı. Yerliler dinlenmek istiyordu. Lako, Jevy'ye seslendi ve artık güvende olduklarını, yolun zor kısmını arkada bıraktıklarını ve bundan sonrasının daha kolay olacağını söyledi. Xeco yaklaşık iki saat mesafedeydi ve oradan doğruca Paraguay'a ulaşacaklardı.

Jevy, orasını yalnız bulabilir miyiz? diye sordu. Cevap hayır olarak geldi. Önlerinde hâlâ çatallar vardı ve ayrıca yerliler, Xeco üzerinde suların yükselmediği bir yer biliyordu, orada uyuyabilirlerdi.

Lako, "Amerikalı nasıl?" diye sordu. Jevy, "Pek iyi değil," diye cevap verdi.

Amerikalı onların sesini duymuştu ve teknenin durduğunu biliyordu. Tüm bedeni ateşler içindeydi. Vücudu ve giysileri sırılsıklamdı ve altındaki alüminyum zemin bile ıslanmıştı. Gözleri şişmiş ve kapalıydı, ağzı öylesine kurumuştu ki, açarken acıyordu. Jevy'nin İngilizce olarak kendisine bir şey sorduğunu duydu ama cevap veremedi. Bilinci gidip geliyordu.

Kanolar karanlıkta daha ağır gidiyordu. Jevy onları yakından izliyor ve gerektiğinde rehberlerin çatallar ve küçük dereleri incelemesinde feneriyle yardımcı oluyordu. Gazkolu yarım yolda iken motor sürekli bir zırıltıyla çalışıyordu. Sadece bir kez, biraz ekmek yiyip bir şeyler içmek ve ihtiyaç gidermek için durdular. Üç tekneyi birbirine yanaştırıp on dakika kadar sessizce süzüldüler.

Lako, Amerikalı için endişe duyuyordu. Jevy'ye, "Misyonere onun hakkında ne söyleyeceğim?" diye sordu. Rachel'e, onun sıtmaya yakalandığını söyleyebilirdi.

Uzaklarda çakan bir şimşek, kısa yemek ve dinlenme molalarını sona erdirdi. Yerliler hemen küreklere sarılıp hızla çekmeye başladı. Saatlerdir su basmamış kara parçası görmemişlerdi. Tekneden çıkıp fırtınanın geçmesini bekleyebilecekleri bir yer yoktu çevrede.

Motor en sonunda durdu. Jevy son yakıt tankına geçti ve motoru tekrar çalıştırdı. Yarım gaz giderse yakıt yaklaşık altı saat dayanırdı ki, o zamana kadar da Paraguay'ı nasıl olsa bulurlardı. Orada trafik, evler ve bir noktada da *Santa Loura* olacaktı. Xeco'nun Paraguay'a aktığı noktayı tam olarak biliyordu. Nehir aşağı giderek Welly'yi gün doğarken bulabilirlerdi.

Şimşekler devam ediyordu ama onlara uzaktı. Her şimşek rehberlerin hızını biraz daha artırıyordu. Ama yorulmaya başlamışlardı. Bir süre sonra Lako teknenin bir kenarına yapıştı, İpikalardan biri de başka bir noktadan tuttu ve Jevy el fenerini başının üstünde tutarak bir mavna gibi onları çekmeye başladı.

Biraz sonra ağaçlar ve çalılar sıklaştı ve nehir genişledi. Her iki yanda da toprak parçası vardı. Yerliler şimdi daha çok konuşuyordu ve Xeco'ya girdiklerinde kürekler bırakıldı. Çok yorulmuşlardı ve duracaklardı. Jevy, adamların üç saatlik uyku zamanı gitti, diye düşündü. Bir süre sonra uygun bir yer bulup karaya çıktılar.

Lako, birkaç yıldır misyonerin yardımcılığını yaptığını söyledi. Pek çok sıtmalı hasta görmüş, hatta kendisi de üç kez sıtmaya yakalanmıştı. Nate'in başının ve göğsünün üzerinden çadırı biraz kaldırıp alnına dokundu. Sonra Jevy'ye, "Ateşi yüksek," dedi. Jevy camurun içinde durmuş el fenerini tutuyor ve tekrar tekneye atlamak için sabırsızlanıyordu.

Çocuk, muayenesini tamamlarken, "Yapılacak hiçbir şey yok," dedi. Ateş kendiliğinden düşecek ve kırk sekiz saat sonra ikinci sıtma nöbeti başlayacaktı. Nate'in şiş gözleri onu endişelendirmişti, çünkü daha önceki sıtma vakalarında böyle bir şey görmemişti.

Rehberlerin en yaşlısı, Lako'ya bir şeyler söyleyip karanlık nehri gösterdi. Jevy'ye yapılan tercümeye göre, nehrin ortasını izlemeleri, küçük derelere girmekten kaçınmaları, özellikle soldakilere hiç yönelmemeleri halinde iki saat içinde Paraguay'ı bulabileceklerdi. Jevy onlara teşekkür etti ve yola koyuldu.

Nate'in ateşi düşmedi. Bir saat sonra Jevy, Nate'i kontrol etti, yüzü hâlâ ateş içindeydi. Ana karnındaki cenin gibi büzülmüş yarı baygın yatıyor ve anlaşılmaz bir şeyler mırıldanıyordu. Jevy onun ağzına biraz su damlattı ve kalanı da yüzüne döktü.

Xeco genişti ve üzerinde yol almak kolaydı. Bir evin önünden geçtiler, sanki aylardır ilk kez ev görüyorlardı. Bir süre sonra, açıktaki bir gemiye yol gösteren bir deniz feneri gibi, ay bulutların arasından çıktı ve önlerindeki suları aydınlattı.

Jevy, güçlükle duyulan bir sesle, "Beni duyabiliyor musun Nate?" diye seslendi. "Şansımız dönmeye başladı."

Rotayı aya göre ayarladı ve Paraguay'a doğru yöneldi.

32

Tekne bir *çalana*'ydı, dokuz metre boyunda, genişliği iki buçuk metre, dibi düz ve Pantanal'da kargo taşıyan yüzer bir ayakkabı kutusuydu. Jevy bunlarda kaptanlık yapmış, düzinelercesini yönetmişti. Nehrin kıvrımından çıkan ışığı görüp, daha sonra da dizel motorun sessini duyunca onun nasıl bir tekne olduğunu hemen anlamıştı.

Tayfa *çalana*'yı durdurunca, ranzasında uyuyan kaptanı da tanıdı. Saat sabahın üçüne geliyordu. Jevy teknesini onun burnuna bağladı ve güverteye atladı. Onlara ne yaptığını kısaca anlatırken, onlar da Jevy'ye iki muz verdi. Tayfa tatlı kahve getirdi. Kuzeye, Porto Indio'ya gidiyorlardı, oradaki ordu kışlasında satış yapacaklardı. Ona beş galon yakıt verebilirlerdi. Jevy onlara Corumba'da yakıtın parasını ödeyeceğine söz verdi. Sorun değildi bu. Nehirde herkes birbirine yardım ederdi.

Ona biraz daha kahve ve ince bisküvilerden verdiler. Sonra Jevy onlara *Santa Loura* ve Welly'yi sordu. "Cabixa'nın ağzında," dedi. "Eski iskelenin bulunduğu yere bağlamıştık."

Adamlar başlarını iki yana salladı. Kaptan, "Orada değildi," dedi. Tayfa da aynı şeyi söyledi. *Santa Loura*'yı tanıyorlardı ama görmemişlerdi. Koca tekneyi görmemiş olmaları imkânsızdı.

Jevy, "Orada olması gerekir," dedi.

"Hayır. Cabixa'yı dün öğle vakti geçtik. *Santa Loura*'ya ait bir iz yoktu orada."

Belki de Welly onları aramak için tekneyi alıp Cabixa'nın birkaç mil içine girmişti. Endişelenmiş, korkmuş olmalıydı. Jevy onu *Santa Loura*'yı alıp götürdüğü için affedecekti ama önce bir fırçalamalıydı.

Gittiklerinde tekne orada olacaktı, bundan emindi. Biraz daha kahve içerken onlara Nate ve sıtmadan söz etti. Corumba'da da, Pantanal'da sıtma salgını olduğuna dair söylentiler yaygındı. Jevy bunları tüm hayatı boyunca hep duymuştu.

Çalana'daki bir varilden onun bidonuna yakıt koydular. Yağmur mevsiminde nehir trafiği, nehrin aşağısına doğru, yukarıya kıyısla üç kat daha hızlıydı ve bu bir kuraldı. Motoru iyi olan alüminyum bir tekne Cabixa'ya dört saatte, ticaret merkezine on ve Corumba'ya da on sekiz saatte ulaşabilirdi. Bulabildikleri takdirde *Santa Loura* bu mesafeyi daha uzun bir zamanda alacaktı tabii, ama onda hiç olmazsa hamakları ve yemek olacaktı.

Jevy, biraz durup *Santa Loura*'da dinlenmeyi planlıyordu. Nate'i yatağına yatırmak ve sonra da Corumba'da Valdir'i uydu telefonuyla arayıp konuşmak istiyordu. Valdir de, oraya vardıklarında ne yapacağını iyi bilen bir doktor bulabilirdi.

Kaptan ona bir kutu bisküviyle bir bardak daha kahve verdi. Jevy onları bir hafta sonra Corumba'da bulacaktı, buna söz veriyordu. Sonra teşekkür etti ve teknesini çözdü. Nate yaşıyordu ama hareketsizdi. Ateşi hâlâ düşmemişti.

Kahve Jevy'nin nabzını hızlandırmış, uykusunu kaçırmıştı. Gazkoluyla biraz oynadı, motor öksürünceye kadar ileriye itti ve sonra stop etmeden önce tekrar geriye çekti. Karanlığın azalmasıyla nehrin üzerine yoğun bir sis çöktü.

Güneşin doğuşundan bir saat sonra Cabixa'nın ağzına vardı. *Santa Loura* orada değildi. Jevy eski iskeleye yanaşıp tekneyi bağladı ve yakındaki tek evin sahibini bulmaya gitti. Adam ahırda ineğini sağıyordu. Jevy'yi hatırladı ve tekneyi alıp götüren fırtınayı anlattı. Şimdiye kadar gördüğü en korkunç fırtınaydı. Geceyarısı patlamıştı ve adam pek fazla bir şey görmediğini söylüyordu. Rüzgâr öylesine korkunç esiyordu ki, karısı ve çocuğuyla birlikte yatağın altına saklanmıştı.

Jevy, "Tekne nerede battı?" diye sordu.

"Bilmiyorum."

"Peki ya çocuk?"

"Welly mi? Bilmiyorum."

"Başka kimseyle konuşmadın mı? Çocuğu gören yok mu acaba?"

Gören yoktu. Zaten Welly'nin fırtınada kaybolmasından beri nehirden gelen hiç kimseyle konuşmamıştı. Çok üzgündü ve ona göre Welly büyük olasılıkla ölmüştü.

Ama Nate ölmedi. Ateşi epeyce düşmüştü, uyandığında üşüyordu ve susamıştı. Gözlerini parmaklarıyla açıp etrafa bakınınca çevresinde sadece su, kenardaki çalıları ve çiftlik evini gördü.

"Jevy," dedi, sesi zayıftı ve boğazı ağrıyordu. Doğrulup oturdu ve birkaç dakika gözlerini ovaladı. Bulanık görüyordu. Jevy cevap vermedi. Vücudunun her yanı, tüm kasları ve eklemleri ağrıyor, beyni zonkluyordu. Boynunda ve göğsünde sıcak lekeler vardı ve onları kanatıncaya kadar kaşıdı. Kendi kokusundan midesi bulanmıştı.

Çiftçi ve karısı Jevy'yle birlikte tekneye geldi. Bir damla yakıtları yoktu ve bu da ziyaretçiyi kızdırmıştı.

Jevy tekneye atlayıp, "Nasılsın Nate?" diye sordu.

"Ölüyorum." Sözcükleri âdeta tükürür gibi konuşuyordu.

Jevy elini onun alnına koydu ve sonra da hafifçe isiliğe dokundu. "Ateşin düşmüş."

"Neredeyiz?"

"Cabixa'dayız. Welly burada değil. Teknemiz bir fırtınada batmış."

Nate, "Kötü şans devam ediyor," dedi ve başının ağrısıyla yüzünü buruşturdu. "Welly nerede?"

"Bilmiyorum. Corumba'ya kadar dayanabilecek misin?"

"Sanırım, ölüp kurtulsam daha iyi."

"Uzan şuraya Nate."

Çiftçiyle karısı bileklerine kadar çamur içinde dururken oradan ayrıldılar, onlara el salladılar ama karşılık alamadılar.

Nate bir süre oturdu. Yüzüne esen rüzgâr iyi gelmişti. Ama çok geçmeden yine üşümeye başladı. Göğsünde bir ürperti hissetti ve yavaşça çadırın altına kaydı. Welly için dua etmek istedi ama düşünceleri sadece birkaç saniye sürdü. Sıtmaya yakalandığına inanamıyordu.

Hark yemeği en ince ayrıntısına kadar planlamıştı Hay-Adams otelinin özel salonunda kahvaltı ve öğle yemeği arası yenen bir *brunch* olacaktı bu. İstiridyeler, yumurtalar, havyar ve somon balığı, şampanyalar ve mimosa kokteyli vardı. Saat on birde hepsi oradaydı ve günlük, rahat elbiseler giymişlerdi.

Onlara toplantının çok önemli olduğunu söylemişti. Toplantının gizliliği vardı. Davayı onlara kazandıracak tek tanığı bulmuştu.

Sadece Phelan çocuklarının avukatları davet edilmişti. Phelan'ın eski eşleri vasiyetnameye henüz itiraz etmemişti ve bu konuda pek istekli görünmüyorlardı. Hukukî açıdan pek sağlam dayanakları yoktu. Yargıç Wycliff, kadınların avukatlarından birine gayrı resmi olarak, eski eşler tarafından boşuna açılacak davalara hoş gözle bakmayacağını ima etmişti.

Sağlam dayanakları olsun olmasın, altı çocuk vasiyetname itirazı için hiç vakit kaybetmemişti. Altısı da aynı temel iddiayla mücadeleye başlamıştı – Troy Phelan'ın, son vasiyetnameyi imzalarken akli dengesinin yerinde olmadığını iddia ediyorlardı.

Toplantıya mümkünse her vâris için bir, en fazla da iki avukat davet edilmişti. Rex'i temsil eden Hark yalnızdı. Wally Bright da Libbigail'in avukatı olarak yalnız gelmişti. Ramble'ın tek avukatı zaten Yancy idi. Mary Ross adına Grit oradaydı. Geena ve Cody için eski hukuk hocası Bayan Langhorne gelmişti. Troy Junior babasının ölümünden bu yana üç hukuk firmasıyla anlaşmış, üçünü de kovmuştu. Son avukatları dört yüz avukat çalıştıran bir firmadan geliyordu. Bunların adı Hemba ve Hamilton'du ve adamlar birbirlerine pamuk ipliğiyle bağlı olan bu gruba kendilerini tanıttılar.

Hark özel yemek odasının kapısını kapattı ve konuşmaya başladı. Hemen her gün buluşup konuştuğu bir adam olan Malcolm Snead'ın kısa bir biyografisini anlattı önce. Ciddi bir ses tonuyla, "Kendisi otuz yıldır Bay Phelan'ın hizmetindeydi," dedi. "Belki de son vasiyetnamesini yazarken ona yardım etti. Belki de ihtiyarın o zaman tamamen kaçık olduğunu söylemeye hazırdır."

Diğer avukatlar bunu duyunca şaşırmıştı. Hark bir süre onların mutlu yüzlerine baktı ve sonra, "Belki de," diye devam etti, "Elle yazılmış vasiyetname konusunda hiçbir şey bilmediğini ve Bay Phelan'ın, öldüğü gün tamamen normal ve aklı başında bir adam olduğunu söyleyebilir."

Wally Bright, sözü kısa kesmek için, "Ne kadar istiyor?" diye sordu.

"Beş milyon dolar. Yüzde onu şimdi, bakiyesi dava kazanıldığında."

Snead'ın istediği para avukatları hiç de telaşlandırmadı. İşin içinde çok büyük para vardı. Aslında istediği pek fazla sayılmazdı.

Hark konuşmasını, "Kuşkusuz müvekkillerimizde şu anda para yok," diye sürdürdü, "Bu durumda onun tanıklığını satın almak istiyorsak bu bize kalıyor. Vâris başına yaklaşık seksen beş bin ödeyip Bay Snead'la bir anlaşma imzalayabiliriz. Onun ifadesi ya davayı kazandıracak, ya da bir anlaşmaya yol açacaktır, buna inanıyorum."

Odadakilerin zenginlik düzeyi değişikti. Wally Bright'ın büro hesabı eksi bakiye veriyordu. Ayrıca, ödemesi gereken vergileri vardı. Diğer uçtaysa, Hemba ve Hamilton'un çalıştığı firmada ortaklar yılda bir milyon dolardan fazla kazanıyorlardı.

Hamilton, "Yani bir yalancı tanığa para vermeyi mi teklif ediyorsun?" diye sordu.

Hark, "Onun yalan söyleyip söylemediğini bilmiyoruz," diye cevap verdi. Her tür soruyu bekliyordu. "Hiçkimse bilmiyor. O, Bay Phelan'la yalnızdı. Hiçbir tanık yok. Bay Snead ne istiyorsa gerçek o olacaktır."

Hemba, "Kuşkulu bir durum bu," dedi.

Grit, "Daha iyi bir fikrin var mı?" diye homurdandı. Dördüncü mimosasını yudumluyordu.

Hemba ve Hamilton büyük firma avukatlarıydı, sokakların pisliğine alışık değillerdi. Bu, kendilerinin ve kendileri gibi olanların, yolsuzlukların dışında olduğu anlamına gelmiyordu tabii, ama onların müvekkilleri, büyük hükümet anlaşmaları yapmak için lobiciler kullanan, resmi rüşvetlerini böyle veren ya da yabancı ülke diktatörlerinin İsviçre hesaplarına avukatları yardımıyla para gönderen büyük ve zengin şirketlerdi. Fakat büyük firma avukatları olduklarından, doğal olarak Hark'ın teklif ettiği ve Grit ve Bright'la diğer eski moda avukatların müsamaha gösterdiği türden ahlak dışı davranışlara tepeden bakıyorlardı.

Hamilton, "Müvekkilimizin bunu kabul edeceğinden emin değilim," dedi.

Hark, "Müvekkiliniz bunun üstüne atlayacaktır," diye cevap

verdi. TJ Phelan'ın etik konusunda itiraz edeceğini düşünmek biraz komikti. "Biz onu sizlerden çok daha iyi tanırız. Sorun, bunu sizin kabul edip etmeyeceğiniz aslında."

Hemba, karşısındakilere tepeden bakar gibi bir tavırla, "Yani sen şimdi ilk beş yüz bin doları biz avukatların sağlaması gerektiğini mi söylüyorsun?" diye sordu.

Hark, "Tamamiyle öyle," dedi.

"Firmamız böyle bir anlaşmayı asla kabul etmez."

Grit, "O zaman firmanızın değiştirilmesi uzun sürmez," diyerek araya girdi. "Şunu unutmayın, sizler bir ay içinde dördüncü firmasınız."

Aslında Troy Junior onları kovmakla tehdit etmişti bile. Susup dinlemeye karar verdiler. Konuşma sırası yine Hark'daydı.

"Herkese, bu parayı bir araya getirmek için gerekeni yapmasını söylemektense, beş yüz bin doları bir yıl için kredi olarak verecek bir banka buldum. İhtiyacımız olan tek şey, kredi için gereken altı imzayı atmak. Ben imzaladım bile."

Bright hiç düşünmeden atılıp, "Ben de imzalayacağım o lanet şeyi," dedi. Hiç korkmuyordu çünkü kaybedeceği hiçbir şey yoktu.

Yancy, "Bir şeyi açıklığa kavuşturalım," dedi. "Biz önce Snead'a parayı ödeyeceğiz, ondan sonra konuşacak. Öyle mi?"

"Öyle."

"Önce onun söyleyeceklerini duysak daha iyi değil mi?"

"Onun söyleyecekleri biraz çalışma gerektiriyor. Anlaşmanın güzelliği de burada işte. Parayı ödediğimiz zaman o artık bizim oluyor. İfadesini kendi çıkarlarımıza göre şekillendireceğiz. Dikkat edin, belki bir sekreter dışında başka tanık yok."

Grit, "Sekreter bize kaça patlayacak?" diye sordu.

"O bedava. Sekreter hanım Snead'ın paketine dahil."

İnsan meslek yaşamında ülkenin en büyük servetinden yüzde alma şansını kaç kez yakalayabilirdi? Avukatlar hesaplarını yaptı. Burada küçük bir risk vardı ama arkasında da bir altın madeni duruyordu.

Bayan Langhorne herkesi şaşırtarak, "Bu anlaşmayı firmama tavsiye edeceğim," dedi. "Ama bu, aramızda ölünceye dek sır olarak kalmalı."

Yancy, "Ölünceye dek," diye tekrarladı. "Yoksa hepimiz barodan atılabilir ve büyük olasılıkla suçlanabiliriz. Yalan yere yemin etmeye teşvik ağır suçlara girer."

Grit, "Bir şeyi unutuyorsun," dedi. "Bu bir yalan yere yemin olmayabilir. Gerçek, Snead, sadece Snead tarafından belirlenecektir. Eğer vasiyetnamenin yazılışına yardım ettiğini ve ihtiyarın da o sırada deli olduğunu söylerse buna kim itiraz edebilir? Bence mükemmel bir anlaşma. İmzalayacağım."

Hark, "Dört kişi olduk," dedi.

Yancy, "Ben de imzalıyorum," dedi.

Hemba ve Hamilton kıvranıp duruyordu. Hamilton, "Bunu firmamızla görüşmemiz gerekiyor," dedi.

Bright, "Bunun çok gizli olduğunu sizlere hatırlatmaya gerek yok, değil mi çocuklar?" dedi. Gece okulundan mezun bir sokak avukatının hukuk uzmanlarına azarlar gibi ahlak dersi vermesi komikti doğrusu.

Hemba, "Hayır," dedi. "Hatırlatmana gerek yok."

Hark, Rex'e telefon edip anlaşmadan söz eder, Rex de ağabeyi TJ'ye telefon ederek yeni avukatlarının anlaşmayı berbat ettiklerini söyleyebilirdi. Böylece Hemba ve Hamilton da kırk sekiz saat içinde tarih olurdu.

Hark, "Çabuk olun," diye uyardı onları. "Bay Snead para ihtiyacı olduğunu söylüyor ve diğer tarafla da anlaşabilir."

Langhorne, "Bu diğer taraf konusunda," diye konuştu. "Diğer tarafta kimin olduğu konusunda bir şey biliyor muyuz? Hepimiz vasiyetnameye itiraz ediyoruz. Vasiyeti savunan biri de olmalı. Rachel Lane nerede?"

Hark, "Hiç kuşkusuz saklanıyor," diye cevap verdi. "Josh bana onun nerede olduğunu bildiklerini, onunla temas halinde olduklarını ve kadının, çıkarlarını korumak için avukatlar tutacağını söyledi."

Grit, "On bir milyar için bunu yapacaktır tabii," diye ekledi.

Bir an için hepsi on bir milyarı düşünüp çeşitli şekillerde altıya bölerek kendi yüzdesini hesap etti. Snead için beş milyon oldukça mantıklı bir miktar olarak görünüyordu.

• • •

Jevy ve Nate öğleden sonra dükkâna geldi. Motor hiç de iyi çalışmıyordu ve yakıtları iyice azalmıştı. Dükkân sahibi Fernando verandada bir hamağa uzanmış yakıcı güneşten korunmaya çalışıyordu. Yaşlı bir adamdı, Jevy'nin babasını da tanımış olan, yıpranmış bir nehir emeklisiydi.

İki adam Nate'in tekneden inmesine yardım ettiler. Ateşi tekrar yükselmişti. Bacakları gücünü yitirmiş ve uyuşmuştu. Üçü birlikte büyük bir dikkatle dar iskeleden yürüyüp merdiveni çıkarak verandaya ulaştı. Nate'i hamağa yatırdıktan sonra, Jevy adama bir hafta içinde neler yaşadıkların özetleyerek anlattı. Nehirde Fernando'nun gözünden hiçbir şey kaçmazdı.

"*Santa Loura* battı," dedi. "Büyük bir fırtına vardı."

Jevy, "Welly'yi gördün mü?" diye sordu.

"Evet. Onu nehirden bir sığır teknesi kurtarmış. Burada durdular. Bana olanları anlattı. Corumba'da olduğuna eminim."

Jevy, Welly'nin sağ olduğunu duyunca sevinmişti. Fakat teknenin kaybı kötü bir haberdi. *Santa Loura* Pantanal'ın iyi teknelerindendi. Onun sorumluluğundayken batmıştı.

Konuşurlarken Fernando, Nate'i inceliyordu. Nate onların konuşmalarını güçlükle duyabiliyordu. Hiç kuşkusuz duysa da anlayamazdı. Zaten umursamıyordu da.

Fernando, Nate'in boynundaki lekeye dokundu ve, "Bu sıtma değil," dedi. Jevy hamağın yanına gitti ve arkadaşına baktı. Saçları karmakarışık ve ıslaktı, gözleri hâlâ şiş ve kapalıydı.

"Nedir bu?" diye sordu.

"Sıtmada böyle lekeler olmaz. Bu ancak *dang*'da olur."

"Dang humması mı yani?"

"Evet. Belirtileri sıtmaya benzer – ateş, üşüme, titreme, acıyan kaslar ve eklemler, sivrisineklerden geçer. Ama bu leke dang'ın işaretidir."

"Babam da yakalanmıştı bu hastalığa. Çok ağır hasta oldu."

"Onu mümkün olduğunca çabuk Corumba'ya götürmelisin."

"Senin motorunu alabilir miyim?"

Fernando'nun teknesi harap binanın altında duruyordu. Onun kıçtan takma motoru da Jevy'ninki kadar eskiydi ama beş beygirgücü daha kuvvetliydi. Hemen harekete geçip motoru değiştirerek yakıt tanklarını doldurdular ve bir saat kadar hamakta komada yatan zavallı Nate'i tekrar iskeleye indirip tekneye, çadırın altına yatırdılar. Nate artık neler olduğunu anlayamayacak kadar ağır hastaydı.

Saat iki buçuğa geliyordu. Corumba dokuz, on saatlik mesafedeydi. Jevy, Valdir'in telefon numarasını Fernando'ya bıraktı. Çok seyrek de olsa Paraguay'daki bazı teknelerde telsiz bulunabiliyordu. Fernando'ya böyle bir tekne uğrarsa, onun hemen Valdir'i aramasını ve olayı anlatmasını istiyordu.

Oradan tam gazla ayrıldı, suları oldukça hızlı yarıp giden güçlü bir motor onu tekrar sevindirmişti. Teknenin arkasında köpüklü dümensuyu kaynıyordu.

Dang humması öldürücü olabiliyordu. Babası bir hafta kadar âdeta kör edici başağırısı ve ateşle yatmıştı. Gözleri öylesine acıyordu ki, annesi onu günlerce kapalı bir odada yatırmıştı. Babası yaralara ve acılara alışkın sert bir nehir adamıydı ve Jevy onun bir çocuk gibi inlediğini duyunca öleceğini düşünmüştü. Doktor iki günde bir geliyordu ve babasının ateşi bir süre sonra düşmüştü.

Çadırın altında sadece Nate'in ayaklarını görebiliyordu. Ama onun ölmeyeceğinden emindi.

33

Bir kez uyandı ama göremiyordu. Bir kez daha uyandı, o zaman da karanlıktı. Jevy'ye suyla ilgili bir şey söylemek istedi. Biraz su içmek, belki biraz da ekmek yemek istiyordu. Fakat sesi gitmişti. Özellikle motorun gürültüsünü bastıracak şekilde seslenip konuşmak ayrı bir güç gerektiriyordu kuşkusuz. Eklemleri sanki onu bağlamış, düğüm yapmış gibiydi. Kendini teknenin alüminyum zeminine kaynakla bağlanmış gibi hissediyordu.

Rachel de kokan çadırın altında onun yanına uzanmıştı, onun dizleri de yukarıya doğru çekilmişti ve aynen kulübesinin önünde ve daha sonra da nehrin yanındaki ağacın altında oturduklarında olduğu gibi, onun dizlerine değiyordu. Tenin masumca hissedilmesine bile susamış bir kadının dikkatli, küçük bir temasıydı bu. İpikalar arasında on bir yıl yaşamıştı. Onların çıplaklığı kendilerini uygar insanlardan soyutluyordu. Aslında basit bir kucaklaşma bile karmaşık bir şeydi. Nereyi tutuyorsun? Nereye dokunuyorsun? Onu ne kadar süre sıkıyorsun? Rachel hiç kuşkusuz erkeklerden hiçbirine dokunmamıştı.

Yanağından bile olsa onu öpmek istiyordu, çünkü bu kadın yıllardır bu tür bir sevgi gösterisinden yoksun yaşıyordu. Ona, "Son kez ne zaman öpüştün Rachel?" diye sormak istiyordu. "Bir zamanlar âşık olmuşsun. Bu aşkın ne kadarı fizikseldi?"

Fakat soruları kendine sakladı ve sadece tanımadıkları insanlardan söz etmeye başladılar. Rachel'in bir piyano öğretmeni vardı ve nefesi öylesine pis kokardı ki piyanonun fildişi tuşlarını sarartmıştı. Nate'in de spor yaparken yaralanıp belden aşağısı felçli kalmış bir spor hocası vardı. Rachel'le aynı kiliseden olan bir kız hamile kalmış ve babası onu kürsüden lanetlemişti. Kız da bir hafta sonra kendisini öldürmüştü. Nate ise bir erkek kardeşini kan kanserinden kaybetmişti.

Nate onun dizlerini okşadı, Rachel bundan hoşlanmış gibiydi.

Ama daha ileriye gidemezdi. Bir misyonerle oynaşmak iyi olmazdı.

Rachel onu ölümden kurtarmak için gelmişti oraya. Kendisi de iki defa sıtmaya yakalanmıştı. Ateş yükselir, alçalır, titreme buz gibi insanın karnına vurur sonra kaybolurdu. Mide bulantısı dalgalar halinde gelirdi. Sonra saatlerce hiçbir şey olmazdı. Rachel onun koluna birkaç kez hafifçe vurdu ve ölmeyeceksin, buna söz veriyorum, dedi. Nate, bunu herkese söylüyordur, diye düşündü. Ölümden korkmuyordu.

Dokunma durdu. Gözlerini açıp Rachel'e doğru uzandı ama o gitmişti.

Jevy onun sayıklamalarını iki kez duydu. Her seferinde tekneyi durdurup Nate'in üzerindeki çadırı kaldırdı. Ağzına su verdi ve yavaşça ter içindeki saçlarına döktü.

Tekrar tekrar, "Neredeyse geldik," dedi. "Neredeyse geldik."

Corumba'nın ilk ışıklarını gördüğünde gözleri yaşardı. Kuzey Pantanal'daki seferlerinden dönerken bu ışıkları çok görmüştü ama hiç bu kadar sevinmemişti. Işıklar uzaklarda, tepelerde titreşiyordu. Onları, birbirine karışıp bulanıklaşıncaya kadar saymaya çalıştı.

Sığ suya atlayıp teknenin burnuna çatlak betona çektiğinde saat gece 11'e geliyordu. Rıhtım bomboştu. Bir telefon bulmak için yokuş yukarı koşmaya başladı.

Valdir pijamasını giyip gecenin son sigarasını yakmış, huysuz karısına aldırmadan televizyon izlemeye başlamıştı ki telefon çaldı. Kalkmadan cevap verdi ve sonra birden yerinden fırladı.

Yatak odasına koşarken karısı, "Ne oluyor?" diye sordu.

Omuzunun üzerinden, "Jevy döndü," diye cevap verdi.

"Jevy de kim?"

Dışarıya çıkarken karısının yanından geçti ve, "Nehire gidiyorum," dedi. Karısının umurundaydı sanki.

Valdir kentin caddelerinde arabasını sürerken bir doktor arkadaşına telefon etti, adam henüz yatmıştı ama onu, hastaneye gelmesi için ikna etti.

Jevy rıhtımda dolanıp duruyordu. Amerikalı bir kayanın üstüne oturmuş, başını dizlerine dayamıştı. Hiç konuşmadan onu arabanın arkasına oturttular ve araba, tekerlekleri taşları etrafa sıçratarak yola çıktı.

Valdir'in kafasında bir sürü soru vardı ve nereden başlayacağını bilemiyordu. Sert sözler şimdilik bekleyebilirdi. Portekizce olarak, "Ne zaman hastalandı?" diye sordu. Jevy onun yanına oturmuş, gözlerini ovalayıp uyanık kalmaya çalışıyordu. Son kez yerli köyünde uyumuştu. "Bilmiyorum," dedi. "Günler hep aynı geçiyor. Bu dang humması. Leke dördüncü ya da beşinci günde ortaya çıkar ve sanırım iki gün önce çıktı. Bilmiyorum."

Şehrin merkezinde ışıklara, sinyallere aldırmadan ve çok hızlı gidiyorlardı. Kaldırım kafeleri kapanıyordu. Çok az trafik vardı.

"Kadını buldunuz mu?"

"Bulduk."

"Nerede?"

"Dağlara yakın bir yerde. Sanırım Bolivya'da. Porto Indio'nun güneyinde bir günlük mesafede."

"Haritada görünüyor mu?"

"Hayır."

"O zaman nasıl buldunuz onu?"

Hiçbir Brezilyalı ve özellikle de Jevy gibi iyi bir rehber, kaybolduğunu kabul etmezdi. İnsan kendine olan saygısını ve belki de işini kaybederdi. "Haritaların hiçbir işe yaramadığı, seller basmış bir bölgedeydik. Bir balıkçı buldum ve o bize yardım etti. Welly nasıl?"

"O iyi. Ama tekne gitti." Valdir tayfadan ziyade tekneyle ilgileniyordu.

"Ben hayatımda böyle fırtınalar hiç görmedim. Üç kez fırtınaya tutulduk."

"Kadın ne dedi?"

"Bilmiyorum. Aslında onunla pek konuşmadım ben."

"Sizi görünce şaşırdı mı?"

"Pek de şaşırmış görünmüyordu. Oldukça soğukkanlıydı. Sanırım şu arkadaki arkadaşımızdan hoşlandı."

"Görüşmeler nasıl gitti peki?"

"Nate'e sor bunu."

Nate arka koltukta kıvrılmış, hiçbir şey duymuyordu. Jevy de hiçbir şey bilmez gibi görünüyordu, bunun için Valdir fazla ısrar etmedi. Nate iyileştiğinde avukatlar birbiriyle konuşurdu.

Hastaneye geldiklerinde kaldırımda bir tekerlekli sandalyenin beklediğini gördüler. Nate'i sandalyeye oturtup kaldırımda hasta bakıcıyı izlediler. Hava sıcak ve yapışkandı. Ön kapının merdiveninde bir düzine beyaz gömlekli hastabakıcı ve asistan sigara içip gevezelik ediyordu. Hastanede klima sistemi yoktu.

Doktor arkadaş oldukça ters ve işgüzardı. Gerekli işlemleri sabah yapacaklardı. Nate'in tekerlekli sandalyesini boş lobiden, bir sürü koridordan geçirip küçük bir muayene odasına girdiler ve orda uykulu bir hemşire onları karşıladı. Jevy ve Valdir bir köşede beklerken doktorla hemşire hastayı soydu. Hemşire, Nate'i alkollü beyaz bezlerle temizledi. Doktor, çenede başlayıp bele kadar inen lekeyi inceledi. Nate'in vücudu sivrisinek ısırıklarıyla kaplıydı ve pekçoğu kaşınıp kırmızı küçük yaralara dönüşmüştü. Ateşine, kan basıncına ve kalp atışlarına baktılar.

On dakika sonra doktor, "Dang hummasına benziyor," dedi. Sonra hemşireye, nelerin yapılması gerektiği konusunda bir sürü şey sıraladı ama o pek dinlemedi bile, çünkü bunu daha önce de yapmıştı. Kadın Nate'in saçını yıkamaya başladı.

Nate bir şeyler mırıldandı ama bu, odada bulunanlardan hiçbiriyle ilgili değildi. Gözleri hâlâ şiş ve kapalıydı; bir haftadır sakal tıraşı olmamıştı. Kendini, ülkesinde bir barın dışında, bir hendeğe yuvarlanmış gibi hissediyordu.

Doktor, "Ateşi yüksek," dedi. "Sayıklıyor. Antibiyotikler, ağrı kesiciler ve bol suyla başlayacağı, bir IV tedavisi yani, daha sonra yiyecek az bir şey verebiliriz."

Hemşire Nate'in gözlerinin üstüne kalın bir gazlı bez bant koydu ve bunu, bir kulağından diğerine kadar uzanan bir yapıştırıcı bantla yapıştırdı. Sonra bir damar buldu ve IV'ü başlattı. Bir çekmeceden sarı bir hastane gömleği buldu ve Nate'e giydirdi.

Doktor tekrar Nate'in ateşine baktı. Sonra hemşireye, "Yakında ateş düşer," dedi. "Düşmezse beni evden ara." Saatine baktı.

Valdir, "Teşekkür ederim," dedi.

Doktor, "Onu sabah erkenden göreceğim," dedi ve onları orada bırakıp çıktı.

Jevy, kentin kenarında yaşıyordu, orada evler küçük, sokaklar asfaltlanmamıştı. Valdir onu evine götürürken Jevy iki kez uykuya daldı.

Bayan Stafford Londra'ya antika eşya almaya gitmişti. Telefon, Josh ahizeyi alıncaya kadar en az on kez çaldı. Dijital saat gece yarısından sonra 2:20'yi gösteriyordu.

Hattın karşı tarafındaki ses, "Ben Valdir," dedi.

"Oh evet, Valdir." Josh saçlarını düzeltti ve gözlerini kırptı. "Umarım haberin iyidir."

"Adamınız döndü."

"Tanrı'ya şükür."

"Fakat çok hasta."

"Ne!? Nesi var?"

"Dang hummasına yakalanmış, sıtmaya benzer bir şey. Sivrisineklerden geçiyor. Burada sık görülen bir hastalıktır."

"Onun her şey için aşı olduğunu sanıyordum." Josh ayağa kalkıp hafifçe eğildi, şimdi saçlarını çekiyordu.

"Dang humması için aşı yoktur."

"Ölmeyecek, değil mi?"

"Oh hayır. Şu anda hastanede. Doktor olan iyi bir arkadaşım var, ona o bakıyor. Adamınızın iyi olacağını söyledi."

"Onunla ne zaman konuşabilirim acaba?"

"Belki yarın. Yüksek ateşi var ve kendini bilmez bir halde yatıyor."

"Kadını bulmuş mu?"

"Evet."

Josh, bravo sana Nate, diye düşündü. Rahatlayıp derin bir nefes aldı ve yatağının kenarına oturdu. Demek kadın gerçekten oradaydı. "Bana onun oda numarasını ver."

"Şey, odalarda telefon yok."

"Özel bir odada yatıyor, değil mi? Bak Valdir, para önemli değil bu konuda. Söyle, ona iyi bakılıyor değil mi?"

"Çok iyi ellerde. Fakat hastane sizinkilerden biraz farklı tabii."

"Oraya gelsem mi acaba?"

"İsterseniz gelin ama bence gereksiz. Hastaneyi değiştiremezsiniz. Onun iyi bir doktoru var."

"Orada ne kadar kalacak?"

"Birkaç gün. Sabahleyin daha iyi bilgi alırız."

"Beni erkenden ara Valdir. Ciddiyim. Onunla mümkün olan en kısa zamanda konuşmalıyım."

"Tamam, erkenden arayacağım."

Josh bir bardak buzlu su içmek için mutfağa gitti. Sonra küçük odada bir süre dolaştı. Saat üçte daha fazla dayanamadı, kendisine sert bir kahve hazırlayıp bodrum katındaki ofisine indi.

O, zengin bir Amerikalı olduğundan masraftan kaçınılmıyordu. Nate'in damarlarına eczanelerde bulunan en iyi ilaçlar pompalandı. Ateş biraz düştü, terleme kesildi. Ağrılar da, en iyi Amerikan ilaçlarıyla kesilmişti. Gelişinden iki saat sonra hemşire ve bir hastabakıcı onu tekerlekli yatağında odasına götürürken horluyordu.

O geceyi beş başka hastayla beraber geçirecekti. Çok şükür ki gözleri bantlıydı ve koma halindeydi. Açık yaraları, yanında yatan adamın kontrol dışı titremelerini ve odanın karşı tarafındaki cansız, buruşmuş yaratığı görmeyecekti. Çöp ve pislik kokusunu almayacaktı.

34

Kendi adına hiçbir mülkü olmamasına ve reşit olduktan sonraki yaşamında sürekli olarak finansal cambazlıklar sonucu başı dertten kurtulmamasına rağmen, Rex Phelan'ın sayılarla arası iyi sayılırdı, bu konuda yetenekliydi. Babasından miras kalan çok az şeyden biri de bu yetenekti. Troy'un vasiyetnamesine itiraz taleplerini okuma ve anlama yeteneğine sahip tek vâris oydu. Okumayı bitirdiğinde, altı hukuk firmasının da birbirlerini taklit ederek aynı işi yaptığını anladı. Aslında dilekçelerdeki cümlelerin ve hukuki deyimlerin bazıları bir önceki ya da bir sonraki dilekçeden alınmış gibiydi.

Altı firma da aynı savaşı kazanmaya çalışıyor ve altısı da pastadan muazzam paylar talep ediyordu. Aile arasında bir uyum sağlamanın zamanı gelmişti. En kolay hedef olan ağabeyi TJ ile başlamayı uygun buldu, çünkü onun avukatları ilkelere bağlılık konusuna aşırı önem veriyorlardı.

İki kardeş gizlice buluşmayı kararlaştırdı; karıları birbirinden nefret ediyordu ve onlar olmazsa daha kolay anlaşırlardı. Rex telefonda Troy Junior'a, savaş baltalarını gömme zamanının geldiğini söyledi. Ekonomik durumları bunu gerektiriyordu.

Bir banliyo lokantasında sabah kahvaltısı için buluştular ve birkaç gözleme yiyip futboldan söz ettikten sonra rahatladılar. Rex, Snead hikâyesini anlatarak konuya girdi. Heyecanlı bir tavırla, "Bu büyük bir olay," dedi. "Onun tanıklığı davamızı ya batırır ya çıkarır." Her şeyi anlattı ve sonra tüm avukatlar kredi için senet imzalarken, Troy Junior'un avukatlarının bundan kaçındığını söyledi. Orada sanki casuslar olabilirmiş gibi gözleriyle etrafı kolaçan ederek, gaddarca bir ifadeyle, "Senin avukatlar anlaşmaya taş koyuyor," dedi.

Troy Junior, Snead'ın isteği konusuna hâlâ inanamıyormuş gibi, "Orospu çocuğu beş milyon istiyor ha," dedi.

"Bu iyi bir anlaşma. Bak, babam vasiyetnameyi yazarken Snead onun yanında bulunan tek kişi olduğunu söylemeye hazır. Vasiyetnameyi geçersiz kılmak için ne gerekiyorsa söyleyecek. Şu anda sadece yarım milyon istiyor. Paranın bakiyesi konusunda ona kazık atabiliriz."

Troy Junior'un aklı buna yatmıştı. Hukuk firması değiştirmek de onun için yeni bir şey değildi. Samimi olsaydı Hemba ve Hamilton'un firmasının canını sıktığını söylerdi. Dört yüz avukat. Mermer salonlar. Duvarlarda kıymetli tablolar. Birileri bu adamların zevki için para ödüyordu kuşkusuz.

Rex konuyu değiştirdi ve, "Altı dava telebini de okudun mu?" diye sordu.

Troy Junior ağzına bir çilek attı ve başını iki yana salladı. Kendisi adına yazılan dilekçeyi bile okumamıştı. Hemba ve Hamilton yazılan dilekçeyi ona anlatmış ve o da okumadan imzalamıştı, çünkü çok kalındı ve Biff de arabada bekliyordu.

"Pekâlâ, ben hepsini yavaşça ve büyük bir dikkatle okudum, hepsi aynı şeyi söylüyor. Hepsi de aynı vasiyetnameye itiraz eden altı hukuk firmamız var. Bu saçmalık."

Troy Junior, ona destek çıkar gibi, "Ben de aynı şeyi düşündüm," dedi.

"Ve altısı da iş bittiğinde zengin olmayı düşünüyor. Senin avukatlar ne alıyor?"

"Hark Gettys ne kadar alıyor?"

"Yüzde yirmi beş."

"Benim firma otuz istedi. Yirmide anlaştık." Troy Junior'un yüzünde ani bir gurur parıltısı yanıp söndü, çünkü Rex'den daha iyi bir pazarlık yapmıştı.

Rex, "Şimdi sayılarla oynayalım," diye devam etti. "Diyelim ki biz Snead'ı ayarladık, adam doğru şeyleri söyledi, psikiyatrlarımızı bulduk, karmaşa yeniden başladı ve bir anlaşma zemini çıktı ortaya. Diyelim ki her bir vâris yirmi milyon alıyor. Bizim ikimizinki kırk milyon olur. Beşi Hark'a gider, dördü senin avukatlara. Toplam dokuz eder ve bize de otuz bir kalır."

"Bana uyar."

"Bana da. Ama senin avukatlarını aradan çıkarır ve birleşirsek Hark da ücretini düşürür. Bu avukatların hepsine ihtiyacımız yok,

TJ. Hepsi de birbirinin sırtından geçiniyor ve paramıza konmak için bekliyor."

"Hark Gettys'den nefret ediyorum."

"Güzel. O zaman bırak onunla ben konuşayım. Sana onunla dost olmanızı teklif etmiyorum."

"Neden Hark'ı kovmuyor ve işi benimkilere vermiyoruz peki?"

"Çünkü Snead'ı bulan Hark. Snead'ı satın almak için gerekli parayı borç olarak verecek bankayı da bulan Hark. Çünkü Hark kâğıtları imzalıyor ve seninkiler ahlak kurallarından söz ediyor. Pis bir iş bu TJ. Hark bunu anlıyor."

"O adam bana üçkâğıtçının biri gibi görünüyor."

"Evet, ama bizim üçkâğıtçımız. Eğer birleşirsek, talebi yüzde yirmi beşten yirmiye düşecektir. Mary Ross'u da aramıza alabilirsek komisyonu on yedi buçuğa iner. Libbigail'le bu daha aşağıya, on beşe inecektir."

"Libbigail bize asla katılmaz."

"Her zaman bir şans vardır. Üçümüz bir araya gelirsek dinleyebilir."

"Evet ama, evlendiği şu eşkiyayı ne yapacaksın?" Troy Junior bu soruyu gerçek bir samimiyetle sormuştu. O anda, bir striptizciyle evli olan kardeşiyle konuşuyordu.

"Hepsini teker teker hallederiz. Önce aramızdaki anlaşmayı yapalım, sonra da gidip Mary Ross'u görelim. Onun avukatı Grit denen şu adam bana pek de zeki bir tipmiş gibi gelmedi."

Troy Junior, üzülüyormuş gibi, "Aramızda savaşmamız saçmalık zaten," dedi.

"Bu savaş hepimize birer servete mal olacak. Ateşkesin zamanıdır."

"Annem buna çok sevinecek, bizimle gurur duyacak."

Xeco'daki yüksek arazi yerliler tarafından onlarca yıldır kullanılıyordu. Burası bazen geceleri de kalan balıkçılar için bir kamp yeri ve aynı zamanda nehir trafiğinde bır dinlenme noktasıydı. Rachel ve Lako ile kabileden Ten adında başka bir yerli, damı sazdan bir kulübeye sığınmış fırtınanın geçmesini bekliyordu. Dam akıyor ve sular rüzgârla yüzlerine vuruyordu. Kano ayaklarının dibindeydi, fırtınayla bir saat süren bir mücadeleden sonra onu Xeco'dan çıkarıp buraya kadar sürüklemişlerdi. Rachel'in giysisi sırılsıklamdı ama yağmur suyu hiç olmazsa ılıktı. Yerliler çıplaktı, sadece bellerinde bir ip, önlerini ve arkalarını örten birer deri parçası giymişlerdi.

Bir zamanlar Rachel'in bir ahşap teknesi ve eski bir motoru vardı. Bunlar kendisinden önceki misyonerler olan Cooper'lara aitti. Yakıtı olduğu zaman tekneyi nehirlerde, dört İpika köyü arasında kullanırdı. O tekneyle Corumba'ya iki günde gider, dönüşüyse dört gün sürerdi.

Motor en sonunda elden çıkmıştı ve yenisini alacak parası da yoktu. Her yıl Dünya Kabileleri'nden mütevazı bütçesini talep ederken âdeta yalvararak, yeni ya da en azından az kullanılmış bir motor istiyordu. Corumba'da üç yüz dolara bir motor bulmuştu. Fakat dünyanın her bölgesinde bütçeler oldukça sıkı tutuluyordu. Verilen paralar ilaçlara ve dinsel yayınlara harcanıyordu. Ona, dualarına devam etmesi söylenmişti. Belki gelecek yıl motorunu alabilirdi.

Söyleneni hiç düşünmeden kabullenmişti. Tanrı onun yeni bir motoru olmasını isterse bunu ona mutlaka verirdi. Verip vermeyeceği ya da ne zaman vereceği O'na kalmıştı. Bunun tasası ona düşmezdi.

Teknesi olmadığı için Rachel köyler arasında yaya olarak gidip gelir, Lako da sakat ayağıyla onu izlerdi. Şefi, her Ağustos'ta bir kez olmak üzere ona bir kano ve bir rehber vermesi için ikna etmişti, bununla Paraguay nehrine kadar gidiyordu. Orada güneye giden bir sığır teknesi ya da bir *çalana* bekliyordu. İki yıl önce, üç gün nehir kıyısındaki bir *fazenda*'da beklemişti. Üç gün içinde, bir yabancıyken bir dost ve sonra da misyoner olmuş, çiftçi ve karısını Hıristiyan yaparak, onlara vaazlar vermiş, dualar öğretmişti.

Yarın da onlarla kalabilir ve Corumba'ya gidecek bir tekne beklerdi.

Rüzgâr kulübenin içinde uğulduyordu. Lako'nun elini tuttu ve dua etmeye başladılar, ama kendileri için değil, dostları Nate'in sağlığı için dua ediyorlardı.

• • •

Bay Stafford'un kahvaltısını masasına getirdiler – mısır gevreği ve meyve yiyordu. Ofisten çıkmak istemiyordu ve bütün gün orada kalacağını söyleyince, iki sekreteri en azından altı toplantıyı yeniden ayarlama telaşına düştü. Saat onda yine masasında küçük bir çörek yedi. Valdir'i aradı ve onun, şehrin diğer yanında bir toplantıda olduğunu öğrendi. Valdir'de cep telefonu vardı. Neden onu aramamıştı?

Şirketteki avukatlardan biri dang hummasıyla ilgili iki sayfalık bir yazı getirdi, Internet'ten alınmıştı bilgiler. Avukat, mahkemede işi olduğunu söyledi ve Bay Stafford'un sağlık konusuyla ilgili başka talebi olup olmadığını sordu. Bay Stafford espriyi pek anlamadı.

Josh çöreğini yerken humma ile ilgili yazıyı okudu. Geniş aralıklarla ve kâğıtların yanlarında da yine genişçe boşluklar bırakılarak yazılmış, bir buçuk sayfa tutan bir özetti bu, öyle uzun bir şey değildi. Dang hummasının dünyanın tropik bölgelerinde sık görülen bir virüs enfeksiyonu olduğunu belirtiyordu. Hastalık, gündüz sokmayı yeğleyen *Aedes* adlı bir sivrisinekle bulaşıyordu. İlk belirti yorgunluktu, daha sonra gözlerin arkasında korkunç bir başağrısı başlıyor, onu önce hafif bir ateş izliyor ve sonra ateş yükselip terleme, mide bulantısı ve kusmalar geliyordu. Ateş yükselirken baldırlarda ve sırtta ağrılar başlıyordu. Korkunç kas ve eklem ağrıları nedeniyle bu ateşe 'kemikkıran ateşi' deniyordu. Tüm belirtiler ortaya çıktıktan sonra bir leke görülüyordu. Ateş bir iki gün düşüp kayboluyor ama genellikle daha yüksek olarak yeniden başlıyordu. Yaklaşık bir hafta sonra enfeksiyon azalıyor, tehlike geçiyordu. Hastalığın tedavisi ya da aşısı yoktu. Normale dönmek için bol sıvı almak ve bir ay kadar dinlenmek gerekiyordu.

Tabii bu hafif vakalar içindi. Dang bazen, dang kanamalı humma ya da dang şok sendromuna dönüşebiliyordu ki, bunlar özellikle çocuklarda öldürücü olabiliyordu.

Josh, Nate'i almak için Bay Phelan'ın jetini Corumba'ya göndermeye hazırdı. Uçağa bir doktor bir hemşire ve gereken tüm diğer şeyleri koyabilirlerdi.

O sırada bir sekreter interkomdan, "Bay Valdir arıyor," dedi. Josh başka telefon bağlanmasını istemiyordu.

Valdir hastanedeydi. Ağır ve anlaşılır bir sesle, "Biraz önce Bay

O'Riley'i ziyaret ettim," dedi. "İyi görünüyor. Ama henüz tam anlamıyla kendine gelemedi."

Josh, "Konuşabiliyor mu?" diye sordu.

"Hayır. Henüz değil. Ona ağrı kesici ilaçlar veriyorlar."

"İyi bir doktoru var mı?"

"En iyisi. Benim bir arkadaşım. Doktor şu anda onun yanında."

"Ona, Bay O'Riley'in ne zaman uçağa binip buraya gelebileceğini sor. Corumba'ya özel bir uçak ve doktor göndereceğim."

Arka planda bazı konuşmalar oldu. Sonra Valdir, "Henüz değil," dedi. "Hastaneden çıkınca dinlenmesi gerekecek."

"Hastaneden ne zaman çıkacak."

Yine bazı konuşmalar oldu. "Şu anda söyleyemiyor doktor."

Josh başını iki yana salladı ve elinde kalan çörek parçasını çöp sepetine attı. Sonra homurdanır gibi Valdir'e, "Bay O'Riley'e bir şey mi söyledin?" diye sordu.

"Hayır. Sanırım şu anda uyuyor."

"Dinle beni Bay Valdir, onunla mümkün olan en kısa zamanda konuşmak istiyorum, bu çok önemli, tamam mı?"

"Sizi anlıyorum. Ama sabırlı olmalısınız."

"Ben pek sabırlı bir adam değilimdir."

"Anlıyorum. Ama gayret etmelisiniz."

"Öğleden sonra ara beni."

Josh telefonu kapadı ve odanın içinde dolaşmaya başladı. Hassas ve dengesi henüz düzelmemiş olan Nate'i tropik bölgelerin tehlikesine göndermek akıllıca olmamıştı. Firma onun geride bıraktığı karmaşayı temizlemeye çalışırken, onu bir iki hafta başka yerlere gönderip meşgul olmasını sağlamanın iyi olabileceğini düşünmüştü. Firmada Nate'den başka dört küçük ortak daha vardı, Josh bunları kendisi bulmuştu ve bazı konularda onlara danışırdı. Bunlardan biri Tip'ti ve Nate'i destekleyen de sadece oydu. Diğer üçü Nate'in firmadan ayrılmasını istiyordu.

Nate'in sekreterini başka birine vermişlerdi. Nate'in ofisini, son zamanlarda yükselmekte olan başka bir avukat kullanıyordu ve yerinden de çok memnundu.

Nate dang hummasından kurtulsa bile vergi dairesinin soruşturması onu bekliyordu.

• • •

IV dedikleri serum torbası gün ortasında sessizce boşalmıştı ama onu kontrol eden yoktu. Nate saatler sonra uyandı. Başağrısı geçmiş, ateşi düşmüştü, rahattı. Adaleleri sertti ama terlemiyordu. Gözündeki gazlı bezleri hissetti, eliyle yapıştırıcı bandı yokladı ve biraz düşündükten sonra etrafına bir bakmaya karar verdi. Sol kolunda serum iğnesi vardı, bunun için sağ elinin parmaklarıyla bandı açmaya çalıştı. Başka bir odadan gelen konuşmaları ve sert zemindeki ayak seslerini duyabiliyordu. Holden telaşlı sesler geliyordu. Daha yakında birisi, sürekli acı içinde inleyip duruyordu.

Yapışkan bandı yavaşça derisinden ve saçlarından çekti ve onu yapıştırana küfretti. Gözündeki sargıyı bir yanda bıraktı; gazlı bez sol kulağına asılı kalmıştı. İlk gördüğü manzara, duvarlardaki dökülen boyalar oldu, tam başının üstündeki duvar soluk, donuk bir sarıya boyanmıştı. Işıklar sönmüştü, pencereden güneş ışığı geliyordu. Tavandaki boyalar da çatlamıştı, geniş kara çatlaklar örümcek ağı ve tozla kaplıydı. Tavanın ortasında eğreti bir vantilatör vardı ve dönerken sallanıyordu.

Birden iki ayak takıldı gözüne, iki yaşlı, yamru yumru, parmaklardan tabana kadar yara, bere ve nasırla kaplı bu iki ayak havaya kalkmıştı ve başını biraz kaldırınca, bu iki ayağın, buruşmuş ufak tefek bir adama ait olduğunu gördü, adamın yatağı neredeyse onun yatağına değecekti. Ölmüş gibi duruyordu.

İnleme pencere yakınındaki duvardan geliyordu. Bu zavallı da diğeri gibi ufacık ve buruşuktu. Yatağının ortasına oturmuş, kollarını bacaklarını toplayıp âdeta top olmuş, transa girmiş gibi acıdan inleyip duruyordu.

Kurumuş idrar, insan pisliği ve ağır antiseptik kokuları birbirine karışmış, berbat bir koku haline gelmişti. Koridorun sonunda hemşireler gülüşüp duruyordu. Tüm duvarların boyası dökülüyordu. Odada Nate'inkinden başka beş yatak daha vardı, hepsi de tekerlekliydi ve pek de hiza gözetilmeden oraya buraya çekilip bırakılmıştı.

Üçüncü oda arkadaşı kapının yanındaydı. Üzerinde, altına çocuk bezi gibi bağlanmış ıslak bir bezden başka bir şey yoktu ve vücudu açık, kırmızı yaralarla kaplıydı. O da ölüye benziyordu ve Nate, zavallının ölmüş olmasının onun için daha iyi olacağını düşündü.

Etrafta ne bir düğme, ne acil durum kordonu ne de interkom vardı, yardım istemek için bağırmaktan başka çare göremiyordu, ama bağırırsa ölüleri uyandırabilirdi. Bu yaratıklar kalkıp onu ziyarete gelmek isteyebilirdi.

O anda kaçmak istedi, ayaklarını yere basıp kolundaki IV iğnesini çıkarmayı ve özgürlüğü için koşmayı düşündü. Sokakta şansını deneyebilirdi. Hiç kuşkusuz sokakta bu kadar hastalık olamazdı. Her yer, bu cüzamlılar koğuşundan çok daha iyiydi herhalde.

Ama ayakları tuğla kadar ağırdı. Nate ayaklarını birer birer kaldırmaya çalıştı, büyük çaba harcadı ama çok az oynatabildi.

Başı yastığa düştü, gözlerini kapadı ve o anda ağlamak istedi. Kendi kendine, birkaç kez, "Bir üçüncü dünya ülkesinde, bir hastanedeyim," diye tekrarladı. "Günlüğü bin dolar olan, her şeyi bir düğmeyle halledebildiğim, yerleri halı kaplı, duşları ve istediğimde terapistleri olan Walnut Hill'i bıraktım," diye söylendi.

Yaraları olan adam homurdandı ve Nate yatağa iyice gömüldü. Sonra gazlı bezi tekrar gözlerinin üstüne koydu ve daha önceki gibi, ama bu kez daha da sıkı olmak üzere yapıştırdı.

35

Snead toplantıya kendi anlaşmasıyla geldi, bunu kendi başına, bir avukat yardımı olmadan hazırlamıştı. Hark onu okudu ve hiç de fena hazırlanmamış olduğunu kabul etti. Yazının başlığı, Uzman Tanık Hizmetleri Anlaşması'ydı. Uzmanlar fikir verirdi. Snead ise temelde gerçeklerle uğraşacaktı ama Hark anlaşmanın bu başlığına aldırmadı. Anlaşmayı imzaladı ve yarım milyonluk onaylı bir çeki ona verdi. Snead çeki dikkatle alıp üzerindeki her kelimeyi ve rakamı dikkatle inceledi, sonra katladı ve ceketinin cebine koydu. Sonra da gülümsedi ve, "Evet, nereden başlıyoruz?" diye sordu.

Gözden geçirilmesi gereken çok şey vardı. Diğer Phelan avukatları da hazır bulunmak istemişti. Hark konunun en önemli noktasına hemen girdi. "Genel olarak," diye konuştu. "Öldüğü zaman ihtiyarın düşünce tarzı, hali nasıldı?"

Snead, derin düşüncelere dalmış gibi kıpırdadı, kıvrandı ve kaşlarını çattı. Gerçekten de doğru şeyi söylemek istiyordu. Üzerinde dört buçuk milyonun ağırlığını hisseder gibiydi. "Aklı başında değildi," dedi, sözcükler havada asılı gibi dururken onay bekledi.

Hark başını salladı. Şimdiye kadar iyi gitmişti! "Bu durumu olağandışı mıydı?"

"Hayır, son günlerinde hiç de normal değildi."

"Onun yanında ne kadar kalıyordunuz?"

"Aralıklı olarak günde yirmi dört saat."

"Nerede yatıyordunuz?"

"Benim odam koridorun sonundaydı ama beni çağırmak için bir zili vardı. Günün yirmi dört saati emrindeydim. Bazen gecenin bir yarısında kalkar meyve suyu ya da hap gibi şeyler isterdi. Sadece zile basıp beni çağırır ve ben de istediğini getirirdim ona."

"Başka kim yaşıyordu onunla?"

"Hiç kimse."

"Başka kiminle vakit geçirirdi?"

"Belki genç Nicolette'le, yani sekreterle. Ondan hoşlanırdı."

"Onunla hiç sevişti mi?"

"Bunun davaya yardımı olur mu?"

"Evet."

"O halde tavşanlar gibi sevişirlerdi."

Hark kendini tutamayıp gülümsedi. Troy'un, son sekreterinin peşinden koştuğu iddiası kimseyi şaşırtmazdı.

Fikir birliği içinde olmalarını gerektiren şeyleri bulmaları uzun sürmemişti. "Bakın Bay Snead, istediğimiz şu. Hepsi bir araya geldiğinde herkesi, onun aklının başında olmadığı konusunda inandıracak küçük gariplikler, acayiplikler, anormal davranışlar ve sözler yani göze batan ve normal olmayan şeyler istiyoruz. Vaktiniz var. Oturun ve yazmaya başlayın. Parçaları bir araya getirin. Nicolette ile konuşun, seviştiklerini garantiye alın, onun söylediklerini dinleyin."

"İhtiyacımız olan her şeyi söyleyecek o."

"Güzel. O halde prova yapın ve diğer avukatların ortaya koyabileceği boşluklar olmamasına dikkat edin. Hikâyeleriniz birbirini tutmalı."

"Onları çürütebilecek hiç kimse yok."

"Hiç kimse mi? Bir limuzin şoförü, bir hizmetçi, eski bir sevgili ya da başka bir sekreter?"

"Bunların hepsi vardı tabii. Ama on dördüncü katta Bay Phelan ve benden başka kimse yaşamıyordu. Çok yalnız bir adamdı. Ve de tam bir deli."

"O zaman o üç psikiyatr önünde nasıl öyle mükemmel bir performans gösterebildi."

Snead bu soruyu bir süre düşündü. Verecek uydurma bir cevap bulamadı ve, "Sizin tahmininiz nedir?" diye sordu.

"Benim tahminime göre Bay Phelan incelemenin güç olacağını biliyordu, çünkü dengesini ve hafızasını yavaş yavaş yitiriyordu, bunun için size, beklenen sorularla ilgili bir liste hazırlamanızı söyledi ve o sabah Bay Phelan'la birlikte oturup iyi hatırlayamadığı tarihler, çocuklarının adları, gerçekten de unuttuğu isimler, onların gittikleri okullar, evlendikleri kişiler ve benzeri sorularla ilgili bir çalışma yaptınız, sonra da sağlığıyla ilgili soruları hazırladınız. Yine tahminime göre, bu temel konuları elden geçirdikten sonra en azından iki saat onu, holdingler, Phelan Grubu, sahip olduğu şirketler, satın aldığı firmalar, bazı hisse senetlerinin kapanış fiyatları gibi konularda sorulacak sorulara hazırladınız. Finans haberleri konusunda size gittikçe daha çok güveniyordu ve bunlar artık size kolay geliyordu. Bunlar ihtiyar için sıkıcı şeylerdi ama siz onu tekerlekli sandalyesinde incelemeye götürmeden önce hazırlamaya kararlıydınız. Bunlar aşina geliyor mu?"

Snead bundan çok hoşlanmıştı. Avukatın hemen oracıkta bir sürü yalan yaratabilme yeteneğine hayran kalmıştı. "Evet, evet, tamamen öyle! Bay Phelan psikiyatrları işte böyle kandırdı."

"O zaman bunun üzerinde çalışın Bay Snead. Hikâyelerinizi ne kadar iyi çalışırsanız o kadar iyi bir tanık olursunuz. Diğer tarafın avukatları üstünüze gelecektir. İfadenizi çürütmeye kalkacak, size yalancı diyeceklerdir, onun için bunlara hazır olun. Her şeyi yazın ve böylece her zaman için hikâyelerinizin kaydı olacaktır."

"Bu fikri sevdim."

"Tarihler, saatler, yerler, olaylar, gariplikler. Her şey, Bay Snead. Nicolette için de aynı şeyler geçerli. Söyleyin o da yazsın."

"O pek iyi yazamaz."

"Ona yardımcı olun. Bu size bağlı Bay Snead. Paranın geriye kalanını istiyorsanız onu kazanmalısınız."

"Ne kadar zamanım var?"

"Biz, yani ben ve diğer avukatlar birkaç gün sonra sizin video filminizi çekeceğiz. Hikâyelerinizi dinleyecek, sizi sorularla şaşırtacak ve performansınızı göreceğiz. Bazı şeyleri değiştirmek isteyeceğimize eminim. Sizi eğitecek, belki başka videolar da çekeceğiz. Ancak her şey mükemmel olduktan sonra ifade verebilirsiniz."

Snead oradan aceleyle ayrıldı. Parayı bankaya koymak ve yeni bir araba almak istiyordu. Nicolette de bir araba alacaktı.

Geceleyin nöbetçi olan hastabakıcı dolaşırken boş torbayı gördü. Torbanın arkasındaki talimatta sıvının sürekli verilmesi gerektiği yazıyordu. Torbayı eczaneye götürdü ve orada yarım gün çalışan bir öğrenci hemşire kimyasal maddeleri karıştırıp sıvı halinde torbaya doldurdu ve nöbetçi hastabakıcıya verdi. Hastanede zengin bir Amerikalı hasta olduğuyla ilgili söylentiler duyuluyordu.

Nate'e uykusu sırasında ihtiyacı olmayan ilaçlar verip onu takviye ettiler.

Jevy kahvaltıdan önce geldiğinde Nate yarı uykuluydu, gözleri hâlâ kapalıydı çünkü karanlığı yeğliyordu. Jevy, "Welly burada," diye fısıldadı.

Nöbetçi hemşire, Nate'in yatağını koridordan geçirip güneşli küçük bir avluya çıkaran Jevy'ye yardım etti. Hemşire daha sonra bir kolu çevirip yatağın başucunu yükseltti. Yapışkan bandı ve gazlı bezi gözlerinden çekti ama Nate hiç hareket etmedi. Gözlerini yavaşça açtı ve odaklamaya çalıştı. Ondan birkaç santim mesafede olan Jevy, "Şiş inmiş," dedi.

Welly, "Merhaba Nate," dedi. Yatağın diğer yanından ona doğru eğilmişti. Hemşire onları yalnız bıraktı.

Nate, "Merhaba Welly," dedi, sözcükler derinden, yavaş ve boğuk geliyordu. Biraz sersemlemiş gibiydi ama mutluydu.

Jevy elini onun alnına koydu ve, "Ateşin de düştü," dedi. İki Brezilyalı birbirine bakıp gülümsedi, Pantanal turu sırasında Amerikalıyı öldürmedikleri için rahatlamışlardı.

Nate, Welly'ye bakıp, bir sarhoş gibi görünmemek için sözcükleri kısa kesmeye çalışarak, "Ne oldu sana?" diye sordu. Jevy soruyu Portekizceye çevirip çocuğa aktardı. Welly birden canlandı ve fırtınayla *Santa Loura*'nın batışıyla ilgili uzun hikâyesini anlatmaya başladı. Jevy her otuz saniyede bir onu susturup söylediklerini İngilizceye çeviriyordu. Nate gözlerini açık tutmaya çalışarak dinliyordu ama bazen sahneden uzaklaşıp tekrar döner gibi oluyordu.

Valdir onları orada buldu. Nate'i neşeyle selamladı, misafirleri yatağında oturuyordu ve daha iyiydi, çok sevinmişti. Cebinden bir cep telefonu çıkardı ve numaralara basarken, "Bay Stafford'la konuşmalısın," dedi, "Seni çok merak ediyor."

"Bak şu anda pek..." Nate'in konuşması birden kesilir gibi oldu.

Valdir onun yastığını kabartır ve telefonu uzatırken, "Kalkıp güzelce otur, bak Bay Stafford telefonda," dedi. Nate telefonu aldı ve, "Merhaba," dedi.

Diğer taraftan, "Nate!" diyen bir ses duyuldu. "Sen misin!"

"Josh."

"Nate, bana ölmeyeceğini söyle. Lütfen söyle."

Nate, "Emin değilim," dedi. Valdir telefonu hafifçe Nate'in kulağına doğru itti ve orada tutmasına yardımcı oldu. "Yüksek sesle konuş," diye fısıldadı. Jevy ve Welly geri çekilmişti.

Josh telefona, "Nate, Rachel Lane'i buldun mu?" diye bağırdı.

Nate bir süre düşündü. Kafasını toplamaya çalışarak kaşlarını çattı ve sonra, "Hayır," dedi.

"Neee??"

"Onun adı Rachel Lane değil."

"Peki ne o lanet olası isim?"

Nate birkaç saniye kendini sıktı ve düşündü, sonra üzerine bir yorgunluk çöktü. Kendini biraz bıraktı, hâlâ ismi hatırlamaya çalışıyordu. Belki de Rachel ona soyadını hiç söylememişti. "Bilmiyorum," diye mırıldanırken dudakları kımıldamıyor gibiydi. Valdir telefonu biraz daha bastırdı.

"Nate, konuş benimle! Doğru kadını buldun mu?"

"Oh evet. Burada her şey yolunda Josh. Sakin ol."

"Kadından ne haber?"

"Hoş bir kadın."

Josh bir an tereddüt eder gibi oldu, ama zaman harcayamazdı. "Bu güzel işte, Nate. Kâğıtları imzaladı mı?"

"Adını hatırlamıyorum."

"Kâğıtları imzaladı mı?"

Uzun bir sessizlik oldu, Nate'in çenesi göğsüne düştü, uykuya dalmış gibiydi. Valdir onun kolunu dürttü ve başını telefonla birlikte kaldırmaya çalıştı. Nate birden, güç anlaşılır bir sesle, "Ondan gerçekten hoşlandım," dedi. "Hem de çok."

"İlaçların etkisinde, uyuşmuş gibisin, değil mi Nate? Sana ağrı kesici ilaçlar veriyorlar değil mi?"

"Evet."

"Bak Nate, kendini toparladığın, aklın başına geldiği zaman beni ara, tamam mı?"

"Telefonum yok."

"O zaman Valdir'inkini kullan. Lütfen ara beni Nate."

Nate başını salladı ve gözleri kapandı. Telefona, "Ona, benimle evlenmesini söyledim," dedi ve çenesi son kez olarak düştü.

Valdir telefonu aldı ve bir köşeye gitti. Nate'in durumunu açıklamaya çalıştı.

Josh, üçüncü ya da dördüncü kez, "Oraya gelmem gerekiyor mu?" diye bağırdı.

"Buna gerek yok. Lütfen biraz sabırlı olun."

"Bana sabırlı ol demenden bıktım!"

"Anlıyorum."

"Onu iyileştir Valdir."

"O iyi."

"Hayır değil. Beni daha sonra tekrar ara."

Tip Durban Josh'u, manzarasını oluşturan binalara bakan pencerenin önünde durmuş dışarıya bakarken buldu. Tip kapıyı kapadı, oturdu ve, "Ne söyledi?" diye sordu.

Josh pencereden bakmaya devam etti. Sonra, "Onu bulduğunu, kadının çok hoş olduğunu ve ona evlenme teklif ettiğini söyledi." Sesinde hiç de şaka yapar bir hal yoktu.

Ama Tip yine de onun bu söylediğini şaka olarak kabul etti. Kadınlar konusunda Nate titiz, güç beğenen biri değildi, özellikle boşanmaları arasında öyleydi. "Nasıl o?"

"Ağrısı yok, bir sürü ağrıkesici almış, yarı baygın işte. Valdir ateşinin düştüğünü ve şimdi daha iyi göründüğünü söyledi."

"Anlıyorum, yani ölmeyecek değil mi?"

"Öyle görünüyor."

Durban gülmeye başladı. "İşte adamımız Nate. Sevmediği, hoşlanmadığı bir kadına rastlamadı henüz."

Josh geriye döndüğünde eğleniyormuş gibiydi. "Çok güzel," dedi. "Nate iflas halinde. Kadın sadece kırk iki yaşında ve büyük olasılıkla yıllardır bir beyaz erkek görmemiştir."

"Çok çirkin bir kadın olsaydı bile Nate aldırmazdı. Kadın şu anda dünyanın en zengin kadını."

"Şimdi düşünüyorum da pek şaşırmıyorum aslında. Onu bir maceraya gönderirken iyilik yaptığımı düşünüyordum. Bir misyoner kadını baştan çıkaracağı aklımın köşesinden bile geçmedi doğrusu."

"Onu becerdi mi acaba?"

"Ormanda neler yaptıklarını kim bilebilir?"

Tip biraz düşündü ve, "Ben pek sanmıyorum," dedi. "Nate'i tanıyoruz ama kadını değil. Bunun olması için iki kişi gerekir."

Josh masasının kenarına oturdu ve yere bakıp sırıttı, bu iş hoşuna gitmiş gibi görünüyordu. "Haklısın. O kadının Nate'e yüz vereceğini pek sanmıyorum ben de. Başında çok iş var."

"Kâğıtları imzalamış mı?"

"O noktaya gelemedik ki. Ama imzaladığına eminim, yoksa Nate onu bırakıp dönmezdi."

"Nate buraya ne zaman dönüyor?"

"Yola çıkacak duruma gelir gelmez."

"Bundan pek emin olma. Ben olsam on bir milyar için oralarda biraz daha dolanırdım."

36

Doktor hastasını avlunun gölgesinde horlarken buldu, hâlâ yatağında oturur vaziyetteydi, ağzı açılmış, gözlerindeki gazlı bez alınmış, başı bir yana düşmüştü. Nehirdeki arkadaşı da yanında yere yatmış kestiriyordu. IV torbasını inceledi ve ilaç akışını durdurdu. Elini Nate'in alnına koyup baktı, ateşi yoktu.

Hastanın omzuna dokunurken, yüksek sesle, "Bay O'Riley," dedi. Jevy birden ayağa fırladı. Doktor İngilizce bilmiyordu.

Doktor, hastanın odasına dönmesini istiyordu ama Jevy bunu çevirip Nate'e söylediğinde Nate bundan hiç hoşlanmadı. Nate Jevy'ye rica ediyor, o da doktora yalvarıyordu. Jevy içerdeki hastaları, açık yaraları, kriz geçiren ve ölmek üzere olanları görmüştü ve doktora, orada gölgede arkadaşıyla akşama kadar oturacağına söz verdi. Doktor sonunda yumuşadı. Aslında umurunda bile değildi.

Avlunun karşı tarafında ayrı, küçük bir koğuş vardı. Pencerelerinde siyah demir çubuklar görülüyordu. Hastalar arada bir parmaklıkların arasından avluya bakıyordu. Kaçamazlardı. Öğleye doğru bir deli göründü ve avluda Nate ve Jevy'yi görünce daha da çılgınlaşıp bağırmaya başladı. Lekeli kahverengi teni, karmakarışık kızıl saçları vardı ve tam anlamıyla deliydi. İki demir çubuğu yakalayıp başını onların arasına soktu ve çığlıklar atmaya başladı. Tiz bir sesi vardı, avluda ve koridorlarda yankılar yapıyordu.

Nate, "Ne diyor bu?" diye sordu. Delinin bağırışları onu kendine getirmiş, aklını toparlamasına yardımcı olmuştu.

"Tek kelimesini anlamıyorum. Adam deli işte."

"Beni delilerle dolu bir hastaneye mi getirdiler yani?"

"Evet. Özür dilerim. Burası küçük bir şehir."

Çığlıklar arttı. Delilerin bölümlerinin dışındaki diğer bölümden bir hemşire çıktı ve ona susması için bağırdı. Adam ona berbat şeyler söylemiş olmalı ki hemşire koşarak uzaklaştı. Deli tekrar Nate ve

Jevy'ye baktı. Parmak eklemleri bembeyaz oluncaya kadar parmaklıkları sıktı ve bağırarak zıplamaya başladı.

Nate, "Zavallı adam," dedi.

Biraz sonra bağırışlar ulumaya dönüştü ve birkaç dakika sonra akıl hastasının arkasına gelen erkek bir hastabakıcı onu pencereden uzaklaştırmaya çalıştı. Adam gitmek istemiyordu ve kısa bir itiş kakış oldu. Hastabakıcı tanıklar önünde sert ama dikkatliydi. Ama adamın elleri sanki demir çubuklara yapışmıştı, ayrılmıyordu. Hastabakıcı onu arkadan çekmeye çalışırken uluma tekrar çığlıklara dönüştü.

Hastabakıcı sonunda pes etti ve uzaklaştı. Akıl hastası bu kez pantolonunu indirip parmaklıkların arasından işeyerek kahkahalar atmaya başladı, Nate ve Jevy'ye doğru işiyordu ama onlar menzil dışıydı. Bir ara parmaklığı bırakınca hastabakıcı arkadan atılıp onu sıkıca tuttu ve geriye doğru sürükledi. Akıl hastası içeriye girince bağırışlar da kesildi.

Günlük şamata sona erip de avlu tekrar eski sessizliğine kavuşunca Nate, "Jevy, beni buradan çıkar," dedi.

"Ne demek istiyorsun?"

"Çıkar beni buradan. İyiyim ben. Ateş düştü, gücümü topluyorum. Gidelim buradan."

"Doktor seni taburcu etmeden gidemeyiz ki." Durdu ve Nate'in koluna takılı IV torbasını gösterdi. "Sonra bu var."

Nate, kolundaki iğneyi bir hamlede çıkarıp IV'den kurtulduktan sonra, "Bu hiçbir şey değil," dedi. "Bana elbise bul Jevy. Çıkıyorum buradan."

"Dang hastalığını bilmiyorsun. Babam da geçirmişti bunu."

"Geçti artık. Bunu hissediyorum."

"Hayır geçmedi. Ateşin tekrar yükselecektir ve bu kez daha kötü olacak. Çok daha kötü."

"Buna inanmıyorum. Beni bir otele götür Jevy, lütfen. Otelde iyi olurum. Yanımda kalman için sana ayrıca ödeme yaparım ve ateşim yükselirse bana hap verirsin. Lütfen Jevy."

Jevy karyolanın ayakucunda duruyordu. Birisi sanki İngilizce konuşmalarını anlayacakmış gibi kuşkuyla çevresine bakındı. Sonra, ısrarından vazgeçiyormuş gibi, "Bilmiyorum," dedi. Aslında fena fikir değildi bu.

"Bana giysi bulup bir otele götürmen için sana iki yüz dolar vereceğim. İyileşinceye kadar beklemen için de günde elli dolar öderim."

"Ben para için konuşmuyorum Nate. Ben senin dostunum."

"Ben de senin dostunum Jevy. Ve dostlar birbirine yardım eder. O odaya geri dönemem. Oradaki o zavallı hastaları gördün. Hepsi çürüyor, ölüyor, üzerlerine işiyor. İnsan çöplüğü gibi kokuyor orası. Hemşireler aldırmıyor. Doktorlar gelip hastalara bakmıyor. Akıl hastaları koğuşu tam karşıda. Lütfen Jevy, çıkar beni buradan. Sana iyi para öderim."

"Paran *Santa Loura*'yla beraber battı."

Nate bunu duyunca donup kaldı. O, *Santa Loura*'yı ve eşyalarını unutmuştu bile – giysileri, parası, pasaportu ve içinde Josh'un verdiği kâğıtlar ve cihazlar bulunan çantası hep teknede kalmıştı. Rachel'den ayrıldıktan sonra aklının başında olduğu, hafızasının çalıştığı birkaç dakika olmuş ve o zamanlarda ölümü ve yaşamayı düşünmüştü. Eşyalar ya da maddi değerler hiç aklına gelmemişti. "İstediğim kadar para bulabilirim Jevy. Amerika'dan telgrafla isteriz. Lütfen bana yardım et."

Jevy, dang hummasının nadiren öldürücü olduğunu biliyordu. Nate'in nöbeti kontrol altına alınmış görünüyordu ama ateş hiç kuşkusuz yine yükselecekti. Hiç kimse onu hastaneden kaçmak istediği için suçlayamazdı. Jevy tekrar çevresine bakındı ve, "Tamam," dedi. Yakınlarında kimse yoktu. "Birkaç dakikaya kadar dönerim."

Nate gözlerini kapadı ve pasaportsuz olduğunu düşündü. Hiç nakit parası da kalmamıştı. Ne giysi, ne de diş fırçası vardı. SatFon, cep telefonu, telefon kartları, hiçbir şey kalmamıştı. Ülkesinde de durumu iyi değildi kuşkusuz. İflasının yıkıntıları içinden kiralık arabasını belki kurtarabilecekti, giysileri ve mütevazı ev eşyası ona kalabilirdi, bir de bankada biraz parası vardı. Başka hiçbir şey yoktu. Georgetown'daki kiralık dairesi rehabilitasyon sırasında geri verilmişti. Döndüğünde gidecek yeri bile yoktu. Aile diye bir şey kalmamıştı zaten. İki büyük çocuğu ona uzak duruyor, hiç ilgilenmiyorlardı. İkinci evliliğinden olan ortaokul öğrencisi çocuklarını da anneleri almıştı. Onları altı aydan beri görmemiş ve Noel'de bile birkaç kez düşünmüştü.

Nate kırkıncı doğum gününde, kanser teşhisinde yanılan, hastalığı tanımlayamayan bir doktor aleyine açılan 10 milyon dolarlık bir davayı kazanmıştı. Kariyerinin en büyük davasıydı bu ve iki yıl sonra temyiz de kazanıldığında, firmasının kazancı ücretler olarak 4 milyon doları geçmişti. Nate'in payı o yıl 1.5 milyon dolar olmuştu. Birkaç ay milyoner olarak yaşamış, sonra bir ev satın almıştı. Kürkler, elmaslar, arabalar alınmış, seyahatlere çıkılmış, çok sağlam olmadığı anlaşılan birkaç yatırım yapılmıştı. Sonra kokain seven bir kolej öğrencisi kızla düşüp kalkmaya başlamış ve ipin ucu da kaçmıştı tabii. O zaman durumu çok kötüleşmiş ve iki ay kapalı yerde tutularak tedavi edilmişti. İkinci karısı kalan parayı da alıp kaçmış ve kısa bir süre sonra parasız olarak dönmüştü.

Bir zamanlar milyoner olmuştu ve şimdiyse, hasta, yalnız, beş parasız, hakkında soruşturma yapılan, ülkesine dönmekten korkan ve orada yeni bir çöküş yaşama düşüncesiyle dehşete düşen bir adamdı.

Rachel'i arayıp bulma işi onu meşgul etmişti. Bu avın heyecanı vardı. Şimdi bu av da bitmiş ve yeniden sırtüstü yatıp Sergio'yu, rehabilitasyonu, bağımlılıklarını ve kendisini bekleyen tüm sorunları düşünmeye başlamıştı. Hava yine kararmaya başlamıştı.

Hayatının sonuna kadar, hukuki sorunlarını unutup, içki, uyuşturucu ve kadınlardan uzakta, Jevy ve Welly ile birlikte Paraguay'da *çalana*'larda dolaşıp duramazdı. Ülkesine dönmek zorundaydı. Gerçeklerle bir kez daha yüz yüze gelmeliydi.

İnsanın içine işleyen acı bir bağırış onu düşüncelerinden ayırdı. Kızıl kafalı akıl hastası yine ortaya çıkmıştı.

Jevy tekerlekli yatağı bir veranda altına çekti oradan da bir koridordan geçirip hastanenin ön tarafına doğru götürdü. Bir malzeme odasında durdular ve Jevy hastayı yataktan kaldırdı. Nate zayıftı, titriyordu ama kaçmaya kararlıydı. Küçük odada üstündeki hastane gömleğini çıkarıp bol bir şort, kırmızı bir tişört, her zaman giyilen lastik ayakkabılar, kot kumaştan bir kep giydi ve plastik bir gölgelik taktı. Biraz benzese de kendisini hiç de Brezilyalı gibi hissetmiyordu. Kepini ayarlıyordu ki bayılıverdi.

Jevy onun yere düşüşünü duydu. Hemen kapıyı açtı ve Nate'i

temizlik kovaları, paspaslar arasında yatarken buldu. Onu koltuk altlarından tuttup kaldırarak tekrar yatağına yatırdı, ve üzerini örttü.

Nate gözlerini açtı ve, "Ne oldu?" diye sordu.

Cevap, "Bayıldın," şeklindeydi. Karyola hareket ediyordu; Jevy arkasındaydı. Onlara pek aldırış etmeyen iki hemşirenin yanından geçtiler. Jevy, "Bu kötü bir fikir," dedi.

"Sen devam et."

Lobiye yaklaşınca durdular. Nate yataktan kalktı, yine bayılacak gibi oldu ama yürümeye başladı. Jevy bir koluyla onu sarıp omzundan sıkı sıkı tutarak destekliyordu. Durmadan, "Yavaş ol," diyordu, "Sakin ve yavaş olmalısın."

Ne hasta kabul masasında çalışanlar ne de gelen hastalar baktı onlara. Ön basamaklarda sigara içen hemşireler ve hastabakıcılar da aldırmadı. Güneş birden Nate'in yüzüne vurdu ve Jevy'ye yaslandı. Sokağın karşı tarafında park etmiş olan Jevy'nin koca arabasına doğru yürüdüler.

İlk kavşakta ölümden kılpayı kurtuldular. Nate, "Biraz daha yavaş gider misin," diye söylendi. Terliyordu ve midesi allak bullaktı.

Jevy, "Özür dilerim," dedi ve pikabın hızı oldukça düştü.

Palace Otel'in resepsiyonundaki kızı, çekiciliğiyle ve daha sonra yapacakları ödemenin sözüyle ikna eden Jevy, kendilerine iki kişilik bir oda ayarladı. Gerçekten de hasta görünen Nate'i başıyla işaret edip ona, "Arkadaşım hasta," diye fısıldadı. Güzel kızın yanlış fikirlere kapılmasını istemiyordu tabii. Bavulları yoktu.

Odaya çıktıklarında Nate kendini yatağa attı. Hastaneden kaçış onu fazlasıyla yormuştu. Jevy TV'de bir futbol maçının ikinci kez yayınlanışını buldu ama beş dakika sonra sıkıldı. Kızla oynaşmak için çıktı.

Nate uluslararası santralı bulmak için iki kez uğraştı. Telefonda Josh'un sesini duyduğunu hayal meyal hatırlıyordu ve onunla tekrar konuşması gerektiğini düşünmüştü. İkinci denemesinde bir sürü Portekizce laf dinledi. Santraldaki kız İngilizce konuşmaya çalıştığında, 'telefon kartı' gibi bir şey duyduğunu sandı. Telefonu kapadı ve uykuya daldı.

Doktor, Valdir'e telefon etti. Valdir, Jevy'nin pikabını Palace

Otelin önünde park etmiş buldu ve içeriye girdiğinde Jevy'nin, havuz başında birasını yudumladığını gördü.

Valdir havuz başına gidip çömeldi ve, "Bay O'Riley nerede?" diye sordu. Öfkeli olduğu belliydi.

Jevy, "Yukarda, odasında," diye cevap verdi ve birasından bir yudum daha aldı.

"Neden orada?"

"Çünkü hastaneden çıkmak istedi. Bunun için onu ayıplayabilir misin?"

Valdir hayatının tek ameliyatını dört saat uzaklıktaki Campo Grande'de olmuştu. Parası olan hiçkimse mecbur kalmadıkça Corumba'daki hastaneye gitmezdi. "Şimdi nasıl?" diye sordu.

"Sanırım iyi."

"Onun yanında kal."

"Artık senin için çalışmıyorum Bay Valdir."

"Evet ama hâlâ tekne meselesi var."

"Onu çıkaramam. Ben batırmadım. Bunu yapan fırtına. Benden ne yapmamı istiyorsun yani?"

"Bay O'Riley'e gözkulak olmanı istiyorum."

"Adamın paraya ihtiyacı var. Onun için telgraf havalesi ister misin acaba?"

"Sanırım."

"Pasaporta da ihtiyacı var. Her şeyini kaybetti."

"Sen sadece ona dikkat et. Ayrıntıları ben hallederim."

Geceleyin ateşi tekrar sessizce yükselmeye başladı, uyurken yüzündeki sıcaklık arttı ve havale belirtileri kendini göstermeye başladı. Önce kaşlarının üstünde ter damlacıkları toplandı, sonra saçlarının arasındaki terler yastığı ıslattı. Vücut ısısı yavaş yavaş artıyordu. Ürpermeler, titremeler bütün vücudunu sardı, çok yorgundu ve aldığı tüm o ilaçların etkisi hâlâ sürüyordu, uykuya devam etti. Gözlerinin arkasında müthiş bir basınç vardı ve onları açtığında bağırmak istedi. Ağzının içi kupkuru olmuştu.

Nate en sonunda inledi. Şakaklarında, basınçlı havayla çalışan kaya delme makinesiyle yapılıyormuş gibi bir zonklama vardı. Gözlerini açtığında ölüm onu bekliyordu. Bir ter gölü içindeydi, yüzü yanıyordu, diz ve dirsekleri acıyla bükülmüştü. "Jevy," diye fısıldadı. "Jevy!"

Jevy düğmeye basıp aralarındaki masa lambasını yaktı ve Nate daha yüksek sesle inledi. "Söndür şunu!" dedi. Jevy banyoya koştu ve onun gözlerini rahatsız etmemek için banyo ışığını yaktı. Beklenen böyle bir duruma karşı şişeyle su, buz, aspirin ve gerekli ilaçlarla bir de termometre almıştı. Hazır olduğunu sanıyordu.

Bir saat geçti ve Jevy bunun her dakikasını saydı. Ateşi otuz dokuza yükseldi Nate'in, titremeler öylesine şiddetli geliyordu ki, küçük karyola zangır zangır sarsılıyordu. Nate'in titremediği zamanlarda Jevy onun ağzına birkaç hap sokuyor ve su içiriyordu. Yüzüne ıslak havlular tuttu. Nate sessizce acı çekiyor, acısını belli etmemek için dişlerini sıkıp duruyordu. Ateşle gelen krizleri, o hastaneye göre lüks sayılabilecek bu küçük otel odasında atlatmaya kararlıydı. Acıdan bağırmak istediğinde, hemen hastanenin çatlak duvarlarını ve kokularını hatırlıyordu.

Sabaha karşı saat dörtte ateş otuz dokuz buçuğa yükseldi ve Nate yavaşça kendini kaybetmeye başladı. Dizleri neredeyse çenesine değiyordu. Kollarını bacaklarına sarmıştı. Tostoparlak olmuştu. Böyle dururken birden bir titreme geliyor ve vücudu sarsılırken aynı zamanda açılıyordu.

Ateşi kırkın üstüne çıkınca Jevy onun şoka gireceğini anladı. En sonunda paniğe kapılmıştı ve bunun nedeni ateşin yüksekliği değil, yatak çarşafından yere damlayan terdi. Arkadaşı yeterince acı çekmişti. Hastanede daha iyi ilaçlar vardı.

Jevy üçüncü katta uyuyan bir kat görevlisi buldu, onun yardımıyla Nate'i asansöre koyup aşağıya indirerek boş lobiden geçirdi ve pikabına bindirdi. Sabahın altısında Valdir'e telefon edip onu uyandırdı.

Valdir Jevy'ye küfürleri sıraladıktan sonra doktoru arayacağına söyledi.

37

Doktor, tedavi için gerekenleri, hastaneye, yatağından telefonla bildirdi. IV torbasını gerekli ilaçlarla doldurun, iğneyi koluna sokun ve daha iyi bir oda bulmaya çalışın dedi. Odalar doluydu, bu nedenle onu koridorda, erkekler koğuşuna yakın, hemşire ofisi dedikleri pis bir masanın yanına bıraktılar. Hiç olmazsa artık onu görmezden gelemezlerdi. Jevy'ye gitmesini söylediler, çünkü orada beklemekten başka yapabileceği bir şey yoktu.

Sabahleyin, sakin bir saatte bir hastabakıcı elinde bir makasla çıkageldi. Nate'in yeni şort ve kırmızı tişörtünü keserek çıkarttı ve ona yine sarı bir hastane gömleği giydirdi. Bu işlem sırasında Nate tam beş dakika süreyle yatağında çıplak, herkesin gözü önünde kaldı. Ama kimse aldırmadı; Nate'in de umurunda değildi artık. Yatak çarşafları değiştirildi, çünkü hepsi sırılsıklamdı. Bir zamanlar şort ve tişört olan paçavralar atıldı ve Nate yine giysisiz kaldı.

Çok fazla titrer ya da inlerse en yakındaki doktor ya da hemşire gelip yavaşça IV'ü açıyor, yüksek sesle horladığında ise hafifçe kapıyordu.

Kanserden ölen bir hastanın yeri açılmıştı. Nate'in karyolasını hemen en yakın odaya götürüp kısa bir süre önce bir ayağını kaybetmiş bir işçiyle, böbrek yetmezliğinden ölmek üzere olan bir hastanın arasına koydular. Doktor o gün onu iki kez gördü. Ateşi otuz dokuzla kırk arasında seyrediyordu. Valdir akşama doğru onunla biraz konuşmak için geldi ama Nate uyuyordu. Sonra olanları Bay Stafford'a rapor etti ve o da kuşkusuz habere hiç memnun olmadı.

Valdir koridorda cep telefonuyla konuşurken, "Doktor bunların normal olduğunu söylüyor," dedi. "Bay O'Riley iyileşecek."

Josh Amerika'dan, "Onun ölmesine sakın izin verme Valdir," diye homurdandı.

Para telefon havalesiyle geliyordu. Pasaport için de uğraşıyorlardı.

• • •

IV torbası yine bitti ve yine kimsenin haberi olmadı. Saatler geçti ve ilaçlar etkisini kaybetmeye başladı. Nate nihayet komadan çıkıp da yaşam belirtileri göstermeye başladığında vakit geceyarısıydı, etraf zifiri karanlıktı ve diğer üç yataktan ses çıkmıyordu. Oda arkadaşlarını güçlükle görebiliyordu. Kapı açıktı ve koridordan hafif bir ışık sızıyordu. Ne bir ses vardı ne de sürüyen ayak sesleri.

Hastane gömleğine dokundu – terden sırılsıklamdı – ve onun altında yine çıplak olduğunu anladı. Şiş gözlerini ovaladı ve kramplı bacaklarını düzeltmek istedi. Alnı yanıyordu. Çok susamıştı ve en son ne yediğini hatırlamıyordu. Etrafındakileri uyandırmamak için kımıldamaya korkuyordu. Herhalde biraz sonra bir hemşire gelip onlara bakardı.

Yatak çarşafları ıslaktı ve üşüme nöbeti tekrar geldiğinde ısınması imkânsızdı. Titreyip sarsılmaya başladı, kollarını bacaklarını ovdu, dişleri titriyor, birbirine çarpıyordu. Üşüme nöbeti geçince uyumaya çalıştı ve bir süre dalıp uyumayı başardı ama gecenin en karanlık bir saatinde ateşi tekrar yükseldi. Şakakları öyle berbat zonkluyordu ki, Nate kendini tutamayıp ağlamaya başladı. Yastığı başına sardı ve elinden geldiğince sıktı.

Karanlık odada bir siluet içeriye girip yataktan yatağa dolaştı ve en sonunda Nate'in yanında durdu. Kadın onun çarşafların altında debelenip çırpınışına baktı, yastığın boğduğu iniltisini dinledi. Sonra hafifçe koluna dokundu ve, "Nate," diye fısıldadı.

Normal koşullarda olsa Nate irkilir, sıçrardı. Ama sanrılama da bu hastalığın belirtilerinden biriydi. Yastığı göğsüne çekti ve gözlerini odaklayıp bu kişiyi görmeye çalıştı.

Kadın, "Ben Rachel," diye fısıldadı.

Nate, "Rachel?" diye fısıldayarak karşılık verdi, güçlükle nefes alıyordu. Oturmaya çalıştı, sonra gözlerini parmaklarıyla açmak için uğraştı. "Rachel?..."

"Buradayım Nate. Tanrı beni, seni korumam için buraya gönderdi."

Nate elini onun yüzüne uzattı ve o da onun elini tuttu. Nate'in avucunu öptü. "Ölmeyeceksin Nate," dedi. "Tanrı'nın senin için planları var."

Nate hiçbir şey söyleyemiyordu. Gözleri yavaş yavaş karanlığa alışınca onu gördü. "Sensin," dedi. Yoksa yine hayal mi görüyordu. Tekrar uzanıp başını yastığa bıraktı, kasları çözüldü ve eklemleri gevşedi, rahatlamış gibiydi. Gözlerini kapadı ama onun elini bırakmadı. Gözlerinin arkasındaki zonklama geçmişti. Ateşi düşmüştü. Ateş tüm gücünü alıp götürmüştü, yine kendini kaybeder gibi oldu, derin bir uykuya daldı, ama bu kez ilaçların etkisiyle değil, yorgunluktan uyuyordu.

Rüyasında melekler gördü – üzerinde, bulutların arasında uçuşan beyaz giysili genç meleklerdi bunlar, onu korumak için oradaydılar, hiç duymadığı ama aşina gelen ilahiler söylüyorlardı.

Ertesi gün öğleyin, bu kez doktorun taburcu kâğıdıyla ve yanında da Jevy ve Valdir olduğu halde hastaneden ayrıldı. Ateşten ve lekeden iz kalmamıştı, sadece kaslarında ve eklemlerinde biraz ağrı vardı. Çıkmakta ısrar etmiş ve doktor da en sonunda razı olmuştu. Doktor ondan kurtulduğu için mutluydu.

İlk durakları bir restoran oldu ve Nate büyük bir kâse pilavla bir tabak haşlanmış patates yedi. Pirzola biftek gibi şeylerden uzak duruyordu. Ama Jevy ona uymadı kuşkusuz. Yaşadıkları maceradan sonra hâlâ açtılar. Valdir kahvesini içip sigarasını tüttürerek onların yemek yiyişini seyretti.

Rachel'in hastaneye gelip gidişini kimse görmemişti. Nate bu sırrını Jevy'ye fısıldamış, o da hemşire ve hastabakıcılar arasında bir soruşturma yapmıştı. Yemekten sonra Jevy onlardan ayrıldı ve kentin merkezinde yaya olarak dolaşmaya, Rachel'i aramaya başladı. Nehir kenarına gitti ve oraya en son gelen sığır teknesinin tayfalarıyla konuştu. Rachel onlarla gelmemişti. Balıkçılar onu görmemişti. Hiç kimse Pantanal'dan bir beyaz kadının gelişiyle ilgili bir şey bilmiyordu.

Nate, Valdir'in ofisinde Stafford Hukuk Firması'nın numarasını çevirdi, onu güçlükle hatırlamıştı. Josh'u bir toplantıdan çağırdılar. "Konuş Nate," dedi. "Nasılsın?"

Nate, Valdir'in salıncaklı koltuğunda sallanarak, "Ateşim düştü," dedi. "kendimi iyi hissediyorum şimdi. Biraz ağrım var ve yorgunum, ama iyiyim."

"Sesin çok iyi geliyor. Burada istiyorum seni."

"Bana birkaç gün daha ver."

"Oraya bir jet gönderiyorum Nate. Bu gece kalkacak."

"Hayır. Yapma bunu Josh. Bu iyi bir fikir değil. Ben oraya istediğim zaman geleceğim."

"Pekâlâ. Bana kadından söz et biraz."

"Onu bulduk. Troy Phelan'ın evlilik dışı kızı ve parayla hiç ilgilenmiyor."

"Peki o halde onu mirası alması için nasıl ikna ettin?"

"Josh bu kadını hiçbir şeye ikna edemezsin. Denedim ama bir yere varamadım ve sonunda vazgeçtim."

"Hadi, yapma Nate. Kimse böyle bir paradan vazgeçmez. Hiç kuşkusuz ona biraz mantık aşılamışsındır."

"Durumun bizim mantığımızla uzak yakın hiç ilişkisi yok Josh. Şimdiye kadar rastladığım en mutlu insan, hayatının geri kalan yıllarında halkının arasında çalışmak istiyor ve bundan memnun. Tanrı'nın, olmasını istediği yerde o kadın."

"Ama yine de kâğıtları imzaladı, değil mi?"

"Hayır."

Josh bu cevabı hazmetmeye çalışırken derin bir sessizlik oldu. Sonunda, Brezilya'dan güçlükle duyulan bir sesle, "Şaka yapıyor olmalısın," dedi.

"Hayır. Üzgünüm patron. En azından kâğıtları imzalaması için elimden geleni yaptım, ama kesinlikle yola gelmiyor. Onları asla imzalamayacaktır.

"Vasiyetnameyi okudu mu peki?"

"Evet."

"Mirasın on bir milyar dolar olduğunu söyledin mi?"

"Evet. Çatısı sazlarla kaplı bir kulübede yalnız başına yaşıyor, elektrik yok, su tesisatı yok, biraz yemek, bir iki giysi, ne telefon, ne faks ve ne de olmayan şeylere karşı bir özlem duygusu. Kadın Taş Devri'nde yaşıyor Josh, tam istediği yerde yani ve para bunu değiştirir kuşkusuz."

"Anlaşılır gibi değil."

"Ben de öyle düşündüm ve ben oradaydım."

"Aklî durumu nasıl?"

"O bir doktor Josh, bir tıp doktoru. Bir de seminer derecesi var. Beş dil konuşuyor."

"Doktor mu?"

"Evet ama doktorlara karşı açılan davalardan söz etmedik tabii."

"Onun hoş bir kadın olduğunu söyledin."

"Öyle mi dedim?"

"Evet, iki gün önce telefonda. Galiba ilaçların etkisindeydin."

"Öyleydim, ama gerçekten hoş kadın."

"Demek ondan hoşlandın."

"Arkadaş olduk." Rachel'in Corumba'da olduğunu Josh'a söylemenin bir anlamı yoktu. Nate onu kısa zamanda bulmak ve uygar bir yerdeyken de Troy'un mirasından söz etmek istiyordu.

Nate, "Büyük bir maceraydı," dedi. "Yani en azından."

"Seni düşünmekten uykularım kaçtı Nate."

"Sakin ol. Hâlâ dipdiriyim işte."

"Sana beş bin dolar gönderdim. Parayı Valdir aldı."

"Teşekkürler patron."

"Yarın ara beni."

Valdir onu yemeğe davet etti ama Nate reddetti. Parayı aldı ve oradan yaya olarak ayrıldı, Corumba'nın sokaklarında yine yalnızdı. İlk önce giyim eşyaları satan bir mağazaya girip birkaç parça iç çamaşırı, safari şortları, düz beyaz tişörtler ve yürüyüş botları aldı. Aldıklarını dört blok ötedeki Palace Oteli'ne götürünceye kadar yorulmuştu. İki saat uyudu.

Jevy, Rachel'e ait hiçbir iz bulamadı. Kalabalık sokaklarda insanları büyük bir dikkatle gözledi. Çok iyi tanıdığı nehir insanlarıyla konuştu ama onun gelişiyle ilgili hiçbir şey öğrenemedi. Kent merkezindeki otellerin lobilerine girip resepsiyondaki kızlarla lafladı. Hiçbiri de kırk iki yaşında yalnız başına dolaşan bir Amerikalı kadın görmemişti.

Akşama doğru Jevy arkadaşının hikâyesinden kuşkulanmaya başlamıştı. Dang humması insanların hayal görmesine, sesler duymasına ve özellikle geceleri hayaletlere inanmasına neden olurdu. Ama yine de aramaya devam etti.

Nate de uyandıktan sonra bir şeyler daha yedi ve çıkıp dolaşmaya başladı. Ağır yürüyor, adımlarını kontrollü atıyor, gölgede kalmaya çalışıyordu, elinde sürekli bir şişe su vardı. Nehri tepeden gören kayalık bölgede durup, dinlendi. Pantanal önünde yüzlerce mil uzanıyordu.

Fakat kısa zamanda yoruldu ve tekrar dinlenmek için âdeta topallayarak otele döndü. Yine uyudu ve uyandığında Jevy kapıyı vuruyordu. Saat yedide akşam yemeği için buluşmaya söz vermişlerdi. Saat sekizi geçiyordu ve Jevy odaya girer girmez boş içki şişesi aramaya başladı, ama yoktu.

Bir kaldırım kafesine oturup kızarmış piliç yediler. Gece, müzik ve yaya trafiğiyle canlanıyordu. Çocuklu çiftler dondurma alıyor, ağır ağır evlerine gidiyordu. Gençler nereye gideceklerini bilmez gibi sağda solda dolanıyordu. Barlar dışarıya, kaldırımlara taşıyordu. Genç erkek ve kadınlar bardan bara dolaşıp duruyordu. Sokaklar sıcak ve güvenliydi; hiç kimse kurşunlanırım ya da saldırıya uğrarım diye korkmuyordu.

Yakındaki bir masada bir adam kahverengi bir şişeden soğuk Brahma birası yudumluyor, Nate de onun her yudumunu gözetliyordu.

Tatlılarını da yedikten sonra, ertesi sabah erkenden yine Rachel'i aramak için buluşmak üzere sözleşerek ayrıldılar. Jevy bir yana, Nate diğer yana gitti. Nate iyice dinlenmiş ve yatmaktan bıkmıştı.

Nehirden iki blok ötede sokaklar daha tenha ve sessizdi. Dükkânlar kapanmıştı, evlerde fazla ışık yoktu ve trafik daha hafifti. İlerde küçük bir kilisenin ışıklarını gördü ve kendi kendine, "Rachel orada olabilir," dedi.

Ön kapı ardına kadar açıktı ve Nate, kaldırımda durduğu yerden tahta sıraları, boş kürsüyü, duvara asılı, çarmıha gerilmiş İsa heykelini ve dua etmek ve meditasyon için öne eğilmiş birkaç dindarın sırtlarını görebiliyordu. Org müziği hafif ve yumuşaktı ve onu da içeriye çekti. Kapıda durdu ve içerdeki insanları saydı, hepsi de sıralara teker teker dağılmıştı, yan yana oturan iki kişi yoktu ve hiçbiri de Rachel'e benzemiyordu. İsa heykelinin altında org sehpası da boştu. Müzik bir hoparlörden geliyordu.

Bekleyebilirdi. Vakti vardı; Rachel buraya gelebilirdi. Arka sıraya kadar gitti ve oturdu. Çarmıha gerilmiş İsa heykelini, İsa'nın ellerini, tırnaklarını, yan taraftaki kılıcını ve yüzündeki ıstırap ifadesini inceledi. O'nu gerçekten de böyle korkunç bir şekilde mi öldürmüşlerdi? Bir zamanlar, dinden uzak yaşadığı bir dönemde Nate, İsa hakkında bazı hikâyeler dinlemişti: Meryem Ana'nın doğum yapması, böylece Noel'in gelişi; su üzerinde yürüyüş; belki bir iki mucize daha; balina tarafından yutulan O muydu, yoksa başkası mı? Sonra Yahuda'nın ihaneti; Pilat önünde mahkeme; çarmıha geriliş ve bunun sonucu Paskalya yortusu ve en sonunda cennete yükseliş.

Evet, Nate'in temel bilgileri vardı. Belki de bunları annesi öğretmişti ona. Karılarından hiçbiri kiliseye gitmezdi ama iki numara Katolikti ve iki yılda bir, Noel'de geceyarısı ayini için kiliseye giderlerdi.

Sokakta üç kişi daha yolunu değiştirip kiliseye girdi. Elinde gitar olan genç bir adam bir yan kapıdan girdi ve kürsüye gitti. Saat tam dokuz buçuktu. Genç adam birkaç tel tıngırdattı ve sonra şarkı söylemeye başladı, yüzü söylediği iman dolu sözcükler ve yakarışlarla parlıyordu. Bir sıra önündeki ufak tefek bir kadın ellerini çırptı ve şarkıya katıldı.

Müzik belki Rachel'i de buraya çekerdi. Rachel, tahta sıraları ve renkli camlarıyla, giysili insanların modern bir dilde İncil okudukları gerçek bir kilisede dua etmeyi çok özlemiş olmalıydı. Corumba'ya geldiği zamanlarda hiç kuşkusuz kiliselere gidiyordu.

Şarkı bittiğinde genç adam Kitabı Mukaddes'ten bir şeyler okudu ve sonra vaaza başladı. Nate'in bu macerada şimdiye kadar duyduğu en yavaş Portekizceyle konuşuyordu. Nate, ağır bir tempoyla söylenen bu yumuşak sözcüklerle âdeta ipnotize olmuştu. Hiçbir şey anlamadığı halde cümleleri tekrarlamaya çalıştı. Sonra düşünceleri sürüklenmeye başladı.

Vücudu ateşlerden ve ilaçlardan temizlenmişti. İyi yemek yemiş, dinlenmişti, uyanık ve atikti. Yine eski benliğini bulmuştu ve bu da ona birden kasvet verdi. Şimdiki zaman geri gelmişti, gelecekle el eleydi. Rachel'le birlikteyken bıraktığı yükler onu yine bulmuştu, hem de hemen şimdi ve burada, kilisede. Yanında oturması, elini tutması ve ona dua ettirmesi için Rachel'e ihtiyacı vardı.

Kendi zayıflığından nefret ediyordu. Zayıflıklarını teker teker adlandırdı ve çıkan listeye üzüldü. Şeytanlar, ülkesinde onu bekliyordu – iyi dostlar, kötü dostlar, tacizler, artık dayanamayacağı baskılar. Hayat, günde bin dolar harcayıp Sergio gibi insanlarla yaşanamazdı. Hayat, sokaklarda bedava da yaşanamazdı.

Genç adam dua ediyordu, gözleri sıkı sıkıya kapanmıştı, kolları hafif hafif yukarıya doğru sallanıyordu. Nate de gözlerini kapadı ve Tanrı'ya seslendi. Tanrı bekliyordu.

İki eliyle önündeki sıranın arkasına yapıştı. Listeyi tekrarladı, başını derde sokan tüm zayıf yanlarını, hatalarını, ayıplarını, sorunlarını saydı. Hepsini itiraf etti. Tüm hatalarını dürüstçe kabul edip kendisini Tanrı'nın karşısına çıplak olarak koydu. Hiçbir şeyi saklamadı. Üç kişiyi birden ezecek kadar ağır olan tüm yüklerini boşalttı ve bitirdiğinde Nate'in gözleri yaşlıydı. Tanrı'ya, "Özür diliyorum," diye fısıldadı. "Lütfen bana yardım et."

Ateş vücudunu nasıl terk ettiyse, ruhu da öylesine boşalmış, rahatlamıştı. Elin nazik bir hareketiyle geçmişi temizlenmişti. Rahatlayıp derin bir nefes aldı fakat nazbı çok hızlı atıyordu.

Gitar sesini yine duydu. Gözlerini açtı ve yanaklarını sildi. Nate, İsa'nın yüzünü gördü, derin bir acı içindeydi, haçın üzerinde ölüyordu. Onun için ölüyordu.

Nate'e seslenen bir ses vardı, içinden geliyordu, sıralar arasında ona rehberlik yapan bir sesti bu. Ama davet kafasını karıştırıyordu. Zıt duygular içindeydi. Gözleri birden kurudu.

Bir daha görmeyeceğim küçük bir kentte, küçük, sıcak bir kilisede, anlamadığım bir müziği dinleyerek neden ağlıyorum ki? diye düşündü. Sorular art arda geliyor ama cevaplar ortaya çıkmıyordu.

Tanrı'nın, şaşırtıcı derecede çok olan günahlarını affetmesi önemliydi ve Nate gerçekten de yüklerinin, günahlarının hafifleyip azaldığını hissediyordu. Ama bir dindar olmayı beklemek daha başka ve güç bir adımdı.

Müziği dinlerken hayretler içinde kaldı. Tanrı ona seslenemezdi. O Nate O'Riley'di – alkolik, bağımlı, kadın avcısı, kötü baba, berbat koca, açgözlü avukat, vergi dolandırıcısı. Bu berbat liste uzayıp gidiyordu.

Başı dönüyordu. Müzik durmuştu ve genç adam yeni bir şarkıya hazırlanıyordu. Nate aceleyle kiliseden çıktı. Köşeyi dönerken arkasına baktı, Rachel'i görmeyi umuyordu, ama aynı zamanda Tanrı'nın, arkasından birini gönderip göndermediğinden emin olmak istiyordu.

Konuşabileceği birine ihtiyacı vardı. Rachel'in Corumba'da olduğunu biliyordu ve onu bulmaya yemin etti.

38

Despachante, Brezilya'da yaşamın ayrılmaz bir parçasıdır. Hiçbir şirket, banka, hukuk firması, sağlık hizmetleri grubu ya da paralı bir insan işini *despachante*'ye başvurmadan yürütemez. O, olağanüstü bir iş kolaylaştırıcıdır. Bürokrasinin eski ve çok yaygın olduğu Brezilya gibi bir ülkede, *despachante* belediye memurlarını, mahkeme çalışanlarını, bürokratları, gümrük memurlarını tanıyan kişidir. Sistemi ve onu yağlamasını bilir. Brezilya'da hiçbir resmî kâğıt ya da belge uzun kuyruklarda beklenmeden alınamaz ve *despachante* sizin için kuyrukta bekleyecek adamdır. Siz ofisinizde çalışırken, o, küçük bir ücret karşılığı otonuzun kontrolünü yaptırmak için kuyrukta sekiz saat bekler ve fişi alıp ön cama yapıştırır. Sizin için oy verir, banka işlemlerini yürütür, paketleme, posta işlerini yapar – listenin sonu yoktur.

Hiçbir bürokratik engel aşılmaz değildir.

Despachante firmaları da avukatlar, doktorlar gibi adlarını ofislerinin camlarına yazar. Telefon rehberlerinin sarı sayfalarında adresleri vardır. Bu iş, resmî bir eğitim gerektirmez. Bu işi yapmak için konuşma yeteneği, sabır ve biraz para ile yüzsüzlük yeter.

Valdir'in Corumba'daki *despachante*'si, Sao Paulo'da başka birini tanıyordu, yüksek mevkilerde tanıdıkları olan güçlü bir *despachante*'ydi bu ve iki bin dolara yeni pasaport sağlanabilecekti.

Jevy ondan sonraki birkaç sabahı nehir kenarında, bir *çalana* onarımı için bir arkadaşına yardım ederek geçirdi. Her şeyi gözetliyor, her dedikoduya kulak veriyordu. Kadın hakkında tek kelime yoktu. Cuma günü öğle vakti artık onun Corumba'ya gelmediğine inanmıştı, en azından son iki hafta içinde gelmemişti. Jevy bütün kaptanları, balıkçıları ve tayfaları tanıyordu. Bu adamlar konuşmaya bayılırdı. Yerliler arasında yaşayan bir Amerikalı kadın kente gelse bunu duyarlardı.

Nate de hafta sonuna kadar araştırmasını sürdürdü. Sokaklarda dolaştı, kalabalıkları gözledi, otel lobileri ve kaldırım kafelerini kontrol etti, herkesin yüzüne baktı ama Rachel'e uzaktan yakından benzeyen hiçkimse göremedi.

Son günü saat birde Valdir'in ofisine gitti ve pasaportunu aldı. Eski dostlar gibi birbirlerine veda edip, tekrar görüşmek üzere sözleştiler. Her ikisi de bir daha görüşemeyeceklerini biliyordu. Saat ikide Jevy, Nate'i alıp havaalanına götürdü. Yolcu salonunda yarım saat oturup alandaki tek uçağın boşaltılmasını ve sonra da yeni uçuşa hazırlanmasını izlediler. Jevy Amerika Birleşik Devletleri'ne gelip bir süre kalmak istiyordu ve bunun için Nate'in yardımına ihtiyacı vardı. "Bir işe ihtiyacım olacak," dedi. Nate onu sempatiyle dinledi, ama kendisinin bile hâlâ bir iş sahibi olup olmadığından emin değildi.

"Elimden geleni yaparım."

Kolorada'dan, Batı'dan ve Nate'in hiç görmediği yerlerden söz ettiler. Jevy dağları çok seviyordu ve Nate, Pantanal'da geçirdiği iki haftadan sonra bunu daha iyi anlıyordu. Gitme zamanı gelince kucaklaşıp birbirlerine veda ettiler. Nate sıcak betonda uçağa doğru yürüdü, elinde tüm giyim eşyalarını koyduğu küçük torba çanta vardı.

Yirmi koltuklu uçak Campo Grande'ye gelinceye kadar iki yere daha indi. Yolcular orada Sao Paulo için bir jet uçağına bindiler. Nate'in yanındaki koltukta oturan bir kadın yolcu, hostesten bir bira istedi. Nate, kendisinden yirmi beş santim uzakta duran teneke bira kutusunu inceledi. Kendi kendine, "Bir daha asla," dedi. Gözlerini kapadı, Tanrı'dan yardım diledi. Sonra bir kahve istedi.

Dulles uçağı geceyarısı kalktı. Ertesi sabah dokuzda D. C.'ye varacaklardı. Rachel'i araması yaklaşık üç hafta sürmüştü ve bu kadar zamandır ülke dışındaydı.

Arabasının nerede olduğunu bilmiyordu. Yaşayacak bir evi yoktu ve ev tutacak parası da kalmamıştı. Ama üzülmesine gerek yoktu. Josh ayrıntıları hallederdi nasıl olsa.

Uçak dokuz bin fit irtifada, bulutların arasından alçalmaya başladı. Nate uyanıktı, kahvesini yudumluyor ve ülke sokaklarını düşünüp korkuyordu. Sokaklar soğuk ve beyazdı. Her taraf kalın bir kar tabakasıyla örtülüydü. Dulles'a yaklaşırlarken manzara bir ara çok güzeldi, ama Nate birkaç dakika sonra kıştan ne kadar nefret ettiğini hatırladı. Üzerinde ince bir pantolon, taklit bir Polo gömleği vardı ve ona Sao Paulo havaalanında altı dolar ödemiş, çorapsız ayaklarına bir çif ucuz lastik ayakkabı geçirmişti. Ceketi yoktu.

O gece bir yerlerde, büyük olasılıkla, 4 Ağustos'da bir banliyö motelinde sızıp kaldığı o geceden beri ilk kez olarak Washington D.C.'de bir otelde yatacaktı. Uzun, acınacak bir krizin sonunda meydana gelen bu olayı unutmak için çok uğraşmıştı.

Ama o eski Nate'ti, şimdi artık yepyeni bir Nate vardı. Kırk sekiz yaşındaydı, ellisine on üç ayı kalmıştı ve değişik bir hayata hazırdı. Tanrı ona güç vermiş, kararlılığını desteklemişti. Otuz yılı kalmıştı. Onları boş şişelere yapışarak geçiremezdi. Bu yılları kaçarak da harcayamazdı.

Uçak terminale doğru taksi yaparken etrafta kar makineleri çalışıyordu. Pistler hep ıslaktı ve ince kar yağışı sürüyordu. Nate uçaktan çıkıp terminal tüneline girince kışın soğuğu onu çarptı ve Corumba'nın rutubetli sokaklarını düşündü. Josh onu bagaj mahallinde bekliyordu ve hiç kuşkusuz onun için bir palto da getirmişti.

İlk sözü, "Berbat görünüyorsun," oldu.

Nate paltoyu kapıp sırtına geçirdi ve, "Teşekkür ederim," dedi.

"Zayıflamış, sıçana dönmüşsün."

"Sen de on kilo vermek istiyorsan, doğru sivrisineği bulman gerekir."

Kalabalığın arasında çıkışa doğru yürüdüler, vücutlar birbirine çarpıyor, sağdan soldan itişmeler oluyordu ve kapılardan geçerken insanlar daha da sıkışıyordu tabii. Nate kendi kendine, ülkene hoşgeldin, dedi.

Josh, onun elindeki küçük torba çantayı gösterip, "Pek bagajın yok galiba," dedi.

"Tüm varlığım bu işte."

Çorapları ve eldivenleri olmadığı için, Josh arabayla gelinceye kadar Nate kaldırımda dondu. Kar fırtınası gece başlamış ve tipi halinde devam ediyordu. Bina diplerinde karın yüksekliği yaklaşık altmış santime çıkmıştı.

Havaalanından ayrılırken Nate, "Dün Corumba'da ısı otuz dört dereceydi," dedi.

"Orayı özlediğini söyleme sakın bana."

"Özlüyorum. Birden özlemeye başladım."

"Bak, Gayle Londra'da. Birkaç gün bizde kalabileceğini düşündüm."

Josh'un evinde on beş misafir yatabilirdi. "Tabii, teşekkürler. Arabam nerede?"

"Benim garajımda."

Tabii orada olacaktı. Uzun süreli kiralanmış bir Jaguar'dı araba, ve hiç kuşkusuz bakımı yapılmış, yıkanmış, cilalanmıştı ve aylık ödemeleri muntazaman yapılıyordu. "Teşekkürler Josh."

"Eşyalarını küçük bir depoya koydurdum. Giysilerin ve kişisel eşyaların da paket halinde arabada duruyor."

"Çok teşekkür ederim." Nate bunlara hiç şaşırmamıştı.

"Kendini nasıl hissediyorsun?"

"İyiyim."

"Bak Nate, dang humması hakkında bir şeyler okudum. Tam iyileşmek bir ay kadar sürermiş. Bana durumunu açıkça anlat."

Bir ay. Firmayla Nate'in geleceği arasında başlayacak savaşın başlama vuruşuydu bu. Bir ay dinlen ihtiyar. Belki çalışamayacak kadar hastasındır. Nate bu senaryoyu yazabilirdi.

Ama bu iş kavgasız olacaktı.

"Biraz zayıfladım, hepsi bu. Çok uyuyor, çok sıvı içiyorum."

"Ne tür sıvılar bunlar?"

"Benimle açık konuş, tamam mı?"

"Her zaman açık konuşurum."

"Temizim Josh. Sakin ol. Tökezleme yok."

Josh bu lafları çok dinlemişti. Aralarındaki konuşma ikisinin de istemediği ölçüde açık ve sertçe olmuştu, onun için bir süre konuşmadan yol aldılar. Trafik yavaştı.

Potomac Nehri yarı yarıya donmuştu ve koca koca buz parçaları ağır ağır Georgetown'a doğru sürükleniyordu. Chain Köprüsü'nde trafik durunca Nate, olağan bir şeyden bahsediyormuş gibi, "Ofise geri dönmüyorum Josh," dedi. "O günler bitti."

Josh'da gözle görülür bir reaksiyon olmadı. Eski bir dost ve iyi bir avukat işi bıraktığı için hayal kırıklığına uğramış olabilirdi. Büyük bir baş ağrısı firmadan ayrıldığı için memnun olmuş da olabilirdi. Ya da Nate'in gidişi kaçınılmaz olduğu için umursamıyordu bile. Vergi kaçakçılığı sorunu sonunda zaten onun avukatlık lisansının alınmasına neden olabilecekti.

Onun için sadece, "Neden?" diye sordu.

"Pek çok neden var Josh. Sadece yorgunum diyelim."

"Dava avukatlarının çoğu yirmi yıl çalıştıktan sonra yorulabilir."

"Ben de öyle duymuştum."

Emeklilik konuşmasını burada kesmek iyi olacaktı. Nate kararını vermişti ve Josh da onu değiştirmek istemiyordu. Süper Kupa maçları iki hafta sonra başlıyordu ve Red Skinler kupa dışı kalmıştı. Ciddi konular arasında suskunluk olmasını istemeyen erkeklerin genellikle yaptığı gibi konuyu futbola aktardılar.

Sokaklar, kalın bir kar örtüsü altında bile Nate'e berbat görünüyordu.

Staffordların Kuzeybatı D.C.'de, Wesley Heights'da büyük bir evleri vardı. Ayrıca Chesapeake'de bir yazlık ev ve Maine'de de bir kabin sahibiydiler. Dört çocuk büyümüş ve evden ayrılmıştı. Kocası çalışmayı severken bayan Stafford da seyahat etmeyi yeğliyordu.

Nate arabasının bagajından birkaç kalın giysi çıkardı ve evin misafir bölümünde sıcak bir duş aldı. Brezilya'da su basıncı yetersizdi. Otel odasındaki duş hiçbir zaman sıcak ya da soğuk olmuyordu. Sabunlar küçüktü. Etrafındakileri kıyasladı. *Santa Loura*'daki duşu ve tuvaletin üstündeki ipi çekince duştan akan ılık nehir suyunu düşünüp gülümsedi. Sandığından daha dayanıklıydı, yaşadığı macera en azından ona bunu öğretmişti.

Sakal tıraşı oldu ve dişlerini fırçaladı, eski alışkanlıklarını isteyerek tekrarlıyordu. Pek çok açıdan bakıldığında ülkeye dönmek güzeldi.

Josh'un bodrum katındaki ofisi şehir merkezindekinden daha büyüktü ve onun kadar doluydu. Kahve içmek için orada buluştular. Brifing zamanı gelmişti. Nate, Rachel'i havadan arayarak bulma girişimlerini, uçak kazasını, ölen sığırı, üç küçük çocuğu, Pantanal'daki kasvetli Noel'i anlatarak başladı. At sırtında yaptığı gezintiyi ve bataklıkta rastladıkları meraklı timsahı ayrıntılarıyla anlattı. Sonra helikopterle kurtarmayı nakletti. Noel gecesi içtiğinden hiç söz etmedi; bunu söylemesinin hiçbir yararı olmazdı ve yaptığından utanıyordu. Jevy'yi, Welly'yi, *Santa Loura*'yı ve kuzeye doğru yaptıkları seyahati anlattı. Jevy'yle birlikte küçük tekneke kaybolduklarında biraz korktuğunu hatırlıyordu ama fazla korkamayacak kadar meşguldü. Yaşadığı macera, şimdi, uygarlığın güvenli ortamında, onu dehşete düşürüyordu.

Josh bunları dinlerken şaşkına dönmüştü. Nate'i öyle tehlikeli ve korkunç yerlere gönderdiği için özür dilemek istedi, ama bu gezi onun için heyecan verici bir yaşantı olmuştu. Hikâye uzadıkça timsah sözcüğü daha çok geçmeye başladı. Nehir kenarında güneşlenen boa yılanının yanına, teknelerinin yakınında yüzen başka bir boa katıldı.

Nate yerlileri, onların çıplaklığını, tatsız yemeklerini ve ağır, ruhsuz yaşamlarını anlattı, şeften ve onun kendilerini bırakmak istemeyişinden söz etti.

Ve Rachel. Söz ona, onun yaşamına geldiğinde Josh not defterini çıkardı ve not almaya başladı. Nate onu bütün ayrıntılarıyla, yumuşak, yavaş sesinden giydiği sandaletlere ve yürüyüş botlarına kadar her şeyi anlattı. Onun kulübesinden, sakat Lako'dan ve Rachel yürürken yerlilerin ona nasıl baktıklarından söz etti. Yılan sokmasından ölen kızı anlattı. Sonra, Rachel'in, kendi yaşamından pek fazla söz etmediğini söyledi.

Nate, eski bir dava uzmanı olarak, Rachel'le ilgili olarak öğrendiği her şeyi ayrıntılarıyla anlattı. Para ve imzalanacak kâğıtlarla ilgili konuşurken, Rachel'in kullandığı aynı sözcükleri kullandı. Onun, Troy'un el yazısı vasiyetnamesini ne kadar ilkel bulduğunu da söyledi.

Nate, Pantanal'dan dönüş yolculuğunu fazla hatırlamıyordu. Dang hummasının üzerinde fazla durmadı. Hastalıktan kurtulmuştu ve bu bile onu şaşırtıyordu.

Bir hizmetçi öğle yemeği olarak çorba ve sıcak çay getirdi onlara. Josh çorbadan birkaç kaşık içtikten sonra, "Anlaşılan, şimdilik şu noktadayız," dedi. "Kadın vasiyetteki mirası reddederse para yine Phelan vârislerine kalıyor. Ama vasiyetname herhangi bir nedenle geçersiz sayılırsa, o zaman da hiçbir vasiyetname yok diye düşünmemiz gerekiyor."

"Vasiyetname nasıl geçersiz sayılır? Atlamadan önce vârislerin tuttuğu psikiyatrlar onunla konuştu."

"Şimdi daha çok psikiyatr var, daha çok para alıyorlar ve farklı fikirleri var. Ortalık karışacak. Önceki vasiyetnamelerin hepsi parçalanıp yok edildi. Eğer geçerli bir vasiyetname bırakmadan öldüğü kabul edilirse o zaman çocukları, yedisi de mirası eşit olarak paylaşacak. Rachel mirastan bir şey istemiyorsa, o zaman onun payı da diğerleri arasında paylaştırılacaktır."

"O salakların hepsi birer milyar dolar alacak."

"Onun gibi bir şey."

"Vasiyetnameyi geçersiz kılma şansları ne kadar?"

"Pek fazla değil. Ben bizim davamızı daha güçlü görüyorum, ama her şey değişebilir tabii."

Nate elindeki tuzlu bisküviden biraz ısırıp, meseleyi tartarak dolaşmaya başladı. "Rachel hiçbir şey istemiyorsa vasiyetnamenin geçerliliği için neden uğraşacağız ki?"

Josh hemen, "Bunun üç nedeni var," dedi. Her zamanki gibi her şeyi, her açıdan analiz etmişti. Bir ana plan vardı ve bunun Nate'e azar azar açıklanması gerekiyordu. "Birincisi ve en önemlisi, müvekkilim geçerli bir vasiyetname hazırladı. Servetini arzuladığı şekilde dağıttı. Ben de onun avukatı olarak vasiyetnamesinin geçerli olması için savaşmalıyım. İkincisi, Bay Phelan'ın, çocukları konusunda neler hissettiğini biliyorum. Onların kendi parasına el koyması fikri onu dehşete düşürüyordu. Çocuklar konusunda onun duygularını paylaşıyorum ve her biri birer milyar alırsa neler olabileceğini düşünüp korkuyorum. Üçüncüsü, Rachel'in her an fikir değiştirmesi söz konusu olabilir."

"Buna pek güvenme."

"Bak Nate, o da bir insan. Kâğıtlar onda duruyor. Birkaç gün bekleyecek ve sonra onları düşünmeye başlayacaktır. Belki zenginlik fikri aklına hiçbir zaman gelmemiştir ve bir an gelecek ki o parayla ne kadar güzel şeyler yapabileceğini düşünmek zorunda kalacaktır. Ona fonlardan ve hayır kurumlarından söz ettin mi hiç?"

"Onları ben bile pek bilmiyorum Josh. Ben bir dava avukatıydım, hatırlıyorsun değil mi?"

"Bay Phelan'ın mirasını korumak için savaşacağız Nate. Sorun şu: masadaki en büyük sandalye boş. Rachel'in temsil edilmesi gerekir, buna ihtiyacı var."

"Hayır yok. Bu konuda tamamen ilgisiz."

"Rachel de bir avukat tutmadan dava başlayamaz."

Nate bu strateji uzmanıyla boy ölçüşemezdi. Kara delik hiç beklemediği bir yerde açılmıştı ve o da içine düşüyordu bile. Gözlerini kapadı ve, "Şaka yapıyor olmalısın," dedi.

"Hayır. Ve bu işi daha fazla geciktiremeyiz. Troy öleli bir ay oldu. Yargıç Wycliff huzursuz, Rachel Lane'in nerede olduğunu sorup duruyor. Altı tane vasiyetnameye itiraz davası açıldı ve bunların arkasında da büyük baskı var. Her şey gazetelere yansıyor. Rachel'in mirası reddedeceği konusunda en küçük bir imada bulunursak kontrolü kaybederiz. Phelan vârisleri ve avukatları çıldırır. Yargıç da Troy'un son vasiyetnamesini destekleme konusunda hemen gevşer."

"Yani ben onun avukatı mıyım?"

"Başka bir çıkar yol göremiyorum Nate. İşi bırakacaksan tamam, ama son bir dava almalısın. Sadece masaya otur ve onun çıkarlarını koru. İşin ağır yanını biz kaldıracağız."

"Fakat burada bir terslik var. Ben senin firmanda ortağım."

"Bu pek terslik sayılmaz çünkü çıkarlarımız aynı. İkimiz de vasiyetin geçerliliğini iddia ediyoruz. Yani ikimiz de aynı masada oturuyoruz. Teknik olarak da senin geçen Ağustos'ta firmadan ayrıldığını söyleyebiliriz."

"Bunda da büyük gerçek payı var zaten."

İkisi de bu acı gerçeği kabul ettiler. Josh çayını yudumladı, gözlerini Nate'den ayırmıyordu. "Bir süre sonra Yargıç Wycliff'e gider, senin Rachel'i bulduğunu, ama onun şimdilik buraya gelmek istemediğini, ne yapacağını bilemediğini ve senin, onun çıkarlarını korumanı istediğini söyleriz."

"O zaman yargıca yalan söylemiş olacağız ama."

"Bu küçük bir yalan olacak Nate ve yargıç daha sonra bunu yaptığımız için bize teşekkür edecektir. Davaya başlamak için sabırsızlanıyor ama Rachel'den haber almadan bunu yapamıyor. Sen onun avukatıysan savaş başlar. Yalanları bana bırak."

"Yani şimdi ben, son davasını alan ve yalnız çalışan bir avukatım, öyle mi?"

"Öyle."

"Bu şehirden gidiyorum Josh. Burada kalmıyorum." Nate bunu söyledi ve sonra güldü. "Nerede kalmalıyım?"

"Nereye gidiyorsun?"

"Bilmiyorum. O kadar ilerisini düşünmedim doğrusu."

"Benim bir fikrim var."

"Eminim vardır."

"Bizim Chesapeake Körfezi'ndeki yazlık eve git. Orasını kışın kullanmıyoruz. St. Michaels'de, iki saatlik mesafe. Sana ihtiyacımız olduğu zaman gelir ve burada kalırsın. Tekrar söylüyorum Nate, bu işi yapacağız."

Nate bir süre kitap raflarına baktı. Yirmi dört saat önce Corumba'da bir parkın bankına oturmuş sandviç yiyor ve gelip geçenleri seyredip Rachel'in ortaya çıkmasını beklerken bir daha kendi isteğiyle bir mahkeme salonuna girmemeye yemin ediyordu.

Ama istemese de, planın güçlü yanları olduğunu kabul ediyordu. Hiç kuşkusuz daha iyi bir müvekkil düşünemezdi. Dava asla mahkemeye gitmezdi. Ortadaki parayla da hiç olmazsa kendini birkaç ay geçindirecek parayı kazanabilirdi.

Josh çorbasını bitirdi ve listede bir sonraki maddeye geçti. "Ayda on bin dolarlık bir ücret teklif ediyorum."

"Bu cömertçe bir teklif Josh."

"Sanırım bunu ihtiyarın mirasından alabiliriz. Masrafın da olmayacağına göre bu para seni ayağa kaldıracaktır."

"Şu suçlama..."

"Evet, suçlama konusunda vergi dairesiyle anlaşma yapıncaya kadar."

"Yargıçtan bir haber var mı?"

"Arada bir ona telefon ediyorum. Geçen hafta beraber yemek yedik."

"Yani senin dostun mu?"

"Birbirimizi uzun zamandır tanırız. Hapis cezasını aklından çıkar Nate. Sana ağır bir para cezası verilecek ve avukatlık lisansın da beş yıl için alınacak."

"Yani, lisansımı alabilirler."

"Henüz değil. Ona bir dava için daha ihtiyacımız var."

"Hükümet benim için ne kadar bekleyecek peki?"

"Bir yıl. Bu onlar için öncelikli bir konu değil."

"Teşekkürler Josh." Nate yine yorulmuştu. Bütün gece süren uçuş, yaşadığı maceranın yorgunluğu ve Josh'la fikir mücadelesi onu bitkin bir hale getirmişti. Karanlık bir odada sıcak ve yumuşak bir yatak istiyordu.

39

Nate, pazar sabahı saat altıda yirmi dört saat içinde aldığı üçüncü sıcak duşunu bitirdi ve bir an önce gitmek için hazırlığa başladı. Şehirde bir gece kalmıştı ve ayrılmak için sabırsızlanıyordu. Körfezdeki yazlık ev onu çağırıyordu. D.C. yirmi altı yıldır yaşadığı şehirdi ama gitme kararından sonra oradan kurtulmak için acele ediyordu.

Nate, Josh'u bodrum katındaki ofisinde, Tayland'daki bir müvekkiliyle telefonda konuşurken buldu. Doğal gaz kaynaklarıyla ilgili konuşmanın yarısını dinlerken, avukatlığı bırakacağı için seviniyordu. Josh ondan on iki yaş büyük, çok zengin bir adamdı ve onun eğlence anlayışı da, Pazar sabahı erkenden kalkıp saat altı buçukta masasına oturmaktı. Nate kendi kendine, "Umarım ben de böyle olmam," diye söylendi, ama olmayacağını biliyordu. Ofisine gitse, tekrar günlük çarkın içine girecekti. Dört kez rehabilitasyona giren bir adam için beşincisi de yolda demekti. O, Josh kadar güçlü değildi. On yıl sonra ölürdü.

Her şeyi terk edip gitmek hoş bir duyguydu. Zaten doktorları dava etmek pis bir işti, bunu yapmasa da olurdu. İşin stresini de özlemeyecekti kuşkusuz. Mesleğini icra etmiş, yeterince dava kazanmıştı. Başarı ona üzüntüden başka bir şey getirmemişti; artık bunlara dayanamazdı. Başarı onu çukurlara atmıştı.

Hapse girme korkusu ortadan kalktığına göre artık yeni bir yaşamın tadını çıkarabilirdi.

Alabildiği giysilerini bagaja doldurdu ve kalanları da bir kutu içinde Josh'un garajında bıraktı. Kar yağışı durmuştu ama kar temizleme makineleri çalışıyordu. Yollar kaygandı ve Nate iki blok gittikten sonra beş aydan fazla bir zamandır direksiyona oturmadığını düşündü, fakat trafik yoktu ve Wisconsin'den Chevy Chase'e geçti ve oradan da çevre yoluna çıktı, burada buz ve karlar tamamen temizlenmişti.

Güzel arabasının içinde yalnız başına giderken kendini yine bir Amerikalı gibi hissetmeye başladı. Gürültülü, her an kaza yapacakmış gibi giden pikabında Jevy'yi hatırladı ve o arabanın, bu yolda ne kadar dayanabileceğini düşündü. Sonra Welly geldi aklına, zavallı o kadar fakirdi ki ailesinin arabası bile yoktu. Nate gelecek günlerde sağa sola mektuplar yazmayı düşünüyordu. Corumba'daki arkadaşlarına da bir tane göndermeliydi.

Telefon dikkatini çekti. Ahizeyi aldı, çalışır görünüyordu. Josh hiç kuşkusuz faturaların ödenmesine dikkat etmişti. Sergio'nun evini aradı ve onunla yirmi dakika kadar konuştu. Adam, daha önce aramadığı için onu azarladı. Sergio endişelenmişti. Nate Pantanal'daki telefon durumunu ona anlattı. İşler değişik yönlere doğru gidiyordu, bazı bilinmeyenler vardı ama macerası devam ediyordu. Mesleği bırakıyor ve hapisten de kurtuluyordu.

Sergio ona alkol konusunda hiçbir şey sormadı. Nate'in sesi temiz ve güçlü çıkıyordu. Nate ona yazlık evin numarasını verdi ve en kısa zamanda beraber yemek için sözleştiler.

Evanston'da, Northwestern'deki en büyük oğlunu aradı ve telesekretere mesaj bıraktı. Yirmi üç yaşında bir üniversite son sınıf öğrencisi Pazar sabahı saat yedide nereye gitmiş olabilirdi? Ama oğlu ne yaparsa yapsın, babası kadar belaya bulaşamazdı. Kızı yirmi bir yaşındaydı ve Pitt'de devamsız bir öğrenciydi. Onunla son kez, bir şişe konyak ve bir kutu hap alıp bir motel odasına kapanmasından bir gün önce, okul taksiti konusunda konuşmuştu.

Kızının telefon numarasını bulamadı.

Anneleri Nate'den ayrıldıktan sonra iki kez evlenmişti. Tatsız bir kadındı ve Nate, çok gerekli olmadan onu asla aramazdı. Birkaç gün bekleyip kızının telefon numarasını ondan isteyebilirdi.

İki küçük çocuğunu görmek için batıya, Oregon'a kadar olan o uzun seyahati yapmaya kararlıydı. Onların annesi de evlenmişti, hem de başka bir avukatla, ama adam görüldüğü kadarıyla temiz bir yaşam sürüyordu. Onlardan özür diler ve zayıf da olsa yeni bir dostluğun başlaması için bir adım atardı. Bunu nasıl yapacağını henüz bilmiyordu ama deneyeceğine söz verdi.

Annapolis'de bir kafede durup kahvaltı etti. Bir masaya oturmuş ve oranın yerlisi oldukları belli olan dört kabadayı kılıklı adamdan hava tahmini konuşmaları dinledi ve *Post* gazetesine şöyle bir göz attı. Manşetlerde ve haberlerde Nate'i ilgilendirecek hiçbir şey yoktu. Haberler hiç değişmemişti: Ortadoğu'da kriz, İrlanda'da karışıklık, Kongre'de skandal, piyasalarda iniş çıkışlar, bir yerde petrol sızıntısı, yeni bir AIDS ilacı, Latin Amerika'da köylüleri öldüren gerillalar, Rusya'da karmaşa.

Giysileri artık ona bol geliyordu, bunun için Jambonlu üç yumurta ve bolca ekmek yedi. Masada oturanlar en sonunda kar yağışının devam edeceği konusunda fikir birliğine vardılar.

Bay Bridge üzerinden Chesapeake'i geçti. Doğu kıyısındaki yollarda kar temizleme işleri iyi yapılmamıştı. Jaguar iki kez kaydı ve Nate hızını kesti. Araba bir yaşındaydı ve kira süresinin ne zaman sona ereceğini bilmiyordu. İşlemleri sekreteri yapmış, arabanın rengini kendi seçmişti. Onu mümkün olan en kısa zamanda geri verip eski bir dört çeker araba bulmaya karar verdi. Bir zamanlar lüks avukat arabası önemliydi. Artık ona ihtiyacı yoktu.

Easton'da 33 No'lu Eyalet Yolu'na girdi, burada asfaltın üzerinde hâlâ beş santim kalınlığında gevşek kar vardı. Nate diğer arabaların tekerlek izlerinden gitti ve bir süre sonra hâlâ uykuda olan küçük yerleşim bölgeleri ve yelkenli teknelerle dolu rıhtımlardan geçti. Chesapeake sahilleri karla kaplıydı; sular koyu maviydi.

St. Michaels'in nüfusu bin üç yüzdü. 33 No.lu Eyalet Yolu, kasabanın içinden geçerken bir süre için ana caddeye dönüştü. Her iki yanda da dükkânlar, yan yana dizili eski evler vardı ama hepsi de bakımlı ve fotoğraf çekmek için hazır gibiydi.

Nate yaşamı boyunca St. Michaels'ın adını hep duymuştu. Burada bir deniz müzesi, istiridye festivali, faal bir liman ve uzun hafta sonu tatillerinde şehir insanlarını çeken düzinelerle hoş ve küçük pansiyon vardı. Postaneyi ve küçük kiliseyi geçti, rahip ön merdivende kar kürüyordu.

Yazlık ev ana caddeden iki blok uzaklıktaki Green Street'teydi, kuzeye bakıyor ve limanı da görüyordu. İki sivri çatısı olan, Viktorya tarzı, uzun verandalı bir yapıydı. Kar yığını, arduvaz mavisine boyanmış evin kapısına kadar gelmişti. Ön bahçe küçüktü ve araba yolu altmış santim kar altındaydı. Nate arabayı kaldırıma yanaştırıp durdu ve verandaya kadar güçlükle yürüdü. İçeriye girip arka tarafa giderken ışıkları yaktı. Arka kapının yanındaki bir dolapta plastik bir kürek buldu.

Bir saat uğraşıp evden arabaya doğru ilerleyerek verandayı, araba yolunu ve kaldırımı temizledi.

Beklediği gibi, ev çeşitli dönemlere ait eşyayla döşenmişti, temiz ve düzenliydi. Josh, her çarşamba temizlikçi bir kadının gelip ortalığı temizlediğini söylemişti. Bayan Stafford burada, ilkbaharda iki ve sonbaharda da bir hafta kalıyordu. Josh son on sekiz ay içinde orada sadece üç gece yatmıştı. Dört yatak odası ve dört banyo vardı. Koskoca bir evdi.

Ama evde hiç kahve yoktu ve bu da günün ilk acil durumu oldu. Nate kapıları kilitledi ve kasabaya gitti. Kaldırımlar eriyen karla ıslak ama temizdi. Berber dükkânının camındaki termometreye göre ısı iki dereceydi. Dükkânlar ve mağazalar kapalıydı. Nate ilerlerken dükkânların vitrinlerine bakıyordu. İlerde kilise çanları duyuldu.

Yaşlıca rahip yardımcısının Nate'e verdiği bilgiye göre rahibin adı Phil Lancaster'dı, kısa boylu, sırım gibi, ufak tefek bir adamdı, kalın çerçeveli gözlük takmıştı ve kızıl kıvırcık saçları kırlaşmıştı. Otuz beş yaşında da olabilirdi elli yaşında da. Saat on bir ayini için gelen cemaati yaşlı insanlardı ve kuşkusuz soğuk nedeniyle pek kalabalık yoktu. Nate küçük kilisede Phil ve orgcu da dahil yirmi bir kişi saydı. Kır saçlı insan çoktu.

Kemerli tavanı, koyu renk ahşap sıraları ve döşemesi, vitraylı camları olan dört penceresiyle güzel bir kiliseydi. Tek yardımcısı arka sıraya geçip oturunca Phil siyah cübbesiyle kalktı ve onlara, Trinity Kilisesi'ne hoş geldiniz, dedi, burada hepsi kendi evinde sayılırdı. Sesi gür ve genizden geliyordu ve mikrofona ihtiyacı yoktu. Rahip Tanrı'ya kar ve kış için, O'nun her zaman her şeyi kontrol ettiğini gösteren mevsimleri gönderdiği için teşekkür etti.

İlahiler ve dualar birbirini izledi. Rahip Phil vaaza başlarken, en arkadan ikinci sırada yalnız başına oturan ve tek yabancı olan Nate'e dikkat etti. Birbirlerine gülümsediler ve Nate bir an için, onun, kendisini cemaate tanıştırmaya kalkmasından korktu.

Vaazın konusu şevk, arzu, gayretti, ama cemaatin yaş ortalamasına bakınca pek garip geldi Nate'e. Rahibi dinlemeye gayret ediyordu ama düşünceleri başka yerlere kaymaya başlamıştı. Corumba'daki küçük kiliseyi, açık ön kapıları, yukardaki pencereleri, içeriye giren sıcak havayı, çarmıha gerilmiş İsa'yı ve gitarlı genç adamı düşündü.

Phil'i gücendirmemeye gayret ederek gözlerini kürsünün üst ve arkasında, duvarın üzerindeki yuvarlak hafif ışığa dikti. Gözlük camlarının kalınlığına bakılırsa rahip onun ilgisizliğini anlayamazdı.

Nate, atıldığı maceranın tehlikelerinden, geçirdiği ağır hastalıktan ve karşılaştığı fırtınalardan, içki bağımlılığı ve ruhsal çöküntüden kurtulmuş güven içinde bu küçük ve sıcak kilisede otururken, o güne değin ilk kez huzura kavuştuğunu düşündü. Hiçbir şeyden korkmuyordu. Tanrı onu bir yöne doğru çekiyordu. Ne tarafa olduğundan emin değildi ama korkmuyordu da. Kendi kendine, "Sabırlı ol," dedi.

Sonra bir dua fısıldadı. Hayatını kurtardığı için Tanrı'ya şükretti ve Rachel için de duaya başladı, çünkü onun da kendisi için dua ettiğini biliyordu.

İçindeki huzur gülümsemesine neden oldu. Dua bittiği zaman gözlerini açtı ve Phil'in de ona bakıp gülümsediğini gördü.

Takdis duasından sonra herkes kapıda duran Phil'in önünden geçip verdiği vaazdan dolayı onu kutladı ve kiliseyle ilgili birkaç söz etti. Sıra ağır ilerliyordu, dinsel ayinlerden sonra âdetti bu. Phil cemaatten birine, "Teyzen nasıl?" diye sordu ve sonra teyzenin derdinden bahsedilirken dikkatle dinledi. Başka birine, "Kalçan nasıl?" diye sordu. "Almanya nasıldı?" Onların elini tutup eğiliyor, söylenen her şeyi duymak istiyordu. Onların önemli sorunlarını biliyordu.

Nate sıranın sonunda sabırla bekledi. Acelesi yoktu. Yapılacak başka bir işi de yoktu. Rahip Phil, Nate'in hem elini ve hem de kolunu tutup, "Hoş geldiniz," dedi. "Trinity'ye hoş geldiniz." Elini öylesine sıktı ki, Nate, 'Acaba yıllardan beri gelen ilk yabancı mıyım?' diye düşündü.

"Adım Nate O'Riley," dedi ve sanki tanınmasına yardımcı olacakmış gibi, "Washington'dan geldim," diye ekledi.

Phil, koca gözleri gözlük camlarının arkasında dans ederek, "Bu sabah aramızda sizi de görmek bizi sevindirdi," dedi. Yakından bakınca yüzündeki kırışıklıklar en azından ellisinde olduğunu gösteriyordu. Kıvırcık saçlarında kızıldan ziyade kırlaşma vardı.

Nate, "Birkaç gün Stafford'ların evinde kalacağım," dedi.

"Evet, evet, çok güzel bir ev orası. Ne zaman geldiniz?"

"Bu sabah."

"Yalnız mısınız?"

"Evet."

"Güzel, o halde öğle yemeğinde bize katılmalısınız."

Bu saldırgan misafirperverlik Nate'i güldürdü. "Şey, teşekkürler, ama bakın..."

Phil de gülüyordu. "Yoo, ısrar ediyorum. Ne zaman kar yağsa karım kuzu güveci yapar. Şu anda ocakta. Kışın çok az misafirimiz oluyor. Lütfen, evimiz hemen kilisenin arkasındadır."

Nate Pazar sofrasını yüzlerce insanla paylaşmış bir adamın ellerindeydi. "Gerçekten de, ben sadece geçerken bir gireyim dedim ve..."

Phil, onun koluna yapışıp arka tarafa, kürsüye doğru çekiştirirken, "Bu bizim için bir zevk olacak," dedi. "Washington'da ne yapıyorsunuz?"

Nate, "Ben bir avukatım," dedi. Bu soruya tam olarak cevap vermek fazla ayrıntılı olurdu.

"Buraya geliş nedeniniz?"

"Uzun bir hikâye."

"Oh harika! Laura ve ben hikâyelere bayılırız. Uzun bir yemek yiyelim ve hikâyeler anlatalım. Çok iyi vakit geçireceğiz." Coşkusu itiraza yer bırakmıyordu. Zavallı adam yeni bir insanla konuşmayı özlemişti. Neden olmasın? diye düşündü. Evde zaten yemek yoktu. Bütün dükkânlar da kapalı görünüyordu.

Kürsüyü geçip kilisenin arka kısmına açılan bir kapıdan çıktılar. Laura ışıkları söndürüyordu. Phil karısına yüksek sesle, "Bu Bay O'Riley, Washington'dan geliyor," dedi. "Öğle yemeği davetimizi kabul etti."

Laura gülümsedi ve Nate'in elini sıktı. Kısa, kırlaşmış saçları vardı ve kocasından en az on yaş büyük görünüyordu. Ani bir misafire şaşırmışsa bile bunu hiç belli etmedi. Nate bu tür davetlerin her zaman olduğunu düşündü. "Lütfen bana Nate deyin," dedi.

Phil cüppesini çıkarırken, "Pekâlâ Nate," dedi.

Rahip evi kiliseye bitişikti ve bir yan sokağa bakıyordu. Karların üzerinde dikkatle yürüdüler. Terasa çıktıkları sırada karısına, "Vaazımı nasıl buldun?" diye sordu.

Kadın sakin bir sesle, "Mükemmeldi hayatım," dedi. Nate onları dinlerken gülümsedi, Phil'in yıllardan beri aynı soruyu aynı yer ve zamanda sorup, aynı cevabı aldığından emindi.

Yemeğe kalma konusundaki tereddütü, eve girdikten sonra tamamen kayboldu. Kuzu güvecin iştah açıcı kokusu odaya yayılmıştı. Laura yemeği hazırlarken Phil de şöminedeki portakal rengi kömürleri karıştırdı.

Mutfakla oturma odası arasındaki küçük yemek odasında dört kişilik bir masa vardı. Nate, reddetme imkânı bulamadığı ve yemek davetini kabul için memnundu.

Yerlerine otururken, "Geldiğinize çok sevindik," dedi. "İçimde, bugün misafirimiz olacağına dair bir his vardı zaten."

Nate, sandalyesi boş duran dördüncü tabağı gösterip, "Orası kimin yeri?" diye sordu.

Laura, "Biz Pazar günleri hep dört kişilik masa hazırlarız," dedi ve başka da bir açıklama yapmadı, Phil tekrar kar, mevsimler ve yemekler için Tanrı'ya şükür duası ederken birbirlerinin ellerini tuttular. Rahip duasını, "Her zaman başkalarının da ihtiyaç ve arzularını düşünmemize yardım et Tanrım," diye bitirdi. Bu sözler Nate'e bir şey hatırlattı. Bu sözleri yıllar önce yine duymuştu.

Yemek servisi yapılırken o sabah hakkında her zamanki konuşmalar oluyordu. Saat on bir ayinine yaklaşık olarak kırk kişi gelirdi. Ama kar yağışı insanların dışarıya çıkmasını engellemişti. Ayrıca çevrede grip salgını vardı. Nate kilisenin basit güzelliği için onlara iltifat etti. Rahip ve karısı altı yıldır St. Michaels'daydı. Yemeğe başladıktan biraz sonra Laura, "Ocak ayı için güzel bir güneş yanığı teniniz var," dedi. "Bunu Washington'da yapmadınız herhalde?"

"Hayır. Brezilya'dan yeni döndüm." İkisi de yemeği bırakıp öne eğildi. Macera tekrar başlıyordu. Nate güveçten büyük bir kaşık alıp yedi. Güveç nefisti. Sonra hikâyeyi anlatmaya başladı.

Laura birkaç dakikada bir, "Lütfen yemeğinizi yiyin," diyordu. Nate, ara sıra yemekten bir parça alıyor ve yine devam ediyordu. Rachel'den sadece, 'bir müvekkilin kızı' olarak söz etti. Hikâyede fırtınalar daha korkunç, yılanlar daha uzun, tekne daha küçük, yerliler daha az dost canlısıydı. Nate hikâyesine devam ederken Phil'in gözleri hayretle açılmıştı.

Nate dönüşünden bu yana hikâyesini ikinci kez anlatıyordu. Bazı yerlerde ufak tefek abartmalar yaptıysa da gerçeklere bağlı kaldı. Kendisi de anlattıklarına hayran kalmıştı. Olağanüstü bir hikâyeydi ve evsahipleri de hikâyenin uzun ve zenginleştirilmiş bir uyarlamasını dinliyordu. Bazı noktalarda sorularla araya girdiler.

Laura masayı temizleyip tatlı olarak çikolatalı kek getirdiğinde, Nate ve Jevy ilk İpika yerleşim yerine yeni gelmişlerdi.

Yerlilerin kadını köyden alıp onlara getirdiği sahneyi anlatırken, Phil, "Kadın sizi görünce şaşırdı mı?" diye sordu.

Nate, "Aslında hayır," dedi. "Sanki geleceğimizi biliyordu."

Nate yerlileri ve onların Taş Devri kültürünü anlatmak için elinden geleni yaptı ama sözcükler o gerçek görüntüyü yansıtmakta zayıf kalıyordu. Hikâyesinin bazı yerlerinde durdu ve tabağındaki iki keki büyük parçalar ısırarak bitirdi.

Tabaklarını öne doğru itip kahvelerini aldılar. Phil ve Laura için Pazar öğle yemeği, yemekten çok konuşma demekti. Nate, yemek ve hikâye anlatmak için davet edilen son şanslı misafirin kim olduğunu düşündü.

Dang hummasının dehşetini küçümseyerek anlatmak zordu tabii ama Nate yine de fazla abartmadı. Hastanede birkaç gün yatıp bazı ilaçlar aldıktan sonra iyileştiğini anlattı. Bitirdiği zaman sorular başladı. Phil misyoner kadın hakkında her şeyi bilmek istiyordu – mezhebi, inancı, yerlilerle yaptığı çalışmalar... Laura'nın kız kardeşi de on beş yıl Çin'de yaşamış, bir kilise hastanesinde çalışmıştı ve bu da başka hikâyelerin kaynağı oldu kuşkusuz.

Nate kapıya gidebildiğinde saat üçe geliyordu. Ev sahipleri masada ya da odada oturup akşama kadar konuşmak için can atıyordu ama Nate yürümek istiyordu. Misafirperverlikleri için onlara teşekkür etti ve verandadan el sallayıp ayrılırken onları sanki yıllardır tanıyormuş gibi hissetti.

St. Michaels'ı yürüyerek dolaşmak bir saatini aldı. Sokaklar dardı ve yüz yıllık evlerle doluydu. Yerinde olmayan hiçbir şey görülmüyordu, ne sokak köpekleri, ne boş arsalar, ne de terk edilmiş evler vardı. Kar bile tertemizdi – yaşayanların zarar görmemesi için sokaklar ve kaldırımlar kürenip temizlenmişti. Nate iskelede durdu ve tekneleri hayranlıkla seyretti. Hayatında hiç tekneye binmemişti.

Zorla atılıncaya kadar St. Michaels'dan gitmemeye karar verdi. Josh onu kibarca kovuncaya kadar evde kalıp burada yaşayabilirdi. Parasını biriktirir ve Phelan konusu bitince de buralarda kalmanın bir yolunu bulurdu.

Liman yakınlarında, kapanmak üzere olan küçük bir bakkal dükkânına rastladı. Kahve, konserve çorba, tuzlu büsküviler ve kahvaltı için yulaf ezmesi aldı. Tezgâhın yanında kutu biralar duruyordu. Oraya bakıp gülümsedi, o günler geride kalmıştı, mutluydu.

40

Grit kovulduğunu faks ve elektronik postayla öğrendi, böyle bir şey ilk kez başına geliyordu. Mary Ross ağabeyleriyle gergin bir hafta sonu geçirdikten sonra Pazartesi sabahın ilk saatlerinde onu kovmuştu.

Tabii Grit hemen boynunu büküp işi bırakmadı. Müvekkiline bir faks çekti ve şimdiye kadar yaptığı çalışmaların faturasını gönderdi – saati 600 dolardan 148 saat hizmet vermişti ve toplam 88.800 doların ödenmesini istiyordu. Davanın kazanılması ya da bir anlaşma halinde alacağı yüzde yerine şimdi saat ücretine kalmıştı. Grit'in istediği şey saatte 600 dolar değildi. O, pastadan kalınca bir dilim istiyordu, müvekkilinin payına düşecek paranın yüzde 25'iydi bu, öyle anlaşmışlardı. Grit milyonlar istiyordu ve kilitli ofisinde oturmuş faksa bakarken, bu fırsatın elinden kaçtığına bir türlü inanamıyordu. Birkaç aylık zor bir davadan sonra sonucun Phelan çocuklarının lehine olacağına gerçekten inanmıştı. Anlaşma yoluyla altı çocuğun her biri yirmişer milyon alsa, hepsi de aç köpekler gibi bu paraya saldırır ve Phelan servetinde de en küçük bir fark olmazdı. Müvekkiline yirmi milyon gelmesi demek ona da beş milyon gelecek demekti ve Grit yalnız başına bu parayı nerelere harcayacağını daha şimdiden düşünmüştü bile, bunu itiraf ediyordu.

Sövüp saymak için Hark'ın ofisini aradı ama, Bay Gettys'in o anda çok meşgul olduğunu söylediler.

Bay Gettys şimdi, ilk ailenin dört vârisinden üçünü almıştı. Alacağı önce yüzde yirmi beşten yirmiye ve sonra da on yedi buçuğa düşmüştü. Ama sonuçta toplayacağı miktar muazzamdı.

Bay Gettys saat onu biraz geçe toplantı odasına girdi ve önemli bir toplantı için oraya gelmiş olan diğer Phelan avukatlarını selamladı. Sonra neşeli bir sesle, "Sizlere bir haberim var," dedi. "Bay Grit artık bu davanın dışında. Onun eski müvekkili Mary Ross

Phelan Jackman benden, kendisini temsil etmemi istedi ve ben de bir süre düşündükten sonra kabul ettim."

Sözleri toplantı masasının etrafına küçük bombalar gibi düştü. Yancy düzensiz sakalını ovaladı ve o kadını Grit'in vantuzlarından kurtarmak için nasıl bir baskı kullanıldığını düşündü. Ama kendisini güvende hissediyordu. Ramble'ın annesi çocuğunu bir başka avukata götürmek için elinden geleni yapmıştı. Ama çocuk annesinden nefret ediyordu.

Bayan Langhorn şaşkındı, çünkü Hark kısa bir süre önce Troy Junior'un da avukatlığını da almıştı. Ama kısa bir şoktan sonra kendini güvende hissetti. Müvekkili Geena Phelan Strong, üvey ağabey ve ablalarından nefret ediyordu. Onların avukatlarına gitmesi olanaksızdı. Bununla beraber bir güç ve güven tazeleme yemeği gerekiyordu. Toplantı biter bitmez Geena ve Cody'yi aramalıydı.

Haberle birlikte Wally Bright'ın ensesi kızarmıştı. Hark müvekkillerini çalıyordu. İlk aileden sadece Libbigail kalmıştı ve Hark onu da çalmaya kalkarsa Wally Bright onu öldürürdü. Acı ve yüksek bir sesle, "Benim müvekkilimden uzak dur, anladın mı?" dedi ve odadakilerin hepsi donup kaldı.

"Sakin ol."

"Sakin olmak ha! Sen müvekkilleri çalarken nasıl sakin olabiliriz?"

"Bayan Jackman'ı çalmadım ben. Kendisi beni aradı. Ben onu aramadım."

"Oynadığın oyunu biliyoruz Hark. Biz aptal değiliz." Wally bunu söylerken diğer avukatlara baktı. Onlar da kendilerini aptal yerine koymak istemiyordu kuşkusuz, ama Wally konusunda da emin değillerdi. Aslında kimse kimseye güvenmiyordu. Öyle büyük paralar söz konusuydu ki, kimse yanındaki avukatın bıçak çekmeyeceğinden emin değildi.

Snead'ı içeriye aldılar ve bu da tartışmanın yönünü değiştirdi. Hark onu gruba tanıttı. Zavallı Snead idam mangası karşısındaki bir adama benziyordu. Masanın ucuna oturdu, yüzüne iki video kamera çevrilmişti. Hark, "Bu sadece bir prova," diyerek onu rahatlatmaya çalıştı. "Sakin ol." Avukatlar sorularını içeren not defterlerini çıkardı ve Snead'a biraz daha yaklaştılar.

Hark onun arkasına geçip omzuna hafifçe vurdu ve, "Evet Bay Snead, ifadenizi verdiğiniz sırada, karşı tarafın avukatlarına sizi sorguya çekme izni verilecektir," diye konuştu. "İlk soruları onlar soracak. Onun için önümüzdeki bir saat ya da biraz daha fazla süre için bizi düşman olarak kabul edin. Tamam mı?"

Snead için bu hiç de tamam değildi tabii, ama onların parasını almıştı. İstediklerini yapmak zorundaydı.

Hark bloknotunu aldı ve sorularına başladı, Snead'ın doğumu, geçmişi, ailesi, gittiği okullar gibi basit sorulardı bunlar ve Snead bunlara kolayca cevap verip rahatladı. Sonra Bay Phelan'la ilk yılları konusunda sorular ve arkasından da hiç ilgisi olmayan bir sürü soru geldi.

Bir tuvalet molasından sonra sözü Bayan Langhorne aldı ve Snead'ı Phelan ailesi, Troy'un karıları, çocukları, boşanmaları, metresleri konusundaki bir sürü soruyla bunalttı. Snead sorulardan çoğunun gereksiz pislikler olduğunu düşünüyordu ama, avukatlar bundan zevk alıyor gibiydi.

Langhorne, "Rachel Lane'i biliyor muydunuz?" diye sordu.

Snead bir süre düşündü ve sonra, "Bu soruyu hiç düşünmedim," dedi. Yani, bunun cevabı için yardım edin demek istiyordu. Bay Gettys'e, "Siz ne derdiniz?" diye sordu.

Hark kurgu için anında hazırdı. "Benim tahminime göre siz Bay Phelan'la ve özellikle de kadınları ve çocuklarıyla ilgili her şeyi biliyordunuz. Sizden hiçbir şey kaçmadı. İhtiyar size, evlilik dışı kızı da dahil her konuda güveniyordu. Siz Bay Phelan'ın yanında çalışmaya başladığınızda o kız on ya da on bir yaşındaydı. Yıllarca kızına ulaşmaya çalıştı ama kızı ondan kaçıyordu. Tahminime göre bu da ihtiyarı incitti, istediğini elde eden bir adamdı ve Rachel onu nefretle reddedince acısı öfkeye dönüştü. Kızından hiç hoşlanmadığını tahmin edebiliyorum. Bu nedenle her şeyini ona bırakması onun tam anlamıyla delirdiğini gösterir."

Snead, Hark'ın böyle anında hikâyeler uydurabilme yeteneğine bir kez daha hayran oldu. Diğer avukatlar da etkilenmişti. Hark onlara, "Ne diyorsunuz?" diye sordu.

Diğerleri baş salladı. Bright, "Rachel Lane'in geçmişiyle ilgili her şeyi bilse iyi olur," dedi.

Snead daha sonra Hark'ın söylediklerini kamera önünde tekrarladı ve böylece anlatılan bir şeyi tekrarlamaktaki yeteneğini gösterdi. Bitirdiği zaman avukatlar memnuniyetlerini gizlemediler. Bu pısırık adam her şeyi söyleyebilirdi. Onu yalanlayacak kimse de yoktu.

Yardım gerektiren bir soru sorulduğunda Snead hemen, "Şey, bu konuyu hiç düşünmedim," diye cevap veriyordu. O zaman avukatlar ona yardım için gerekeni yapıyordu. Snead'ın zayıf yanlarını bilen Hark genelde elinde her zaman için bir senaryo bulunduruyordu. Ama diğer avukatlar da yalan söyleme konusundaki yeteneklerini sergilemek için sık sık ortaya çıkıyordu.

Yavaş yavaş her şey soruldu, tartışıldı, ince ayarlar yapıldı ve sonuçta Bay Phelan'ın, son vasiyetnamesini imzaladığı sabah aklının başında olmadığını gösterecek biçimde şekillendirildi. Snead avukatlar tarafından yönlendiriliyordu ve bu konuda kolay bir adam olduğu anlaşılmıştı. Aslında başkalarının etkisinde çok fazla kalıyordu ve avukatlar, onun gereğinden fazla konuşmasından korkuyordu. Güvenilirliği zedelenmemeliydi. Snead'ın ifadesinde hiçbir boşluk olmamalıydı.

Üç saat süreyle onun hikâyesini inşa etmek için uğraştıktan sonra, iki saat süreyle de amansız sorularla çürütmeye çalıştılar. Ona öğle yemeği vermediler, hakaret ettiler, yalancı dediler. Bir ara Langhorne onu neredeyse ağlatacaktı. Snead iyice yorulup çökmek üzereyken onu bir sürü video kasetiyle birlikte evine gönderdiler, onları tekrar tekrar izleyip inceleyecekti.

Söylediklerine göre tanıklık için henüz hazır değildi. Anlattıklarında boşluklar vardı. Zavallı Snead yeni Range Rover arabasına atlayıp evine gitti, yorgun ve şaşkındı ama yalanlarını da avukatlar kendisini alkışlayıncaya kadar prova etmeye kararlıydı.

Yargıç Wycliff, ofisinde sessizce yediği küçük öğle yemeklerini seviyordu. Josh her zamanki gibi, Dupont Meydanı yakınlarındaki bir Rum şarküteriden sandviçler almıştı. Köşedeki masaya gidip turşu ve buzlu çayla birlikte paketi de açıp masaya koydu. Masadakileri atıştırmaya başlarken önce ne kadar meşgul olduklarından bahsettiler ve sonra hemen Phelan mirası konusuna girdiler. Bir şeyler vardı, yoksa Josh onu aramazdı.

Josh, "Rachel Lane'i bulduk," dedi.

"Harika. Nerede?" Wycliff'in yüzündeki rahatlama ifadesi açıkça belirgindi.

"Söylemememiz için bizden söz aldı. En azından şimdilik."

"Ülkede mi peki?" Yargıç elindeki biftekli sandviçi unutmuştu.

"Hayır. Kadın, dünyanın ıssız bir köşesinde ve orada yaşamaktan da mutlu."

"Nasıl buldunuz onu?"

"Avukatı buldu."

"Avukatı kim?"

"Bir zamanlar bizim firmada çalışmış olan bir arkadaş. Adı Nate O'Riley, eski bir ortak. Geçen Ağustos'ta bizden ayrılmıştı."

Wycliff gözlerini kıstı ve düşündü. "Ne rastlantı ama. Babasının avukatlarının eski bir ortağını tutuyor kadın."

"Bunda bir rastlantı yok. Mülkün ve servetin avukatı olarak onu bulmam gerekiyordu. Nate O'Riley'i gönderdim. Adam onu buldu ve kadın da onu avukat olarak tuttu. Aslında çok basit bir olay."

"Peki kadın buraya ne zaman gelecek?"

"Şahsen geleceğinden kuşkuluyum."

"Kabul ve feragat belgelerinden ne haber?"

"Geliyorlar. Kadın çok dikkatli ve tedbirli. Açık konuşmak gerekirse planlarının ne olduğu konusunda pek emin değilim."

"Bir vasiyetnameye itiraz konusu var Josh. Savaş patladı bile. İşler beklemez. Bu mahkeme, yasaları uygulamak zorunda."

"Yargıç, onun bir avukatı var. Çıkarları korunacaktır. Savaşalım. Davaya başlayalım ve karşı tarafı da dinleyelim."

"O kadınla konuşabilir miyim?"

"Bu imkânsız."

"Hadi Josh."

"Yemin ederim. Bak, başka bir yarımkürede çok uzak bir yerde misyoner bu kadın. Sana ancak bu kadar söyleyebilirim."

"Bay O'Riley'i görmek istiyorum."

"Ne zaman?"

Wycliff masasına gitti ve en yakındaki randevu defterini aldı. Çok meşguldü. Hayatı dosya inceleme tarihleri, dava tarihleri ve takrir tarihleri arasında geçiyordu. Sekreteri de bir ofis acendası tutuyordu. "Çarşamba'ya ne dersin?"

"Güzel. Öğle yemeği? Sadece üçümüz, gayrı resmi."

"Tamam."

Avukat O'Riley o sabahı okuma ve yazmayla geçirmeyi düşünmüştü. Ama rahipten gelen bir telefon planlarını değiştirdi. Rahip Phil, güçlü sesi telefonda yankılar yaparak, "Meşgul müsün?" diye sordu.

Nate, "Şey, pek sayılmaz," diye cevap verdi. Ateşin yanında, yorgana sarınıp bir deri koltuğa gömülmüş, kahvesini yudumlayıp Mark Twain okuyordu.

"Emin misin?"

"Tabii eminim."

"Şey, ben kilisede, bodrumda çalışıyorum, birtakım tadilatlarla uğraşıyorum, yardım gerekiyor. St. Michaels'de özellikle kış mevsiminde yapılacak fazla bir şey olmadığından sıkılacağını düşündüm. Yine kar geliyormuş."

Nate'in aklına kuzu güveci geldi. Onlar yedikten sonra bir kısmı da artmıştı. "On dakika sonra oradayım," dedi.

Bodrum, ibadet salonunun hemen altındaydı. Nate pek de sağlam olmayan merdivenden inerken aşağıdan çekiç sesleri geliyordu. Uzun, geniş, alçak tavanlı büyük bir alandı burası. Uzun zaman önce başlamış, ne zaman biteceği belli olmayan bir tadilata girişilmişti. Plana göre duvar diplerine küçük odalar yapılacak ve ortada bir boşluk bırakılacaktı. Phil omzuna bir testere asmış, eline bir çelik metre almış, iki testere tezgâhının arasında duruyordu. Üzerinde bir fanila gömlek, blucin pantolon, ayaklarında botlar vardı ve tanımayan biri onu marangoz sanabilirdi.

Yüzünde kocaman bir gülümsemeyle, "Geldiğin için teşekkür ederim," dedi.

Nate, "Önemli değil," dedi. "Canım sıkılıyordu zaten."

Rahip eliyle bir yeri gösterip, "Duvara kaplama tahtası çakıyorum," dedi. "İki kişi olursa daha kolay oluyor tabii. Önceleri Bay Fuqua bana yardım ederdi, ama şimdi seksen yaşında ve sırtı da eskisi gibi değil."

"Yapmayı planladığın şey ne?"

"İncil öğrenimi için altı derslik. Bu işe iki yıl önce başlamıştık. Bütçemiz yeni projeler için pek yeterli olmuyor, bunun için kendim yapıyorum. Hem de idman oluyor."

Phil yıllardan beri kendine pek bakamamıştı. Nate, "Bana doğru yönü göster," dedi. "Ama sakın unutma, ben bir avukatım."

"Sizin meslekte fazla dürüst işler olmuyor, öyle mi?"

"Öyle."

Duvar kaplama tahtasının birer ucundan tutup yapımı süren dersliğe kadar güçlükle götürdüler. Tahta levha 120 santime 180 santim boyutlarındaydı ve onu yerine kaldırırken Nate, bu iş için gerçekten de iki kişi gerektiğini anladı. Phil homurdandı, kaşlarını çattı, dilini ısırdı ve parça yerine oturunca, "Şimdi onu orada tut," dedi. Nate levhayı iki iri başlı çivi desteğiyle yerinde tutmaya çalışırken Phil de hızlı bir çalışmayla onu yerine çiviledi. Levhanın yerinde durduğunu görünce altı çivi daha çaktı ve yaptığı işe hayranlıkla baktı. Sonra çelik metreyi aldı ve bir sonraki açık yeri ölçmeye başladı.

Nate onu ilgiyle seyrederken, "Marangozluğu nerede öğrendin?" diye sordu.

"Bu benim kanımda var. Yusuf bir marangozdu."

"Kim o?"

"İsa'nın babası."

"Oh, şu Yusuf, değil mi?"

"İncil okur musun Nate?"

"Pek fazla değil."

"Okumalısın."

"Başlamak isterim tabii."

"İstersen sana yardımcı olurum."

"Teşekkürler."

Phil aldığı ölçüleri biraz önce yerleştirdikleri duvar tahtasına yazdı. Dikkatle ölçtü, sonra bir daha ölçtü. Nate çok geçmeden bu projenin neden bu kadar çok zaman aldığını anladı. Phil hiç acele etmiyor ve sık sık kahve molası verilmesi gerektiğine inanıyordu.

Bir saat sonra merdivenden yukarıya, üst kata çıkıp rahibin ofisine gittiler, burası bodrumdan beş altı derece daha sıcaktı. Phil'in küçük ocağında içi sert ve sıcak kahve dolu bir kap vardı. Rahip iki fincana kahve doldurdu ve raflardaki kitapları gözden geçirmeye başladı. Sonra bir kitap alıp, sanki tozluymuş gibi silerek Nate'e uzattı ve, "İşte sevdiğim kitaplardan biri," dedi. "Mükemmel bir günlük ibadet kılavuzu." Ciltli ve yepyeni, el sürülmemiş bir kitaptı bu.

Başka bir kitap daha aldı ve onu da Nate'e uzattı. "Bu da fazla zaman ayıramayacak insanlar için bir İncil. Çok iyidir."

"Neden meşgul biri olduğumu düşünüyorsun?"

"Washington'da bir avukatsın, değil mi?"

"Şimdilik öyle, ama o günler sona ermek üzere."

Phil parmak uçlarını birbirine değdirdi ve sadece bir rahibin bakacağı gibi Nate'e baktı. Gözleri, "Devam et. Bana anlat her şeyi. Burada sana yardım için bulunuyorum," der gibiydi.

Nate böylece ona geçmişte yaşadığı ve hâlâ devam eden bazı sorunlarını açtı ve vergi kaçırma suçlamasıyla avukatlık lisansını kaybedeceğini anlattı. Hapse girmemesi için, bir araya getiremeyeceği kadar büyük bir para cezası ödemesi gerekecekti.

Her şeye rağmen gelecek konusunda mutsuz değildi. Aslında avukatlığı bırakacağı için kendini daha rahatlamış hissediyordu.

Phil, "Ne yapacaksın?" diye sordu.

"Hiçbir fikrim yok."

"Tanrı'ya inanıyor musun?"

"Evet, sanırım."

"O halde rahatla. Tanrı sana yol gösterecektir."

Uzun uzun konuşup öğle yemeği saatini buldular ve eve gidip bir kez daha kuzu güveci ziyafetine oturdular. Laura onlara daha sonra katıldı. Ana okulunda ders veriyordu ve öğle yemeği için sadece yarım saati vardı.

Saat ikiye doğru tekrar bodruma inip çalışmaya başladılar ama ikisi de pek istekli değil gibiydi. Nate, Phil'in çalışma tarzına bakınca, bu projenin onun hayatının sonuna kadar tamamlanamayacağını anladı. Yusuf iyi bir marangoz olabilirdi ama, Rahip Phil kürsüye aitti. Duvardaki her açık yerin ölçülmesi, tekrar ölçülmesi, üzerinde düşünülmesi, çeşitli açılardan gözden geçirilip incelenmesi ve sonra tekrar ölçülmesi gerekiyordu. Açık yeri kapatacak olan tahta levha da aynı işlemlerden geçiyordu. Phil en nihayet, bir mimarın bile kafasını karaştıracak kadar kalem işareti yaptıktan sonra, büyük bir korku içinde elektrikli testereyi aldı ve tahta levhayı kesti. Levhayı açık yere götürüp taktılar ve çivilediler. Levhalar yerlerine gayet güzel oturuyordu ve Phil de her seferinde gerçekten de rahatlamış görünüyordu.

İki derslik tamamlanmış gibiydi, sadece boyanmaları gerekti. Akşama doğru Nate ertesi gün bir boyacı olmaya karar verdi.

41

Trinity Kilisesi'nin bodrumundaki iki günlük hoş çalışmayla fazla bir ilerleme kaydedilememişti. Fakat bol bol kahve içildi, kuzu güveci nihayet bitti, bazı yerler boyandı, duvar tahtaları çakıldı ve bir dostluk doğdu.

Salı gecesi telefon çaldığında, Nate tırnaklarındaki boyaları temizlemeye çalışıyordu. Arayan Josh'du, onu gerçek dünyaya geri çağırıyordu. "Yargıç Wycliff yarın seni görmek istiyor," dedi. "Seni daha erken saatlerde de aradım."

Nate korkulu bir sesle, "Ne istiyor?" diye sordu.

"Eminim yeni müvekkilinle ilgili soruları olacaktır."

"Gerçekten çok meşgulüm Josh. Tadilat işleri, boya işleri, levha çakmak gibi bir sürü iş var."

"Oh gerçekten mi?"

"Evet, bir kilisenin bodrum katında bir şeyler yapıyoruz. Zaman çok önemli."

"Bu tür yeteneklerin olduğunu bilmiyordum."

"Gelmek zorunda mıyım Josh?"

"Sanırım dostum. Davayı almayı kabul ettin. Yargıca bunu söyledim bile. Sana ihtiyaç var eski dost."

"Nerede ve ne zaman?"

"On birde benim ofisime gel. Birlikte gideriz."

"Ofisi görmek istemiyorum Josh. Hep kötü anılar var orada. Seninle mahkeme binasında buluşalım."

"Pekâlâ. Öğle vakti orada ol. Yargıç Wycliff'in ofisinde."

Nate şömineye bir kütük attı ve verandanın ilerisinde yağan kara baktı. Takım elbise giyip kravat takabilir, elinde bir evrak çantasıyla dolaşabilirdi. İstendiği gibi görünebilir, konuşabilirdi. "Sayın Yargıç," ve "Mahkemeniz lütfederse," diyebilir, bağırıp itirazlar edebilir ve bir tanığı sorgusuyla bunaltabilirdi. Milyonlarca avukatın yaptığı her şeyi yapabilirdi ama kendisini artık bir avukat olarak görmüyordu. Tanrı'ya şükür o günler artık çok gerilerde kalmıştı.

Bunu bir kez daha yapabilirdi, ama sadece bir kez. Bunu müvekkili, Rachel için yapacağı konusunda kendisini ikna etmeye çalıştı, ama onun bunu umursamadığını biliyordu.

Rachel'e mektup yazmayı birçok kez düşündüğü halde bunu hâlâ yapamamıştı. Jevy'ye yazdığı bir buçuk sayfa mektup için iki saat uğraşması gerekmişti.

Karda geçen üç günden sonra Corumba'nın nem oranı yüksek sokaklarını, tembel yaya trafiğini, kaldırım kafelerini ve her şey yarına kadar bekleyebilir diyen yaşam temposunu özlemişti. Kar yağışı her geçen dakika artıyordu. Belki yeni bir kar fırtınası olur, yollar kapanır ve gitmek zorunda kalmam, diye düşündü.

Rum şarküteriden yine sandviç, turşu ve çay alındı. Yargıç Wycliff'i beklerken Josh masayı hazırladı. Kalın kırmızı bir dosyayı Nate'e uzattı ve, "İşte mahkeme dosyası, " dedi. Sonra ona bir de kalın manila kâğıdından yapılmış bir dosya verdi. "Bu da senin yanıt dosyan. Bunu mümkün olduğu kadar çabuk okuyup imzalamalısın."

Nate, "Vasiyetname tarafı olarak siz, bir cevap hazırladınız mı?" diye sordu.

"Yarın hazır olacak. Rachel Lane'in yanıtı hazır, orada, sadece imzanı bekliyor."

"Burada yanlış olan bir şey var Josh. Bir müvekkil adına, vasiyetname itirazlarına karşı savunma hazırlıyorum, ama müvekkilin haberi yok bundan."

"Ona bir kopya gönder."

"Nereye?"

"Onun bilinen tek adresine, yani Houston, Teksas'daki Dünya Kabileleri Misyonları'na. Dosyada adres var."

Josh'un hazırlıkları Nate'in asabını bozmuştu, başını iki yana salladı. Kendisini oyun tahtasında bir piyon gibi görüyordu. Rachel Lane adına hazırlanmış Savunma Cevabı dört sayfaydı ve vasiyetnameye itiraz için ortaya konan iddiaları reddediyordu. Josh cep telefonuyla konuşurken Nate karşı tarafın verdiği altı itiraz talebini okudu.

Tüm iddialar özetlendiğinde dava basit gibi görünüyordu: Troy Phelan son vasiyetnamesini yazarken ne yaptığını biliyor muydu? Bu dava, bir sürü avukatın ve psikiyatrın burnunu sokmasıyla bir sirke dönüşecekti kuşkusuz. Çalışanlar, eski çalışanlar, eski sevgililer, kapıcılar, hizmetçiler, şoförler, pilotlar, koruma görevlileri, doktorlar, fahişeler, yani ihtiyarla beş dakika baş başa kalmış herkes çağırılıp tanık sandalyesine oturtulacaktı.

Nate'in midesi bunu kaldırmazdı. Dosya, okudukça ağırlaşıyordu. Savaş bittiğinde koca bir odayı dolduracak kadar kâğıt toplanacaktı.

Yargıç Wycliff her zamanki telaşı içinde saat yarımda geldi ve cüppesini çıkarırken bu kadar meşgul olduğu için özür diledi. Sonra elini uzatıp, "Siz Nate O'Riley olacaksınız," dedi.

"Evet Sayın Yargıç, tanıştığımıza sevindim."

Josh nihayet cep telefonundaki konuşmasına bir son verdi. Küçük masaya oturup yemeye başladılar. Wycliff, ağzına bir lokma atarken, "Josh bana, dünyanın en zengin kadınını bulduğunuzu söyledi," dedi.

"Evet buldum. Yaklaşık iki hafta önce."

"Peki nerede olduğunu bana söylemeyecek misiniz?"

"Kadın söylemememi rica etti, hatta yalvardı. Ben de söz verdim."

"Zamanı geldiğinde tanıklık yapmak için gelecek mi?"

Josh lafa karışıp, "Gelmek zorunda kalmayacak," dedi. Dosyasında Rachel'in bulunmasıyla ilgili bir yazılı belge vardı. "Bay Phelan'ın akli dengesiyle ilgili bir şey bilmiyorsa zaten tanıklık edemez."

Wycliff, "Ama o kadın davadaki taraflardan biri," dedi.

"Evet, taraf tabii. Ama buraya gelip davaya katılmaktan muaf tutulabilir. O olmadan da savunma yapabiliriz."

"Buna kim karar verecek peki?"

"Siz, sayın Yargıç."

Nate, "Zamanı gelince mahkemenize, müvekkilim olmadan da savunma yapabilmemize, davanın devamına izin vermeniz için talepte bulunacağım," dedi. Josh masanın karşı tarafından gülümsedi. Aslanım Nate.

Wycliff, "Bu konudaki endişelerimizi daha sonraya bırakalım," dedi. "Ben daha ziyade ileri sürülecek iddiaları ve belgeleri düşünüyorum şimdi. İtirazcıların hemen davayı başlatmak istediklerini söylemem gereksiz tabii."

Josh, "Vasiyetname tarafı olarak cevabımızı yarın sunacağız," dedi. "Biz savaşa hazırız."

"Savunma tarafı ne olacak?"

Nate sanki günlerdir bu konuda çalışıyormuş gibi, sıkıntılı bir tavırla, "Hâlâ Rachel Lane cevabı konusunda çalışıyorum," dedi. "Yarın sunabilirim."

"Açıklama için hazır mısınız?"

"Evet efendim."

"Müvekkilinizden kabul ve feragat belgelerini ne zaman alabiliriz?"

"Bundan emin değilim."

"Teknik olarak onlar olmadan yargı yetkimi kullanamam onun için."

"Evet, anlıyorum. Eminim yakında gelecektir. Oralarda posta sistemi çok yavaş çalışıyor."

Josh, himayesine aldığı arkadaşına gülümsedi.

"Onu gerçekten buldunuz, vasiyetnamenin kopyasını gösterdiniz, kabul ve feragat belgelerini izah ettiniz ve sonra da onu temsil etme konusunda anlaştınız, öyle mi?"

Nate, "Evet efendim," dedi. Çünkü öyle demesi gerekliydi.

"Bunu, dosyaya yeminli bir beyan olarak koyar mısınız?"

Josh, "Bu biraz olağandışı değil mi?" diye sordu.

"Olabilir ama, ondan gelecek kabul ve feragat belgeleri olmadan açıklamaya başlayacaksak, dosyada, onunla ilişki kurulduğunu ve kadının, ne yaptığımızı bildiğini gösteren bir belge bulunmasını istiyorum."

Josh, sanki fikir kendisinden çıkmış gibi, "Bu iyi bir fikir sayın Yargıç," dedi. "Nate bunu imzalayacaktır."

Nate başını salladı ve sandviçinden kocaman bir parça ısırdı, daha fazla yalana zorlanmadan yemeğini yemesine izin vermelerini diledi.

Wycliff, "Troy'a yakın mıydı bu kadın?" diye sordu.

Nate cevap vermeden önce lokmasını mümkün olduğunca uzun çiğnedi. "Gayrı resmi konuşuyoruz, değil mi?"

"Gayet tabii. Sadece dedikodu yapıyoruz."

Evet ama, dedikodular dava kazandırıp kaybettirebilirdi. "Onların birbirlerine pek yakın olduklarını sanmıyorum. Babasını yıllardır görmemişti."

"Vasiyetnameyi okuyunca nasıl bir tepki gösterdi?"

Wycliff gerçekten de dedikodu yapar, ya da sohbet eder gibi konuşuyordu ve Nate, onun tüm ayrıntıları istediğini anlamıştı. Kuru bir ses tonuyla, "En azından şaşırdığını söyleyebilirim."

"Bundan eminim. Paranın miktarını sordu mu?"

"Sonunda sordu tabii. Kuşkusuz o da herkesin olabileceği kadar şaşkındı, hayretler içindeydi."

"Evli mi?"

"Hayır."

Josh, Rachel'le ilgili soruların bir süre devam edeceğini anladı. Ama sorular tehlikeliydi. Wycliff en azından şu noktada Rachel'in parayla ilgilenmediğini bilemezdi. Sorulara devam eder, Nate de doğruyu söylemeye kalkarsa yalanlar ortaya çıkabilirdi. Konuyu yumuşak bir manevrayla değiştirip, "Biliyorsun Yargıç," dedi. "Bu karmaşık bir dava değil aslında. Açıklama uzun sürmeyecektir. Onlar tedirgin, biz de tedirginiz. Masanın üzerinde bir yığın para var ve herkes onu istiyor. Neden şu açıklamayı hemen geçip de duruşma gününü saptamıyoruz?"

Vasiyetname onaylanması davasında işlemin çabuklaştırılması gibi bir şey şimdiye kadar görülmemişti. Veraset davalarında avukatlar saat başına ücret alırdı. Kimse acele etmek istemezdi tabii.

Wycliff, "Bu ilginç bir teklif," dedi. "Ne var senin aklında?"

"Açıklama toplantısını mümkün olan en kısa zamanda yap. Bütün avukatları bir odaya topla ve hepsinden potansiyel tanıkları ve belgeleriyle ilgili bir liste iste. Her şeyin sunulması için otuz gün ver ve duruşma tarihini de doksan gün sonraya koy."

"Bu çok hızlı olur."

"Biz bunu federal mahkemede her zaman yaparız. Diğer tarafın avukatları da bunun üstüne atlayacaktır, çünkü tüm müvekkilleri parasız."

"Siz ne dersiniz Bay O'Riley? Sizin müvekkiliniz de parayı almak için sabırsızlanıyor mu?"

Nate, "Siz olsanız sabırsızlanmaz mısınız Sayın Yargıç?" dedi.

Buna hepsi birden güldü.

Grit telefonlarından kaçan Hark'la sonunda konuşmayı başarınca, ilk söylediği, "Yargıca gitmeyi düşünüyorum," oldu.

Hark, telefonunun kayıt düğmesine bastı ve, "İyi günler Grit," dedi.

"Snead'ın, şahitlik için beş milyon dolar aldığını ve hiçbir beyanın doğru olmayacağını Yargıca söyleyebilirim."

Hark, hattın diğer ucundaki Grit'in duyabileceği kadar yüksek sesle güldü. "Bunu yapamazsın Grit."

"Hiç kuşkun olmasın yaparım."

"Bu hiç akıllıca olmaz, değil mi Grit. Dinle beni ve çok iyi dinle. İlk olarak, iddia ettiğin dürüstlük dışı her davranışın içinde olacağına dair hepimizle birlikte bir belge imzaladın. İkincisi ve en önemlisi, Snead konusunu bilmenin nedeni Mary Ross'un avukatı olarak sen de davanın içinde olmandı. Bu gizli bir anlaşma. Onun avukatı olarak öğrendiğin bir bilgiyi açıklarsan bu gizli ve güvene dayanan anlaşmayı bozmuş olursun. Böyle aptalca bir şey yaparsan Mary Ross seni baroya şikâyet eder ve ben de barodan atılman için elimden geleni yaparım. Avukatlık belgeni elinden alırım, anlıyor musun beni Grit?"

"Sen bir pisliksin Gettys. Müvekkilimi çaldın."

"Müvekkilin memnundu da neden başka bir avukat aradı?"

"Seninle işim henüz bitmedi."

"Aptalca bir şey yapma sakın."

Grit telefonu çarparak kapadı. Hark o anın zevkini çıkardı ve sonra da çalışmasına devam etti.

Nate, şehir içinde tek başına arabasını sürüyordu. Potomac Nehri ve Lincoln Abidesini geçti, trafiğe kapılmış gidiyordu, acelesi yoktu. Hafif kar yağışı ön cama düşüyordu ama öyle fazla bir yağış yoktu. Pennsylvania caddesinde kırmızı ışıkta durunca dikiz aynasından arkaya baktı ve diğer binaların arasına sıkışmış, son yirmi yılının büyük kısmını geçirdiği o binayı gördü. Kendi ofis penceresi altıncı kattaydı. Onu pek az seçebiliyordu.

Georgetown'a girerken M sokağında akşamcıların yerlerini gördü – şimdi hatırlayamadığı bir sürü insanla saatler geçirip sızdığı barlar, meyhaneler buradaydı. Birlikte içtiği insanların adlarını hatırlamıyordu ama barmenlerin adlarını hatırlıyordu. Her birahanenin bir hikâyesi vardı. İçtiği günlerde, ofiste ya da mahkemede geçen zor bir günden sonra buralara gelip havasını alkolle yumuşatmaya çalışırdı. Buralara uğramadan eve gidemezdi. Wisconsin caddesinden kuzeye döndü ve bir gün kendinden daha sarhoş bir kolej öğrencisiyle kavga ettiği barı gördü. Çirkef bir kız öğrenci tartışmayı kışkırtmıştı. Barmen onları yumruklaşmaları için dışarıya çıkarmış ve Nate ertesi sabah mahkemeye yara bandıyla gitmişti.

Bir de, neredeyse kendisini öldürecek kadar kokain aldığı küçük bir kafe vardı. Bir gün kendini bu işlerden çektiği sırada narkotikçiler orasını basmıştı. İki borsacı arkadaşı hapsi boylamıştı.

Karıları bekler, çocukları onu görmeden büyürlerken, o bu güzel günleri sokaklarda geçirmişti. Neden olduğu sorunlar için utanıyordu. Georgetown'dan ayrılırken bir daha dönmeyeceğine söz verdi.

Staffordların evine gelince arabanın bagajını yine giysiler ve kişisel eşyalarıyla doldurdu ve sonra aceleyle oradan uzaklaştı.

Cebinde ilk maaşı olan on bin dolarlık bir çek vardı. Vergi borcu altmış bin dolardı. Cezası da en azından bir o kadar olacaktı. İkinci karısına çocuk nafakası olarak yaklaşık otuz bin borçlanmıştı, bu da Sergio ile iyileşmeye çalışırken biriken aylık nafakalardı.

İflası bu borçları ortadan kaldırmıyordu. Finansal geleceğinin karanlık olduğunu kabul ediyordu. Küçük çocukların nafakası her biri için ayda üç bin dolardı. Büyükler de okul ve pansiyon ödemeleriyle yaklaşık aynı parayı götürüyordu. Birkaç ay için Phelan parasıyla idare edebilirdi ama Wycliff ve Josh'un konuşmalarına bakılırsa davanın başlaması daha erken bir tarihe alınabilecekti. Dava sonuçlandığı zaman Nate bir federal yargıç önüne çıkıp vergi kaçakçılığından suçlanacak ve avukatlık belgesi elinden alınacaktı.

Rahip Phil ona, geleceği konusunda üzülmemesini öğütlüyordu. Tanrı kullarına yardım ederdi.

Nate bir kez daha, Tanrı'nın, alması gerekenden fazlasını alıp almadığını düşündü.

Aralıklı çizgili ve geniş marjlı şirket kâğıtlarına yazmaya alışık olduğu için, Nate bunlardan birini alıp Rachel'e bir mektup yazmaya çalıştı. Dünya Kabileleri'nin Houston'daki adresi kendisinde vardı. Zarfın üzerine Rachel Lane'in adını yazıp 'Kişiye Özel' ibaresini ekler ve 'İlgili Kişiye' notunu koyardı.

Dünya Kabileleri'nde onun kim ve nerede olduğunu bilen biri vardı. Belki o kişi Troy'un, onun babası olduğunu da biliyordu. Belki Rachel'in mirasçı olduğunu da anlamıştı.

Nate aynı zamanda, Rachel'ın Dünya Kabileleri'yle temasa geçeceğini hatta belki de geçtiğini düşünüyordu. Hastaneye geldiğinde Corumba'daydı. Houston'a telefon edip Nate'in ziyaretini birisine söylediğine inanmak mantık dışı sayılmazdı.

Dünya Kabileleri'nin ona gönderdiği yıllık bütçeden kendisine söz etmişti. Aralarında mutlaka bir yazışma oluyordu. Bu mektup Houston'da doğru ellere geçerse Corumba'da da doğru adrese gidebilirdi.

Önce tarih attı ve 'Sevgili Rachel' diye başladı.

Sonra bir saat kadar ateşi seyredip akıllıca görünecek sözcükleri düşündü. En sonunda, yağan kardan söz ederek mektuba başladı. Rachel çocukluğundaki kar yağışlarını özlemiş miydi? Montana'da kar yağışı nasıldı? Penceresinin dışında şu anda yerde otuz santim kar vardı.

Bir noktada, onun avukatı olarak çalıştığını itiraf etmek zorunda kaldı ve yasal konulara girince mektup akmaya başladı. Davayla ilgili neler olduğunu mümkün olduğunca basit olarak ona yazdı.

Sonra Rahip Phil'i, kiliseyi ve bodrumunu anlattı. İncil okuyor ve bundan zevk alıyordu. Onun için de dualar ediyordu.

Bitirdiğinde mektup üç sayfa olmuştu ve Nate kendisiyle gurur duyuyordu. Yazdıklarını iki kez okudu ve gönderilmeye değer buldu. Eğer bu mektup onun kulübesine varırsa Rachel'in onu tekrar tekrar okuyacağına ve hiçbir kusur bulamayacağına emindi.

Nate onu tekrar görmeyi çok istiyordu.

42

Kilise bodrumundaki işlerin ağır yürümesinin nedeni, Rahip Phil'in geç kalkmaktan hoşlanmasıydı. Laura hafta içinde her sabah anaokulundaki işine saat sekizde gidiyordu ama, söylediğine göre rahip hâlâ yatakta oluyordu. Rahip ise kendini savunurken, gece kuşu olduğunu ve geceyarısından sonra TV'de gösterilen eski siyah beyaz filmlerden hoşlandığını söylüyordu.

Onun için Cuma sabahı yedi buçukta telefon edince Nate şaşırdı. Rahip, "*Post*'u gördün mü?" diye sordu.

Nate, "Gazete okumuyorum," diye cevap verdi. Rehabilitasyondayken gazete okuma âdetinden vazgeçmişti. Phil ise günde beş gazete okuyordu. Gazeteler vaazları için iyi bir malzeme kaynağıydı.

Phil, "Belki de okumalısın," dedi.

"Neden?"

"Seninle ilgili bir yazı var."

Nate botlarını giydi ve güçlükle yürüyüp ana caddede, iki blok mesafedeki kafeye gitti. İlk sayfadaki şehir haberlerinde Troy Phelan'ın kayıp vârisinin bulunuşuyla ilgili bir haber vardı. Fairfax İlçesi Mahkemesi'nde bir gün önce akşama doğru bu vâris, avukatı Bay Nate O'Riley kanalıyla, ölen babasının vasiyetine itiraz edenlerin iddialarına cevap vermiş, bir red talebinde bulunmuştu. Kadın hakkında fazla bir şey bilinmediğinden, bu haber avukatına dayanıyordu. Avukatın yeminli beyanına göre – bu beyan da mahkemede yazılmıştı – kendisi Rachel Lane'in izini bulmuş, el yazısı vasiyetnamenin bir kopyasını ona göstermiş, çeşitli yasal konuları onunla görüşmüş ve sonunda da kadının avukatlığını almayı başarmıştı. Bayan Lane'in nerede olduğuna dair bilgi yoktu.

Bay O'Riley Stafford Hukuk Firması'nın eski bir ortağıydı; bir zamanlar ünlü bir dava avukatıydı; firmayı Ağustos ayında bırakmıştı; Ekim'de iflasını istemişti; Kasım ayında hakkında bir suçlama yapılmıştı; ve vergi kaçakçılığı konusundaki suçlamayla ilgili durumu askıdaydı. Söylendiğine göre altmış bin dolar vergi borcu vardı. Haberi veren muhabir ayrıca, hiç gereği yokken, onun iki kez boşandığını da yazmıştı. Bu kadar aşağılama yetmiyormuş gibi bir de onun yıllar önce bir D.C. barında elinde bir içki bardağıyla çekilmiş berbat bir resmini basmışlardı. Tramlı resmine baktı, gözleri kızarmış, yanakları alkolle kararmıştı, yüzünde de, arasına karıştığı insanlarla eğleniyormuş gibi aptalca bir gülüş vardı. Can sıkıcı bir şeydi ama o başka bir yaşamdı.

Tabii Troy'un yaşamı ve ölümüyle ilgili pis bilgilerin sıralanması olmadan bu hikâye tamamlanamazdı – üç evlilik, bilinen yedi çocuk, on bir milyarlık bir servet ve on dördüncü kattan son uçuşu.

Yorum için Bay O'Riley bulunamamıştı. Bay Stafford'un söyleyecek sözü yoktu. Phelan vârisleri daha önce çok şey söyledikleri için onların yorumları tekrar sorulmamıştı.

Nate gazeteyi katladı ve eve döndü. Saat sekiz buçuktu. Bodrumdaki inşaat işi başlamadan önce bir buçuk saati vardı.

Tazılar adını öğrenmişti ama kokusunu kolayca alamayacaklardı. Josh ona gelen mektupları D.C.'de bir posta kutusuna gönderiyordu, Ofiste avukat Nathan F.O'Riley adına yeni bir telefon numarası vardı. Ona gelen telefonlara Josh'un ofisinden bir sekreter cevap veriyor ve mesajları dosyalıyordu.

St. Michaels'da onun kim olduğunu sadece rahip ve karısı biliyordu. Etrafta onun Baltimorelu zengin bir avukat olduğu ve bir kitap yazdığı söylentileri vardı.

Saklanmak alışkanlık yapıyordu. Belki Rachel Lane de bunun için saklanıyordu.

Rachel Lane'in cevabının kopyaları tüm Phelan avukatlarına gönderilmiş ve adamların hepsi haberle heyecanlanmıştı. Kadın gerçekten yaşıyordu ve savaşmaya hazırdı, ama seçtiği avukat konusuna gelince, o biraz şaşırtıcıydı işte. O'Riley hakkında söylenenler doğruydu – adam başarılar kazanmış etkin bir dava avukatıydı ama baskıya gelemiyordu. Fakat Phelan avukatları ve Yargıç Wycliff, Josh Stafford'un bir şeyler planladığından kuşkulanıyorlardı. Adam, O'Riley'i rehabilitasyondan kurtarmış, temizlemiş, dosyayı eline tutuşturmuş ve mahkemeye salmıştı.

Phelan avukatları Cuma sabahı şehrin iş merkezinde, Pennsylvania Caddesi'nde birçok bina arasına sıkışmış modern bir binada bulunan Bayan Langhorne'un yerinde toplandı. Kadının firması kırk avukatın çalıştığı, pek büyük olmayan ve çok büyük müvekkileri çekemeyen bir firmaydı ama firmanın başındakiler oldukça haristi. Ofisler gösterişli mobilyalarla döşenmişti ve çalışanların büyük işler beklediği belliydi.

Phelan davasını tartışmak ve strateji belirlemek için her Cuma saat sekizde, iki saatten fazla olmamak koşuluyla toplanmayı kararlaştırmışlardı. Bu fikir Langhorne'dan gelmişti. Kadın diğerleri arasında bir barış elçisi olması gerektiğini anlamıştı. Adamlar birbirlerine caka satmak ve kavga etmekle meşguldü. Hepsi de aynı tarafta olan itirazcıların birbirlerini sırtlarından bıçakladığı bir davada kaybedilecek çok para vardı.

Langhorne'a göre saldırı sona ermişti. Müvekkilleri Geena ve Cody onu bırakmıyordu. Yancy de Ramble'ı iyice bağlamış gibiydi. Wally Bright âdeta Libbigail ve Spike'la birlikte yaşıyordu. Hark diğer üçünü kapmıştı – Troy Junior, Rex ve Mary Ross – ve hayatından memnun görünüyordu. Vârisler arasındaki kavga da sona ermek üzereydi. İlişkiler artık belirlenmiş, müşterek amaçları tanımlanmıştı. Avukatlar ekip olarak daha iyi çalışacaklarını, aksi takdirde davayı kaybedeceklerini anlamışlardı.

Bir numaralı konu Snead'dı. Onun ilk provasının videolarını saatlerce izlemişler ve hepsi de adamın performansını artırmak için uzun notlar hazırlamıştı. Üretilenler ahlaksızcaydı. Yancy, arzulu bir senaryo yazarını bile çok gerilerde bırakıp Snead için elli sayfalık bir senaryo yazmıştı ve senaryoda öyle iddialar vardı ki, bunları okuyan, zavallı Troy'u tamamen beyinsiz sanırdı.

İki numara Nicolette'di, yani ihtiyarın sekreteri. Onu da video önünde birkaç gün sorgulayacaklardı ve onun da kuşkusuz söyleyecekleri olacaktı. İhtiyarın, üç psikiyatrın karşısına çıkmadan birkaç saat önce sekreteriyle sevişirken bir kalp krizi geçirmiş olabileceği gibi parlak bir fikir atıldı ortaya, bu konuda hem Snead ve hem de Nicolette tanıklık yapabilirdi. Kalp krizi, akıl kapasitesinin azalması anlamına geliyordu. Fena fikir değildi bu, genelde herkesçe kabul gördü ve hemen arkasından otopsi tartışması başladı. Otopsi raporunun kopyasını henüz görmemişlerdi. Zavallı ihtiyar, tuğlaların üstüne yayılmış, kafası parçalanmıştı. Böyle bir durumda yapılan otopsi bir kalp krizini ortaya çıkarabilir miydi?

Üç numara kendi uzmanlarıydı. Grit'in psikiyatrı da onunla birlikte aralarından ayrılmıştı ve şimdi firma başına bir olmak üzere dört psikiyatr vardı. Dört psikiyatr bu dava için fazla değildi, ayrıca hepsi de farklı yollardan aynı sonuca varırsa daha da inandırıcı olurdu. Psikiyatrlarla da prova yapıp onların tanıklıklarını denemeye, onları da sorularla bunaltıp baskı altında ne yapacaklarını görmeye karar verdiler.

Dört numara diğer tanıklardı. Son günlerinde ihtiyarın etrafında olan başka tanıklar da bulmalıydılar. Snead bu amaçla onlara yardımcı olabilirdi.

En son konu Rachel Lane ve avukatının durumlarıydı. Hark, "Dosyada bu kadın tarafından imzalanmış hiçbir şey yok," dedi. "O kadın bir münzevi. Avukatından başka kimse onun nerede olduğunu bilmiyor ve avukat da söylemiyor. Onu bulmaları bir ay sürdü. Kadın hiçbir şey imzalamadı. Teknik olarak mahkeme onu kabul edemez. Bana öyle geliyor ki bu kadın ortaya çıkmak istemiyor.

Bright, "Bazı piyango kazananlar da aynı şeyi yapıyor," diyerek onun sözünü kesti. "Kazandıklarını saklamak istiyorlar, aksi takdirde mahalledeki tüm serseriler kapısına çullanır."

Hark, "Ya kadın parayı istemiyorsa?" diye sordu ve odadakilerin hepsi donup kaldı, şaşkına dönmüşlerdi.

Bright hiç düşünmeden, "Bu çok saçma," dedi ve söylerken kendi de aynı şeyi düşünmeye başladı.

Diğerleri başlarını kaşırken Hark devam etti. "Bu sadece bir varsayım tabii, ama dikkate almalıyız. Virginia yasalarına göre bir miras reddedilebilir. Miras vasiyette kalır ve başkası da ortaya çıkmazsa o zaman Troy Phelan'ın yedi çocuğu her şeyi alır. Rachel Lane hiçbir şey istemezse müvekkillerimiz onun payını da paylaşır."

Herkesin kafasından başdöndürücü hesaplar geçti. On bir milyar, ödenecek veraset vergilerinden sonra altıya bölünecekti. Alacakları yüzdelerle ciddi şekilde zengin olacaklardı. Yedi rakamlı ücretler sekiz rakamlıya dönüşecekti.

Langhorne, beyni hâlâ rakamlarla kaynaşırken yavaşça, "Bu biraz olağandışı bir şey olur," dedi.

Hark, "Ben o kadar emin değilim," dedi. Diğerlerinden daha fazla şey bildiği açıktı. "Bir feragat belgesi hazırlamak çok kolaydır. Yani şimdi Bay O'Riley Brezilya'ya gitti, Rachel Lane'i buldu, ona Troy olayını anlattı, kadının avukatlığını aldı ama mahkemeye yargı yetkisi verecek kısacık bir belgeyi imzalatmadan döndü, öyle mi? Bunda bir şey var."

Yancy konuşan ilk insan oldu. "Brezilya mı?"

"Evet. Brezilya'dan daha yeni döndü."

"Bunu nasıl öğrendin?"

Hark yavaşça bir dosya aldı ve birkaç kâğıt çıkardı.

"Çok iyi bir dedektifim var," dedi ve odada derin bir sessizlik oldu. "Dün sizler gibi kadının cevabını ve O'Riley'in yeminli beyanını alınca dedektifi aradım. Adam üç saat içinde şunları öğrendi: Nate O'Riley yirmi iki Aralık'ta Dulles'tan kalkan Varig 882 seferiyle aktarmasız Sao Paulo'ya uçmuş. Oradan Varig 146 sefer sayılı uçakla Campo Grande'ye ve oradan da Air Pantanal'ın küçük bir uçağıyla Corumba isimli küçük bir kente gitmiş ve ayın yirmi üçünde oraya varmış. Orada yaklaşık üç hafta kalıp tekrar Dulles'a dönmüş."

Bright, "Belki bir tatil seyahatiydi," diye mırıldandı. O da en az diğerleri kadar şaşkındı.

"Olabilir ama ben sanmıyorum. Bay O'Riley son sonbaharı rehabilitasyonda geçirdi ve bu onun ilk tedavisi de değildi. Troy atladığında o klinikteydi. Ayın yirmi ikisinde taburcu oldu, Brezilya'ya gittiği aynı gün yani. Seyahatinin tek amacı vardı, o da Rachel Lane'i bulmak."

Yancy, "Bütün bunları nerden biliyorsun?" diye sormak zorunda kaldı.

"Aslında hiç de zor değil. Özellikle de uçuş bilgileri. Herhangi bir iyi detektif bunu becerebilir."

"Onun rehabilitasyonda olduğunu nasıl öğrendin peki?"

"Casuslar."

Diğerleri bu cevap üzerinde hiç ses çıkarmadı. Hark'dan hem nefret ediyor, hem de ona hayranlık duyuyorlardı. Her zaman onların bilmediği şeyleri biliyordu ama neyse ki şimdi onlardan yanaydı. Onlar bir ekipti.

Hark, "Bu bir manivela," diye devam etti. "Tüm gücümüzle açıklamaya gideceğiz. Büyük bir şiddetle vasiyetnameye itiraz edeceğiz. Mahkemenin Rachel Lane'le ilgili yargılama yetkisi konusunda hiçbir şey söylemeyeceğiz. Mahkemeye gelmez ya da feragatname gönderemezse, bu da parayı istemediğine dair mükemmel bir göstergedir."

Bright, "Buna asla inanmayacağım," dedi.

"Çünkü sen bir avukatsın."

"Ya sen nesin?"

"Ben de öyle tabii, ama sadece senin kadar açgözlü değilim. İnan ya da inanma Wally, bu dünyada paraya önem vermeyen insanlar da var."

Yancy, "Bunlardan yaklaşık yirmi kadar var," dedi. "Ve hepsi de benim müvekkilim!"

Gülüşmeler tansiyonu düşürdü.

Toplantı dağılmadan önce tekrar, burada konuşulanların gizli olduğu konusunda fikir birliğine vardılar. Her biri bu konuda kararlıydı ama hiçbiri de diğerine tam olarak güvenemiyordu. Brezilya konusundaki haber özellikle hassastı.

43

Zarf kahverengiydi ve resmi zarflardan biraz daha büyüktü. Üzerinde Houston'daki Dünya Kabileleri adresinden başka, hemen göze çarpan siyah harflerle şunlar yazılmıştı: Rachel Lane için, Güney Amerika'da misyoner, Kişiye Özel.

Zarf bir posta görevlisi tarafından alındı, birkaç saniye incelendi ve sonra üst kata, bir denetçiye gönderildi. Zarf bütün sabah elden ele ve en sonunda, hâlâ açılmamış olarak Güney Amerika Misyonları Koordinatörü Neva Collier'nin masasına geldi. Kadının ağzı hayretten açık kaldı – Rachel Lane'in bir Dünya Kabileleri misyoneri olduğunu kimse bilmiyordu. Bunu bilen sadece oydu.

Zarfı birbirlerine ulaştıran kişiler hiç kuşkusuz zarf üzerindeki isimle, son zamanlarda haberlerde ismi geçen kişi arasında bir bağlantı kuramamıştı. Pazartesi sabahıydı, ofisler tenha ve sessizdi.

Neva kapıyı kilitledi. Zarfın içinde, üzerinde 'İlgiliye' yazan daha küçük ve kapalı bir zarf vardı. Mektubu yüksek sesle okudu ve birinin, Rachel Lane hakkında özel bilgilere sahip olduğunu görünce iyice şaşkına döndü.

"İlgiliye:

"Ekte, Brezilya'daki misyonerlerinizden biri olan Rachel Lane için bir mektup var. Lütfen onu açılmadan kendisine ulaştırın.

"Rachel'le yaklaşık iki hafta önce tanıştım. Onu Pantanal'da, bildiğiniz gibi on bir yıldır yaşadığı İpikalar arasında buldum. Ziyaretimin amacı çözümü gereken yasal bir meseleydi.

"Size bilgi olarak onun iyi olduğunu söyleyebilirim. Rachel'e, ne olursa olsun yerini kimseye söylemeyeceğime dair söz verdim. Başka yasal konularla rahatsız edilmemesini istiyor ve ben de onun bu isteğini yerine getireceğim.

"Yeni bir tekneyle motor için paraya ihtiyacı var ve ayrıca

ilaç için ek bütçe istiyor. Bu harcamalar için organizasyonunuza bir çek göndermekten mutlu olurum; bana sadece ne yapmam gerektiğini söyleyin.

"Rachel'e yeniden yazmayı düşünüyorum ama mektuplarını nasıl aldığı konusunda hiçbir fikrim yok. Lütfen bana bir satır yazıp mektubumun alındığını ve onunkinin de gönderildiğini bildirir misiniz? Teşekkürler."

Mektupta Nate O'Riley imzası vardı. Metubun son satırı altında St. Michaels, Maryland'daki bir telefon numarası ve Washington'daki bir hukuk firmasının adresi görülüyordu.

Rachel'le haberleşme konusu çok basitti. Dünya Kabileleri yılda iki kez, 1 Mart ve 1 Ağustos tarihlerinde Corumba postanesine paketler gönderiyordu. Bu paketlerde, sağlık malzemesi, Hıristiyanlıkla ilgili kitaplar ve Rachel'in ihtiyacı olabilecek şeyler ya da istedikleri olurdu. Postane Ağustos paketlerini otuz gün muhafaza etmeyi kabul etmişti, bu süre içinde alınmayan paketler Houston'a geri gönderilecekti. Ama bu hiç olmamıştı. Rachel her yılın Ağustos ayında Corumba'ya yıllık ziyaretini yapar ve merkeze telefon edip on dakika süreyle İngilizce konuşurdu. Sonra da paketlerini alır ve İpikalara dönerdi. Yağmur mevsimi sonunda, Mart ayında paketler nehir yukarı giden bir *çalana*'yla gönderilip Xeco Nehri ağzına yakın bir *fazenda*'ya bırakılırdı. Onları oradan Lako alırdı. Mart paketleri her zaman için Ağustos paketlerinden küçük olurdu.

Rachel on bir yıldır kendisi için hiç mektup almamıştı, en azından Dünya Kabileleri kanalıyla.

Neva telefon numarası ve adresi not defterine yazdı sonra mektubu bir çekmeceye sakladı. Mart paketiyle onu da bir ay kadar sonra gönderebilecekti.

Bir sonraki küçük derslik için 60 santime 120 santimlik levhalar, kesip bir saat çalıştılar. Yer odun talaşıyla kaplanmıştı. Phil'in saçlarında bile toz vardı. Testerenin keskin gıcırtılı sesi hâlâ kulaklarında çınlıyordu. Kahve molası zamanı gelmişti. Portatif ocağın yakınında sırtlarını duvara dayayıp yere oturdular. Phil bir termostan fincanlara sert kahve koydu.

Gülerek baktı ve, "Dün büyük bir vaaz kaçırdın," dedi.
"Nerede?"
"Ne demek nerede? Burada tabii."
"Konu neydi?"
"Zina."
"Lehine mi, aleyhine mi?"
"Her zaman olduğu gibi aleyhine."
"Senin cemaatinde böyle bir sorun olduğunu sanmıyorum."
"Bu vaazı yılda bir kez veririm."
"Aynı vaazı mı?"
"Evet ama her zaman taze olarak."
"Cemaatinden biri en son ne zaman zina sorunu yaşadı?"
"Birkaç yıl önce. Cemaatimizin orta yaşlı üyelerinden biri, kocasının Baltimore'de başka bir kadınla düşüp kalktığını düşünüyordu. Kocası haftada bir oraya iş gezisi yapıyordu ve kadın, kocasının oradan farklı bir insan olarak döndüğünü görüyordu. Adam daha enerjik, daha bir yaşama arzusuyla geliyordu. Bu hali iki üç gün sürüyor ve sonra adam tekrar eski huysuzluğuna başlıyordu. Kadın, kocasının âşık olduğuna inanmıştı."
"Berbat bir durum yani."
"Adam meğerse masajcıya gidermiş."
Nate yüksek sesle burnundan güldü, kesik kesik, garip ve başkalarına da bulaşan bir gülüştü bu. Komik hava dağılınca kahvelerini yudumlamaya başladılar. Bir süre sonra Phil, "Bundan önceki yaşamında hiç zina sorunun oldu mu Nate?" diye sordu.
"Hiçbir sorunum olmadı. Benim için bu bir sorun değil, bir yaşam tarzıydı. Yürüyen her şeyi kovalardım. Her yarı çekici kadın, sadece potansiyel bir av, kolayca yatağa atılabilen biriydi. Evliydim ama aklıma hiçbir zaman da zina yaptığım gelmedi. Bu bir günah değil, bir oyundu. Hasta bir adamdım ben Phil."
"Bunu sormamalıydım."
"Hayır, itiraf ruh için iyidir. Eski kişiliğimden utanıyorum. Kadınlar, içki, uyuşturucu, barlar, kavgalar, boşanmalar, ihmal edilen çocuklar – rezil bir şeydim yani. Keşke o günlere tekrar dönebilsem. Ama şimdi bu işi ne kadar uzun süre sürdürdüğümü idrak etmek önemli."

"Daha pek çok iyi yılın var önünde Nate."

"Umarım. Sadece hayatıma nasıl bir yön vereceğimden pek emin değilim."

"Sabırlı ol. Tanrı sana yol gösterecektir."

"Tabii, çalışmalarımız bu hızıyla devam ederse burada uzun bir meslek yaşamım olacak demektir!"

Phil gülümsedi ama onun gibi kahkaha atmadı. "İncil'ini oku ve dua et, Nate. Tanrı'nın senin gibi insanlara ihtiyacı var."

"Ben de öyle düşünüyorum."

"İnan bana. Ben Tanrı'nın isteklerini ancak on yılda bulabildim. Bir süre koştum, sonra durdum ve dinledim. O beni yavaşça bu hale getirdi."

"Kaç yaşındaydın?"

"İlahiyat fakültesine girdiğimde otuz altı yaşındaydım."

"En yaşlı öğrenci sen miydin?"

"Hayır. İlahiyatta kırklarında insanlar görmek normaldir. Bu her zaman olur."

"Ne kadar sürüyor burası?"

"Dört yıl."

"Hukuk fakültesinden de beter bu."

"Hiç de kötü değildi. Aslında oldukça eğlenceliydi."

"Bunu hukuk fakültesi için söyleyemem."

Bir saat daha çalıştılar ve sonra öğle yemeği saati geldi. Bütün karlar erimişti ve yolun aşağı tarafında, Tilghman'da Phil'in sevdiği bir deniz ürünleri restoranı vardı. Nate ona yemek ısmarlamak için sabırsızlanıyordu.

Phil arabaya oturup emniyet kemerini bağlarken, "Güzel araba," dedi. Omuzundaki talaş tozları sarsıntıyla Jaguar'ın tertemiz deri koltuğuna döküldü. Nate hiç aldırmıyordu.

"Bu bir avukat arabası, ama kiralık tabii, ona nakit ödemeye gücüm yetmezdi zaten. Ayda sekiz yüz dolar ödüyorum."

"Özür dilerim."

"Bunu geri verip kendime küçük, güzel bir Blazer ya da benzeri bir araba almayı düşünüyorum."

Kasabadan çıkınca 33 numaralı yol daraldı ve bir süre sonra körfez kıyısını dönerek izlemeye başladılar.

• • •

Telefon çaldığında yataktaydı ama uyumuyordu. Uyku henüz bir saat uzaktaydı. Saat ondu ama vücudu, güneye yaptığı seyahat dışında, hâlâ Walnut Hill'in programına alışkanlıktan kurtulamamıştı. Ve arada sırada dang hummasından kalma bir yorgunluk hissediyordu.

Meslek yaşamının büyük çoğunluğunda, geceleri dokuz ya da onlara kadar çalıştıktan sonra bir bara gidip gece yarılarına kadar yiyip içtiğine inanmak güçtü. Sadece bunu düşünmek bile onu yoruyor, bıkkınlık veriyordu.

Telefon pek sık çalmadığından hemen açtı, muhakkak bir sorun vardı. Bir kadın sesi, "Bay O'Riley lütfen," dedi.

"Ben Nate O'Riley."

"İyi akşamlar efendim. Benim adım Neva Collier. Bana, Brezilya'daki dostumuz için bir mektup göndermiştiniz."

Nate üzerindeki yorganı fırlatıp ayağa fırladı. "Evet! Mektubumu aldınız, öyle mi?"

"Evet. Onu bu sabah okudum ve Rachel'e yazdığınız mektubu da kendisine göndereceğim."

"Harika. Mektuplarını nasıl alıyor o?"

"Yılın belirli zamanlarında onları Corumba'ya gönderirim."

"Teşekkür ederim. Ona tekrar yazmak isterdim."

"Tabii, ama lütfen onun adını zarfların üstüne yazmayın."

Nate o anda Houston'da saatin dokuz olduğunu düşündü. Kadın evinden arıyordu ki bu da oldukça garipti. Sesi yeterince hoştu ama yine de bir gariplik var gibiydi.

Nate, "Bir mahzuru mu var?" diye sordu.

"Hayır, sadece burada hiç kimse onun kim olduğunu bilmiyor. Benden başka tabii. Şimdi sizinle beraber onun nerede ve kim olduğunu dünyada sadece iki kişi biliyoruz."

"Bana gizlilik konusunda yemin ettirdi."

"Onu bulmanız zor oldu mu?"

"Hem de nasıl. Başkaları onu bulur diye hiç endişelenmiyorum."

"Peki ama bunu nasıl başardınız?"

"Babası başardı. Troy Phelan'ı tanıyor musunuz?"

"Evet. Gazetelerdeki haber kupürlerini kesip saklıyorum."

"Babası bu dünyadan ayrılmadan önce onun Pantanal'da olduğunu öğrendi. Ama bunu nasıl yaptığını bilmiyorum."

"Bunu yapacak gücü vardı."

"Evet vardı tabii. Genel olarak Rachel'in nerede olduğunu biliyorduk, böylece ben oraya gittim, bir rehber kiraladım, kaybolduk, ama sonunda onu bulduk. Onu iyi tanır mısınız?"

"Kimsenin Rachel'i iyi tanıdığını sanmıyorum. Onunla yılda bir kez Corumba'ya geldiğinde konuşurum. Beş yıl önce bir kez izin almıştı ve buraya geldiğinde bir gün onunla yemek yedik. Ama hayır, onu pek iyi tanımıyorum."

"Son zamanlarda ondan haber aldınız mı?"

"Hayır."

Rachel iki hafta önce Corumba'daydı. Nate bunu biliyordu, çünkü Rachel hastaneye gelmişti. Onunla konuşmuş, ona dokunmuş ve sonra Nate'in ateşiyle birlikte ortadan kaybolmuştu. Ama merkez büroyu aramamış mıydı yani? Garipti bu.

Nate, "Kendisi çok iyi," dedi, "Halkıyla kendisini evinde hissediyor."

"Onu neden bulmak istediniz?"

"Birinin bulması gerekiyordu. Babasının ne yaptığını anlıyor musunuz?"

"Anlamaya çalışıyorum."

"Birinin Rachel'e haber iletmesi gerekiyordu ve bu da bir avukat olmalıydı. Firmamızda, yapacak daha iyi bir işi olmayan tek avukat da bendim."

"Şimdi de onun avukatı mısınız?"

"Çok dikkatlisiniz, değil mi?"

"Onunla ilgimiz yüzeysel olmaktan uzak tabii. O bizlerden biri ve desteğe ihtiyacı olduğunu söyleyebiliriz."

"Bu ifade hafif bile kalıyor."

"Babasının mirası konusunda ne yapmayı düşünüyor?"

Nate gözlerini ovaladı ve konuşmayı yavaşlatmak için düşündü. Hattın diğer ucundaki nazik hanım biraz sınırı geçiyor gibiydi. Nate onun bunu idrak edip etmediğini düşündü. "Kaba olmak istemem Bayan Collier," dedi, "Ama Rachel'le babasının mirası konusunda konuştuklarımızı sizinle tartışamam."

"Gayet tabii. Meraklı olduğumdan değil. Ben sadece, bu noktada Dünya Kabileleri'nin ne yapması gerektiğini bilemiyorum."

"Hiçbir şey. Rachel sizden bir şey istemediği sürece bu işin dışındasınız."

"Anlıyorum. Yani sadece gazeteleri izlemekle yetineceğim."

"Eminim gelişmeler ayrıntılarıyla verilecektir."

"Onun orada ihtiyacı olan bazı şeylerden söz etmişsiniz."

Nate ona, Rachel'de panzehir bulunmadığı için ölen küçük kızın hikâyesini anlattı. "Corumba'da yeterince sağlık malzemesi, ilaç bulamıyor. Ben ona ihtiyacı olan şeyleri göndermek isterdim."

"Teşekkür ederim. Parayı benim adıma Dünya Kabileleri'ne gönderin, ona istediklerinin gönderilmesini sağlarım. Dünyanın her yanında dört bin Rachel var ve bütçemiz de kısıtlı tabii."

"Diğerleri de Rachel kadar olağanüstü mü?"

"Evet. Onlar Tanrı tarafından seçilmiştir."

Teması sürdürme konusunda anlaştılar. Nate istediği kadar mektup gönderebilirdi. Neva onları Corumba'ya ulaştıracaktı. İkisinden herhangi biri Rachel'den haber aldığı takdirde diğerine haber verecekti.

Nate tekrar yatağa uzandığında telefon konuşmasını zihninde tekrarladı. Söylenmeyenler şaşırtıcıydı. Rachel ondan, babasının öldüğünü ve kendisine dünyanın en büyük servetlerinden birini bıraktığını öğrenmişti. Sonra gizlice Corumba'ya gelmişti, çünkü Lako'dan, Nate'in hastalığını öğrenmişti. Sonra, Dünya Kabileleri'nde kimseyi arayıp da para konusunda konuşmadan oradan ayrılmıştı.

Nate onu nehir kıyısında bıraktığında, parayla hiç ilgilenmediğini anlamıştı. Şimdi buna daha çok inanıyordu.

44

Yeminli ifadelerin alınmasına 17 Şubat Pazartesi günü Fairfax İlçe Mahkemesi'nin uzun, çıplak bir odasında başlandı. Burası bir tanık odasıydı ama Yargıç Wycliff gücünü kullanmış ve ayın son iki haftası için orasını onlar için ayırmıştı. En azından on beş kişinin ifadesi alınacaktı ve avukatlar yer ve zaman konusunda aralarında anlaşamayınca. Wycliff müdahale etmek zorunda kalmıştı. İfadeler sırasıyla, teker teker, saat saat ve gün gün, tamamlanıncaya kadar alınacaktı. Bu tür bir maraton pek sık görülmezdi ama ortada büyük paralar söz konusuydu. Avukatlar Phelan davasının açılış aşaması için takvimlerini ayarlamada büyük yetenek göstermişti. Bazı davalar ertelenmiş, önemli işler yine geriye atılmış, diğer ortaklara notlar gönderilmiş ve tatiller yaz aylarına bırakılmıştı. Firmadaki diğer ortaklar daha kolay davalar için görevlendirilmişti. Hiçbir dava Phelan davası kadar önemli değildi.

Nate için avukatlarla dolu, tanıkların sorgulandığı bir odada iki hafta geçirmek, cehennemde yaşamaya yakın bir eziyetti.

Kendi müvekkili parayı istemiyorsa, başkalarının o parayı alacak olması onu neden ilgilendirecekti ki?

Ama Phelan vârisleriyle karşılaştığında düşünceleri biraz değişti.

İlk ifade verecek kişi Bay Troy Junior'du. Mübaşir ona doğruyu söyleyeceğine dair yemin ettirdi, fakat adam, fıldır fıldır gözleri ve kırmızı yanaklarıyla, masanın başındaki sandalyeye oturduktan birkaç saniye sonra güvenilirliğini yitirmişti.

Josh ve ekibi Troy'u bunaltacak yüzlerce soru hazırlamış ve onları Nate'e vermişti. Çalışmalar ve araştırmalar firmadan, Nate'in hiç tanımadığı yarım düzine avukat tarafından yapılmıştı. Ama o zaten bu işi hiç hazırlıksız da halledebilirdi. Bu sadece bir ifade alınmasıydı, balık avlamak gibi bir şeydi ve Nate bu işi binlerce kez yapmıştı.

Nate kendini Troy Junior'a tanıttı ve o da ona kendisini idam edecek cellada bakar gibi asabi bir gülümsemeyle baktı. Sanki, "Bu iş canımı yakmayacak değil mi?" diye sorar gibiydi.

Nate nazik bir tavırla, "Şu anda herhangi bir uyuşturucu, ilaç ya da alkolün etkisinde misiniz?" diye sorunca masanın diğer yanındaki Phelan avukatları hafifçe kıpırdandı. Sadece Hark bunu anlamıştı. Çünkü o da en azından Nate O'Riley kadar ifade almıştı.

Troy Junior'un yüzündeki hafif gülümseme kayboldu ve, "Hayır, değilim," diye cevap verdi. Başı zonkluyordu, akşamdan kalmaydı ama o anda ayıktı.

"Biraz önce doğruyu söyleyeceğinize yemin ettiğinizi biliyorsunuz, değil mi?"

"Evet."

"Yemin altında yalan söylemenin de ne demek olduğunu biliyorsunuz, değil mi?"

"Gayet tabii biliyorum."

Nate elini karşıdaki kalabalığa doğru sallayıp, "Hangisi sizin avukatınız?" diye sordu.

"Hark Gettys."

Bay O'Riley'in küstahlığı diğer tarafın avukatlarını yine sinirlendirdi, bu kez Hark da kızmıştı. Nate hangi avukatın hangi müvekkili temsil ettiği konusuna hiç kafa yormamış olduğunu göstermek istiyordu. Diğer tarafın avukatlarına, hiçbirini ayırmadan tepeden bakıyordu.

Nate ilk iki dakika edepsizce bir tavır takındı. Troy Junior'a hiç güvenmediği açıkça görülüyordu ve adam belki de alkolün etkisindeydi. Bu eski bir oyundu.

"Kaç kez evlendiniz?"

Junior, "Siz kaç kez evlendiniz?" diye sordu ve sonra da onay bekler gibi avukatına baktı. Hark önündeki bir kâğıda bakıyordu.

Nate soğukkanlılığını hiç bozmadı. Phelan avukatlarının, onun arkasından neler söylediğini kim biliyordu ki? Bunlar umurunda bile değildi.

Hiç sinirlenmeden, "Bakın size bir şey açıklayayım Bay Phelan," dedi. "Gayet yavaş konuşacağım, onun için dikkatle dinleyin. Ben avukatım siz de tanık. Buraya kadar anladınız mı?"

Troy Junior yavaşça başını salladı.

"Soruları ben sorarım. Siz de cevap verirsiniz. Bunu da anladınız mı?"

Tanık tekrar başını salladı.

"Siz soru sormazsınız, ben de cevap vermem. Tamam mı?"

"Evet."

"Şimdi, soruları dikkatle dinlerseniz cevap vermekte güçlük çekeceğinizi sanmam. Tamam mı?"

Junior yine baş salladı.

"Kafanız hâlâ karışık mı?"

"Hayır."

"Güzel. Eğer kafanız yine karışırsa avukatınıza danışmakta serbestsiniz. Söylediklerim anlaşılıyor değil mi?"

"Anlıyorum."

"Harika. Tekrar deneyelim. Kaç kez evlendiniz?"

"İki."

Bir saat sonra evlilikler, çocuklar ve boşanmalarla ilgili sorular bitmişti. Junior terliyor ve bu ifade vermenin ne kadar süreceğini düşünüyordu. Phelan avukatları da önlerindeki kâğıtlara boş gözlerle bakıyor ve kendi kendilerine aynı soruyu soruyorlardı. Nate ise henüz kendisi için hazırlanmış soru dolu kâğıtlara bakmamıştı bile. Karşısındaki tanığın gözlerine bakıp birbiri ardına sorular sorarak onu bunaltabilirdi. Onun için hiçbir ayrıntı araştırılmayacak kadar küçük değildi. İlk eşinizin gittiği lise, kolej hangisiydi ve ilk işi neredeydi? Bu onun da ilk evliliği miydi? Bize onun çalışma hayatını anlatın. Boşanmadan söz edelim. Çocuk nafakası ne kadardı? Hepsini ödediniz mi?

Soruların büyük çoğunluğu gereksizdi, bilgi almak için değil de tanığı taciz etmek, ona dolaptan iskeletler çıkabileceğini göstermek içindi. Davayı o açmıştı. Araştırmaya da dayanacak, acısını çekecekti.

Junior'un çalışma hayatına ait sorular öğle yemeği saatine kadar sürdü. Nate ona babasının şirketlerindeki çalışmalarıyla ilgili sorular sorunca adam bunaldı, şaşırdı ve bocaladı. Şirkete ne kadar yararlı olduğu konusundaki söylediklerini çürütmek için çağrılabilecek düzinelerle tanık vardı. Her iş konusunda Nate ona iş arkadaşları ve denetçilerinin adlarını sordu. Tuzak hazırlanmıştı. Hark bunu gördü ve mola istedi. Müvekkiliyle koridora çıktı ve ona doğruları söylemesini öğütledi.

Öğleden sonraki oturum daha acımasızdı. Nate ona yirmi bir yaşında, doğumgününde aldığı beş milyonu sordu ve duvar dibindeki tüm Phelan avukatları gerginleşti.

Troy Junior büyük bir teslimiyet içinde, "Bu uzun zaman önceydi," dedi. Nate O'Riley'le dört saat geçirdikten sonra gelecek raundun acı vereceğini anlamıştı.

Nate gülümseyerek, "Evet ama hatırlamaya çalışalım," dedi. Hiçbir yorgunluk belirtisi göstermiyordu. Aslında bu işi o kadar çok yapmıştı ki, ayrıntılara girmek için sabırsızlanıyordu.

Performansı harikaydı. Orada durup, bir daha hiç görmeyeceğini umduğu insanlara işkence etmekten nefret ediyordu. Sorduğu sorular arttıkça Nate'in yeni bir işe başlama konusunda kararlılığı artıyordu.

"Bu para size nasıl verilmişti?" diye sordu.

"Daha önceden bir banka hesabına yatırılmıştı."

"Hesaptan para çekebiliyor muydunuz?"

"Evet."

"Başkası da hesaptan para alabiliyor muydu?"

"Hayır. Sadece ben."

"Hesaptan parayı nasıl çekiyordunuz?"

"Çek yazarak."

Ve iyi de çek yazmıştı doğrusu. İlk olarak yepyeni, lacivert bir Maserati araba almıştı. On beş dakika kadar o lanet araba konusunda konuştular.

Troy Junior parayı aldıktan sonra koleje bir daha dönmemişti, ama zaten gittiği okullardan hiçbiri de onu geri almaya meraklı değildi. Okulda sadece iyi vakit geçirmişti. Nate ona, yirmi bir yaşından otuz yaşına kadar çalıştığı yerler hakkında bunaltıcı sorular sordu ve sonuçta onun, bu dokuz yıl süresince hiç çalışmadığını gösteren gerçekleri ortaya çıkardı. Junior golf ve Amerikan futbolu oynamış, arabalarını değiştirmiş, Bahamalar'da bir yıl ve Vail'de bir yıl geçirmiş, yirmi dokuz yaşında ilk karısıyla evlenmeden önce çok sayıda kadınla ilişki kurmuş ve parası bitinceye kadar zevk içinde yaşamıştı.

Bu savurgan oğul daha sonra babasına gitmiş ve iş istemişti.

Nate akşama doğru, bu tanığın, yapışkan parmaklarını Phelan servetine değdirirse kendisine ve etrafındakilere nasıl zarar vereceğini idrak etmeye başladı. Bu adam parayla kendisini öldürürdü.

Akşama doğru saat 4'de Troy Junior yorulduğunu ve sorgulamanın ertesi güne ertelenmesini istedi. Nate reddetti. Daha sonra verilen mola sırasında Yargıç Wycliff'in odasından bir not gönderildi. Bekleme sırasında Nate, Josh'un sorularına ilk kez baktı.

Yargıç, çalışmanın devam edeceğini bildiriyordu.

Troy'un intiharından bir hafta sonra Josh, Phelan vârislerinin izlenmesi için bir güvenlik firması kiralamıştı. Vârisler, kişisel açıdan ziyade, finansal açıdan izlenmişti. Tanık holde sigarasını içerken Nate de önemli noktaları hafızasına kaydetti.

Sorgulama tekrar başladığında Nate, "Şu anda kullandığınız araba nedir?" diye sordu. Sınavın yönü değişiyordu.

"Bir Porsche."

"Onu ne zaman aldınız?"

"Epeydir bende."

"Soruya cevap vermeye çalışın. Onu ne zaman satın aldınız?"

"Birkaç ay önce."

"Babanızın ölümünden önce mi, sonra mı?"

"Emin değilim. Sanırım önce."

Nate bir kâğıt kaldırdı. "Babanız hangi gün öldü?"

"Düşüneyim. Bir pazartesiydi, şey sanırım dokuz Aralık."

"Porsche'u dokuz Aralık'tan önce mi, yoksa sonra mı aldınız?"

"Söylediğim gibi sanırım önceydi."

"Hayır efendim, yine yanlış. On Aralık Salı günü Arlington'daki Irving Motors firmasına gidip yaklaşık doksan bin dolarlık bir siyah Porsche Carrera Turbo 911 satın aldınız mı?" Nate bu soruyu kâğıttan okuyarak sormuştu.

Troy Junior yine kıpırdandı, sinirlenmişti. Hark'a baktı ama o, "Soruya cevap ver. Elinde kâğıtlar var," der gibi omuzlarını silkti.

"Evet aldım."

"O gün başka araba da aldınız mı?"

"Evet."

"Kaç tane?"

"Toplam iki tane."

"İki Porsche mi yani?"

"Evet."

"Toplam olarak yaklaşık yüz seksen bin dolarlık mı?"

"Onun gibi bir şey."

"Bunları nasıl ödediniz?"

"Ödemedim."

"Yani Irving Motors arabaları size armağan mı etti?"

"Tam olarak değil. Onları krediyle aldım."

"Demek krediniz var, öyle mi?"

"Evet, en azından Irving Motors'da."

"Paralarını istiyorlar mı?"

"Evet, böyle diyebiliriz."

Nate eline başka kâğıtlar aldı. "Aslında ya paralarını ya da arabaları geri almak için dava açtılar, değil mi?"

"Evet."

"Bugün ifade vermeye gelirken Porsche'u mu kullandınız?"

"Evet. Otoparkta duruyor."

"Şimdi şunu iyi anlayalım. Babanızın ölümünden bir gün sonra, on Aralık'ta Irving Motors'a gidip iki pahalı araba aldınız, kredinizle tabii ve şimdi, iki ay sonra, hiç para ödememiş olduğunuzdan mahkemeye verildiniz. Doğru mu bu?"

Tanık başını salladı.

"Bu tek davanız değil, öyle değil mi?"

Troy Junior yenilgiyi kabul eder gibi, "Evet," dedi. Nate ona neredeyse acıyacaktı.

Bir kiralama firması, mobilya kirası için dava açmıştı. American Express on beş binden fazla istiyordu. Bir banka, Troy Junior'u, babasının vasiyetinin okunmasından bir hafta sonra mahkemeye vermişti. Junior o bankadan, hiçbir karşılık göstermeden, sadece adını kullanıp yirmi beş bin dolar kredi almıştı. Nate'de bütün dava dosyalarının kopyaları vardı ve hepsini ayrıntılı olarak incelemişlerdi.

Saat beşte başka bir tartışma oldu ve Wycliff'e başka bir not gönderildi. Yargıç kendisi gelerek gelişmeleri sordu. Nate'e, "Bu tanıkla işiniz ne zaman biter acaba?" diye sordu.

Nate, Junior'a bakıp, "Henüz bilemiyorum," diye cevap verdi, tanık ise transa girmiş gibiydi, bir lokma bir şeyler içmek istiyordu.

Wycliff, "O halde altıya kadar çalışın," dedi.

Nate, sanki plaja gideceklermiş gibi, "Sabah sekizde başlayabilir miyiz?" diye sordu.

Yargıç, "Sekiz buçuk," diyerek kararını açıkladı ve gitti.

Nate son saat içinde Junior'u çeşitli konularda rasgele sorularla iyice bunalttı. Yeminli tanık, sorgulayıcının nereye varmak istediğini anlamıyordu ve karşısında bir usta vardı. Bir konuda tatmin edici cevaplar verip rahatlamak üzereyken Nate birden konuyu değiştirdi, onu yeniden vuruyordu.

9 Aralık'tan, vasiyetnamenin okunduğu 27 Aralık'a kadar ne kadar para harcamıştı? Karısına Noel için ne armağan almıştı ve armağanlar için nasıl ödeme yapmıştı? Çocuklarına neler almıştı? Bir ara beş milyona geri dönüldü, o paradan hiç fon ya da benzeri yatırım yapmış mıydı? Biff geçen yıl ne kadar para kazanmıştı? Çocuklar neden ilk kocasına verilmişti? Babası öldüğünden beri kaç avukat tutmuş ve kovmuştu? Sorular böyle sürüp gitti.

Saat tam altıda Hark kalktı ve yeminli ifade çalışmasının sona erdiğini söyledi. On dakika sonra Troy Junior iki mil ötede bir otel lobsindeki bardaydı.

Nate, Staffordların misafir odasında yattı. Bayan Stafford evin içinde bir yerlerdeydi ama Nate onu hiç görmedi. Josh bir iş için New York'a gitmişti.

Sorgulamanın ikinci günü zamanında başladı. Oyuncular aynıydı ama avukatlar biraz daha rahat giyinmişti. Junior'un üzerinde kırmızı pamuklu bir süveter vardı.

Nate bir sarhoşun yüzünü hemen tanıdı – kırmızı gözler, etraftaki şişler, kırmızı yanaklar ve burun, alındaki terler. Onun yüzü de yıllarca böyle olmuştu. Akşamdan kalma başağrısını tedavi etmek için birkaç hap alıp, bol bol su ve sert kahve içmek de sabah duşları ve diş fırçalama gibi bir şeydi. Aptalca davranacaksan güçlü olman gerekir.

"Hâlâ yeminli olduğunuzu biliyorsunuz, değil mi Bay Phelan?" diye başladı.

"Biliyorum."

"İlaç ya da alkol etkisinde misiniz?"

"Hayır efendim, değilim."

"Güzel. Şimdi dokuz Aralık gününe, yani babanızın öldüğü güne geri dönelim. Üç psikiyatr onu muayene ederken neredeydiniz?"

"Onun binasında, ailemle birlikte bir toplantı odasındaydım."

"Ve tüm muayene ya da incelemeyi izlediniz, değil mi?"

"İzledim."

"Odada iki renkli televizyon vardı, değil mi? Her biri altmış altı ekran?"

"Öyle diyorsanız öyledir. Ben onları ölçmedim."

"Ama onları hiç kuşkusuz görebiliyordunuz, değil mi?"

"Evet."

"Gözlerinizin önünde bir engel yoktu."

"Net olarak görebiliyordum, evet."

"Babanızı yakından izlemek için de geçerli bir nedeniniz vardı, değil mi?"

"Evet öyle."

"Onu işitmekte zorluk çektiniz mi?"

"Hayır."

Avukatlar Nate'in nereye gittiğini anlamıştı. Davanın hiç de hoş olmayan bir yanıydı bu ama kaçınılmazdı. Vârislerin altısı da bu yoldan geçecekti.

"Yani tüm muayeneyi izlediniz ve duydunuz, değil mi?"

"Evet."

"Hiçbir şey kaçırmadınız mı?"

"Hiçbir şey kaçırmadım."

"Üç psikiyatrdan biri olan D. Zadel'i sizin aileniz tutmuştu, değil mi?"

"Evet, bu doğru."

"Kim buldu onu?"

"Avukatlar."

"Psikiyatr tutmak için avukatlarınıza güvendiniz mi?"

"Evet."

Nate onu on dakika süreyle, böyle önemli bir muayene için Dr. Zadel'i nasıl olup da seçtikleri konusunda sorguladı ve sonuçta istediğini aldı. Zadel'i tutmuşlardı çünkü mükemmel referansları vardı, çok iyi tavsiyelerle gelmişti ve çok tecrübeliydi.

Nate, "Muayene sırasındaki çalışmalarından hoşlanmış mıydınız?" diye sordu.

"Sanırım evet."

"Dr. Zadel'in performansı konusunda hoşlandığınız bir şey var mıydı?"

"Hatırladığım kadarıyla hayır."

Troy Junior'un, muayeneden, Zadel'den hoşlandığını, üç psikiyatrın vardıkları sonuçtan da memnun kaldığını ve binadan ayrılırken, babasının ne yaptığını bilidiğine kani olduğunu kabul etmesiyle uçurumun kenarına doğru gidiş devam ediyordu.

Nate, "Muayeneden sonra, babanızın akli dengesinden ilk kez olarak ne zaman kuşkulandınız?" diye sordu.

"Atladığı zaman."

"Dokuz Aralık'ta mı?"

"Evet."

"Demek hemen kuşkulandınız?"

"Evet."

"Bu kuşkunuzdan söz edince Dr. Zadel ne dedi size?"

"Dr. Zadel'le konuşmadım."

"Konuşmadınız mı?"

"Hayır."

"Dokuz Aralık'tan, vasiyetnamenin mahkemede okunduğu yirmi yedi Aralık gününe kadar Dr. Zadel'le kaç kez konuştunuz?"

"Konuştuğumu hatırlamıyorum."

"Peki onu hiç mi görmediniz?"

"Hayır.

"Ofisini aradınız mı?"

"Hayır."

"Onu dokuz Aralık'tan sonra gördünüz mü?"

"Hayır."

Onu iyice kenara getirmişti, artık itebilirdi. "Dr. Zadel'i neden kovdunuz?"

Junior kendini biraz hazırlamıştı. "Bunu avukatıma sormalısınız," dedi ve Nate'in ondan biraz olsun uzaklaşmasını bekledi.

"Ben avukatınızın ifadesini almıyorum Bay Phelan. Size Dr. Zadel'in neden kovulduğunu soruyorum."

"Bunu avukatlara sormalısınız. Bu, yasal stratejimizin bir parçası."

"Avukatlar bunu sizinle Dr. Zadel kovulmadan önce mi görüştü?"

"Emin değilim. Gerçekten hatırlayamıyorum."

"Dr. Zadel artık sizin için çalışmadığından mutlu musunuz?"

"Gayet tabii."

"Neden?"

"Çünkü yanılmıştı. Bakın babam son derece yanıltıcı, insan kandıran biriydi, tamam. Tüm yaşamı boyuncu yaptığı gibi, muayene sırasında da herkesi yanılttı ve sonra da kendini attı. Zadel ve diğer psikiyatrları kandırdı. Ona inandılar. Aslında tamamen akıl hastasıydı."

"Atladığı için mi?"

"Evet, atladığı için, parasını bilinmeyen bir vârise bıraktığı için, servetini veraset vergilerinden korumadığı için ve bir süredir gerçekten deli olduğu için. Onu muayene ettirmeyi neden düşündük sanıyorsunuz? Aklı başında olsaydı vasiyetnameyi imzalamadan önce onu üç psikiyatra muayene ettirir miydik?"

"Ama üç psikiyatr onun sağlam olduğunu söyledi."

"Evet ama çok yanılıyorlardı. O atladı. Aklı başında insanlar kendilerini terastan atmaz."

"Pekâlâ, babanız el yazısı vasiyetnameyi değil de kalın olanı imzalamış olsaydı? Ondan sonra atlasaydı? O zaman da ona deli dermiydiniz?"

"O zaman burada olmazdık."

Troy Junior iki günlük bunaltıcı sorgulamadan sonra ilk kez olarak beraberlik için savaşıyordu. Nate devam edip daha sonra dönmeyi bilirdi.

"Şimdi Rooster Inns'den söz edelim," dedi ve Junior'un omuzları birkaç santim düşüverdi. Bu da onun batırdığı işlerden biriydi. Fakat Nate her ayrıntıyı almak zorunda kalmıştı. Bir iflas başka birini getiriyordu. Her başarısızlık diğer batmış işlere ait sorular doğurmaktaydı.

Junior'un berbat bir yaşamı olmuştu. Sempati duyulacak bir adam olmamasına rağmen, Nate zavallının hiçbir zaman bir babası olmadığını anlıyordu. Troy'un kabul etmesini istemiş ama ondan asla sevgi görmemişti. Josh ona, Troy'un, çocuklarının işlerinin bozulmasından zevk aldığını söylemişti.

Avukat ikinci günde, tanığı beş buçukta serbest bıraktı. İkinci tanık Rex'di. Bütün gün holde beklemişti ve sorgulaması tekrar ertelendiği için öfkeliydi.

Josh New York'tan dönmüştü. Nate erken bir akşam yemeği için onunla buluştu.

45

Rex Phelan, bir gün önce ağabeyi, Nate O'Riley'in sorularıyla boğuşurken, koridorda günün çoğunu cep telefonuyla konuşarak geçirmişti. Rex, mahkemenin beklemek olduğunu bilecek kadar dava görmüştü: avukatlar, yargıçlar, tanıklar, uzmanlar, duruşma günleri ve temyiz mahkemeleri hep beklenirdi, tanıklık edip ifade vermek için koridorlarda beklerdiniz. Daha elini kaldırıp doğruyu söyleyeceğine yemin ederken Nate'ten nefret etti.

Hem Hark ve hem de Troy Junior onu, başına gelecekler konusunda uyarmıştı. Avukat senin derinin altına girer ve orada bir çıban gibi iltihaplanırdı.

Nate yine tahrik edici, kızdırıcı sorularla işe başladı ve on dakika sonra oda iyice gerginleşti. Rex üç yıldır FBI soruşturmasının hedefiydi. 1990'da bir banka batmıştı; Rex yatırımcı ve direktördü. Banka müşterileri paralarını kaybetmişti. Borç alanlar ödeme yapmamıştı. Dava yıllardır sürüyordu ve ne zaman sonuçlanacağı da belli değildi. Bankanın başkanı hapisteydi ve deprem merkezine yakın olanlar, Rex'in de içeri gireceğini düşünüyordu. Nate'i, saatlerce sorgulayabileceği kadar pislik vardı.

Sırf eğlence olsun diye durmadan Rex'e yemin altında olduğunu hatırlatıyordu. FBI'ın da onun ifadesini görmek isteyebileceğini düşündüğünü söylüyordu, bu da büyük bir olasılıktı.

Nate sözü striptiz barlarına getirdiğinde vakit öğleden sonra olmuştu.

Rex'in Fort Lauderdale bölgesinde altı barı vardı ama hepsi de karısının adına kayıtlıydı. Onları, bir silahlı çatışmada ölen bir adamdan satın almıştı. Bunlar konuşma konusu olarak çok çekiciydi tabii. Nate bu barları teker teker ele aldı – Lady Luck, Lolita, Club Tiffany v.s. – ve yüz tane soru sordu. Kızlar, striptizciler konusunda sorulardı bunlar, nereden gelmişlerdi, ne kadar kazanıyorlardı, uyuşturucu kullanırlar mıydı, hangi uyuşturucuları kullanırlardı, müşterilerle yatarlar mıydı ve buna benzer sorular işte. Çıplaklık işinin ekonomisi konusunda da arka arkaya sorular sordu. Nate, üç saat boyunca dünyanın en adi işinin portresini ortaya koyduktan sonra, "Şimdiki karınız bu kulüplerden birinde çalışıyor muydu acaba?" diye sordu.

Cevap evetti, ama Rex bunu kolayca ağzından çıkarıp hemen söyleyemedi tabii. Boğazı ve ensesi kıpkırmızı kesildi ve bir an için masanın üzerinden atlayıp hamle yapacakmış gibi durdu.

Dişlerini sıkarak, "Karım muhasebeciydi," dedi.

"Masalar üzerinde dans etti mi hiç?"

Rex tekrar durdu ve masanın kenarını parmaklarıyla sıktı. "Gayet tabii ki hayır." Bu bir yalandı ve odadaki herkes de bunu biliyordu.

Nate gerçeği aramak için birkaç kâğıt karıştırdı. Hepsi dikkatle ona bakıyor, Amber'in striptizci kız kıyafetinde, yüksek topuklu ayakkabılarla bir resmini çıkarmasını bekliyordu.

Saat altıda sorgulama bitti ve ertesi gün devam etmek üzere ayrıldılar. Video kamera kapatılıp mahkeme raportörü kadın, ekipmanını toplarken Rex kapıda durdu, parmağıyla Nate'i işaret etti ve, "Karımla ilgili başka soru yok, tamam mı?" dedi.

"Bu imkânsız Rex. Her şey onun adına kayıtlı." Nate, sanki onların her şeyini biliyormuş gibi bazı kâğıtları ona doğru salladı. Hark müvekkilini kapıdan dışarıya itti.

Nate orada bir saat yalnız başına oturup notlarını gözden geçirdi, kâğıtları karıştırdı ve keşke St. Michaels'da yazlık evde olsaydım da körfezi gören verandada otursaydım, diye düşündü. Phil'i aramaya ihtiyacı vardı.

Kendi kendine durmadan, 'Bu senin son davan,' deyip duruyordu. 'Ve bunu Rachel için yapıyorsun.'

İkinci gün öğleyin, Phelan avukatları açık açık Rex'in sorgulamasının üç gün mü yoksa dört gün mü süreceğini tartışıyordu. Üzerinde yedi milyondan fazla borç ve icra vardı ama alacaklılar bir şey yapamıyordu çünkü her şey eski striptizci karısı Amber'in üzerine kayıtlıydı. Nate tüm mahkeme hükümlerini çıkarıp masaya koyarak muhtemel her açıdan ve yönden inceledi, sonra tekrar çantaya koydu, bunlar orada kalabilir ya da kalmayabilirdi. Bezginlik herkesi sinirlendiriyordu ama Nate ilerisi için planlar yaparken iyi yolda olduğunu biliyordu.

Öğleden sonraki oturum için konu olarak Troy'un atlamasını ve buna neden olan olayları aldı. Junior üzerinde uyguladığı aynı yöntemi izliyordu ama belli ki Hark, Rex'i hazırlamıştı. Dr. Zadel'le ilgili sorulara verdiği cevaplar prova edilmişti ve yeterliydi. Rex o tarafın cevabına bağlı kaldı – üç psikiyatr tamamen yanılmıştı, çünkü Troy atlamıştı.

Nate ona, Phelan Grubu'ndaki başarısız çalışma hayatı konusunda sorular sorarak daha aşina bir konuyu gündeme getirdi. Ondan sonra iki saati Rex'in doğum gününde aldığı beş milyonu nasıl israf ettiği konusunda konuşarak geçirdiler.

Saat beş buçukta Nate birden sorgulamayı bitirdiğini söyledi ve odadan çıktı.

Dört günde iki tanık dinlenmişti. İki adam videoda tüm çıplaklıklarıyla ortaya çıkmıştı ve hoş bir manzara değildi bu. Phelan avukatları kendi arabalarına atlayıp oradan uzaklaştı. Belki bundan sonrası daha da kötü olacaktı.

Müvekkilleri çocukken çok şımartılmış, babaları tarafından ihmal edilmiş, parayı kullanacak durumda olmadıkları halde bir sürü parayla ortalığa salınmış ve onlardan başarılı olmaları beklenmişti. Kötü seçimler yapmışlardı ama bunun suçu sonuçta Troy'a yükleniyordu. Phelan avukatlarının vardıkları karar buydu.

Libbigail, Cuma sabahı erkenden geldi ve tanık sandalyesine oturdu. Saçı asker saçı gibi kesilmişti, kenarları sıfır numara tıraş edilmiş, tepede üç santimlik kırlaşmış saç bırakılmıştı. Boynunda ve bileklerinde ucuz mücevherler vardı ve yemin etmek üzere elini kaldırdığında dirseğinde bir şakırtı koptu.

Korkulu gözlerle Nate'e baktı. Ağabeyleri ona hiç de güzel şeyler anlatmamıştı.

Ama günlerden Cuma'ydı ve Nate, şehirden bir an önce kaçmayı düşünüyordu. Tanığa gülümsedi ve kolay sorularla başladı. Çocuklar, işler, evlilikler. Otuz dakika kadar her şey yolunda gitti. Nate daha sonra kadının geçmiş yaşamıyla ilgili sorulara geçti. Bir ara, "Uyuşturucu ve alkol yüzünden kaç kez rehabilitasyona girdiniz?" diye sordu.

Soru kadını şoke etmişti, bunun üzerine Nate, "Ben bu işi dört kez yaptım," dedi. "Onun için hiç utanmayın." Onun bu samimiyeti kadını rahatlattı.

"Aslında hatırlamıyorum," dedi. "Altı yıldır temizim."

Nate, "Harika," dedi. Bir bağımlıdan diğerine. "Bravo size."

Bu noktadan sonra ikisi sanki yalnızmış gibi konuşmaya başladı. Nate biraz fazla meraklı davranmıştı ve bunun için özür diledi. Ona beş milyonun akıbetini sordu ve Libbigail de âdeta komik şeylerden söz ediyormuş gibi Nate'e iyi kalite uyuşturucular ve kötü adamlardan söz etti. Libbigail, ağabeylerinin aksine dengesini bulmuştu. Kocasının adı Spike'dı, eski motosikletçiydi ve o da uyuşturucu ve alkol tedavisi görmüştü. Baltimore'un bir banliyösünde küçük bir evde oturuyorlardı.

Nate, "Babanızın mirasının altıda birini alırsanız ne yapacaksınız?" diye sordu.

Kadın, "Bir sürü şey satın alacağım," dedi. "Sizin gibi. Herkes gibi. Ama bu kez paramı akıllıca kullanacağım. Gerçekten akıllıca."

"İlk olarak ne alırdınız?"

"Dünyanın en büyük Harley'ini, Spike için. Sonra daha iyi bir ev, ama öyle villa filan değil." Parayı harcıyormuş gibi gözleri âdeta dans ediyordu.

Libbigail'in sorgulanması iki saatten az sürdü. Onun arkasından kız kardeşi Mary Ross Phelan Jackman geldi ve o da Nate'e, sanki çok uzun köpek dişleri varmış gibi baktı. Beş yetişkin Phelan vârisinden sadece Mary Ross hâlâ ilk kocasıyla evliydi ama kocasının ikinci karısıydı. Kocası bir ortopedistti. Çok iyi giyinmiş, güzel mücevherler takmıştı.

İlk sorularda onun da uzun bir kolej yaşamı olduğu ortaya çıktı ama tutuklanma, uyuşturucu bağımlılığı ve okuldan kovulma gibi şeyler yoktu. Parasını aldıktan sonra üç yıl Toscana'da, iki yıl da Nice'de yaşamıştı. Yirmi sekiz yaşındayken bir doktorla evlenmişti, iki kızı vardı, biri yedi, diğeri beş yaşındaydı. Beş milyondan ne kadar kaldığı belli değildi. Yatırımlarını doktor kocası yapıyordu, bunun üzerine Nate onların parasız olduğuna kani oldu. Zengin ama borç içinde insanlardı bunlar. Josh'un Mary Ross'un yaşamıyla ilgili araştırmasına göre, önünde ithal arabalarını park ettikleri büyük bir evleri, Florida'da bir daireleri vardı ve doktor da yılda yaklaşık 750.000 dolar kazanıyordu. Kuzey Virginia'da kurulup batmış, araba yıkama işinden kalan zararı ödemek için her ay bankaya 20.000 dolar yatırıyordu.

Doktorun ayrıca Alexandria'da bir dairesi vardı ve orada metresi oturuyordu. Mary Ross ve kocası nadiren birlikte görünürlerdi. Nate bu konulara girmemeye karar verdi. Birden acele etmeye başlamıştı ama bunu belli etmemeye çalışıyordu.

Yemek molasından sonra, Ramble, öğleden sonra oturumu için serseriler gibi yürüyürek salona girdi, avukatı Yancy yanındaydı ve ona bir şeyler fısıldayıp bir yerleri gösteriyor ve hiç kuşkusuz müvekkilinin akıllı uslu bir konuşma yapması gerektiğini düşünüp endişeleniyordu. Çocuğun saçı şimdi parlak kırmızıydı ve tavırlarına da uyuyordu. Suratının her yanı delinmişti – yüzünün bir sürü yerinde halkalar ve düğmeye benzer süs eşyaları vardı. Siyah deri ceketinin yakası James Dean stili kaldırılmıştı ve kulak memelerinden sarkan halkalara değiyordu.

Birkaç sorudan sonra çocuğun göründüğü kadar aptal olduğu anlaşıldı. Parasını henüz çarçur etme fırsatı bulamadığından Nate onun üzerinde fazla durmadı. Anlaşıldığına göre okula seyrek gidiyor, yalnız başına bodrumda yaşıyordu. Hiçbir zaman ücretli bir işte çalışmamıştı, gitar çalmaktan hoşlanıyor ve kısa zamanda ünlü bir rock şarkıcısı olmayı hayal ediyordu. Orkestrasına, onlara uyan Şeytan Maymunlar adını vermişlerdi ama kasetlerini bu isimle çıkaracaklarından emin değildi. Sporla ilgilenmiyordu, hiç kiliseye gitmemişti, annesiyle mümkün olduğunca az konuşurdu ve uyanık olup da müzikle meşgul olmadığı zamanlarda MTV'yi izlemeyi yeğlerdi.

Nate, bu veledi adam etmek için terapiye bir milyar dolar harcamak gerekir, diye düşündü. Onunla işini bir saatten az bir sürede bitirdi.

Haftanın son tanığı Geena'ydı. Babasının ölümünden dört gün sonra, kocası Cody'yle birlikte, 3.8 milyon dolara bir ev almak için bir anlaşmaya imza koymuşlardı. Yemin ettikten sonra Nate ona bu konuda soru sorunca Geena kem küm edip kekelemeye başladı ve avukatına baktı, ama Bayan Langhorne de şaşırmıştı. Müvekkili ona bu anlaşmadan söz etmemişti.

Nate, "Bu evin parasını nasıl ödeyecektiniz?" diye sordu.

Cevap açıktı ama kadın bunu itiraf edemiyordu. Kendini savunmak için, "Paramız var," deyince Nate'in önünde yeni bir kapı açılmış oldu ve o da paldır küldür buradan içeriye daldı.

Gülümseyerek, "Paranızdan söz edelim," dedi. "Otuz yaşındasınız. Dokuz yıl önce beş milyon dolar aldınız, değil mi?"

"Evet."

"O paradan ne kadarı kaldı?"

Kadın cevap vermek için bir süre çabaladı. Cevap o kadar kolay değildi. Cody iyi para kazanmıştı. Paralarının bir kısmıyla yatırımlar yapmışlar, çoğunu harcamışlardı ve hesapları karmakarışıktı, bilançolarına bakıp da beş milyondan şu kadar kaldı demek zordu. Nate ona ipi uzattı ve o da kendini yavaşça astı.

"Bugün itibariyle sizin ve kocanızın banka hesaplarında ne kadar para var acaba?" diye sordu.

"Buna bakmam gerekir."

"Tahmin edin lütfen. Bana tahmini bir şey söyleyin."

"Altmış bin dolar."

"Taşınmaz mülk olarak neyiniz var?"

"Sadece evimiz."

"Evinizin değeri nedir?"

"Kıymet takdiri yaptırmam gerekir."

"Tahmin edin lütfen. Aşağı yukarı bir şey söyleyin işte."

"Üç yüz bin."

"Peki ipotek ne kadar?"

"İki yüz bin."

"Portföyünüzün yaklaşık değeri ne kadar tutar acaba?"

Kadın bazı notlar karaladı ve gözlerini kapadı. "Yaklaşık iki yüz bin dolar."

"Başka önemli değerde bir şeyiniz var mı?"

"Gerçekte pek yok."

Nate kendi hesaplarını yaptı. "Bu durumda sizin şu beş milyon dolarınız dokuz yıl içinde üç yüzle dört yüz bin dolar arasında bir rakama inmiş. Doğru söyledim mi?"

"Tabii ki değil. Yani sanırım bu rakam çok düşük görünüyor."

"O zaman bize şu yeni evin parasını nasıl ödeyecektiniz, onu söyleyin?"

"Cody'nin çalışmalarıyla."

"Ölen babanızın mirası için ne diyorsunuz? Onu hiç düşünmediniz mi yani?"

"Belki biraz."

"Evi size satan kişi sizi dava etti, değil mi?"

"Evet ama biz de onu mahkemeye verdik. Anlayacağınız karışık bir mesele."

Sahtekâr, yalancı, yarım gerçekleri fazla düşünmeden kolayca söyleyen bir kadındı. Nate onun, şimdiye kadar gördüğü Phelanlar içinde en tehlikelisi olabileceğini düşündü. Cody'nin rizikolu işlerinden söz ettiler ve paranın nereye gittiği hemen anlaşıldı. Kocası 1992'de bakır işine girmiş, vadeli işlemler yapmış ve bu kumarda bir milyon kaybetmişti. 'Paket Tavuk' işine yarım milyon yatırmış, o da batmıştı. Georgia'daki bir balık yemi çiftliği, bir sıcak dalgasının tüm kurtları öldürmesiyle altı yüz bin dolar götürmüştü.

Başkasının parasıyla lüks bir yaşam süren ve hâlâ büyük paralar hayal eden gelişmemiş iki çocuktu bunlar.

Sorgulamanın sonuna yaklaşırken, kadın vasiyetnameye itiraz nedeninin para olmadığını söyledi. Babasını çok severdi ve babası da onu seviyordu ve aklı başında olsaydı vasiyetnamesinde çocuklarını düşünürdü. Her şeyini bir yabancıya bırakmış olması, hastalığının en güçlü belirtisiydi. O orada, babasının ismini korumak için bulunuyordu.

İyi prova edilip hazırlanmış bir nutuktu bu, ama kimseyi kandırmadı. Nate meseleyi orada bıraktı. Cuma günü saat beş olmuştu ve o da mücadeleden yorulmuştu.

Kentten ayrılıp kalabalık trafikte, 95 No'lu Eyaletlerarası yolda Baltimore'a doğru yol alırken Phelan vârislerini düşünüyordu. Onların yaşamlarını, canlarını sıkacak kadar kurcalamıştı. Yetiştirilme tarzları, hiç öğrenemedikleri değerler ve sadece para etrafında dönen bomboş yaşamları nedeniyle onlara acıyordu.

Ama Nate, Troy'un, vasiyetnamesini yazarken ne yaptığını çok iyi bildiğinden emindi. Bu çocukların ellerine verilecek büyük paralar muazzam bir kaosa ve görülmemiş acılara neden olabilirdi. Bunun için servetini, parayla hiç ilgisi olmayan Rachel'e bırakmıştı. Yaşamları parayla tüketilmiş olan diğelerini dışarda bırakmıştı.

Nate, Troy'un son vasiyetnamesinin geçerliliğini kanıtlamaya kararlıydı. Ama, mirasın son dağılımının kararını kuzey yarımkürede yaşayan birinin vermeyeceğinin de bilincindeydi.

St. Michaels'a vardığı zaman saat geç olmuştu ama Trinity Kilisesi'nin önünden geçerken durup içeriye girmek, diz çöküp dua etmek ve Tanrı'dan, hafta içinde işlediği günahlar için kendisini affetmesini dilemek istedi. Beş gün süren sorgulamadan sonra, günah çıkarmaya ve sonra da sıcak bir banyoya ihtiyacı vardı.

46

Bıkkın bir büyük kent profesyoneli olarak Nate hiçbir zaman din adamlarıyla oturup dinsel sohbetlere katılmamıştı. Phil ise bu alanda oldukça başarılıydı tabii. Cemaatten biri hastalandığında Phil'in ziyareti ve aileyle oturması beklenirdi. Eğer ailede ölüm olmuşsa Phil ölenin dul eşinin yanına otururdu. Eğer bir komşuları geçerken uğrarsa, saat kaç olursa olsun Phil ve Laura onunla oturur sohbet ederdi. Bazen de verandadaki salıncaklı koltuğa oturur, kendi aralarında konuşurlardı. Cemaatten iki yaşlı adam Phil'den, haftada bir kez kendilerini ziyaret etmesini, onlar şömine başında kestirirken onların yanında bir saat oturmasını istemişti. Konuşmak hoştu ama bu şart değildi. Sadece oturup sessizlikten zevk alması da yeterli olurdu.

Nate bu sohbetlere hemen alıştı. Phil'le birlikte, kalın kazaklar ve eldivenler giyip Staffordların yazlık evinin merdiveninde oturdular ve Nate'in mikrodalga fırında hazırladığı sıcak kakaoyu yudumlamaya başladılar. Önlerindeki körfeze, limana ve ilerdeki çırpıntılı denize baktılar. Arada bir konuşuyorlardı ama genelde suskundular. Phil arkadaşının kötü bir hafta geçirdiğini biliyordu. Nate ona şimdiye kadar, Phelan pisliğinin ayrıntılarının çoğunu anlatmıştı. Onlarınki güvene dayanan bir arkadaşlıktı.

Nate bir ara, "Uzunca bir yolculuğa çıkacağım," dedi. "Sen de gelmek misin?"

"Nereye?"

"Çocuklarımı görmek istiyorum. Salem, Oregon'da iki küçük çocuğum var, Austin ve Angela. Sanırım önce oraya gideceğim. Büyük oğlum Evanston'daki Northwestern'de son sınıf öğrencisi ve Pittsburgh'da da bir kızım var. Küçük, güzel bir tur olacak."

"Ne kadar sürer?"

"Acelem yok. Birkaç hafta sürebilir. Arabayı ben kullanacağım."

"Onları en son ne zaman gördün?"

"İlk evliliğimden olan çocuklarım Daniel ve Kaitlin'in görmeyeli bir yıldan fazla oldu. İki küçüğü geçen Temmuz'da bir Orioles oyununa götürmüştüm. Sarhoş oldum ve Arlington'a nasıl geri döndüğümü hatırlamıyorum."

"Onları özledin mi?"

"Tabii, sanırım. Aslına bakarsan onlarla gerektiği kadar birlikte olamadım. Onlar hakkında pek bir şey bilmiyorum."

"Çok çalışıyordun."

"Evet ama çok da içiyordum. Hiç eve gitmezdim. Nadiren bulduğum boş zamanlarda arkadaşlarla Vegas'a gider, golf oynar ya da dalmak için Bahamalara kaçardım. Çocuklarımı hiç almazdım."

"Artık bunları değiştiremezsin."

"Doğru, değiştiremem. Neden benimle gelmiyorsun? Saatlerce konuşabilirdik."

"Teşekkürler ama buradan ayrılamam. Bodrumdaki işi epey ilerlettim. Şimdi bu hızımı kaybetmek istemem."

Nate o gün daha erken bir saatte bodrumu görmüştü. Gerçekten de belirgin bir ilerleme vardı.

Phil'in tek çocuğu yirmi küsur yaşında bir haylazdı ve kolejde sınıfta kalıp Batı Kıyısı'na kaçmıştı. Laura, çocuğun nerede olduğunu bilmediklerini ağzından kaçırmıştı. Oğlan bir yıldır evini aramamıştı.

Phil, "Seyahatinin işe yaramasını bekliyor musun?" diye sordu.

"Ne beklediğimi bilmiyorum. Çocuklarımı kucaklamak ve onlardan, kötü bir baba olduğum için özür dilemek istiyorum ama bu onları nasıl etkileyecek, onlara nasıl yardım edecek bilemiyorum."

"Ben bunu yapmazdım. Senin berbat bir baba olduğunu onlar da biliyor. Dövünmek bir işe yaramaz. Ama oraya gidip de yeni ilişkiler kurmada ilk adımı atmak önemli bir şeydir."

"Çocuklarıma karşı çok başarısız, zavallı bir baba oldum."

"Dövünmeyi bırak Nate. Geçmişi unutmana izin verildi. Tanrı hiç kuşkusuz bu izni verdi. Paul kendisi Hıristiyan olmadan önce Hıristiyanları öldürdü ama daha önceki halini düşünüp dövünmedi. Her şey affedilir. Sen çocuklarına şimdi ne olduğunu göster."

Küçük bir balıkçı teknesi limandan ayrıldı ve körfeze döndü. Ekranlarında görünen tek nokta oydu ve dalgın gözlerle onu izlediler. Nate, çeşitli ürün ve mallarla yüklü bir *çalana*'da nehir üzerinde giden Jevy ve Welly'yi ve onları Pantanal'ın içlerine doğru götüren dizel motorunun düzenli gürültüsünü düşündü. Jevy dümende olacaktı, Welly de muhakkak gitarını tıngırdatıyordu. Bütün dünya barış içindeydi.

Phil eve gittikten sonra Nate sarınıp ateşin yanında oturdu ve Rachel'e bir mektup daha yazmaya başladı. Bu üçüncüydü. 22 Şubat Cumartesi olarak tarihi attı ve "Sevgili Rachel," diye başladı. "Erkek ve kız kardeşlerinle hiç de hoş olmayan bir hafta geçirdim."

Mektubunda onları anlattı, Troy Junior'la başladı ve üç sayfa sonra Ramble'la bitirdi. Onların hataları ve parayı alırlarsa kendilerine ve başkalarına verecekleri zararlar konusunda samimiydi. Ama onlara sempati de duyuyordu.

Bir tekne, motoru ve sağlık malzemesiyle ilaçlar için Dünya Kabileleri'ne beş bin dolarlık bir çek gönderiyordu. Rachel'in ihtiyacı varsa daha para vardı. Servetinin günlük faizi yaklaşık iki milyon dolardı ve bu parayla çok iyi şeyler yapılabilirdi.

Hark Gettys ve işbirlikçisi olan avukatlar, Dr. Flowe, Zadel ve Theishen'in işlerine son vermekle büyük bir hata yapmışlardı. Doktorlara bağırıp çağırmış, onları, geri dönülemeyecek ölçüde kızdırmışlardı.

Yeni tutulan psikiyatrlar, Snead'ın önceden ayarlanan ifadesine uygun olarak görüş bildireceklerdi. Ama Flowe, Zadel ve Theishen'in söyleyecekleri farklıydı. Nate, Pazartesi günü her üçünü de aynı yöntemi izleyerek sorguladı. Zadel'le başladı ve ona Bay Phelan'ın muayenesinin videosunu gösterdi. Ona, fikrini değiştirmek için bir neden olup olmadığını sordu. Zadel beklendiği gibi hayır dedi. Video intihardan önce çekilmişti. Ve mevcut, sekiz sayfalık yeminli beyan, Hark ve diğer Phelan avukatlarının ısrarı üzerine birkaç saat sonra hazırlanmıştı. Nate Zadel'den, yeminli beyanı zabıt kâtibine okumasını istedi.

Nate, "Bu yeminli beyandaki ifadelerden herhangi birini değiştirmek için bir nedeniniz var mı?" diye sordu.

Zadel, Hark'a bakarak, "Hayır yok," diye cevap verdi.

"Bugün yirmi dört Şubat, sizin Bay Phelan'ı muayenenizin üzerinden iki aydan fazla zaman geçti. O zaman geçerli bir vasiyetnameyi imzalayacak yeterli akıl kapasitesine sahip olduğuna bugün de inanıyor musunuz?"

Zadel, Hark'a gülümseyerek, "Evet, inanıyorum," diye cevap verdi.

Flow ve Theishen de gülümsedi, onları önce çağıran ve sonra da kovan avukatları güç duruma düşürmekten mutlu oldukları belliydi. Nate, üçüne de videoyu gösterip aynı soruları sordu ve aynı yanıtları aldı. Her biri yeminli beyanı kayda geçmesi için okudu. O Pazartesi öğleden sonra saat dörtte sorgulama bitti.

Salı sabahı tam sekiz buçukta Snead odaya getirildi ve tanık sandalyesine oturtuldu Snead koyu renk bir takım giyip papyon kravat takarak kendine zeki bir adam görüntüsü vermişti. Gardrobunu avukatlar büyük bir dikkatle seçmişti. Snead'ı haftalardır şekle sokmaya, programlamaya çalışıyorlardı ve zavallı adam kendiliğinden ya da dürüst birkaç kelime söyleyebileceğinden kuşkuluydu. Söyleyeceği her hece doğru olmalıydı. Kendine güvenen bir adam görüntüsü vermeli ve küstahlık imalarını bile anlamamış gibi davranmalıydı. Gerçekleri o, sadece o anlatabilirdi ve tabii hikâyelerinin inanılır şeyler olması da büyük önem taşıyordu.

Josh, Snead'ı uzun yıllardan beri tanırdı. O bir uşaktı ve Bay Phelan sık sık onu kovmaktan söz ederdi. Josh'un Bay Phelan için hazırladığı on bir vasiyetnameden sadece birinde Malcolm Snead adı vardı. Ona mirastan bir milyon dolar verilecekti ama bu vasiyetname birkaç ay sonra bir başkası yazılarak iptal edilmişti. Bay Phelan onun adını vasiyetinden çıkarmıştı, çünkü Snead mirastan ne kadar alacağını soruşturmuştu.

Snead'ın parayla ilgilenmesi patronunu kızdıracak hale gelmişti. Adının itirazcı tanıklar listesinde bulunmasının bir tek anlamı vardı para. Tanıklık yapması için ona para veriyorlardı ve Josh bunu biliyordu. İki hafta süren basit bir araştırma sonucunda yeni bir Range Rover araba, aylık kiraların bin sekiz yüz dolardan başladığı bir binada kiralanmış bir daire ve Roma'ya birinci mevkide yapılan bir seyahati ortaya çıkmıştı.

Snead video kamera karşısına oturdu, bir dereceye kadar rahat görünüyordu. Sanki bir yıldan beri kameraya bakar gibi bir hali vardı. Bütün cumartesi gününü ve pazar gününün yarısını Hark'ın ofisinde oturup sorularla boğuşarak geçirmişti. Saatlerce kendi video filmlerini izlemişti. Troy Phelan'ın son günleri hakkında düzinelerce sayfa kurgu yazmıştı. Yalancı sekreter Nicolette'le de provalar yapmıştı.

Snead hazırdı. Avukatlar parayla ilgili sorular geleceğini sezinlemişti. Snead'a para karşılığı tanıklık yapıp yapmadığı sorulduğunda yalan söyleyecekti. Mesele bu kadar basitti. Bundan başka yolu yoktu bu işin, Snead önceden aldığı yarım milyon konusunda da, anlaşma ya da lehte bir sonuçla alacağı 4.5 milyon için de yalan söyleyecekti. Avukatlarla yaptığı anlaşma konusunda yalan söylemek zorundaydı. Bay Phelan'la ilgili olarak yalan söylediğine göre, hiç kuşkusuz para konusunda da yalan söyleyecekti.

Nate kendini tanıttı ve sonra yüksek sesle, "Bay Snead, bu davada tanıklık yapmak için ne kadar para alıyorsunuz?" diye sordu.

Snead'ın avukatları, "Ne kadar alıyorsun?" şeklinde değil de, "Para alıyor musun?" şeklinde bir soru bekliyordu. Snead'ın provalarda verdiği cevap basitçe, "Hayır, hiç kuşkusuz almıyorum!" oluyordu. Ama odada hâlâ çınlayan bu soru için verebileceği hızlı bir cevabı yoktu. Tereddüt içindeydi. Korkulu gözlerle Hark'a bakarken nefesi kesilmiş gibiydi, Hark'ın vücudu da gerilmiş, bakışları donuklaşmıştı.

Snead, Bay O'Riley'nin ev ödevini iyi yaptığı ve soruları sormadan önce her şeyi bildiği konusunda uyarılmıştı. Acı dolu beklemeyle geçen saniyelerde Bay O'Riley ona bakıp kaşlarını çattı, başını yana eğdi ve birkaç kâğıdı havaya kaldırdı.

"Hadi Bay Snead, para aldığınızı biliyorum. Ne kadar?"

Snead parmaklarını kıracakmış gibi çıtırdattı. Alnındaki kırışıklıklar terle kaplanmıştı. "Şey, ben, bakın ben..."

"Hadi Bay Snead. Geçen ay yeni bir Range Rover aldınız mı, almadınız mı?"

"Şey, evet, aslına bakarsanız..."

"Palm Court'da da iki yatak odalı bir daire kiraladınız?"

"Evet, kiraladım."

"On gün kaldığınız Roma'dan da daha yeni döndünüz, değil mi?"

"Evet, öyle."

Adam her şeyi biliyordu! Phelan avukatları sandalyelerinde büzülüp kalmışlar, mümkün olduğunca çöküp başlarını eğerek, seken mermiler gibi yağan sorulardan kaçınmaya çalışıyorlardı.

Nate öfkeli bir ses tonuyla, "Pekâlâ, size ne kadar ödediler ve ödüyorlar?" diye sordu. "Unutmayın, yemin ettiniz."

Snead, hiç düşünmeden, "Beş yüz bin dolar," diye yumurtlayıverdi. Nate, duyduğuna inanamıyormuş gibi ona baktı, çenesi sarkmıştı. Zabıt kâtibi bile şaşırmıştı.

Phelan avukatlarından birkaçı derin birer nefes aldılar. Dehşetli bir andı bu, ama hiç kuşkusuz durum daha da kötüye gidebilirdi. Ya Snead paniğe kapılıp da alacağı paranın tümünü, yani beş milyonu söyleseydi?

Ama buna da pek fazla sevinemezlerdi tabii. O anda, bir tanığa beş yüz bin dolar ödemiş olduklarının anlaşılması, davanın sonucu açısından ölümcül bir darbe olabilirdi.

Nate, bir belge arıyormuş gibi kâğıtları karıştırdı. Söylenenler hâlâ salondaki tüm kulaklarda çınlıyordu.

Nate, "Anladığım kadarıyla bu parayı aldınız bile, değil mi?" diye sordu.

Doğru ya da yalan söyleme konusunda tereddüt içinde kalan Snead, sadece, "Evet," dedi.

Nate bir tahminde bulundu ve, "Şimdi yarım milyon, gerisi ne kadar?" diye sordu.

Yalan için sabırsızlanan Snead, "Gerisi yok," dedi. Normal bir reddedişti bu, inanılabilecek bir yalandı. Diğer iki Phelan avukatı rahatladı.

Nate, "Bundan emin misiniz?" diye sordu. Tanığın ağzını arıyordu. İsterse Snead'a, mezar soygunundan mahkûm olup olmadığını bile sorabilirdi.

Riski fazla olan bir soruydu bu, ama Snead açık vermedi. İnandırıcı olmak için kızmış gibi göründü ve, "Tabii ki eminim."

"Bu parayı size kim ödedi?"

"Phelan vârislerinin avukatları."

"Çeki kim imzaladı?"

"Çek bankadan geldi, imzalıydı."

"Tanıklığınız için size ödeme yapmaları konusunda ısrar ettiniz mi?"

"Sanırım bunu söyleyebiliriz."

"Siz mi onlara gittiniz, onlar mı size geldi?"

"Ben onlara gittim."

"Onlara neden gittiniz?"

Sonunda, bildikleri bölgeye yaklaşıyor gibiydiler. Masanın Phelan tarafında genel bir rahatlama havası seziliyordu. Avukatlar not almaya başladı.

Snead masanın altında bacak bacak üstüne attı ve zekice bir ifadeyle kameraya gülümsedi. "Çünkü ölmeden önce Bay Phelan'la beraberdim ve zavallı adamın akıl sağlığının yerinde olmadığını biliyordum."

"Akıl sağlığı ne zamandan beri yerinde değildi?"

"Bütün gün."

"Uyandığı zaman deli miydi yani?"

"Ona kahvaltısını götürdüğümde adımı hatırlayamadı."

"Size nasıl hitap etti peki?"

"Bir şey söylemedi, sadece homurdandı."

Nate dirseklerinin üzerine dayandı ve önündeki kâğıtlara aldırmadı. At üstünde mızrak dövüşüydü bu ve hoşuna gidiyordu. O nereye gittiğini biliyordu ama, zavallı Snead bilmiyordu.

"Atlarken onu gördünüz mü?"

"Evet."

"Ya düşüşünü?"

"Evet."

"Ve yere vuruşunu da tabii, değil mi?"

"Evet."

"Üç psikiyatr onu muayene ederken yanında mıydınız?"

"Evet."

"Ve bu, yaklaşık olarak öğleden sonra iki buçuktaydı, değil mi?"

"Evet, öyle hatırlıyorum."

"Ve bütün gün aklı başında değildi, öyle mi?"

"Korkarım ki öyle, evet."

"Bay Phelan'ın yanında ne kadar çalıştınız?"

"Otuz yıl."

"Ve onun hakkında her şeyi biliyordunuz, değil mi?"

"Bir insanın, bir diğeri hakkında bilebileceği kadar."

"O halde onun avukatı Bay Stafford'u da tanırdınız, değil mi?"

"Evet, onunla pek çok kez karşılaştım."

"Bay Phelan, Bay Stafford'a güvenir miydi?"

"Zannederim."

"Her şeyi bildiğinizi sanıyordum."

"Onun, Bay Stafford'a güvendiğine eminim."

"Akli denge muayenesi sırasında Bay Stafford onun yanında mı oturuyordu?"

"Evet."

"Sizin fikrinize göre, Bay Phelan'ın, akıl sağlığı muayenesi sırasında durumu nasıldı peki?"

"Sağlıksız görünüyordu, nerede olduğundan ve ne yaptığından habersiz gibiydi."

"Bundan emin misiniz?"

"Evet."

"Bunu kime söylediniz?"

"Bunu söylemek benim görevim değildi."

"Neden?"

"İşimden kovulabilirdim. İşimin bir parçası da ağzımı sıkı tutmaktı. Buna dikkatli olmak deniyor."

"Bay Phelan'ın, büyük servetini dağıtacağı bir vasiyetname imzalayacağını biliyordunuz. Ama aynı zamanda onun, aklının başında olmadığını da biliyordunuz ve buna rağmen, güvendiği avukatına bunu söylemediniz, öyle mi?"

"Bu benim görevim değildi."

"Bay Phelan sizi işten mi atardı yani?"

"Hemen."

"Pekâlâ, o atladıktan sonra ne oldu? O zaman kime söylediniz?"

"Kimseye söylemedim."

"Neden?"

Snead derin bir nefes aldı ve bacaklarını değiştirdi. İyi gittiğini düşünüyordu. Ciddi bir ifadeyle, "Onun özel yaşamıyla ilgili bir meseleydi bu," diye cevap verdi. "Bay Phelan'la ilişkimin bir gizliliği olduğunu düşündüm."

"Yani şimdiye kadar. Size yarım milyon teklif edilinceye kadar, değil mi?"

Snead buna o anda verecek bir cevap bulamadı ve Nate de ona fazla bir şans vermiyordu. "Sadece tanıklığınızı değil, aynı zamanda Bay Phelan'la olan gizli ilişkinizi de satıyorsunuz Bay Snead, öyle değil mi?"

"Bir haksızlığı gidermeye çalışıyorum."

"Ne kadar asilane bir düşünce. Size para vermeselerdi de bu haksızlığı giderecek miydiniz peki?"

Snead titrek bir sesle, "Evet," diyebildi ve Nate bir kahkaha attı. Uzun süre kahkahalarla güldü ve bunu yaparken de Phelan avukatlarının ciddi ve bir kısmı saklanmış yüzlerine baktı. Snead'ın yüzüne bakarak güldü. Masanın kendi tarafı boyunca yürüdü, hâlâ kendi kendine gülerek, "Ne dava ama," dedi ve sonra yerine oturdu.

Bir süre önündeki notlara baktı ve sonra, "Bay Phelan dokuz Aralık günü öldü," diye devam etti. "Vasiyetnamesi yirmi yedi Aralık'ta okundu. Bu iki tarih arasında, onun aklının yerinde olmadığını ve vasiyetnameyi bu haliyle imzaladığını söylediniz mi kimseye?"

"Hayır."

"Tabii ki söylemediniz. Vasiyetname okununcaya kadar beklediniz, size bir şey bırakılmadığını görünce de anlaşmak için avukatlara gitmeye karar verdiniz, öyle değil mi Bay Snead?"

Tanık, "Hayır," diye cevap verdi ama Nate onu duymazlığa geldi.

"Bay Phelan akıl hastası mıydı?"

"Bu konuda uzman değilim."

"Aklının başında olmadığını söylediniz. Bu hali sürekli miydi?"

"Gelip gidiyordu."

"Ne zamandır gelip gidiyordur peki?"

"Yıllardır."

"Kaç yıl?"

"On yıl olabilir. Bu sadece bir tahmin."

"Bay Phelan son on dört yıl içinde on bir vasiyetname yazmış ve bunlardan birinde de size bir milyon dolar bırakmış. O zaman hiç, onun aklının başında olmadığını söylediniz mi kimseye?"

"Bunu söylemek benim işim değildi."

"Bay Phelan psikiyatra gitti mi hiç?"

"Bildiğim kadarıyla hayır."

"Bir ruh ve akıl hastalıkları uzmanına göründü mü peki?"

"Bildiğim kadarıyla hayır."

"Ona, profesyonel bir uzmanın yardımını istemesi tavsiyesinde bulundunuz mu hiç?"

"Böyle şeyler söylemek benim işim değildi."

"Onu yere düşmüş ve kriz geçirirken bulsaydınız, gördüğünüz birine, onun yardıma ihtiyacı olduğunu söyler miydiniz?"

"Tabii ki söylerdim."

"Onu öksürüp kan tükürürken bulsaydınız, yine birine söyler miydiniz?"

"Evet."

Nate'de, Bay Phelan'ın holdingleriyle ilgili beş santim kalınlığında bir dosya vardı. Sayfaları rasgele karıştırdı ve Snead'a, Xion Drilling hakkında bir şey bilip bilmediğini sordu. Snead düşündü ama, kafası yeni bilgilerle öylesine doluydu ki, bir türlü hatırlayamadı. Delstar Communications? Snead yine suratını buruşturdu ve çıkaramadı.

Nate'in saydığı şirketlerden beşincisi ona bir şey hatırlattı. Kendinden emin bir tavırla bu şirketi bildiğini söyledi. Bu şirket uzun zamandan beri Bay Phelan'ındı. Nate ona satışlar, ürünler, kârlar ve finansal istatistiklerle ilgili bir sürü soru sordu. Snead hiçbirine doğru yanıt veremedi.

Nate tekrar tekrar, "Bay Phelan'ın şirketleri konusunda neler biliyordunuz?" diye sordu. Sonra, Phelan Grubu'nun yapısı konusunda bir soru sordu Snead temel bilgileri ezberlemişti ama, ayrıntılar konusunda hiçbir şey bilmiyordu. Orta düzey yöneticilerden hiçbirinin adını söyleyemedi. Şirketin muhasebecilerinin adlarını bilmiyordu.

Nate ona cevabını bilmediği bir sürü soru sorup adamı serseme çevirdi. Öğleden sonra geç vakit, Snead'ın iyice yorulup bitkinleştiği bir anda, Nate, finansal konulardaki bir sürü soru ortasında birden, onu hiç uyarmadan, "Yarım milyonu aldığınızda avukatlarla bir anlaşma imzaladınız mı?" diye soruverdi.

Bu soruya karşı basit bir, 'Hayır' cevabı yeterli olabilirdi, ama

Snead gafil avlanmıştı. Tereddüt içinde önce Hark'a sonra da, elinde sanki anlaşmanın bir kopyası varmış gibi kâğıtları karıştıran Nate'e baktı. Snead iki saattir hiç yalan söylememişti ve hızlı değildi.

"Aa, şey, tabii ki hayır," diye kekeledi ama kimseyi ikna edemedi.

Nate yalanı gördü ve sesini çıkarmadı. Anlaşmanın kopyasını ele geçirmenin başka yolları da vardı.

Phelan avukatları yaralarını sarmak için loş bir barda buluştular. Snead'ın sönük performansı ikişer sert içkiden sonra daha da berbat göründü onlara. Dava için biraz daha hazırlayabilirlerdi ama, adama öyle çok para vermişlerdi ki, tanıklığı her zaman yalan söylediğini belli edecekti.

O'Riley bunu nasıl öğrenmişti, nerden biliyordu? Adam, Snead'ın para aldığından o kadar emin görünüyordu ki.

Hark, "Bu Grit olmalı," dedi. Hepsi de Grit adını tekrarladı. Ama Grit diğer tarafa geçmiş olamazdı.

Uzun bir sessizlikten sonra Wally Bright, "Adamın müvekkilini çalarsan böyle olur işte," dedi.

Bayan Langhorne, "Kapa çeneni," diye söylendi.

Hark tartışamayacak kadar yorgundu. İçkisini bitirdi ve bir tane daha ısmarladı. Tanığın sorgusu sırasında Phelan avukatları Rachel konusunu unutmuştu. Mahkeme dosyasında kadının kaydı hâlâ yoktu.

47

Sekreter Nicolette'in yeminli beyanı sekiz dakika sürdü. Kadın adını, adresini söyleyip kısa çalışma yaşamını anlattı ve diğer tarafta oturan Phelan avukatları da sandalyelerine gömülüp, onun Bay Phelan'la yaşadığı aşk macerasının ayrıntılarını beklemeye başladılar. Sekreter yirmi üç yaşındaydı ve sarı saçlı, güzel yüzlü, iri göğüslü ve güzel vücutlu olmaktan başka da pek bir meziyeti yok gibiydi. Avukatlar onun birkaç saat süresince seks konusunda konuşmasını sabırsızlıkla bekliyordu.

Nate doğruca konuya girdi ve, "Bay Phelan'la hiç seviştiniz mi?" diye sordu.

Kadın bu sorudan sıkılmış gibi göründü ama yine de evet cevabını verdi.

"Kaç kez?"

"Saymadım."

"Süreyi söyleyebilir misiniz?"

"Genellikle on dakika kadar."

"Hayır, ilişkiniz ne kadar sürdü? Ne zaman başladı, ne zaman bitti?"

"Oh, orada sadece beş ay çalıştım."

"Yaklaşık yirmi hafta. Ortalama olarak Bay Phelan'la haftada kaç kez yatardınız?"

"Sanırım iki kez."

"Yani toplam olarak kırk kez mi?"

"Sanırım. İnsana çok gibi geliyor, değil mi?"

"Bana gelmiyor. Bu işi becerirken Bay Phelan soyunur muydu?"

"Tabii ki. İkimiz de soyunurduk."

"Yani çırılçıplak kalırdı, öyle mi?"

"Evet."

"Vücudunda görünen herhangi bir doğum lekesi var mıydı?"

Tanıklar bir yalana başvuracakları zaman genellikle en önemli olan bazı şeyleri gözden kaçırırlar. Avukatları da bu hataya düşer. Yalan kurgularıyla öylesine meşgul olurlar ki bir iki gerçeği atlarlar. Hark ve diğer avukatlar Phelan'ın eşlerine – Lillian, Janie, Tira – kolayca erişebilir ve Troy'un, sağ bacağının en üst kısmında, belinin hemen altında ve kalçasına yakın bir yerde gümüş dolar büyüklüğünde, yuvarlak ve pembe bir doğum lekesi olduğunu öğrenebilirlerdi.

Nicolette, "Hatırladığım kadarıyla hayır," cevabını verdi.

Bu cevap Nate'i şaşırttı ama hemen sonra anladı. Troy'un, sekreteriyle yattığına kolayca inanabilirdi, çünkü adam bunu uzun yıllar yapmıştı. Ama Nicolette'in yalan söylediğine de kolayca inanabilirdi.

Nate tekrar, "Demek görülür bir doğum lekesi yoktu, öyle mi?" diye sordu.

"Hayır, yoktu."

Phelan avukatları korkuya kapılmıştı. Acaba en önemli tanıklardan biri daha mı eriyecekti gözlerinin önünde?

Nate, "Başka sorum yok," dedi ve kahve fincanını doldurmak üzere salondan çıktı.

Nicolette avukatlara baktı. Adamlar masada boş gözlerle etrafa bakıyor, doğum lekesinin nerede olduğunu düşünüyorlardı.

Tanık gittikten sonra Nate, şaşkın rakiplerine masanın üzerinden bir otopsi fotoğrafı uzattı. Hiçbir şey söylemedi, buna gerek de yoktu zaten. Yaşlı Troy otopsi masasının üzerinde her tarafı parçalanmış olarak yatıyor ve doğum lekesi de resimden âdeta sırıtıyordu.

Çarşamba'nın geriye kalanını ve bütün Perşembe'yi, eski üç psikiyatrın yaptıkları işi bilmediğini söyleyecek olan yeni dört psikiyatrla birlikte geçirdiler. Yeni psikiyatrların beyanı beklendiği gibiydi – aklı başında insanlar kendilerini pencere ya da terastan atmazlardı.

Yeniler grup olarak Flowe, Zadel ve Theishen kadar ünlü değildi. İkisi, emekliydi ve orada burada profesyonel tanıklık yaparak biraz para kazanıyordu. Biri, kalabalık bir kolejde öğretmendi. Bir tanesi de kent dışında küçük bir büroda yaşamını sürdürmeye çalışıyordu.

Ama bu insanlar zaten herkesi etkilemek için para almıyordu; onların işi sadece suları bulandırmaktı. Troy Phelan egzantrik ve düzensiz bir adam olarak tanınıyordu. Dört uzman onun, bir vasiyetname yapacak akli kapasiteye sahip olmadığını söylediler. Üç uzman da sahip olduğunu söylemişti. Amaç ortalığı karıştırıp, vasiyetnameyi savunanların günün birinde bıkıp anlaşmaya yanaşmalarını umut etmekti. Bu sağlanamadığı takdirde, meslekten olmayanların oluşturduğu bir jürinin, tıbbi terimlerin arasından sıyrılıp karmaşık fikirlerden mantıklı bir sonuç çıkarması beklenecekti.

Yeni uzmanlar, kanaatlarını değiştirmemeleri için iyi para alıyordu ve Nate de onların fikirlerini değiştirmeye çalışmadı. Doktorlarla çok uğraştığı için, tıp konusunda onlarla tartışmaya girilmeyeceğini biliyordu. Onlara karşı çıkmak yerine, güvenilirlikleri ve tecrübeleri üzerinde durdu. Onlara videoyu seyrettirdi ve ilk üç psikiyatrı eleştirmelerini istedi.

Perşembe öğleden sonra oturum kapandığında on beş yeminli beyan tamamlanmıştı. Gelecek oturum Mart sonunda yapılacaktı. Wycliff, dava tarihi olarak Temmuz ortasını düşünüyordu. Aynı tanıklar tekrar ifade verecekti ama bu kez izleyiciler ve her kelimeyi tartan jüri üyeleri önünde konuşacakladı.

Nate kentten kaçtı. Virginia yoluyla batıya gitti ve sonra da Shenandoah Vadisi'nden güneye döndü. Dokuz gündür başka insanların özel yaşamlarını soruşturmaktan kafası uyuşmuş gibiydi. İşi ve bağımlılıkları ona, hayatının, belirleyemediği bir noktasında, nezaket kurallarını ve utanma duygusunu kaybettirmişti. Yalan söylemeyi, aldatmayı, hilekârlığı, saklanmayı, taciz etmeyi ve hiçbir suçluluk duygusu duymaksızın, masum tanıklara saldırmayı öğrenmişti.

Fakat gecenin karanlığında ve arabasının sessizliği içinde, Nate şimdi utanıyordu. Phelan çocuklarına acıyordu. Yaşamını sürdürmeye çalışan kederli küçük adam Snead için üzülüyordu. Yeni uzmanlara bu kadar acımasızca saldırmasaydım keşke, diye düşündü.

Utanma duygusu geri gelmişti ve Nate memnundu. Bu kadar utandığı için kendisiyle gurur duyuyordu. Bunca zaman sonra tekrar insanlığını kazanmıştı.

Geceyarısı, Knoxville'de ucuz bir motelde durdu. Ortabatıda, Kansas ve Iowa'da kar yağışı vardı. Haritasını eline alıp yatağına uzandı ve kendine Güneybatı yönünde bir rota çizdi.

İkinci gece Oklahoma, Shawnee'de uyudu; üçüncüde Kingman, Arizona'da ve dördüncü gecesinde ise Redding, Kaliforniya'da kaldı.

İkinci evliliğinden olan çocukları Austin on iki, Angela da on bir yaşındaydı ve yedinci ve altıncı sınıfa gidiyorlardı. Onları son olarak Temmuz'da, son krizinden üç hafta önce görmüş ve bir beyzbol maçına götürmüştü. Neşeli başlayan gezmeleri daha sonra yine çirkin bir sahneyle son bulmuştu. Nate oyunu izlerken altı bira içmiş – anneleri tembihlediği için çocuklar içtiği biraları saymıştı – ve Baltimore'la Arlington arasındaki iki saatlik mesafede arabayı içkili olarak kullanmıştı.

O sırada çocuklar, anneleri Christi ve onun ikinci kocası Theo'yla birlikte Oregon'a taşınıyordu. Nate bu ziyaretten sonra onları uzun süre göremeyecekti ve çocukları ile iyi bir gün geçirmek yerine yine kafayı çekmişti. Eve geldiklerinde, arabadan indiler ve Nate, çocukların gözü önünde eski karısıyla kavga etti, çocuklar bu sahneyi daha önce de yaşamıştı tabii. Theo eline süpürge sopasını alıp onu tehdit etti. Nate daha sonra McDonald's'ın otoparkında boş bir yerde, arabasının içinde uyandı; koltuğun üzerinde boş altı bira kutusu daha duruyordu.

On dört yıl önce tanıştıklarında Christi, Potomac'da özel bir okulun müdürüydü. Bir jüriye üye seçilmişti. Nate de avukatlardan biriydi. Christi mahkemenin ikinci gününde kısa, siyah bir etek giymişti ve dava neredeyse durmuştu. İlk çıkışları bir hafta sonra oldu. Nate üç yıl temiz kaldı, yeniden evlenmek ve iki çocuk sahibi olmak için yeterliydi bu süre. Baraj çatlamaya başladığında Christi korktu ve kaçmak istedi. Nate yeniden içkiye başlayınca karısı çocukları da alıp kaçtı ve bir yıl dönmedi. Evlilikleri karmaşa içinde on yıl sürdü.

Christi, Salem'de bir okulda çalışıyordu. Theo da oradaki küçük bir hukuk firmasındaydı. Nate hep onları Washington'dan kaçırdığını düşünüyordu. Ülkenin diğer kıyısına kaçtıkları için onları ayıplamıyordu.

Oraya daha dört saatlik yoldayken, Medford yakınlarında arabasından telefon ederek okulu aradı ve onu beş dakika kadar beklemede tuttular; hiç kuşkusuz eski karısı kapısını kilitleyip kafasını toplamaya çalışıyordu. Nihayet, "Merhaba," dedi.

"Christi, ben Nate," derken, on yıl birlikte yaşadığı bir kadına, sesini duyduğu halde kendisini tanıttığı için saçmaladığını hissediyordu.

Kadın, sanki hemen saldırıya geçecekmiş gibi, "Neredesin?" diye sordu.

"Medford yakınlarında."

"Oregon'da mı?"

"Evet. Çocukları görmek istiyordum."

"Şey, ne zaman?"

"Bu gece, yarın, acelem yok. Birkaç gündür yollardayım, ülkeyi geziyorum. Belirli bir rotam yok."

"Şey, tabii Nate. Sanırım bir şeyler yapabiliriz. Ama çocuklar çok meşgul, biliyor musun, okul, bale, futbol."

"Nasıllar?"

"Çok iyi gidiyorlar. Sorduğun için teşekkürler."

"Ya sen? Hayat sana karşı nasıl davranıyor?"

"Ben de iyiyim. Oregon'u seviyoruz."

"Ben de iyiyim. Temiz ve ayığım Christi, gerçekten. En sonunda alkol ve uyuşturucudan tamamen kurtuldum. Galiba hukuk mesleğini bırakacağım, ama çok iyiyim."

Kadın bunları daha önce de duymuştu. "Çok iyi Nate." Christi sözlerine dikkat ediyordu. Konuşurken iki cümle öncesinden hazırlanıyordu.

Ertesi gün birlikte akşam yemeği yemeye karar verdiler, bu da Christi'ye, çocukları ve evi hazırlamak ve Theo'nun bu olaydaki rolünü belirlemek için yeterli zaman verecekti. Prova yapmak ve çıkış yollarını planlamak için yeterli bir zaman olacaktı.

Nate telefonu kapamadan önce, "Size bir sorun çıkarmayacağım," diye söz verdi.

Theo geç saatlere kadar çalışmaya ve onlara katılmamaya karar verdi. Nate Angela'ya sıkı sıkı sarıldı. Austin sadece onun elini sıktı.

Nate kendi kendine, çocukların ne kadar büyümüş olduğu konusunda gevezelik etmemeye söz vermişti. Çocuklar ve babaları birbirleriyle yeniden yaklaşmaya çalışırken Christi yatak odasında bir saat kadar oyalandı.

Nate onlardan, daha önce yaptıkları için özür de dilemeyecekti. Küçük odanın bir köşesinde yere oturup okuldan, baleden ve futboldan söz ettiler. Salem, Washington'dan daha küçük ama güzel bir kentti ve çocuklar buraya uyum sağlamıştı, birçok arkadaşları, iyi bir okulları mükemmel öğretmenleri vardı.

Akşam yemeği spagetti ve salataydı ve bir saat sürdü. Nate onlara, kayıp müvekkilini bulmak için Brezilya ormanlarına yaptığı seyahatten hikâyeler anlattı. Christi'nin, bu olaydan söz eden gazeteleri okumadığı belliydi. Eski karısı, Phelan olayı konusunda hiçbir şey bilmiyordu.

Nate saat tam yedide, gitmek zorunda olduğunu söyledi. Çocukların ev ödevleri vardı ve yarın sabah da okul için erken kalkacaklardı. Austin, "Yarın bir futbol maçım var baba," deyince Nate'in kalbi duracak gibi oldu. Ona son defa ne zaman baba dediklerini hatırlamıyordu.

Angela, "Maç okulda," diye ekledi. "Gelebilir misin?"

Küçük eski-aile bireyleri, bir süre, birbirlerine bakıp ne diyeceklerini bilemez bir halde kaldılar. Nate ne diyeceğini bilemiyordu.

Christi, "Ben de orada olacağım," diyerek meseleyi çözümledi. "Rahatça konuşabiliriz."

Nate, "Tabii gelirim," dedi. Giderken çocukları onu sıkıca kucakladı. Nate arabasıyla oradan uzaklaşırken, Christi'nin onu gözlerini kontrol etmek için iki gün arka arkaya görmek istediğini düşündü. Christi belirtileri iyi bilirdi.

Nate Salem'de üç gün kaldı. Futbol maçını izlerken oğluyla gurur duydu. Onu tekrar akşam yemeğine davet ettiler ama, Theo da onlara katılırsa geleceğini söyledi. Okula gidip Angela ve arkadaşlarıyla yemek yedi.

Üç gün sonra gitme zamanı gelmişti. Çocuklar normal yaşamlarına geri dönmek zorundaydılar. Nate'in getirdiği değişimler artık sona ermeliydi. Christi de, aralarında hiçbir şey olmamış gibi davranmaktan sıkılmıştı zaten. Nate de çocuklarına gittikçe daha çok bağlanıyordu. Onları sık sık arayacağına, elektronik postayla yazacağına ve kısa bir süre sonra tekrar görmeye geleceğine söz verdi.

Salem'den kırık bir kalple ayrıldı. Bir insan böyle harika bir aileyi kaybetmek için ne kadar alçalabilirdi? Çocuklarının küçüklüğünü neredeyse hiç hatırlamıyordu – okul oyunları, Cadılar Bayramı köstümleri, Noel sabahları ya da alışveriş merkezlerine yapılan geziler hiç aklına gelmiyordu. Şimdi onlar büyümüştü ve çocuklarını başka bir erkek yetiştiriyordu.

Doğuya döndü ve trafiğe karışıp arabayı gazladı.

Nate Montana otoyollarında yol alır ve Rachel'i düşünürken, Hark Gettys de Rachel'in vasiyetnameye vereceği yanıtın reddi ve davanın düşürülmesi talebinde bulundu. Mantığı net ve açıktı ve talebini, üzerinde bir aydır çalıştığı yirmi sayfalık bir gerekçeye dayandırıyordu. Tarih 7 Mart'tı, Bay Phelan'ın ölümü üzerinden hemen hemen üç ay geçmişti. Nate O'Riley'nin davaya karışması da neredeyse iki ay oluyordu, davanın başlamasına dört ay kalmıştı ve mahkeme Rachel Lane'le ilgili henüz bir karar vermemişti. Avukatının mazeretlerine karşın kadından hâlâ bir ses çıkmamıştı. Resmi mahkeme dosyalarından hiçbirinde kadının kendi imzası yoktu.

Hark, Rachel için 'hayalet taraf' deyimini kullanıyordu. Kendisi ve diğer vârisler bir hayalete karşı dava açıyorlardı. Kadın on bir milyar dolara konacaktı. En azından bir feragat belgesi imzalar ve yasalara uyabilirdi. Bir avukat tutmayı göze aldığına göre, mahkemeyle ilgili işlemleri de yerine getirebilirdi.

Aslında zaman diğer vârislerin lehine çalışıyordu ama onlar, bu kadar büyük paralar söz konusuyken sabırlı olamıyordu. Rachel'den ses çıkmadan geçen her hafta, onun, olanlarla ilgilenmediği kanısını güçlendiriyordu. Cuma sabahı toplantılarında Phelan avukatları sorgulamayı gözden geçiriyor, müvekkilleri hakkında konuşuyor, dava stratejisini hazırlıyordu. Ama zamanlarının çoğunu, Rachel'in neden ortaya çıkmadığı konusu alıyordu. Kadının parayı istemediği gibi saçma bir düşüncenin büyüsüne kapılmışlardı. Saçma bir düşünceydi bu, ama her Cuma sabahı ortaya çıkıveriyordu.

Haftalar aylara dönüşmekteydi. Piyangoyu kazanan, parasını henüz istememişti.

Troy'un vasiyetnamesini savunanların bir sorunu da Snead'dı. Hark, Yancy, Bright ve Langhorne, yıldız tanıklarının yeminli beyanını ezberleyinceye kadar izlemiş ve onun bir jüriyi ikna edebileceği konusunda tatmin olmamışlardı. Nate O'Riley onu aptala çevirmişti ve bu daha yeminli beyan aşamasıydı. Aylık masraflarını bile karşılamakta güçlük çeken orta sınıf insanlardan oluşmuş bir jüri önünde, hançerler kim bilir nasıl keskin ve sivri olacaktı? Snead hikâyesini anlatmak için yarım milyonu cebe atmıştı. Ama bu hikâyenin yutturulması güçtü.

Snead'ın sorunu yalan söylüyor olmasıydı ve yalancılar mahkeme sırasında, eninde sonunda yakalanırdı. Snead'ın yeminli beyan ve sorgulama sırasında o şekilde açık vermesinden sonra, avukatlar onu bir jüri önüne çıkarmaya korkuyordu. Bir iki yalanı daha yakalandığı takdirde davayı kazanmaları olanaksızdı.

Doğum lekesi, Nicolette'i bir tanık olarak tamamen devreden çıkarmış oluyordu.

Kendi müvekkilleri de tam anlamıyla sempatik insanlar değillerdi. İçlerinde en korku vereni olan Ramble dışında hepsine, hayata başlamaları için beşer milyon dolar verilmişti. Jüri üyelerinden hiçbiri yaşamı boyunca bu kadar para kazanamazdı. Troy'un çocukları, kendileriyle ilgilenmeyen bir baba tarafından yetiştirildiklerini söyleyip şikâyette bulunabilirdi ama, jüri üyelerinin yarısı da bitmiş evliliklerden gelecekti.

Psikiyatrların savaşı da önemliydi ve davada avukatları en çok düşündüren konu buydu. Nate O'Riley, yirmi yıldır doktorları mahkeme salonlarında paramparça etmiş bir avukattı. Yeni tutulan dört psikiyatr onun çapraz sorgulaması karşısında tutunamazdı.

Davadan kaçınmak için anlaşma gerekiyordu. Anlaşmayı başarabilmek için de bir açık bulmalıydılar. Rachel Lane'in ilgisizliği fazlasıyla yeterli ve hiç kuşkusuz onların en iyi silahıydı.

Josh, davanın düşürülmesi talebini hayranlıkla okudu. Yasal manevraları, hile ve taktikleri sevdi ve birisi, rakip bile olsa bunları yerinde kullandığı takdirde onu sessizce alkışlardı. Hark'ın hamlesinde her şey mükemmeldi – zamanlama, mantık, iddia kusursuzdu.

İtirazcıların durumu zayıftı, ama onların sorunu, Nate'inkiyle kıyaslandığında önemsiz kalıyordu. Nate'in müvekkili bile yoktu. Nate ve Josh bu meseleyi iki ay süreyle gizli tutmayı başarmışlardı ama, artık oyunun sonu gelmişti.

48

En büyük çocuğu olan Daniel onunla bir pub'da buluşmak istemiş, bunda ısrar etmişti. Nate orasını hava karardıktan sonra buldu, kampüsten iki blok mesafede, barların ve kulüplerin bulunduğu bir sokaktaydı. Müzik, flaşlı reklamlar, birbirlerine karşı kaldırımdan seslenen öğrenciler hep bildiği şeylerdi. Ama hiçbir şey ona çekici gelmedi. Bir yıl önce olsa o da onlara seslenir, kendisini hâlâ yirmi yaşında hissedip onlarla birlikte bar bar dolaşırdı.

Daniel küçük bir loca masasında yanında bir kızla oturuyordu. İkisi de sigara içiyordu. Masada, her ikisinin de önünde ikişer bira şişesi vardı. Baba oğul tokalaştılar, çünkü daha büyük bir sevgi gösterisi delikanlıyı küçük düşürebilirdi.

Daniel, yanındaki kızı gösterip, "Arkadaşım Stef," dedi. Sonra, babasına kaliteli kadınlarla düşüp kalktığını kanıtlamak ister gibi, "Stef bir mankendir," diye ekledi.

Nate her nedense oğluyla birkaç saat başbaşa kalabileceğini umut etmişti. Ama böyle bir şey olmayacaktı.

Stef'de dikkatini çeken ilk şey, kalın ve sarkık dudaklarına bolca sürülmüş gri renkli ruj oldu, o gergin dudaklar, zorunlu gülümsemesi sırasında biraz çatlamıştı. Kız gerçekten de manken olabilecek kadar sade ve inceydi. Kolları öyle sıskaydı ki süpürge sopasını andırıyordu. Nate göremiyordu ama, kızın kemikli bacaklarının neredeyse koltuk altlarına kadar uzadığını tahmin ediyordu ve ayak bileklerinde iki tane dövme olduğundan kesinlikle emindi.

Nate bu kızdan hiç hoşlanmamıştı ve onun da kendisinden hoşlanmadığı belliydi. Daniel'in ona neler söylediğini bilemezdi tabii.

Daniel koleji Grinnell'de bir yıl erken bitirmiş ve bir yaz boyunca Hindistan'da kalmıştı. Nate onu on üç aydır görmemişti. Oğlunun diploma törenine gitmemiş, ona bir kart ya da bir armağan göndermemiş, telefonla kutlama zahmetine bile girmemişti. Mankenin üflediği sigara dumanı ve Nate'e bakan boş gözleri olmadan da zaten masada yeterince gerginlik vardı.

Garson yakından geçerken Daniel, "Bira ister misin?" diye sordu. Zalimce bir soruydu bu, acı vermesi için sorulduğu açıktı.

Nate, "Hayır, sadece su yeterli," dedi. Daniel garsona seslendi ve sonra, "Demek hâlâ dayanıyorsun ha?" dedi.

Nate, gelen okları saptırmaya çalışıp, gülümseyerek, "Her zaman," dedi.

"Geçen yazdan bu yana hiç düştün mü?"

"Hayır. Başka şeylerden söz edelim olur mu?"

Stef, dumanı burun deliklerinden çıkararak, "Dan bana sizin rehabilitasyona girdiğinizi söyledi," dedi. Nate onun bir cümleye başlayıp bitirebilmesine şaşırmıştı. Kızın sözcükleri ağır, sesi de göz çukurları kadar derindi.

"Birçok kez girdim rehabilitasyona. Oğlum size başka neler söyledi?"

Kız, "Ben de rehabilitasyona girdim," dedi. "Ama bir kez." Başarısından gurur duyar gibiydi ama tecrübe noksanlığına da üzülüyordu galiba. Önünde ki iki bira şişesi de boştu.

Nate onu başından savar gibi, "Çok iyi," dedi. Ondan hoşlanır gibi görünmek zorunda değildi ve bu kız bir iki ay içinde yeni bir aşk yaşamına başlayabilirdi.

Daniel'e, "Okul nasıl gidiyor?" diye sordu.

"Hangi okul?"

"Yüksek lisans okulu?"

"Bıraktım." Sesi sinirli ve gergindi. Konuşmasının arkasında baskı vardı. Nate, oğlunun okulu bırakması olayında kendi payı bulunduğunu da hissediyordu ama, bunun nasıl ve neden olduğunu bilemiyordu. Garson suyunu getirdi. "Siz yemek yediniz mi çocuklar?" diye sordu.

Stef yemekten kaçındı ve Daniel de aç değildi. Nate açlıktan ölüyordu ama yalnız yemek istemedi. Pub'da etrafına bakındı. Haşiş herhalde başka bir köşede içiliyordu. Köhne küçük bir yerdi burası, pek fazla uzak olmayan geçmişinde sevdiği yerlerden biriydi işte.

Daniel bir sigara daha yaktı ve başlarının üstünde sallanan ucuz birahane avizesine doğru kalın bir duman sütunu savurdu. Piyasanın kanser riski en yüksek sigarası olan filtresiz Camel içiyordu. Sinirli ve gergindi.

Kızın orada bulunmasının iki nedeni vardı. Sert sözlere ve belki de bir kavgaya engel olabilirdi. Nate, oğlunun parasız olduğundan ve destek vermediği için babasına saldırmak istediğinden kuşkulandı, ama delikanlı onun hassas olduğunu, küçük bir tartışma sonucu yeniden alkol krizine girebileceğini düşünüyor olmalıydı. Stef onun öfkesini ve kullanacağı lisanı ayarlayabilecekti.

İkinci nedense, bu buluşmayı mümkün olduğunca kısa kesmekti.

Bunları anlamak için on beş dakika yetti.

Nate, "Annen nasıl?" diye sordu.

Daniel gülümsemeye çalıştı. "Annem iyi. Onu Noel'de gördüm. Sen gitmiştin."

"Brezilya'daydım."

O sırada yanlarından, bacaklarına yapışmış bir blucin giymiş bir kız geçti. Stef onu tepeden tırnağa inceledi. Kızın gözlerine en sonunda hayat gelmişti. Kız Stef'den de daha sıskaydı. Bu kadar sıskalık nasıl oluyordu?

Daniel, "Brezilya'da ne vardı?" diye sordu.

"Bir müvekkil." Nate macerasını anlatmaktan bıkmıştı.

"Annem senin bir vergi meselen olduğunu söyledi."

"Buna sevindiğine eminim."

"Tahmin ederim. Buna üzülüyormuş gibi görünmüyordu. Hapse girecek misin?"

"Hayır. Başka bir konuya geçebilir miyiz?"

"Sorun da bu işte baba. Başka hiçbir şey yok, sadece geçmiş var ve biz de oraya gidemiyoruz."

Hakem Stef, "Bu kadar yeter," demek ister gibi gözlerini devirip Daniel'e baktı.

Nate meseleyi bir an önce öğrenmek için, "Okulu neden bıraktın?" diye sordu.

"Birçok nedeni var. Sıkıcı olmuştu."

Stef yardım etmek ister gibi, "Parası bitti," dedi. Sonra da Nate'e en boş gözlerle baktı.

Nate, "Doğru mu bu?" diye sordu.

"Nedenlerden biri bu."

Nate o anda çek defterini çıkarıp oğlunun sorununu çözmeyi düşündü. Hep böyle yapmıştı. Çocuklarına babalık yapması sadece uzun bir alışveriş gezisi gibi oluyordu. Eğer oraya gidemezsen parayı gönder. Ama Daniel artık yirmi üç yaşındaydı, üniversite mezunuydu, şuradaki Bayan Bulimia gibilerle düşüp kalkıyordu ve kendi başına yüzmeyi öğrenmesi ya da batması gerekiyordu.

Ve çek defteri de artık eskisi gibi şişkin değildi.

Nate, "Bu da iyi bir şey olabilir," dedi. "Bir süre bir işte çalış. Böylece okulun kıymetini daha iyi anlarsın."

Stef aynı fikirde değildi. Okulu bırakan iki arkadaşı vardı ve ikisi de ortadan kaybolup gitmişti. Kız gevezeliğini sürdürürken Daniel, locanın köşesine çekildi. Sonra üçüncü şişesini bitirdi. Nate'in alkolle ilgili olarak anlatacağı pek çok hikâye vardı ama bunlar gençlere uydurma gibi gelecekti.

Dördüncü biradan sonra Stef kafayı iyice buldu ve Nate'e de söyleyecek bir şey kalmadı. St. Michaels'daki telefon numarasını bir kâğıt peçete üstüne yazıp Daniel'e verdi. "Önümüzdeki birkaç ay burada olacağım. Bana ihtiyacın olursa ara."

Daniel, "Görüşürüz baba," dedi.

"Kendine iyi bak."

Nate buz gibi havaya çıktı ve Michigan Gölü'ne doğru yürüdü.

İki gün sonra üçüncü ve son buluşması için Pittsburgh'daydı ama bu buluşma gerçeklemedi. İlk evliliğinden olan kızı Kaitlin'le iki kez konuşmuştu ve ayrıntılar açıktı. Kızının onunla otelin restoranı önünde akşam 7:30'da yemek için buluşması gerekiyordu. Oturduğu daire yirmi dakikalık mesafedeydi. Kızı saat 8:30'da ona telefon edip, bir arkadaşının araba kazası geçirdiğini ve şimdi hastanede olduğunu, arkadaşının durumunun da pek iyi olmadığını bildirdi.

Nate ona, ertesi günü öğle yemeği yemelerini teklif etti. Kaitlin ise bunun imkânsız olduğunu, arkadaşının başından yaralanıp yaşam destek sistemine bağlandığını ve kendine gelinceye kadar hastanede, onun başında kalacağını söyledi. Kızının bu kaçamak davranışı karşısında Nate, hastanenin nerede olduğunu sordu. Kızı önce bilemedi, sonra emin olmadığını söyledi ve biraz daha düşününce de, hastanede bile görüşemeyeceklerini çünkü yaralının başucundan ayrılamayacağını belirtti.

Nate yemeğini odasında, kentin merkezini gören bir pencere kanarında küçük bir masada yedi. Yemeğini didikleyip dururken, kızının kendisini neden görmek istemediğini düşündü. Burnunda bir halka mı vardı? Alnında bir dövme? Bir tarikata girip de başını mı kazıtmıştı acaba? Kırk kilo şişmanlamış mıydı, yoksa yirmi kilo zayıflamış mı? Acaba hamile miydi?

Açıkça görülenle karşılaşmaktan kaçınabilmek için suçu onun üstüne yıkmaya çalıştı. Kızı ondan bu kadar mı nefret ediyordu?

Kimseyi tanımadığı bir şehirde, bir otel odasının sessizliği içinde kendine acımak, geçmişin yanlışlarını düşünüp yeniden acı çekmek kolaydı.

Telefonu aldı ve numaraları çevirmeye başladı. Önce St Michaels'da neler olduğunu öğrenmek için Peder Phil'i aradı. Phil gribe yakalanmıştı. Kilisenin bodrumu soğuk olduğundan Laura onun orada çalışmasına izin vermiyordu. Nate, ne kadar güzel, diye düşündü. Yolunun üzerinde birçok belirsizlikler bulunmasına karşın en azından bir konuda ne yapacağını biliyordu, yakın gelecekte Trinity Kilisesi'nin bodrumunda onu bekleyen sürekli bir işi vardı.

Sergio'yu aradı ve haftalık çalışmaları konusunda konuştu. Şeytanın ipleri elindeydi ve kendisini mükemmel, hatta şaşırtıcı bir biçimde kontrol edebiliyordu. Otel odasında bir mini bar vardı ama onun yanına bile yaklaşmamıştı.

Sonra Salem'e telefon ederek Angela ve Austin'le, kendisini mutlu eden bir konuşma yaptı. Küçük çocukları onunla konuşmak isterken büyüklerin istememesi garipti.

Josh'u aradı, bodrum katındaki bürosunda oturmuş Phelan karmaşasını düşünüyordu. Josh ona, "Buraya gelmen gerekiyor Nate," dedi. "Bir planım var."

49

Nate barış konuşmalarının birinci turuna davet edilmemişti. Orada bulunmamasının birkaç nedeni vardı. Birincisi, bu zirveyi Josh ayarlamıştı ve bunun sonucu olarak onun bölgesinde yapılıyordu. Nate eski ofisini görmek zorunda kalmayacaktı. İkincisi, Phalen avukatları Josh ve Nate'in ortak çalıştıklarını düşünüyordu ki bu da doğruydu. Josh ise barış yapıcı, aracı rolünü oynamak istiyordu. Bir tarafın güvenini kazanmak için kısa bir süre için de olsa diğer tarafa boş vermesi gerekecekti. Planına göre önce Hark ve diğerleriyle görüşecek, sonra aynı şeyi Nate'le yapacak, bu görüşmeleri bir anlaşma sağlanıncaya kadar gerekirse birkaç gün sürdürecekti.

Oldukça uzun süren bir sohbetten sonra Josh onların dikkatini üzerine çekti. Konuşacakları çok şey vardı. Phelan avukatları da bir an önce başlamak için sabırsızlanıyordu.

Karmaşık bir davada bir tanığın tökezlemesi ya da ortaya yeni iddiaların atılması, engeller çıkarılması halinde davaya ara verildiği sırada bir anlaşmaya birkaç saniye içinde varılabilirdi. Ama bazen de, mahkeme tarihi adım adım yaklaşırken anlaşma görüşmesi aylarca sürebilirdi. Phelan avukatları bu işin bir an önce bitmesini istiyordu ve Josh'un bürosundaki toplantı bunun ilk adımıydı. Hepsi de milyoner olacaklarına iyice inanmıştı.

Josh fikrini diplomatik bir ifadeyle açıklayıp önce onlara, dayanaklarının güçlü olmadığını belirtti. Kendi müvekkilinin, el yazısı bir vasiyetname çıkarıp ortalığı karıştıracağı konusunda hiçbir fikri yoktu, ama yine de geçerli bir vasiyetnameydi bu. İntihar olayından bir gün önce Bay Phelan'la oturup diğer yeni vasiyetnamenin hazırlanması için iki saat çalışmıştı ve onun aklının başında olduğu konusunda tanıklık edebilirdi. Ayrıca, onunla buluştuğu zaman Snead'ın ortalarda olmadığına dair de ifade verebilirdi.

Bay Phelan'ı muayene etmiş olan üç psikiyatr, onun çocukları, eski eşleri ve avukatları tarafından dikkatle seçilmiş, güvenilir ve uzman kişilerdi. Yeni tutulan dört psikiyatr ise insana pek güven vermiyordu. Fazla bir özgeçmişleri yoktu. Onun fikrine göre, uzmanlar arasındaki savaşı eski üç psikiyatr kazanacaktı.

Wally Bright en güzel elbisesini giymişti ama önemli değildi bu. Bu eleştiriyi dişlerini sıkarak, aptalca bir şeyler söylememek için alt dudağını ısırarak dinledi ve herkes not aldığı için o da önündeki bloknota yararsız birkaç kelime karaladı. Josh Stafford gibi ünlü bir avukattan bile gelse, arkasına yaslanıp bu tür yergiyi kabul etmeye alışık değildi. Ama para için her şeyi yapabilirdi. Bir ay önce, Şubat ayında küçük ofisinin kazancı iki bin altı yüz dolar, masrafları ise her zamanki gibi dört bin dolar olmuştu. Wally evine para götürememişti. Tabii zamanının çoğunu da Phelan davası için harcamıştı.

Josh onların müvekkillerinin yeminli beyanlarını özetlerken, ince buz üzerinde kayıyordu. Üzgün bir ifadeyle, "Onların ifadelerini videoda izledim," dedi. "Açık söyleyeyim, Mary Ross dışında hepsi de mahkemede çok kötü birer tanık olacaklar."

Diğer taraf avukatları şaşkın gibiydi. Bu toplantı bir yargılama değil, bir anlaşma toplantısıydı.

Josh vârisler üzerinde fazla durmadı. Ne kadar az konuşursa o kadar iyiydi. Avukatları, bir jüri önünde onların güç durumda kalacağını biliyordu.

"Şimdi gelelim Snead'a," dedi. "Onun yeminli beyanını, söylediklerini de izledim ve açık söyleyeyim, onu mahkemeye tanık olarak getirirseniz korkunç bir hata yapmış olacaksınız. Bana göre bu, yasal açıdan görevi kötüye kullanma gibi bir şey olur."

Bright, Hark, Langhorne ve Yancy önlerindeki bloknotlara daha fazla eğildiler. Snead onlar arasında kirli bir sözcüktü. Bu meseleyi bu kadar beceriksiz hale getirenin kim olduğu konusunda kendi aralarında tartışmışlardı bile. O adamı düşünürken uykuları kaçıyordu. Ona yarım milyon kaptırmışlardı ve adam bir tanık olarak beş para etmezdi.

Josh, "Snead'ı yaklaşık yirmi yıldır tanırım," dedi ve sonra on beş dakika adamı anlatıp, onun pek de yetenekli bir uşak olmadığını, her zaman güvenilemeyeceğini ve Bay Phelan'ın onu sık sık işten atmayı düşündüğünü söyledi. Avukatlar onun her kelimesine inanıyordu.

Snead konusu için bu kadar yeterdi. Josh, adamın tanıklık yapmak için beş yüz bin dolar rüşvet aldığından bile söz etmeden, onların yıldız tanığını sıfıra indirgemişti.

Nicolette için de aynı şey geçerliydi. O da arkadaşı Snead gibi yalan söylüyordu.

Avukatlar başka tanık bulamamıştı. Kırgın şirket elemanları vardı ama hiçbiri mahkemeye gelmek istememişti. Zaten ifadeleri lekeliydi. İş dünyasından Troy'la rekabet etmek isterken iflas etmiş iki rakip vardı. Fakat onlar Troy'un akli dengesi konusunda hiçbir şey bilmiyordu.

Josh onlara, iddialarının çok güçlü olmadığını tekrarladı. Ama bir jüri ile her şey riskliydi.

Sonra, sanki yıllardır tanıyormuş gibi Rachel Lane'den söz etti. Fazla ayrıntıya girmedi ama, verdiği genel bilgiler Josh'un, kadını iyi tanıdığı kanısını uyandırıyordu. Rachel, başka bir ülkede çok basit bir yaşam süren harika bir kadındı ve davalar konusunda hiçbir şey bilmeyen bir insandı. Tartışmalardan, anlaşmazlıklardan kaçınırdı. Başkalarıyla karşı karşıya gelmekten hoşlanmazdı. Rachel, yaşlı Troy'a, pek çok insanın bildiğinden çok daha yakındı.

Hark, Josh'a, hiç onunla karşılaşıp karşılaşmadığını sormak istedi. Josh onu hiç görmüş müydü? Vasiyetnameyi okumadan önce o kadının adını duymuş muydu? Ama şimdi uyuşmazlık çıkarmanın ne yeri, ne de zamanıydı. Paralar masanın üzerine konmak üzereydi ve Hark'ın yüzdesi de on yedi buçuktu.

Bayan Langhorne, Corumba adlı kent konusunda araştırma yapmıştı ve kırk iki yaşında bir Amerikalı kadının öyle bir yerde ne yaptığını merak ediyordu. Langhorne ve Hark, Bright ve Yancy'nin arkasından sessiz bir işbirliğine girmişti. Rachel Lane'in bulunduğu yer konusundaki bilginin bazı gazetecilere sızdırılması konusunu görüşmüşlerdi. Medya onu Corumba'da hiç kuşkusuz bulabilirdi. Onu saklandığı yerden çıkarabilirler ve dünya da, mahkeme sırasında onun bu büyük parayla ne yapacağını öğrenebilirdi. Kadın eğer umut ve hayal ettikleri gibi parayı istemezse o zaman müvekkilleri baskıyı artırırdı.

Bu bir riskti ve bunu hâlâ tartışıyorlardı.

Yancy, "Rachel Lane tüm bu parayla ne yapmayı düşünüyor?" diye sordu.

Josh, sanki Rachel'le bu konuyu her gün tartışıyormuş gibi, "Emin değilim," diye cevap verdi. "Büyük olasılıkla küçük bir kısmını kendine alıp gerisini hayır kurumlarına bağışlayacak. Bana sorarsanız Troy da bunun için yaptı bunu. Bu parayı müvekkillerinize bıraksaydı doksan gün bile dayanmayacağını düşündü. Parayı Rachel'e bırakırsa, onun ihtiyaç sahiplerine gideceğini biliyordu."

Josh sözünü bitirdiği zaman odada derin bir sessizlik oldu. Hayaller yavaş yavaş yıkılıyordu. Rachel Lane gerçekten vardı ve paradan vazgeçmeyecekti.

Hark en sonunda, "Kendisi neden ortaya çıkmadı peki?" diye sordu.

"Şey, bu soruya yanıt vermek için bu kadını tanımanız gerekir. Para onun için bir anlam taşımıyor. Babasının vasiyetine girmiş olmayı da beklemiyordu. Sonra birden, milyarların kendisine kaldığını öğrendi. Hâlâ şokta."

Phelan avukatları notlarını alırken yine uzun bir sessizlik oldu. Langhorne, "Gerekirse Yüksek Mahkeme'ye gideriz," dedi. "Rachel bunun yıllarca sürebileceğini biliyor mu?"

Josh, "Biliyor," diye cevap verdi. "Zaten bunun için o da bir anlaşma olanağı olup olmadığını anlamak istiyor."

İşler şimdi yürümeye başlamıştı işte.

Wally Bright, "Nereden başlayacağız peki?" diye sordu.

Soru zordu. Masanın bir tarafında on bir milyarlık bir altın potası vardı. Veraset ve mülk vergileri yarısından fazlasını götürecek ve geriye yaklaşık beş milyar kalacaktı. Diğer yanda, Ramble dışında hepsi de beş parasız kalmış olan Phelan vârisleri vardı. İlk rakamı kim söyleyecekti? Bu rakam ne olabilirdi? Vâris başına on milyon? Yoksa yüz milyon mu?

Josh bunun planlamasını yaptırmıştı. "Vasiyetnameyle başlayalım," dedi. "Geçerli olduğunu kabul edersek, içinde, itiraz edecek vârislere bir şey verilmeyeceğinden söz eden satırlar var. Bu da sizin müvekkilleriniz için geçerli tabii. Bu nedenle siz sıfır pozisyonundan başlıyorsunuz. Yine vasiyetnameye göre, müvekkillerinize, Bay

Phelan'ın ölüm günü itibariyle borçları kadar para verilecek." Josh bir kâğıt daha kaldırdı ve ona bir saniye baktı. "Şu ana kadar öğrendiğimize göre Ramble Phelan'ın borcu yok. Geena Phelan Strong'un dokuz Aralık itibariyle borcu dört yüz yirmi bin. Libbigail ve Spike'ın borçları yaklaşık seksen bin. Mary Ross ve doktor kocası için bu rakam dokuz yüz bin. Troy Junior borçlarının çoğundan iflas sonucu kurtulmuş ama yine de yüz otuz bin borcu var. Bildiğimiz gibi, Rex bu konuda şampiyon. Onun ve güzel karısı Amber'in dokuz Aralık itibariyle borçları toplam olarak yedi nokta altı milyon dolar. Bu rakamlar konusunda bir anlaşmazlık var mı?"

Hayır. Rakamlar doğruydu. Avukatları ilgilendiren, ondan sonraki rakamdı.

"Nate O'Riley müvekkiliyle sürekli temasta. Bu meseleyi çözümlemek için Rachel, altı vâristen her birine on milyon dolar teklif edecek."

Avukatlar hayatlarında hiçbir zaman bu kadar hızlı hesap yapıp yazı yazmamıştı. Hark'ın üç müvekkili vardı; yüzde 17.5 ona 5.25 milyon dolarlık bir avukatlık ücreti getiriyordu. Geena ve Cody, Langhorne'la yüzde yirmi üzerinden anlaşmıştı ki, bu da onun küçük şirketine 2 milyon kazandıracaktı. Yancy için de aynı şeydi ama Ramble henüz reşit olmadığından bunun için mahkeme kararı gerekecekti. Otobüs duraklarında hızlı boşanma ilanları yapıştırıp hayatını kazanmaya çalışan sokak avukatı Wally Bright ise, Libbigail ve Spike'la yaptığı vicdansız, insafsız anlaşma sonucu on milyonun yarısını alacaktı.

İlk reaksiyon Wally'den geldi. Kalbi donmuş, boğazı düğümlenmiş gibi olmasına rağmen, biraz da küstahça bir tavırla konuşabildi. "Benim müvekkilim elli milyondan aşağı anlaşmaya yanaşmayacaktır."

Diğerleri de başlarını iki yana salladı. Aslında parayı harcama planları yapmaya başlamış olmalarına rağmen kaşlarını çatıp, teklif edilen miktarı küçük görür gibi surat astılar.

Wally Bright elli milyon rakamını yazarken bile şaşırabilirdi. Ama bunu, yüksek paralarla oynayan bir Vegas kumarbazı gibi söylemişti.

Toplantıdan önce, para konusu açılırsa vâris başına elli milyondan aşağıya inmeyecekleri konusunda anlaşmışlardı. Toplantıdan önce bu onlara uygun gelmişti. Ama şimdi masanın üstündeki on milyon harika bir rakam gibi görünüyordu.

Hark, "Bu verdiğiniz rakam mirasın yaklaşık yüzde biri," dedi.

Josh, "Olaya bir de şu açıdan bakın," diye konuştu. "Aslında çeşitli açılardan bakabilirsiniz tabii. Ama ben sıfırdan başlamayı yeğlerim, çünkü şu anda o noktadasınız, tüm mirası düşünüp aşağıya doğru inmektense, sıfırdan başlayıp yukarıya doğru çıkmak bence daha akıllıca, değil mi?"

Josh ayrıca onların güvenini kazanmak istiyordu. Avukatlar bir süre rakamlarla uğraştı ve sonra Josh, "Bakın ben sizin yerinizde olsaydım, yani vârislerden birini temsil etseydim on milyonu kabul etmezdim," dedi.

Avukatlar put kesilip onu dinlemeye hazırlandı.

"Rachel aç gözlü bir kadın değil. Sanırım Nate O'Riley onu vâris başına yirmi milyon konusunda ikna edebilir."

Ücretler ikiye katlanıyordu – Hark'ın payı on milyonun üstüne çıkmıştı. Langhorne ve Yancy için dört milyon. Payı on milyona çıkan fakir Wally birden diyare oldu ve toplantıdan çıkmak için izin istedi.

Cep telefonu çaldığında Nate kapı boyuyordu ve çok mutluydu. Josh ona telefonu yanından ayırmamasını söylemişti.

Peder Phil, "Beni ararlarsa numaralarını al," dedi. O sırada yeni bir duvar kaplaması için karmaşık bir ölçüm yapıyordu.

Arayan Josh'du. "Daha iyi olabilirdi," dedi. "Ben yirmi milyonda kaldım, onlar elli istiyor."

Nate inanamıyormuş gibi, "Elli mi?" diye sordu.

"Evet, ama parayı harcamaya başladılar bile. En azından ikisinin şu anda Mercedes bayiinde olduklarına dair iddiaya girebilirim."

"Paraları hangisi daha hızlı harcayacak? Avukatlar mı, müvekkiller mi?"

"Ben avukatlar diyorum. Bak, biraz önce Wycliff'le konuştum. Toplantı Çarşamba günü saat üçte onun ofisinde. Şu meseleyi sarıp sarmalayalım."

Nate, "Ben de sabırsızlanıyorum," dedi ve telefonu kapattı.

Kahve molası zamanı gelmişti. Bir duvar dibinde yere oturup kahvelerini yudumlamaya başladılar.

Phil, "Elli mi istiyorlar?" diye sordu. Artık o da ayrıntıları öğrenmişti. İkisi kilise bodrumunda çalışırken birbirlerine açılmış, sırlarını söylemişlerdi. Konuşmak çalışmaktan daha önemliydi. Phil bir din adamıydı. Nate ise avukat. Aralarında konuşulanlar bu nedenle tamamen bir sır olarak kalacaktı.

Nate, "Başlangıç noktası olarak iyi," dedi. "Ama çok daha azına razı olacaklardır."

"Bir anlaşma olacağına inanıyor musun?"

"Tabii. Çarşamba günü yargıçla toplanacağız. O da biraz baskı yapacaktır kuşkusuz. O zamana kadar avukatlar ve müvekkilleri de paraları saymakta olacaklardır."

"Öyleyse ne zaman gidiyorsun?"

"Sanırım Cuma günü. Gelmek ister misin?"

"Bunu yapamam, parasal gücüm yetmez."

"Tabii ki yeter. Müvekkilim masrafları karşılayacaktır. Sen bu seyahat sırasında benim ruhsal danışmanım olursun. Para önemli değil."

"Doğru olmaz bu."

"Hadi Phil. Sana Pantanal'ı göstereceğim. Dostlarım Jevy ve Welly ile tanışırsın. Birlikte bir tekne gezisi yaparız."

"Konuşmana bakılırsa pek çekici bir şeye benzemiyor gibi."

"Tehlikeli değil. Pantanal'da oldukça çok turizm işi de var. Orası muazzam bir ekolojik rezerv. Gerçekten de Phil, ilgini çekiyorsa bunu ayarlayabilirim."

Rahip, "Pasaportum yok," dedi ve kahvesinden bir yudum aldı. "Ayrıca burada yapılacak çok işim var."

Nate bir haftalığına gidecekti ve döndüğünde bodrumu aynı şekilde bulacağına emindi.

Phil sakin bir sesle, "Bayan Sinclair her an ölebilir," dedi. "Onun için buradan ayrılamam."

Kilise Bayan Sinclair'in ölümünü neredeyse bir aydan beri bekliyordu. Phil Baltimore'a gitmeye bile çekiniyor, korkuyordu. Nate onun ülkeden asla ayrılmayacağını biliyordu.

Phil, "Demek onu tekrar göreceksin, öyle mi?" dedi.

"Evet, göreceğim."

"Heyecanlı mısın?"

"Bilmiyorum. Onu tekrar görmek için sabırsızlanıyorum ama onun beni görmek isteyip istemeyeceğini bilmiyorum tabii. Orada çok mutlu ve bu dünyayla ilgili bir şey istemiyor. Hukuki konulara daha da kızacaktır."

"O zaman bunu neden yapıyorsun?"

"Çünkü kaybedecek bir şey yok. Parayı yine istemezse aynı pozisyonda kalmış olacağız. Diğer taraf her şeyi alacak."

"Ve bu da bir felaket."

"Evet. Bu büyük parayı Phelan vârisleri kadar çabuk çarçur edebilecek başka bir insan grubu bulmak kolay değildir. Bu parayla kendilerini mahvedecekler."

"Bunu Rachel'e anlatamaz mısın?"

"Denedim. Bunu duymak bile istemiyor."

"Fikrini değiştirmeyecek midir yani?"

"Hayır. Asla."

"Yani oraya yapacağın seyahat boşa mı gidecek?"

"Kokarım ki öyle. Ama en azından denemiş oluruz."

50

Ramble dışında tüm Phelan vârisleri, toplantı sırasında ya mahkeme binasında ya da oraya çok yakın bir yerde beklemek istiyordu. Hepsinde birer cep telefonu vardı ve tabii Wycliff'in ofisindeki avukatlarda da.

Avukatlar ve müvekkilleri uyku uyuyamıyordu.

Bir insan hayatta kaç kez bir anda milyoner olabilir? Phelan vârisleri için bu olanak ikinci kez veriliyordu ve bu kez kendi kendilerine, daha akıllıca davranacaklarına dair yemin etmişlerdi. Bu son şanslarıydı.

Adliye binasının koridorlarını arşınlayıp beklediler. Ön kapıların dışında sigara içtiler. Bir süre otoparktaki arabalarında oturup ısınarak sinirlerini yatıştırmaya çalıştılar. İkide bir saatlerine baktılar, gazete okumaya çalıştılar ve birbirlerine rastladıklarında biraz gevezelik ettiler.

Josh ve Nate odanın bir yanında oturuyordu. Josh tabii pahalı ve koyu renk bir takım giymişti. Nate'in üzerinde, yakasında beyaz lekeler olan bir kot gömlek vardı. Kravat takmamıştı. Blucin pantolonu ve yürüyüş botları kıyafetini tamamlıyordu.

Wycliff önce odanın diğer yanındaki Phelan avukatlarına hitap etti. Onlara, en azından şimdilik, Rachel Lane'in cevabını bekleme konusunu dosyadan çıkarmayacağını söyledi. Onu, dava sürecinden çıkarmanın birçok riski vardı. Bay O'Riley onun çıkarlarını koruma konusunda iyi çalışıyordu; bu nedenle davaya aynen planlandığı şekilde devam edilecekti.

Toplantının amacı bir anlaşma sağlamaktı ve her yargıç her davada böyle bir sonuç arzu ederdi. Wycliff hâlâ uzun, çapraşık ve kamuoyunu ilgilendiren bir davanın heyecanıyla büyülenmiş gibiydi ama bunu asla belli etmiyordu. Taraflar arasında bir anlaşma sağlamak için elinden geleni yapmak, onları ikna etmeye çalışmak onun göreviydi.

Ama bu adamları ikna etmek için fazla uğraşmak gerekmeyecekti.

Yargıç tüm talepleri, belgeleri incelemiş, her yeminli beyan ve ifadeyi izlemişti. Her şeyi gözden geçirirken, kanıtları inceledi ve sonuçta Hark, Bright, Langhorne ve Yancy'ye, kendi fikrine göre kazanma şanslarının pek fazla olmadığını açıkladı.

Avukatlar bunu iyi karşıladı. Söylenenler zaten sürpriz değildi. Para masaya konmuştu ve onlar da almak için sabırsızlanıyordu. Kendi kendilerine, bize istediğin kadar hakaret et, ama şu para işini çabuk bitirelim, diyorlardı.

Wycliff, diğer yandan bir jürinin ne yapacağını asla bilemezsiniz, diyordu. Sanki her hafta bir jüri topluyormuş gibi konuşuyordu ama böyle bir şey olmuyordu tabii. Avukatlar da biliyordu bunu.

Yargıç, Josh'a, iki gün önce, Pazartesi günü yaptıkları anlaşma toplantısını özetlemesini söyledi. "Tam olarak nerede olduğumuzu bilmek isterim," dedi.

Josh kısa konuştu. Sonuç basitti. Vârislerin her biri elli milyon istiyordu. En büyük ve tek vâris olan Rachel ise, diğer tarafın haklılığını kabul etmediği halde, anlaşma olsun diye onlara yirmişer milyon teklif ediyordu.

Wycliff, "Arada önemli bir fark var," dedi.

Nate sıkılmıştı ama canlı görünmeye çalışıyordu. Bir tek kişi tarafından kazanılmış, dünyanın en büyük servetlerinden birinin paylaşımı söz konusuydu. Josh, üzerindeki giysiler için onu haşlamıştı. Nate hiç aldırmıyordu. Odanın karşı tarafındaki avukatların yüzlerine bakıp oyalanıyordu. Ne kadar alacaklarını düşünüp sinirli bir tavırla ve endişe içinde bekleşen adamlardı bunlar. Gözleri fıldır fıldırdı ve ellerinin hareketleri âdeta tahrik ediciydi.

O anda ayağa kalkarak, Rachel'in anlaşma için bir dolar bile vermediğini söyleyip odadan çıkmak kim bilir ne eğlenceli olurdu. Birkaç saniye şoke olup oturur ve sonra da aç köpekler gibi onun peşinden koşarlardı.

Josh sözlerini bitirdikten sonra Hark grup adına konuştu. Önünde notları vardı ve söyleyeceklerini hazırlamıştı. Önce, davanın gelişmesinin istedikleri gibi olmadığını kabul ederek başladı. Müvekkilleri iyi tanıklar değillerdi. Son psikiyatrlar da önceki üç uzman kadar sağlam değildi. Snead'a güvenilemezdi. Tüm bunları kabul etti ve samimiyeti hayranlık vericiydi.

Hark yasal teorileri tartışacak yerde insanları ele aldı. Müvekkilleri olan Phelan çocuklarından söz etti ve onların, yüzeyden bakıldığında pek de sempatik kişiler olmadığını kabul etti. Ama onları yakından inceleyip avukatları gibi derine inince, çocukların hayatta asla şansları olmadığını anlardınız. Çocuk olarak zengin ve şımartılmışlardı, durmadan değişen dadılar tarafından büyütülmüş, babalarından asla yakınlık görmemişlerdi, babaları ya Asya'ya fabrika satın almaya gider ya da ofisinde en son sekreteriyle yaşardı. Hark bir ölünün arkasından konuşmak istemezdi ama, Bay Phelan'ın nasıl bir adam olduğunu da herkes biliyordu. Anneleri de garip kadınlardı aslında, ama onlar da Troy'la cehennem hayatı yaşamıştı.

Phelan çocukları normal aile ortamında büyümemişti. Pek çok çocuğun anne babasından öğrendiği dersler onlara verilmemişti. Babaları büyük bir işadamıydı, onun ilgisini çekmek için çabalar ama bunu başaramazlardı. Anneleri sadece kulüplerde eğlenir, gezer, ya da alışveriş yapardı. Babalarının onlara, hayata iyi bir başlangıç yapabilmeleri için yaptığı tek şey, yirmi bir yaşına geldiklerinde beşer milyon vermekten ibaretti. Bu, hem çok geç hem de çok erkendi. Para, onlara çocuk olarak ihtiyaç duydukları aklı, yön verme duygusunu ve sevgiyi sağlamıyordu. Onlar da yeni bir zenginliğin sorumluluğunu taşımak için hazır olmadıklarını zaten göstermişlerdi.

Verilen paralar onlara felaket ve aynı zamanda olgunluk da getirmişti. Phelan çocukları şimdi yılların verdiği olgunlukla geçmişte yaptıkları hatalara bakıyordu. Para konusunda ne kadar aptal olduklarını şimdi görüyor ve üzülüyorlardı. Rex'in otuz iki yaşında yaptığı gibi, bir sabah savurgan bir genç olarak uyandığınızı düşünün – boşanmış, beş parasız ve çocuk nafakası ödemediğiniz için hapse girmek üzere, bir yargıcın önünde duruyorsunuz. Yine parasız ve boşanmış olan ağabeyinizin sizi oradan çıkarmak için annenizi kefalet ödeme konusunda iknaya çalıştığını ve o arada on bir gün hapiste kaldığınızı düşünün. Rex, demir parmaklıkların arkasında günlerini geçirirken, paraların nereye gittiğini düşündüğünü söylemişti.

Hayat Phelan çocukları için acımasız olmuştu. Yaraların birçoğunu kendileri açmıştı ama çoğu da babalarının hatası sonucuydu.

Babalarının onları son kez ihmali, şu el yazısı vasiyetnameydi işte. Çocukluklarında onlardan uzakta duran, yetişkinliklerinde cezalandıran ve mirasından mahrum eden adamın kötülüğünü asla anlayamayacaklardı.

Hark sözünü, "Onlar birer Phelan'dır, Troy'un kendi kanından ve canından çocuklarıdır ve hiç kuşkusuz babalarının mirasından hak ettiklerini almak durumundalar," diyerek bitirdi.

Hark konuşmasını tamamlayıp oturunca odada derin bir sessizlik oldu. İnsanın vicdanını sızlatan bir konuşmaydı, Nate, Josh ve hatta Wycliff bile etkilenmişti. Jüri karşısında bunu yapmazdı çünkü müvekkillerinin sağlam iddialara dayanmadıklarını açık mahkeme önünde söyleyemezdi. Ama şu an ve bir anlaşma için Hark'ın konuşması mükemmeldi.

Nate istese bir saat boyunca sıkı bir pazarlığa girişir, onları sıkıştırır, blöf yapar ve servetten birkaç milyon daha kurtarabilirdi. Ama bunu yapacak güç ve ruh halini kendinde bulamıyordu. Hark açık konuştuysa o da aynı şeyi yapabilirdi. Bunların hepsi hile ve düzenin birer parçasıydı zaten.

Gözlerini radar gibi Hark'a kilitleyip, "En son rakamınız nedir?" diye sordu.

"Son rakam olduğunu sanmıyorum. Vâris başına elli milyon herhalde mantıklı bir rakam. Büyük olduğunu söyleyebilirsiniz, öyle görünüyor ve öyle de, ama bir de mirasın büyüklüğüne bakın. Vergilerden sonra hâlâ paranın sadece yaklaşık yüzde beşinden söz ediyoruz burada."

Nate, "Yüzde beş çok fazla değil," dedi ve susup bunun etkisini bekledi. Hark onu gözlüyordu ama diğerleri ona bakmıyordu. Bloknotlarının üstüne eğilmiş bundan sonraki rakamın hesaplarına hazırlanıyorlardı.

Hark, "Gerçekten de değil," dedi.

Nate, "Müvekkilim elli milyona evet diyecektir," diye konuştu. O anda müvekkili belki de nehir kıyısında bir ağacın gölgesi altında küçük çocuklara İncil'den ilahiler öğretmekle meşguldü.

Wally Bright o anda yirmi beş milyon dolarlık bir avukatlık ücreti kazanmıştı ve ilk düşündüğü, yerinden fırlayıp Nate'in ayaklarını öpmekti. Ama tabii bunu yapmadı ve onun yerine kaşlarını çatıp önündeki bloknota bir şeyler karaladı, ne yazdığını kendisi de bilmiyordu.

Josh bunun olacağını biliyordu kuşkusuz, adamları bunun hesabını yapmıştı, ama Wycliff bilmiyordu. Bir anlaşmaya varılmıştı ve dava ortadan kalkıyordu. O da memnun görünmek durumundaydı. "Pekâlâ," dedi. "Bir anlaşmaya vardık mı?"

Phelan avukatları hiç nedeni yokken, sadece alışkanlıkla son kez bir araya toplandılar. Hark'ın etrafını sarıp bir şeyler fısıldaşmaya çalıştılar ama hiçbir şey söyleyemediler.

Hark, "Anlaştık," dedi, o anda yirmi altı milyon dolar daha zengindi.

Josh daha önceden kabaca bir anlaşma metni hazırlatmıştı. Kâğıt üzerindeki boşlukları doldururken Phelan avukatları birden müvekkillerini hatırladılar. Hemen izin isteyip koridora fırladılar ve cep telefonlarına sarıldılar. Troy Junior ve Rex, birinci katta bir Cola makinesinin yanında bekliyordu. Geena ve Cody, boş bir duruşma salonunda gazete okuyordu. Spike ve Libbigail sokakta park ettikleri eski pikaplarında oturuyordu. Mary Ross otoparktaki Cadillak'ı içindeydi. Ramble ise evde, bodrum katındaki odasında, kapısını kilitlemiş, kulaklıklarını takmış başka bir dünyada yaşıyordu.

Anlaşma, Rachel Lane tarafından onaylanıp imzalanmadan geçerli olamazdı. Phelan avukatları bu işin çok gizli tutulmasını istiyordu. Wycliff mahkeme dosyasını mühürleyip kaldıracağına söz verdi. Bir saat sonra anlaşma tamamlanmıştı. Phelan vârislerinin her biri ve avukatlarıyla, Nate de anlaşmayı imzaladı.

Sadece bir imza kalmıştı. Nate onlara bu imzayı almasının birkaç gün alacağını söyledi.

Adliye binasından ayrılırken, bir bilseler, diye düşünüyordu.

Nate ve Rahip, Cuma günü öğleden sonra Nate'in kiralık arabasıyla St. Michaels'dan ayrıldılar. Arabayı, alışması için rahip kullanıyordu. Nate yan koltukta uyukluyordu. Bay Bridge'i geçerken

Nate uyandı ve son anlaşmayı Phil'e okudu, rahip ayrıntıları öğrenmek istemişti.

Phelan Grubu'na ait Gulfstream IV jet uçağı Baltimore-Washington havaalanında onları bekliyordu. Pırıl pırıl, yirmi yolcu taşıma kapasiteli bir uçaktı ve o kadar yolcuyu dünyanın istenen her yerine götürebilirdi. Phil uçağı daha yakından görmek istedi ve pilota sordular. Hiç sorun yoktu. Bay O'Riley ne istiyorsa yapabilirlerdi. Yolcu kabininde koltuklar deri ve ahşaptı, geniş divanlar, bir toplantı masası ve birkaç televizyon ekranı vardı içerde. Nate normal bir yolcu gibi gidebilirdi ama Josh bu uçağı kullanması konusunda ısrar etmişti.

Nate, Phil'in arabayla uzaklaşmasını izledi ve sonra tekrar uçağa bindi. Dokuz saat sonra Corumba'da olacaklardı.

Vakıf anlaşması mümkün olduğunca inceydi, mümkün olan en az sayıda sözcük kullanılmış ve bunların da kısa ve anlaşılır olması üzerinde durulmuştu, anlaşmayı hazırlayanlar ellerinden geleni yapmıştı. Josh bu anlaşmayı adamlarına birkaç kez, tekrar tekrar yazdırmıştı. Rachel'in bu anlaşmayı imzalamaya en küçük bir niyeti varsa, içinde neler yazdığını okuyup anlaması gerekiyordu. Nate açıklamalar yapmak üzere orada olacaktı ama, o da kadının bu tür konularda çok sabırsız olduğunu biliyordu.

Babasından kalan para ve mülkler, getirisi daha fazla bir yatırım bulunamadığı için Rachel Vakfı isimli bir vakfa yatırılacaktı. Ana para on yıl süreyle aynı kalacak, sadece faizler ve kazançlar hayır kurumlarına verilecekti. On yıl sonra, her yıl anaparanın yüzde beşi de faiz ve kazançlara katılacak ve üyelerin takdirine göre harcanacaktı. Yıllık harcamalar çeşitli hayır işlerinde kullanılacak ve öncelik Dünya Kabileleri'nin misyon çalışmalarına verilecekti. Fakat anlaşma dili öylesine esnekti ki, vakıf üyeleri harcamaları istedikleri iyilik ya da yardımseverlik amacına yönelik olarak yapabilecekti. Mütevelli heyetinin başı Dünya Kabileleri organizasyonundan Neva Collier idi ve bu kadın, işlerin yürütülmesi için gerekli diğer on iki üyeyi de seçecekti. Üyeler işleri yürütecek ve Rachel istediği takdirde ona rapor vereceklerdi.

Rachel isterse parayı hiç görmeyecek ya da ona dokunmayacaktı. Vakıf kuruluşu, Dünya Kabileleri tarafından seçilecek avukatlar tarafından yapılacaktı.

Çözüm bu kadar basitti işte.

Sadece bir imza gerekiyordu, bir Rachel Lane ya da soyadı her neyse onunla atılacak bir imza. Vakıf anlaşmasına bir imza, miras anlaşmasına da bir imza atıldığı takdirde Phelan mirası meselesi kısa zamanda ve hiçbir sorun çıkarmadan çözümlenebilecekti. Ondan sonra Nate yoluna devam edebilecek, sorunlarıyla karşı karşıya gelip ilacını alacak ve yaşamını yeniden kurmaya çalışacaktı. Başlamak için sabırsızlanıyordu.

Rachel vakıf ve miras anlaşmalarını imzalamak istemezse Nate o zaman ondan, feragat belgesini imzalamasını isteyecekti. Mirası reddedebilirdi ama bunu mahkemeye bildirmesi zorunluydu.

Feragat belgesi Troy'un vasiyetini geçersiz kılacaktı. Aslında geçerli olacak ama onunla ilgili bir işlem yapılamayacaktı. Mirasın verileceği bir yer olmayacak ve durum, Troy sanki vasiyetname bırakmadan ölmüş gibi olacaktı. Bu takdirde, yasaya göre miras altıya bölünüp vârislere dağıtılacaktı.

Rachel bütün bunlara nasıl bir reaksiyon gösterecekti acaba? Onun, kendisini görmekten memnun olacağını düşünmek istiyordu ama buna pek inanamıyordu. Onun kendisine, dang hummasına yakalanmadan az önce tekneyle uzaklaşırken el sallayışını hatırladı. Orada halkının arasında durmuş, onu yolcu ediyor, ebediyen elveda diyerek el sallıyordu. Dünyaya ait konularla rahatsız edilmek istemiyordu.

51

Gulfstream uçak küçük terminal binasına taksi yaparak yaklaştığında, Valdir onu Corumba havaalanında bekliyordu. Saat geceyarısından sonra 1'di, havaalanı boştu ve apronun diğer ucunda sadece birkaç küçük uçak duruyordu. Nate onlara baktı ve Milton'un Pantanal'dan dönüp dönmediğini düşündü.

İki eski dost gibi birbirlerini selamladılar. Valdir, Nate'in sağlıklı görünüşü karşısında şaşırmış gibiydi. Birbirlerini son defa gördüklerinde Nate dang hummasına yakalanmıştı ve bir iskelete benziyordu.

Valdir'in Fiat arabasına binip oradan ayrıldılar, pencereler açıktı, sıcak ve rutubetli hava Nate'in yüzüne vuruyordu. Pilotlar da bir taksiyle arkadan geliyordu. Tozlu sokaklar bomboştu. Etrafta kimsecikler görünmüyordu. Kentin merkezine gelip Palace Oteli'nin önünde durdular. Valdir ona bir anahtar uzattı ve, "Oda numaran iki yüz on iki," dedi. "Sabah altıda geleceğim."

Nate dört saat uyudu ve sabah güneşi binaların arasından görünürken kaldırımda bekliyordu. Hava açıktı ve dikkat ettiği şeylerden birincisi bu oldu. Yağmur mevsimi bir ay önce bitmişti. Havalar daha serin olacaktı ama Corumba'da gündüzleri ısı pek seyrek olarak yirmi beş derecenin altına düşerdi.

Ağır el çantasında bir sürü belge, bir fotoğraf makinesi, yeni bir SatFone (uydu telefonu), yeni bir cep telefonu, bir çağrı cihazı, bir şişe çok kuvvetli böcek ilacı, Rachel için küçük bir armağan ve iki takım da çamaşır ve giysi vardı. Bacaklarına kalın haki pantolon, üzerine de uzun kollu gömlek giymişti, her yanı kapalıydı. Belki biraz terleyip sıkıntı çekecekti ama hiçbir böcek de zırhını delemeyecekti.

Valdir tam altıda geldi ve hemen havaalanına gittiler. Kent yavaş yavaş uyanıyordu.

Valdir, Campo Grande'de bir şirketten saati bin dolar olan bir helikopter kiralamıştı. Helikopterin iki pilotu vardı, dört yolcu taşıyabiliyordu ve uçuş menzili üç yüz mildi.

Pilotlar ve Valdir, Jevy'nin Xeco Nehri ve ayaklarını gösteren haritalarını incelediler. Sular çekildikten sonra Pantanal'ı karadan da havadan da dolaşmak daha kolaydı. Nehirler yataklarına çekilmişti. Göller normal kıyılarındaydı. *Fazenda*'lar su seviyesinin üstündeydi ve hava haritalarında görülebiliyordu.

Nate çantasını helikoptere koyarken Pantanal'daki son uçuşunu düşünmemeye çalışıyordu. Ama olasılık oranı onun lehineydi. İki kez arka arkaya uçak kazası geçiremezdi herhalde.

Valdir arka koltukta, telefona yakın oturmayı yeğledi. Uçmaktan, özellikle de bir helikopterle ve Pantanal üzerinde uçmaktan hoşlanmıyordu. Kalkışlarında hava sakin ve bulutsuzdu. Nate omuz ve koltuk kemerlerini bağlayıp başına bir kask geçirdi. Corumba'dan sonra Paraguay'ı izlemeye başladılar. Aşağıdan balıkçılar onlara el sallıyordu. Dizlerine kadar suya girmiş küçük çocuklar başlarını kaldırıp onlara bakıyordu. Muz yüklü bir *çalana*'nın üstünden uçtular, o da onların gittiği yöne, kuzeye gidiyordu. Daha sonra, bu kez güneye giden eski bir *çalana* daha gördüler.

Nate bir süre sonra helikopterin gürültü ve sarsıntısına alıştı. Pilotların Portekizce konuşmalarını kendi kulaklıklarından duyabiliyordu. *Santa Loura*'yı ve Corumba'dan daha önceki, kuzeye doğru ayrılışında akşamdan kalma halini hatırladı.

İki bin fit irtifaya tırmanıp düz uçuşa geçtiler. Otuz dakikalık bir uçuştan sonra Nate, nehrin kenarında Fernando'nun dükkânını gördü.

Pantanal'ın iki mevsim arasındaki değişikliği onu şaşırtmıştı. Çeşitli bataklıklar, göller ve her yöne kıvrılarak giden nehirler yine vardı ama, seller çekildiği için her taraf çok daha yeşildi.

Paraguay Nehri'nin üstünde kaldılar. Nate'in gözleri sürekli olarak gökyüzünü tarıyordu ama hava tamamen açık ve masmaviydi. Noel'de Milton'un uçağıyla geçirdikleri kazayı hatırladı. Kasırga dağların tepesinden çıkıp bir an içinde patlayıvermişti.

Bir süre sonra bin fit'e indiler ve havada daireler çizerken pilotlar, hedefi bulmuş gibi bir noktayı işaret etmeye başladı. Nate Xeco sözcüğünü duydu ve akarsuyun Paraguay Nehri'ne karıştığı yeri gördü. Kendisi Xeco Nehri konusunda hiçbir şey hatırlamıyordu kuşkusuz. Bu nehirle ilk karşılaşmasında bir teknenin dibinde, bir tente altında, ölmek isteyerek yatıyordu. Batıya dönüp ana nehri geride bırakarak, Xeco'nun kıvrımlarını izlemeye ve Bolivya dağlarına doğru uçmaya başladılar. Pilotlar şimdi aşağıdaki manzaralarla daha fazla meşgul gibiydi. Mavi ve sarı renkli bir *çalana* arıyorlardı.

Aşağıda, Jevy, uzaktan gelen helikopter gürültüsünü duydu. Hemen portakal rengi bir işaret fişeği yakıp havaya gönderdi. Welly de aynı şeyi yaptı. Parıldayarak yanan işaret fişekleri, havada mavi ve gümüş rengi bir duman izi bıraktı. Birkaç dakika sonra helikopter göründü ve yavaşça daireler çizmeye başladı.

Jevy ve Welly, geniş ağızlı palalarını kullanıp, nehir kıyısından elli metre kadar içerde çalılıkları kesip geniş bir alanı temizlemişti. Bu topraklar bir ay kadar önce sular altındaydı. Helikopter sağa sola sallanıp hafifçe savrularak alçaldı ve indi.

Rotor palleri durduktan sonra Nate aşağıya atladı ve iki eski dostuna sarıldı. Onları iki aydan fazla bir zamandır görmemişti ve o anda orada bulunması üçü için de bir sürprizdi.

Zaman kıymetliydi. Nate fırtınalardan, karanlıktan, sellerden ve sivrisineklerden korkuyor, işini mümkün olduğunca çabuk bitirmek istiyordu. Nehirdeki *çalana*'ya doğru yürüdüler. *Çalana*'nın yanına bağlanmış, ilk seyahatini yapacakmış gibi bekleyen uzun, yeni bir motorlu tekne vardı. Kıçındaki yepyeni motorla birlikte bu tekne, Phelan mirasının parasıyla alınmıştı tabii. Nate ve Jevy hemen motorlu tekneye atlayıp Welly ve pilotlara veda ederek oradan uzaklaştılar.

Jevy motorun gürültüsünü bastırmak için bağırarak, köyün iki saatlik mesafede olduğunu söyledi. O ve Welly buraya bir gün önce *çalana*'yla gelmişlerdi. Nehir darlaşınca daha fazla gidemeyip kıyıya yanaşmış ve helikopter için yer açmışlardı. Sonra motorlu tekneye atlayıp etrafı dolaşmış ve ilk köyün yakınlarına kadar gitmişlerdi. Girişi hatırlamıştı ama, yerliler onları fark etmeden geriye dönmüşlerdi.

Mesafe iki ya da üç saat olabilirdi. Nate beş saat olmamasını umut ediyordu. Ne olursa olsun artık yerde, bir tentede ya da hamakta uyumak istemiyordu. Vücudunun hiçbir yerini ormanın tehlikelerine açık tutmayacaktı. Dang hummasının dehşeti henüz silinmemişti.

Rachel'i bulamadıkları takdirde helikopterle Corumba'ya dönüp Valdir'le güzel bir akşam yemeği yer, rahat bir yatakta uyur ve yarın tekrar denerdi. Miras, gerekirse o lanet helikopteri de satın alabilirdi.

Ama Jevy kendinden emin görünüyordu ki bu da olağanüstü bir şey değildi. Suyun üzerinde süratle kayarak giderken teknenin burnu güçlü motorun etkisiyle havaya kalkıyordu. Süratli ve hiç tutukluk yapmadan çalışan bir motora sahip olmak güzel bir şeydi. Kimse onlara yetişemezdi.

Nate, Pantanal'ın güzelliği karşısında bir kez daha büyülenmiş gibiydi; motorla geçerken, sığ suları karıştıran timsahlar, nehir suları üstünde alçak uçuş yapan kuşlar, bölgenin olağanüstü izolasyonu harikaydı. *Fazenda*'ları göremeyecek kadar içerlere girmişlerdi. Yüzyıllardır orada yaşayan insanları arıyorlardı.

Yirmi dört saat önce yazlık evin verandasında oturmuş, bir battaniyeye sarılmış olarak kahvesini yudumlarken, körfeze giren tekneleri seyrediyor ve kilisenin bodrumuna gittiğini söyleyecek olan Peder Phil'in telefonunu bekliyordu. Teknenin içinde kendisini bu ortama alıştırması yaklaşık bir saat sürdü.

Nehir ona tanıdık gelmemişti. İpikaları son defa bulduklarında kaybolmuşlardı, korku içinde, ıslanmış ve açtılar, genç bir balıkçının yardımına sığınmışlardı. Sular yükselmişti, arazideki nirengi noktaları ortada görünmüyordu.

Nate, sanki bombalar yağacakmış gibi gökyüzüne bakıyordu. Bir tek kara bulut görse kaçmaya hazırdı.

Bir süre sonra nehrin bir dönemeci ona tanıdık geldi, belki de yaklaşmışlardı. Rachel onu gülümseyerek karşılayacak mıydı acaba, ona sarılıp gölgede oturarak İngilizce konuşmak isteyecek miydi? Acaba onu özlemiş ve düşünmüş müydü? Nate'in yazdığı mektupları almış mıydı? Mart ayının ortasıydı ve paketlerinin gelmiş olması gerekirdi. Yeni teknesini ve ilaçlarını almış mıydı acaba?

Yoksa ondan kaçacak mıydı? Şefle konuşup ondan, kendisini korumasını ve şu Amerikalı'dan son kez kurtulmasına yardımcı olmasını mı isteyecekti? Nate acaba onu görme şansını yakalayacak mıydı?

Bu kez geçen seferkinden daha sert olması gerekiyordu. Troy'un böyle saçma bir vasiyetname bırakması Nate'in suçu değildi ve Rachel'in, onun yasal vârisi olması da onun suçu değildi. Rachel de olanları değiştiremezdi ve küçük bir işbirliği istemek de fazla bir şey değildi. Ya vakıf anlaşmasını kabul edecek ya da feragat belgesini imzalayacaktı. Nate onun imzasını almadan gidemezdi buradan.

Rachel dünyaya sırtını dönebilirdi ama her zaman için Troy'un kızı olacaktı. Bu da bazı konularda işbirliği yapmasını gerektiriyordu. Nate argümanlarını kendi kendine yüksek sesle prova ediyordu. Jevy onu motor gürültüsünden duymazdı.

Rachel'e kardeşlerinden söz etmeliydi. Bütün mirasa konarlarsa ortaya çıkacak korkunç tabloyu ona anlatmalıydı. Vakıf imzasını attığı takdirde yapacağı büyük iyiliklerin listesini onun önüne sermeliydi. Bunları kendi kendine defalarca tekrarladı.

Nehrin her iki yakasındaki ağaçlar sıklaşmıştı ve dalları sulara değiyordu. Nate tüneli tanıdı. Jevy ilk kez geldiklerinde çocukların yüzdüğü sağda ilerdeki noktayı gösterip, "İşte şurası," dedi. Motorun gazını kesti ve suyun üzerinde ilk köye doğru kaymaya başladılar. Ortada bir tek yerli yoktu. Kulübeler gözden kaybolduktan sonra nehir çatallaştı ve akarsular daralıp küçüldü.

Burası tanıdık bir bölgeydi. Ormanın içine zigzaglar çizerek daldılar, nehir âdeta daireler çiziyor, arada bir açıklıklardan dağlar görünüyordu. İkinci köye vardıklarında, Ocak ayında ilk gece uyudukları yerde bulunan büyük ağacın yakınında durdular. Dang humması başladığı zaman Rachel'in durup da el salladığı yerde kıyıya çıktılar. Kamışların birbirine sıkıca bağlanmasıyla yapılmış sıra oradaydı.

Nate köye bakarken Jevy tekneyi bağlıyordu. Genç bir yerli patikadan onlara doğru koşmaya başladı. Motorun sesi duyulmuştu.

Yerli, Portekizce konuşamıyordu ama ağız ve el hareketleriyle onlara, yeni emirlere kadar burada, nehir kıyısında beklemelerini anlattı. Onları tanıdıysa bile bunu hiç belli etmedi. Korkuyor gibi bir hali vardı.

Onu dinleyip, sıraya oturarak beklemeye başladılar. Saat 11'di, öğle vakti yaklaşıyordu. Konuşacakları çok şey vardı. Jevy nehirlerde çalışıyor *çalana*'larla Pantanal'a çeşitli mallar taşıyordu. Arada sırada turist de gezdiriyordu ve bunun parası daha iyiydi.

Nate'in daha önceki ziyaretinden, Fernando'dan ödünç alınan motorla Pantanal'dan nasıl kaçtıklarından, hastanenin dehşetinden ve Corumba'da Rachel'i nasıl aradıklarından söz ettiler.

Jevy, "Sana söylüyorum," dedi. "Nehirde çalışan herkesle konuştum, o kadın gelmedi oraya. Hastanede değildi. Sen hayal gördün dostum."

Nate onunla tartışmayacaktı. Zaten kendisi de emin değildi.

Santa Loura'nın sahibi kentte durmadan Jevy'yi kötülüyor, suçluyordu. Ona göre teknesi Jevy'nin gözetimindeyken batmıştı ama, bunu fırtınanın yaptığını herkes biliyordu. Adam delinin biriydi zaten.

Konu bir süre sonra, Nate'in de beklediği gibi, Jevy'nin Amerika'da yaşamasına geldi. Jevy vize için başvurusunu yapmıştı ama, bir sponsor ve işe ihtiyacı vardı. Nate ona bazı konulardan söz edip lafı uzattı ve delikanlının kafasını karıştırdı. Pek yakında kendisinin de iş aramak zorunda kalacağını ona söyleyebilecek cesareti bulamamıştı.

Sonunda, "Bir şeyler yapmaya çalışırım," dedi.

Jevy'nin Kolorado'da bir kuzeni vardı ve o da iş arıyordu.

O sırada bir sivrisinek gelip Nate'in eline doğru süzüldü. Önce onu bir vuruşta ezip öldürmeyi düşündü ama sonra vazgeçti, sürdüğü sinek kovucu ilacın etkisini ölçecekti. Sinek Nate'in eli üzerinde bir tur attıktan sonra hedefe doğru dalışa geçti. Fakat birkaç santim mesafede birden durdu, geriye doğru uçtu ve kayboldu. Nate gülümsedi. Kulaklarına, ensesine ve yüzüne bu yağlı ilaçtan bol bol sürmüştü.

İkinci dang humması krizi genellikle kanamaya neden olur. İlkinden çok daha kötüdür ve çoğu kez de ölüme götürür. Nate O'Riley bu hastalığa kurban olmak istemiyordu.

Konuşurken köye bakıyorlardı ve Nate her hareketi izliyordu. Rachel'in, zarif hareketlerle kulübelerin arasından çıkıp patikadan gelerek onları selamlamasını bekliyordu. Şimdiye kadar beyaz adamın geldiğini öğrenmiş olmalıydı.

Ama gelenin Nate olduğunu biliyor muydu acaba? Ya İpika yerlisi onları tanımadıysa ve Rachel de başka birinin daha kendisini bulduğunu düşünüp korkuya kapıldıysa?

Bir süre sonra, şefin ağır adımlarla onlara doğru geldiğini gördüler. Elinde uzun bir tören mızrağı taşıyordu ve arkasından gelen diğer İpika'yı da tanıdı Nate. Yerliler patikanın kenarında, onların oturduğu sıraya yaklaşık on beş metre mesafede durdular. Adamlar gülümsemiyordu ve aslında şef hiç de memnun görünmüyordu. Portekizce olarak, "Ne istiyorsunuz?" diye sordu.

Nate, "Ona, misyoneri görmek istediğimizi söyle," dedi ve Jevy de bunu tercüme etti.

Şef, "Neden?" diye sordu.

Jevy, Amerikalı'nın çok uzaklardan geldiğini ve kadını çok önemli bir mesele için görmek istediğini anlattı. Şef tekrar, "Neden?" dedi.

Amerikalı, kadınla çok önemli konularda görüşecekti, bunları ne Jevy, ne de şef anlayabilirdi. Konu çok önemliydi, yoksa Amerikalı buralara kadar asla gelmezdi.

Nate, şefin çabuk gülen, kahkalar atan ve çabuk da öfkelenen bir adam olduğunu hatırlıyordu. Şu anda adamın yüzünde hiçbir ifade yoktu. On beş metre mesafeden gözleri sert görünüyordu. İlk geldiklerinde onları ateşin başına kahvaltıya davet etmişti. Şimdi ise mümkün olduğunca uzak duruyordu. Yolunda gitmeyen bir şeyler vardı. Bir şeyler değişmiş gibiydi.

Şef onlara beklemelerini söyleyip ağır adımlarla köyüne doğru yürümeye başladı. Yarım saat geçti. Rachel artık onların kim olduğunu öğrenmişti, şef hiç kuşkusuz ona söylemişti. Ama Rachel onları karşılamaya gelmiyordu.

O sırada güneşin önünden bir bulut geçti ve Nate bunu dikkatle izledi. Bulut bembeyaz ve pamuk gibiydi, korkulacak bir yanı yoktu ama Nate yine de ürktü. Uzaklardan gelecek bir gökgürültüsü duysa hemen oradan ayrılacaktı. Teknede otururken biraz bisküvi ve peynir yediler.

Şef onlara ıslık çaldı ve yemeklerini böldü. Köyden geliyordu ve yalnızdı. Onu yarı yolda karşılayıp otuz metre kadar izlediler, sonra yön değiştirip kulübelerin arkasından başka bir patikaya geçtiler.

Nate köy meydanını görebiliyordu. Koca meydan bomboştu, ortada bir tek İpika bile görünmüyordu. Çevrede oynayan çocuklar yoktu. Köyün etrafından toprakla uğraşan kadınlar da kalmamıştı. Temizlik yapan ya da yemek pişiren bir tek kadın bile görünmüyordu. Tek bir ses yoktu. Tek hareket, ateşlerden çıkıp yükselen ve dağılan dumanlardı.

Sonra, pencerelerden ve kapı aralarından bakan küçük başlar gördü. Onları gözetliyorlardı. Sanki bulaşıcı hastalık taşıyorlarmış gibi, şef onları kulübelerden uzak tutuyordu. Bir süre sonra başka bir patikaya saptı, ormanın içine giriyordu bu yol. Bir açıklığa çıktıklarında, Rachel'in kulübesinin karşısında olduklarını gördüler.

Rachel ortalarda görünmüyordu. Şef onları alıp kulübenin kapısı önünden geçirerek yan tarafa götürdü, orada, kalın ağaç gövdeleri altındaki mezarları gördüler.

52

Ağaçtan yapılmış, birbirine uygun beyaz haçlar, yerliler tarafından dikkatle kesilip cilalanmış ve iplerle bağlanmıştı. Haçlar küçüktü, boyları yaklaşık otuz santim kadardı ve her iki mezarın başucunda yumuşak toprağa çakılmıştı. Üzerlerinde hiçbir yazı yoktu, ölenin kim olduğu ya da ne zaman öldüğü belirtilmemişti.

Ağaçların altı loştu. Nate çantasını iki mezar arasında yere koydu ve üzerine oturdu. Şef alçak bir sesle ve hızlı bir konuşmaya başlamıştı.

"Kadın soldaki mezarda. Lako sağda. Yaklaşık iki hafta önce aynı gün öldüler." Jevy bunları Nate'e tercüme ediyordu. Şefin söylediklerini dinleyen Jevy, "Biz gittikten sonra sıtma on kişiyi öldürmüş," dedi.

Şef, tercümesini bile beklemeden uzun uzun konuştu. Nate kelimeleri duyuyordu ama hiçbir şey duymuyor gibiydi. Sol taraftaki mezara, düzgün bir dikdörtgen şeklinde kabartılmış ve etrafına da on santim çapında temizlenmiş dallardan duvar yapılmış kara toprağa baktı. Burada, şimdiye kadar tanıdığı en cesur insan, Rachel Lane yatıyordu, çünkü bu kadın ölümden asla korkmamıştı. Ölümü gülerek karşılamıştı. Burada huzur içinde yatıyordu, ruhu sonunda Tanrı'ya kavuşmuştu ve vücudu sonsuza kadar, halkının, sevdiği bu insanların arasında olacaktı.

Ve Lako da onunla beraberdi, hem de cennetlik vücudu tüm noksanlıklarından, tüm dertlerinden kurtulmuş olarak.

Şok geldi ve gitti. Rachel'in ölümü üzücüydü ama arkasında bir aile bırakmış bir evkadını ya da anne değildi. Ölümünün matemini tutacak geniş bir dost çevresi yoktu. Sadece yaşadığı bu yerde bir avuç insan bilecekti onun öldüğünü. Kendisini gömen insanlara göre tuhaf biriydi o.

Kimsenin, onun ölümüne üzülüp yas tutmasını istemeyeceğini bilecek kadar iyi tanımıştı onu. Rachel gözyaşlarını uygun bulmazdı ve zaten Nate'in de onun için akıtacak gözyaşı yoktu. Bir süre inanamıyormuş gibi onun mezarına baktı ama gerçeğe dönmesi uzun sürmedi. Birçok ortak anıları olan eski bir dost değildi bu kadın. Onu çok az görmüştü. Onu bulmak istemiş ve Rachel'in özel yaşamına zorla girmişti ve Rachel ondan bir daha geri dönmemesini istemişti.

Ama içinde yine de bir acı hissediyordu. Pantanal'dan ayrıldıktan sonra her gün onu düşünmüştü. Onu hayal etmiş, dokunuşunu hissetmiş, sesini duymuş, bilgeliğini hatırlamıştı. O kadın kendisine dua etmesini öğretmiş umut vermişti. Nate'in içinde iyi bir şeyler gören ilk insandı o.

Rachel Lane gibi birine şimdiye kadar rastlamamıştı ve onu özleyecekti, hem de çok.

Şef şimdi sessizdi. Jevy, "Burada çok uzun kalamazmışız," dedi.

Nate hâlâ mezara bakarak, "Neden?" diye sordu.

"Ruhlar sıtma yüzünden bizi suçluyormuş. Sıtma bizim ilk gelişimizde gelmiş buraya. Bizi görmekten memnun değiller."

"Şu ruhlarının bir sürü soytarı olduğunu söyle ona."

"Sana gösterecek bir şeyi varmış."

Nate yavaşça döndü ve şefe baktı. Rachel'in kulübesine gidip dizlerini eğerek içeriye girdiler. Yer topraktı. Kulübede iki oda vardı. Ön odadaki mobilyalar inanılamayacak kadar ilkeldi, kamış parçalarından, bağlanarak yapılmış bir sandalye ve bacakları ağaç dallarından ve minderi de samandan yapılmış bir divan vardı. Arka odada yatak odası ve mutfaktı. Rachel de yerliler gibi bir hamakta yatıyordu. Hamağın altında, küçük bir masa üzerinde, bir zamanlar içinde ilaçlar olan plastik bir kutu vardı. Şef kutuyu gösterdi ve konuşmaya başladı.

Jevy, "Kutuda senin görmen gereken şeyler var," diye tercüme etti.

"Benim mi?"

"Evet. Kadın öleceğini biliyormuş. Şefe, kulübesini korumasını söylemiş ve Amerikalı geldiği zaman ona bu kutuyu göster demiş."

Nate kutuya dokunmaya korkuyordu. Şef kutuyu aldı ve ona uzattı. Nate odadan çıkıp diğer odadaki divana oturdu. Şef ve Jevy dışarıya çıktılar.

Nate'in mektupları buraya ulaşmamıştı, en azından kutuda değillerdi. Kutuda, ülkede yaşayan yerli olmayanlara verilen bir kimlik vardı. Dünya Kabileleri'nden gelmiş üç mektup gördü. Nate onları okumadı, çünkü gözleri kutunun dibindeki vasiyetnameye takılmıştı. Rachel'in vasiyetiydi bu.

Vasiyetname beyaz bir mektup zarfı içindeydi ve zarfın üzerine, bir Brezilya adresi yazılmıştı. Zarfta ayrıca güzel ve okunaklı bir yazıyla şunlar yazılıydı: 'Rachel Lane Porter'ın Son Vasiyetnamesi.'

Nate inanamıyormuş gibi zarfa baktı. Zarfı açarken elleri titriyordu. Zarfın içinde, katlanmış ve birbirine zımbalanmış, beyaz renkli iki mektup kâğıdı vardı. Birinci kağıdın üst kısmında büyük, okunaklı harflerle yine, 'Rachel Lane Porter'ın Son Vasiyetnamesi' yazıyordu.

Kâğıtta şunlar yazılıydı:

Tanrı'nın çocuğu, O'nun dünyasında yaşayan ve Amerika Birleşik Devletleri vatandaşı olan ben, Rachel Lane Porter, aklım başımda ve son vasiyetnamem olarak bunu yazıyorum.

1. Daha önce yapılmış ve iptali gereken vasiyetim yok. Bu ilk ve son vasiyetnamemdir. Her kelimesi benim elimle yazılmıştır.

2. Elimde babam Troy Phelan'ın 9 Aralık 1996 tarihli son vasiyetnamesinin bir kopyası var, bunda, babam tüm mirasını bana bırakıyor. Ben de kendi vasiyetnamemi onunkine uygun olarak düzenliyorum.

3. Mirastan hakkıma düşün paydan hiçbir şekilde feragat etmiyor, mirası reddetmiyorum. Ama onu almak da istemiyorum. Bana düşen miras hakkımı bir vakfa yatırmak istiyorum.

4. Vakfın gelirleri aşağıda belirtilen amaçlarla kullanılacaktır: a) Dünya Kabileleri Misyonerlik Teşkilâtı'nın dünyanın her yerindeki çalışmalarının sürdürülmesi, b) İsa'nın İncili Şerif'inin yayılması, c) Brezilya ve Güney Amerika'daki yerli halkın haklarının korunması, d) Açların doyurulması, hastaların şifaya kavuşturulması, evsizlere ev sağlanması ve çocukların kurtarılması.

5. Vakfın yönetimi için arkadaşım Nate O'Riley'i tayin

ediyor ve ona yönetim konusunda gerekli en geniş yetkileri veriyorum. Onu aynı zamanda bu vasiyetnamenin gereklerini yerine getirme görevine atıyorum.

6 Ocak 1997'de Corumba, Brezilya'da imzalandı.

RACHEL LANE PORTER

Nate kâğıdı tekrar tekrar okudu. İkinci kâğıt daktilo edilmişti ve Portekizce'ydi. Onun biraz beklemesi gerekecekti.

Ayakları arasındaki toprağa baktı. Hava yapışkan ve sakindi. Dünya sessizdi, köyden tek bir ses çıkmıyordu. İpikalar hâlâ beyaz adamdan ve hastalıklarından gizleniyordu.

Toprağı süpürüp temizliyor muydu? Yağmur yağıp da saman çatı akarsa ne oluyordu? Sular birikip çamur mu oluyordu? Nate'in önündeki duvarda kitaplarla dolu raflar vardı – İnciller, dinsel kitaplar, teoloji çalışmaları, incelemeleri. Raflar hafifçe, birkaç santim sağa doğru eğikti.

Burası on bir yıl süresince onun evi olmuştu.

Vasiyeti tekrar okudu. 6 Ocak kendisinin Corumba'da hastaneden çıktığı gündü. Demek rüya görmemişti. Rachel ona dokunmuş, ölmeyeceğini söylemişti. Sonra da kendi vasiyetnamesini yazmıştı.

Hareket edince ayakları altındaki samanlar hışırdadı. Jevy başını kapıdan uzatıp, "Şef gitmemizi istiyor," dediğinde Nate âdeta kendinden geçmiş, transa girmişti.

Nate, ikinci kâğıdı üste alıp iki kâğıdı ona uzattı ve, "Oku şunu," dedi. Jevy kapıdan gelen ışığı almak için bir adım attı. Ağır ağır okudu ve sonra, "Burada iki kişi var," dedi. "Birincisi bir avukat, Rachel Lane Porter'ın, vasiyetnamesini Corumba'daki ofisinde imzaladığını söylüyor. Akıl sağlığı yerindeymiş. Ve kadın ne yaptığını biliyormuş. Avukatın imzası da biri tarafından onaylanmış. Ne diyordunuz ona... "

"Noter."

"Evet, bir noter tarafından onaylanmış. Şurada aşağıdaki de avukatın sekreteri ve o da aynı şeyleri söylüyor gibi. Noter onun imzasını da onaylamış. Ne demek oluyor bunlar?"

"Sonra anlatırım sana."

Kulübeden güneş ışığına çıktılar. Şef kollarını göğsüne kavuşturmuş bekliyordu – sabrının sonuna geldiği belliydi. Nate çantasından fotoğraf makinesini çıkardı ve kulübeyle mezarların resimlerini çekmeye başladı. Rachel'in mezarı başına çömelirken vasiyetnameyi, tutması için Jevy'ye verdi, ve onun, mezar başında resmini çekti. Sonra vasiyetnameyi Nate aldı ve Jevy onun resmini çekti. Şef, Nate'le birlikte fotoğrafının çekilmesini pek istemiyordu. Onlardan mümkün olduğunca uzak durmaya çalıştı. Homurdanıp durduğu için Jevy onun birden öfkelenmesinden korkuyordu.

Yine aynı patikadan ve köyden uzak durmaya çalışarak ormana doğru yürüdüler. Ağaçlar sıklaşırken Nate durdu ve Rachel'in kulübesine son birkez baktı. Rachel'in mirasından faydalanıp sefaletten kurtulacak milyonlarca insanın gelip ziyaret etmesi ve teşekkürlerini sunması için o kulübeyi oradan alıp, bir iyilik abidesi olarak Amerika'ya götürmeyi ne kadar isterdi. Tabii onun mezarını da. O bir türbeyi hak ediyordu.

Ama bunlar, onun en son isteyeceği şeylerdi tabii. Jevy ve şef gözden kaybolmuştu ve Nate adımlarını açtı.

Kimseye hastalık bulaştırmadan nehre vardılar. Tekneye binerken şef Jevy'ye homurdanarak bir şeyler söyledi. Jevy, "Bir daha gelmemizi istemiyor," dedi.

"Söyle ona, üzülecek, korkacak bir şey yok."

Jevy şefe hiçbir şey söylemedi ve sadece motoru çalıştırıp kıyıdan uzaklaştı.

Şef dönmüş ve köye doğru yürümeye başlamıştı bile. Nate onun, Rachel'i özleyip özlemediğini düşündü. Kadın orada on bir yıl yaşamıştı. Şef üzerinde belirli bir etkisi var gibiydi ama onu Hıristiyan yapamamıştı. Şef acaba onun öldüğüne üzülmüş müydü, yoksa kendi tanrıları ve ruhları rahat kaldığı için seviniyor muydu? Artık Rachel olmadığına göre Hıristiyan olmuş İpikalara ne olacaktı?

Köylerdeki *şalyun*'ları, yani Rachel'i rahat bırakmayan büyücü doktorları hatırladı. Onlar Rachel'in ölümüne hiç kuşkusuz seviniyordu. Hıristiyanlığı kabul etmiş yerlileri de rahat bırakmayacaklardı. Rachel güzel bir amaç uğruna mücadele etmişti ve şimdi huzur içinde yatıyordu.

Jevy motoru susturdu ve tekneyi kürekle yönetmeye başladı.

Akıntı yavaş, suyun üstü dümdüzdü. Nate, SatFone'u dikkatle çalıştırdı. Hava açık, sinyaller güçlüydü ve iki dakika içinde Josh'un sekreterini bulmuş, kız, patronunu bulmak için koşturmaya başlamıştı.

Josh'un ilk sözleri, "Vakıf anlaşmasını imzaladığını söyle bana, lanet olsun Nate," oldu. Telefona âdeta haykırıyordu.

"Bağırmana gerek yok Josh, seni duyabiliyorum."

"Özür dilerim. Söylesene, imzaladı mı?"

"Bir vakıf anlaşması imzaladı ama bizimkini değil Josh. O öldü."

"Olamaz!"

"Evet. İki hafta önce ölmüş. Sıtma. Tıpkı babası gibi o da kendi el yazısıyla bir vasiyetname bırakmış."

"Sende mi o?"

"Evet, emin ellerde. Her şey bir vakfa gidiyor. Ben vakıf başkanı ve yöneticiyim."

"Geçerli mi bu?"

"Sanırım. Tamamen kendi eliyle yazılmış ve Corumba'da bir avukat ve sekreteri tanıklığında tarih atılıp imzalanmış."

"Bana geçerli gibi görünüyor."

Nate, "Şimdi ne olacak?" diye sordu. Josh'u masasında, bir elinde telefon diğeriyle başını hafifçe okşarken görebiliyordu. Telefonda bile onun planlar yaptığını anlayabiliyordu.

"Hiçbir şey olmayacak. Troy'un vasiyeti geçerli. Vasiyette ne varsa gereği yapılacak."

"Ama kadın öldü."

"Troy'un mirası ona intikal etti. Araba kazalarında, eşlerden birinin önce, diğerinin daha sonra ölmesi her zaman rastlanan olaylardır. Miras birinden diğerine geçebilir."

"Ya diğer vârisler?"

"Anlaşma geçerlidir. Onlar paralarını, daha doğrusu avukatların paylarından sonra kalanı alacaklardır. Vârisler, muhtemelen avukatları dışında, dünyanın en mutlu insanlarıdır. Dava edebilecekleri hiçbir şey yok ortada. Elinde iki geçerli vasiyetname var. Bana öyle geliyor ki sen artık büyük bir vakfın başkanı oldun."

"Geniş yetkilerim var."

"Bundan çok daha fazlasına sahipsin. Oku onu bana."

Nate kâğıdı çantasından çıkarıp ağır ağır, kelime kelime okudu.

Josh, "Çabuk buraya dön," dedi.

Jevy de nehri seyrediyor görünürken her kelimeyi içine sindirmişti. Nate konuşmayı kesip uzay telefonunu kapatarak yerine koyduktan sonra, Jevy, "Para senin mi?" diye sordu.

"Hayır. Para bir vakfa gidiyor."

"Vakıf nedir?"

"Bunu büyük bir banka hesabı olarak düşünebilirsin. Paralar bankada durur, korunur ve faizden yararlanır. Vakıf yönetimi kazancın nereye harcanacağına karar verir."

Jevy hâlâ ikna olmamıştı. Kafasında bir sürü soru vardı ve Nate de onun halini anlıyordu. Ama şimdi vasiyetnameler, miraslar ve vakıflar konusunda ders vermenin zamanı değildi.

Nate, "Hadi gidelim artık," dedi.

Motor tekrar çalıştı ve nehrin suları üzerinde uçarcasına, kıvrımları hızla dönüp, arkalarında geniş bir dümen suyu bırakarak yol almaya başladılar.

Çalana'yı akşama doğru buldular. Welly balık tutuyordu. Pilotlar teknenin kıçında oturmuş kart oynuyordu. Nate, Josh'u tekrar aradı ve jet uçağını geri çağırmasını söyledi, Corumba'da ona artık ihtiyacı yoktu. Geri dönüş konusunda pek acelesi olmayacaktı.

Josh itiraz etti ama yapabileceği fazla bir şey yoktu tabii. Phelan karmaşası çözümlenmişti. Aceleye gerek yoktu.

Nate helikopter pilotlarına, döndüklerinde Valdir'le temas etmelerini söyledi ve onları gönderdi.

Çalana mürettebatı helikopterin bir sinek gibi gözden kayboluşunu izledi ve sonra kıyıdan ayrıldılar. Jevy dümendeydi. Welly aşağıda, teknenin burnuna oturmuş, ayaklarını suya birkaç santim kalıncaya kadar aşağıya sarkıtmıştı. Nate bir ranza buldu ve kestirmeye çalıştı. Ama dizel motoru kapıya yakındı. Motorun muntazam gürültüsü onu uyutmadı.

Tekne, *Santa Loura*'nın üçte biri büyüklüğündeydi ve ranzalar bile daha kısaydı. Nate yattığı yerde yan döndü ve geriye doğru kayan nehir kıyısını seyretmeye başladı.

Rachel onun artık bir sarhoş olmadığını, bağımlılıklarından kurtulduğunu ve yaşamını kontrol eden şeytanların sonsuza kadar hapsedildiğini anlamıştı. Nate'in içindeki iyi şeyleri görmüştü. Onun bir şeyler aradığını her nasılsa öğrenmişti. Onun için iyi olanı bulmuştu. Tanrı ona söylemişti.

Jevy hava karardıktan sonra onu uyandırdı ve, "Mehtap var," dedi. Teknenin burnuna oturdular, Welly dümene geçmiş, hemen arkalarında, Xeco yılan gibi kıvrılıp Paraguay Nehri'ne doğru akarken mehtabın ışığını izliyordu.

Jevy, "Teknenin sürati düşük," dedi. "Corumba'ya iki günümüz var."

Nate gülümsedi. Yolculukları bir ay bile sürse umurunda değildi.

YAZARIN NOTU

Brezilya'nın Mato Grosso ve Mato Grosso do Sul eyaletlerinde bulunan Pantanal bölgesi doğal güzellikleriyle insanı büyüleyen bir yerdir. Umarım orasını tehlikelerle dolu büyük bir bataklık gibi göstermemişimdir. Pantanal'ın öyle bir yer değil, pek çok turistin sağ salim gezip döndüğü ekolojik bir doğa harikası olduğunu söylemeliyim. Oraya iki kez gittim ve yeniden gitmeyi dört gözle bekliyorum.

Campo Grande'de bir Baptist misyoneri olan arkadaşım Carl King beni Pantanal'ın içlerine kadar götürdü. Bilgileri ne kadar doğruydu bilmiyorum ama, bana her an sanki biraz daha küçülüyormuş gibi gelen bir teknede dört gün süresince timsahları sayıp, vahşi yaşamı fotoğraflayıp, boa yılanları arayıp, fasulye ve pilav yiyerek ve birbirimize hikâyeler anlatarak harika bir zaman geçirdik. Bu macera için Carl'a çok teşekkürler.

Rick Carter, Gene McDade, Penny Pynkala, Jonathan Hamilton, Fernando Catta-Preta, Bruce Sanford, Marc Smirnoff ve Estelle Laurence'e de teşekkürler. Tabii her zamanki gibi, müsveddeyi gözden geçirip kitabı daha iyi bir hale getiren David Gernert'e teşekkür ediyorum.